权威·前沿·原创

**皮书系列为
"十二五"国家重点图书出版规划项目**

少数民族非遗蓝皮书

BLUE BOOK OF INTANGIBLE CULTURAL HERITAGE OF ETHNIC MINORITIES

中国少数民族非物质文化遗产发展报告(2015)

THE DEVELOPMENT REPORT ON CHINA'S INTANGIBLE CULTURAL HERITAGE OF ETHNIC MINORITIES (2015)

主　编／肖远平（彝）　柴　立（满）
副主编／王伟杰

社会科学文献出版社
SOCIAL SCIENCES ACADEMIC PRESS (CHINA)

图书在版编目(CIP)数据

中国少数民族非物质文化遗产发展报告.2015/肖远平,柴立主编.—北京:社会科学文献出版社,2015.6
（少数民族非遗蓝皮书）
ISBN 978-7-5097-7445-8

Ⅰ.①中… Ⅱ.①肖…②柴… Ⅲ.①少数民族-民族文化-文化遗产-研究报告-中国-2015 Ⅳ.①K28

中国版本图书馆CIP数据核字（2015）第082395号

少数民族非遗蓝皮书
中国少数民族非物质文化遗产发展报告（2015）

主　　编／肖远平（彝）　柴　立（满）
副　主　编／王伟杰

出　版　人／谢寿光
项目统筹／邓泳红　郑庆寰
责任编辑／高振华

出　　版／社会科学文献出版社·皮书出版分社（010）59367127
　　　　　地址：北京市北三环中路甲29号院华龙大厦　邮编：100029
　　　　　网址：www.ssap.com.cn

发　　行／市场营销中心（010）59367081　59367090
　　　　　读者服务中心（010）59367028

印　　装／北京季蜂印刷有限公司

规　　格／开本：787mm×1092mm　1/16
　　　　　印　张：25　字　数：417千字

版　　次／2015年6月第1版　2015年6月第1次印刷

书　　号／ISBN 978-7-5097-7445-8

定　　价／128.00元

皮书序列号／B-2015-438

本书如有破损、缺页、装订错误，请与本社读者服务中心联系更换

▲ 版权所有 翻印必究

国家民委人文社科重点研究基地
南方少数民族非物质文化遗产研究基地建设项目

主编单位
南方少数民族非物质文化遗产研究基地

参与单位
贵州省仁怀市茅台镇酒文化坊有限公司
贵州民族大学人文科技学院
贵州民族大学民族文化产业发展研究中心
贵州省"多彩贵州文化协同创新中心"

《中国少数民族非物质文化遗产发展报告（2015）》编委会

顾　　问	田联刚　赵建武　朱桂云
主　　任	张学立（彝）　袁　华
副 主 任	安　燕　龙佑铭（苗）
委　　员	（以姓氏笔画为序）

马翀炜　　　　　　叶　涛
吕　波　　　　　　孙正国（土家）
李旭练　　　　　　肖远平（彝）
汪文学（苗）　　　阿洛兴德（彝）
陈玉平（布依）　　林继富
洛边木果（彝）　　姚伟钧
珠尼阿依（彝）　　柴　立（满）
覃德清（壮）　　　喻　健（土家）

主　　编	肖远平（彝）　柴　立（满）
副 主 编	王伟杰
参编人员	（以姓氏笔画为序）

王小艳　王　文　王　明　王　蔚　王燕妮
李　霞　肖　炜　吴玉萍　张　驰　张雯雯
范　威　金潇骁　周雨城　曹　浩　龚　翔

主编简介

肖远平 彝族,贵州民族大学党委委员、副校长,教授,文学博士;华中师范大学兼职教授、博士生导师,贵州民族大学文艺学、民俗学、少数民族语言文学硕士生导师,主要从事少数民族非物质文化遗产、民俗学、文化产业等领域研究。兼任教育部民族教育专家委员会委员,中国民族教育学会理事,中国民俗学会教育专业委员会理事,贵州省彝学研究会副会长,贵州省民族文化学会常务理事、秘书长,国家民委人文社科重点研究基地——南方少数民族非物质文化遗产研究基地主任、首席专家,贵州民族大学第九批学科带头人,贵州省委办公厅"服务决策专家智库"成员。先后发表及提交学术论文、咨询报告、调查报告50余篇,在非物质文化遗产研究领域内权威期刊《民俗研究》《贵州民族研究》《中国文化报》等发表论文多篇;出版及主编学术著作《彝族"支嘎阿鲁"研究》等5部。近年主持完成教育部重点课题、贵州省优秀科技人才省长基金项目、国家民委课题等10余项,参与国家"十二五"科技支撑计划课题"中国非物质文化遗产数字化关键技术及示范应用"、"荆楚文化遗产数字化公共服务关键技术研究及示范"等重大及重点课题6项。

柴 立 满族,贵州宏宇健康产业集团(筹)股份有限公司董事长兼首席执行官,医药化工高级工程师,贵州民族大学教授、硕士生导师。主要从事中医中药、民族医药文化体系的整理与临床应用、民族芳香药物的研究开发及应用体系等领域研究。贵州省"省管专家"、省科学技术协会常务委员,贵州省"科技兴企之星"、贵阳市专业技术带头人、中国优秀民营科技企业家、贵阳市促进非公有制经济发展先进个人、"第三届中国经济百名诚信人物",获省人民政府"有特殊贡献专家津贴"。先后开发有国家级新药"金喉健喷雾剂"、"保妇康泡沫剂"等品种,均获20年国家发明专利。在《中医杂志》、

《华西药学杂志》等国家级学术期刊上发表有《试论中医肾的物质基础》、《微量元素评价法分析中药分部入药》、《HPLC 测定葛根芩连汤不同煎液中葛根素的含量》等论文多篇。近年来，主持完成国家计委批复立项的中药现代化重大专项"500 万瓶保妇康泡沫剂高技术产业化示范工程项目"；国家科技部两个十五重大科技攻关项目"贵州中药现代化科技产业基地关键技术研究"和"西部开发科技行动计划——贵州天麻、杜仲等地道药材规范种植"；参与完成两个国家自然科学基金项目"单味中药精制颗粒的化学研究"及"中药配方颗粒汤剂与传统汤剂的化学组成及药效学研究"。曾获贵州省科学技术进步三等奖、华夏医学科技一等奖。

摘　要

少数民族非物质文化遗产是我国非物质文化遗产（以下简称"非遗"）资源的重要组成部分，不仅具有特别重要的价值性，也具有特殊的"濒危性"。因而，采取多种方式和措施，加大对少数民族非遗的抢救与保护的力度，是全社会的共同责任。《中国少数民族非物质文化遗产发展报告（2015）》由贵州民族大学国家民委人文社科重点研究基地——南方少数民族非物质文化遗产研究基地负责编写，贵州民族大学民族文化产业发展研究中心、贵州民族大学人文科技学院等科研团队共同参与研究并发布的关于少数民族非遗可持续发展的研究报告，其主要内容包含了贵州民族大学对我国少数民族非遗进行科学传承和保护的最新研究成果，同时也吸纳了国内部分学者在此领域的前瞻性研究成果。

本书在仔细统计和分析了我国四批国家级非遗代表性项目名录及四批国家级非遗项目代表性传承人中少数民族非遗名录和少数民族非遗传承人的基础上，对政府和学术界较为关注的非遗生产性保护、整体性保护、可持续发展、传承人危机等问题进行了深入探讨和研究，从多个层面提出了推动少数民族非遗传承保护的对策建议。

本书主要包含七个部分，具体内容如下。

第一部分为总报告。主要回顾了2006~2014年我国国家级少数民族非遗代表性项目名录及代表性传承人的基本情况，包含基本数据统计、名录基本特征、保护基本现状等，并提出了完善少数民族非遗名录体系等促进其可持续发展的可行性措施。

第二部分为专题篇。文章主要对我国少数民族非遗名录体系中的民间音乐类、民间文学类、传统医药类、传统美术类和民俗类进行了基本数据统计与分析，并指出了目前这五类少数民族非遗在传承中出现的问题和不足，提出了发展建议。

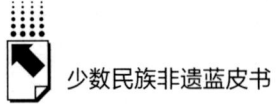

第三部分为民间文学篇。第一篇文章主要对我国不同版本和不同地区的少数民族史诗《支格阿鲁》的流传及传承现状，提出了全面与科学的保护方法与措施；第二篇文章和第四篇文章借助学者参与田野调查的第一手资料，对国家级少数民族非遗《亚鲁王》进行了归根情结及现实性特征方面的分析研究；第三篇文章对壮族《麽经》中的布洛陀神话母题进行了比较研究；第五篇则提出了畲族小说歌的传承路径。

第四部分为案例篇。第一篇通过对我国湘、鄂、黔、渝四省（市）的各级土家族非遗名录和代表性传承人的现状进行梳理，结合土家族非遗传承和保护涉及的相关政策法规和研究情况，提出了相关意见和建议。其余四篇通过对世界级非遗侗族大歌、苗族蜡染、甘肃临夏砖雕、苗族"祭祖仪式"等的传承现状进行深入的研究和分析，提出了本真性保护、生产性保护等多样化的保护措施。

第五部分为非遗经济篇。第一篇文章从传播学的角度出发，提出了推动贵州西江千户苗寨非遗经济发展的传播策略；第二篇文章从生产性保护的角度出发，对一些非遗文化产品的经济属性进行了探讨，指出了地方性动力在非遗传承中的重要功用；最后一篇文章结合土家族非遗西兰卡普的市场化发展的具体案例，提出了少数民族非遗转化为民族文化资本的具体对策。

第六部分为借鉴篇。依次对索河善书、香纸沟古法造纸技艺、女书、高淳邢氏宗祠宗谱、铜仁市万山区等汉族非遗及非遗聚集区的保护发展现状进行了描述和研究，为少数民族非遗的本真性保护和整体性保护提供经验借鉴。

第七部分为大事记。主要统计了2006~2014年我国政府层面和学术界发生的与少数民族非遗相关的主要事件。

目 录

BⅠ 总报告

B.1 2006~2014年中国少数民族非物质文化遗产发展的
成就、问题及未来发展对策 …………肖远平 柴 立 王伟杰 / 001

BⅡ 专题篇

B.2 2006~2014年中国少数民族民间音乐类非物质
文化遗产发展报告 ……………………………… 詹一虹 周雨城 / 029

B.3 2006~2014年中国少数民族民间文学类非物质
文化遗产发展报告 ………………………… 肖远平 王小艳 柴 立 / 044

B.4 2006~2014年中国少数民族传统医药类非物质
文化遗产发展报告 …………………………………… 王伟杰 张 驰 / 061

B.5 2006~2014年中国少数民族传统美术类非物质
文化遗产发展报告 …………………………………… 谈国新 曹 浩 / 080

B.6 2006~2014年中国少数民族民俗类非物质文化
遗产发展报告 ……………………………… 肖远平 王 蔚 柴 立 / 095

001

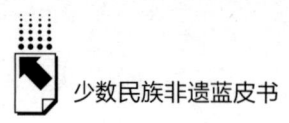

BⅢ 民间文学篇

B.7 彝族非物质文化遗产"支格阿鲁"史诗保护与
　　传承研究 ……………………………………… 洛边木果 / 112

B.8 苗族史诗《亚鲁王》仪式视域下的
　　归根情结研究 ………………………………… 刘　洋　杨　兰 / 131

B.9 壮族《麽经》的布洛陀神话研究 …………………… 林安宁 / 145

B.10 《亚鲁王》史诗的现实性特征
　　——以史诗"英雄死而复生母题"的缺失为例
　　……………………………………………… 刘　洋　杨　兰 / 164

B.11 少数民族口头遗产的价值评定和传承路径
　　——以畲族小说歌为例 ……………………………… 崔　磊 / 175

BⅣ 案例篇

B.12 土家族非物质文化遗产传承和保护发展报告
　　……………………………………………… 王燕妮　赵尔文达 / 188

B.13 侗族大歌生成新探 ……………………………………… 龙昭宝 / 202

B.14 苗族蜡染的梯度开发研究
　　——兼论工艺美术类非遗的生产性保护 ……………… 张　池 / 209

B.15 浅探甘肃少数民族非物质文化遗产保护
　　——以临夏砖雕为例 ………………………………… 刘春艳 / 222

B.16 苗族"祭祖仪式"的符号蕴含
　　——以"敲巴郎"仪式为例 ………………………… 金潇骁 / 228

BⅤ 非遗经济篇

B.17 西江非物质文化遗产传播研究 ……………… 王燕妮　龚　翔 / 236

B.18 地方性动力在非物质文化遗产传承与保护
　　　过程中的功用探析 …………………………… 申满秀　王　文 / 247
B.19 让非物质文化遗产进入当代经济生活
　　　——以西兰卡普为例 …………………………………… 莫　聂 / 256

BⅥ 借鉴篇

B.20 非物质文化遗产"善书"的发展和保护传承
　　　——以索河善书为例 ……………………………… 姚伟钧　李　任 / 267
B.21 新媒介的应用与香纸沟古法造纸
　　　品牌推广研究 ………………………………… 王　明　肖　炜 / 277
B.22 女书吟诵的传承与女书的保护 ………………… 何　研　蒋明智 / 284
B.23 论宗祠之制与宗谱之礼的当下功能及作用
　　　——以高淳邢氏宗祠宗谱为例 …………………………… 朱莉莉 / 297
B.24 铜仁市汞文化遗产的保护机制探析 …………… 陈伟华　高雪春 / 321

BⅦ 大事记

B.25 2006~2014年少数民族非物质文化遗产大事记
　　　……………………………………………… 张雯雯　范　威 / 332

Abstract ………………………………………………………………… / 367
Contents ………………………………………………………………… / 370

总报告

General Report

B.1 2006~2014年中国少数民族非物质文化遗产发展的成就、问题及未来发展对策*

肖远平　柴立　王伟杰**

摘　要： 非物质文化遗产名录已经成为保护非物质文化遗产的重要方式之一。我国先后颁布了四批国家级非物质文化遗产代表性项目名录和四批国家级非物质文化遗产项目代表性传承人名单，有力地推动了我国各级非物质文化遗产名录的传承与保

---

* 本报告为国家民委人文社科重点研究基地"南方少数民族非物质文化遗产研究基地建设项目"（民委发〔2014〕37号）的阶段性研究成果。本报告只针对我国的世界级和国家级非遗进行数据统计和分析，并探讨传承和保护这些非遗的最佳路径。
** 肖远平，彝族，教授、博士、博士生导师，贵州民族大学副校长，国家民委人文社科重点研究基地南方少数民族非物质文化遗产研究基地主任、首席专家，研究方向：民俗学；柴立，满族，教授、硕士生导师，医药化工高级工程师，贵州宏宇健康产业集团（筹）股份有限公司董事长兼首席执行官，研究方向：民族医药学；王伟杰，博士，贵州民族大学民族文化产业发展研究中心副教授，研究方向：文化遗产与文化产业。

护。少数民族非物质文化遗产是我国非遗的重要组成部分，有效保护和传承少数民族非物质文化遗产对维护我国文化的多样性有着重要意义。本报告在认真统计和分析我国世界级非遗名录、国家级非遗名录和国家级非遗传承人的基础之上，指出了目前我国国家级少数民族非遗名录的特征、成就及不足。在国家级非物质文化遗产的保护与传承方面，虽然取得了重要成就，但还存在着"重申报轻管理"、"重开发轻保护"、与生态环境及物质文化遗产整体性保护不足、非遗名录传承后继无人、非遗学科门类归属不清等问题。因此，我们应当继续完善少数民族非遗名录体系，加强对少数民族非遗传承人的监管、保护与培养，重视文化生态保护区等非遗聚集地的建设工作，实现少数民族非遗和汉族非遗共同保护，维护产业化利用中非遗的本真性，并坚持少数民族非遗与自然遗产、文化遗产、农业遗产等遗产的共同保护。

关键词： 中国　少数民族　非物质文化遗产

非物质文化遗产（以下简称"非遗"）是民族个性、民族审美习惯的"活"的显现。它依托于人本身而存在，以声音、形象和技艺为表现手段，并以身口相传作为文化链而得以延续，是"活"的文化及其传统中最脆弱的部分。目前，非物质文化遗产名录已经成为保护非遗的重要方式之一。国家级非遗名录[①]是经中华人民共和国国务院批准，由文化部确定并公布的。2006 年 5

---

① 2014 年 12 月 5 日，文化部颁布的第四批非遗名录中，提出"根据《中华人民共和国非物质文化遗产法》，将'国家级非物质文化遗产名录'名称调整为'国家级非物质文化遗产代表性项目名录'"，本报告及分报告中相关词条一律简称为"国家级非遗名录"。

月20日，国务院批准文化部确定并公布第一批国家级非遗名录（共计518项）①；2008年6月14日，国务院批准文化部确定第二批国家级非遗名录（共计510项）和第一批国家级非遗扩展项目名录（共计147项）②；2011年5月23日，国务院批准文化部确定第三批国家级非遗名录（共计191项）和国家级非遗名录扩展项目名录（共计164项）③；2014年11月11日，国务院批准文化部确定第四批国家级非遗代表性项目名录（共计153项）和国家级非遗代表性项目名录扩展项目名录（共计153项）。④ 四批非遗名录共计1372项，扩展名录464项。

2007年6月6日，文化部办公厅公示了第一批国家级非遗项目代表性传承人名单，包含民间文学、杂技与竞技、民间美术、传统手工技艺、传统医药等五大类的226位传承人；⑤ 2008年1月26日，文化部公布了第二批国家级非物质文化项目代表性传承人名单，包含民间音乐、民间舞蹈、传统戏剧、曲艺、民俗等五大类551位传承人；⑥ 2009年5月26日，文化部公布了第三批国家级非物质文化项目代表性传承人名单，共711位传承人⑦；2012年12月20日，文化部公布了第四批国家级非遗项目代表性传承人名单，共498位传承人，加上前三批已公布的1488人，共计1986人。⑧

少数民族非遗是我国非遗的重要组成部分，仔细梳理我国世界级和国家级

---

① 《国务院关于公布第一批国家级非物质文化遗产名录的通知》（国发〔2006〕18号），中华人民共和国中央人民政府门户网站，2006年6月2日。
② 《国务院关于公布第二批国家级非物质文化遗产名录和第一批国家级非物质文化遗产扩展项目名录的通知》（国发〔2008〕19号），中华人民共和国中央人民政府门户网站，2008年6月14日。
③ 《国务院关于公布第三批国家级非物质文化遗产名录的通知》（国发〔2011〕14号），中华人民共和国中央人民政府门户网站，2011年6月9日。
④ 《国务院关于公布第四批国家级非物质文化遗产代表性项目名录的通知》（国发〔2014〕59号），中华人民共和国中央人民政府门户网站，2014年12月3日。
⑤ 《文化部关于公布第一批国家级非物质文化遗产项目代表性传承人的通知（2007）》，中华人民共和国文化部门户网站，2010年1月13日。
⑥ 《文化部关于公布第二批国家级非物质文化遗产项目代表性传承人的通知》，中华人民共和国中央人民政府门户网站，2008年2月19日。
⑦ 《文化部关于公布第三批国家级非物质文化遗产项目代表性传承人的通知》（文非遗发〔2009〕6号），中华人民共和国中央人民政府门户网站，2009年6月12日。
⑧ 《第四批国家非物质文化遗产项目代表性传承人公布》，中华人民共和国中央人民政府门户网站，2012年12月25日。

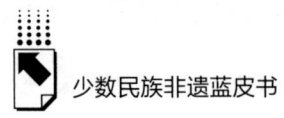

的少数民族非遗的保护及发展现状，并统计和分析这些国家级非遗名录和传承人的基本情况，对于建设中华民族优秀的少数民族传统文化的传承体系、保护和传承我国优秀的少数民族传统文化遗产有着不可估量的意义。

一 我国世界级和国家级少数民族非遗名录基本数据统计

我国是世界上拥有非遗数量最多的国家之一，同时也是拥有世界级非遗数量最多的国家。尤其是其中的少数民族非遗，更是显示了我国非遗的民族性与独特性。

（一）我国世界级非遗中的少数民族非遗名录基本情况

联合国教科文组织为保护世界非遗进行了多方努力，根据不同的保护目的和鼓励政策，先后颁布了多批人类非遗代表作名录、急需保护的非遗名录和优秀实践名册。我国是联合国教科文组织《保护非物质文化遗产公约》缔约国，根据自身的保护实际和具体保护实践，制定了适合本国非遗保护和发展传承的《人类非物质文化遗产代表作名录》、《急需保护的非物质文化遗产名录》和《优秀实践名册》。迄今为止，我国共有30项中国非遗经教科文组织政府间保护非遗委员会公布列入《人类非物质文化遗产代表作名录》，该名录包含在《保护非物质文化遗产公约》生效前宣布为"人类口头和非物质遗产代表作"的遗产，7项中国非遗经教科文组织政府间保护非遗委员会公布列入《急需保护的非物质文化遗产名录》，1项中国非遗人才培养计划（福建木偶戏后继人才培养计划）经教科文组织政府间保护非遗委员会公布列入《优秀实践名册》（见表1和表2）。

在这些具体名录中，较多是少数民族非遗，尤其是《人类非物质文化遗产代表作名录》中，有10项为少数民族非遗，占33.3%；《急需保护的非物质文化遗产名录》中，有4项为少数民族非遗，占57.1%。两个名录中总计有14项少数民族非遗，其中藏族最多为3项，占21.43%；蒙古族、维吾尔族都为2项，各占14.29%；柯尔克孜族、侗族、朝鲜族、羌族、黎族、赫哲族都为1项，各占7.14%；花儿由于主要由汉、回、东乡、保安、撒拉、土和部分藏、裕固等多个民族传唱，因此将其列为综合类，占7.14%；其他少数民族则没有单独的世界级非遗。在14项少数民族非遗中,从国别归属看,只有蒙古族长调民歌为同蒙古国共同申报并获批,其他少数民族非遗都为中国所独有。

表1 《人类非物质文化遗产代表作名录》中的中国项目

序号	项目名称	民族归属	国别	年份
1	昆曲	汉族	中国	2001
2	古琴艺术	汉族	中国	2003
3	蒙古族长调民歌	蒙古族	中国、蒙古	2005
4	新疆维吾尔木卡姆艺术	维吾尔族	中国	2005
5	中国书法	汉族	中国	2009
6	中国雕版印刷技艺	汉族	中国	2009
7	中国篆刻	汉族	中国	2009
8	中国剪纸	汉族	中国	2009
9	南京云锦织造技艺	汉族	中国	2009
10	中国传统木结构营造技艺	汉族	中国	2009
11	妈祖信俗	汉族	中国	2009
12	呼麦	蒙古族	中国	2009
13	玛纳斯	柯尔克孜族	中国	2009
14	龙泉青瓷传统烧制技艺	汉族	中国	2009
15	格萨(斯)尔	藏族	中国	2009
16	侗族大歌	侗族	中国	2009
17	花儿	汉、回、东乡、保安、撒拉、土和部分藏、裕固等民族	中国	2009
18	热贡艺术	藏族	中国	2009
19	西安鼓乐	汉族	中国	2009
20	粤剧	汉族	中国	2009
21	南音	汉族	中国	2009
22	藏戏	藏族	中国	2009
23	中国朝鲜族农乐舞	朝鲜族	中国	2009
24	端午节	汉族	中国	2009
25	宣纸传统制作技艺	汉族	中国	2009
26	中国传统桑蚕丝织技艺	汉族	中国	2009
27	京剧	汉族	中国	2010
28	中医针灸	汉族	中国	2010
29	中国皮影戏	汉族	中国	2011
30	中国珠算	汉族	中国	2013

表2 《急需保护的非物质文化遗产名录》中的中国项目

序号	项目名称	民族归属	国别	年份
1	羌年	羌族	中国	2009
2	黎族传统纺染织绣技艺	黎族	中国	2009
3	中国编梁木拱桥营造技艺	汉族	中国	2009
4	麦西热甫	维吾尔族	中国	2010
5	中国活字印刷术	汉族	中国	2010
6	中国水密隔舱福船制造技艺	汉族	中国	2010
7	赫哲族伊玛堪说唱	赫哲族	中国	2011

（二）国家级少数民族非遗名录的基本情况

1. 十大分类中少数民族非遗数量相差较大

在文化部公布的四批国家级非遗名录中，十大类的少数民族非遗数量相差较大。四批非遗名录共计1372项，其中少数民族非遗为477项①，占总数的34.77%。在具体的类别中，少数民族非遗最多的是民俗类，为96项，占少数民族非遗总数的20.13%；其次是民间舞蹈类②90项、民间音乐类72项、民间文学类66项、传统手工技艺类61项，分别占少数民族非遗总数的18.87%、15.09%、13.84%和12.79%；接着是民间美术类31项、杂技与竞技类18项、曲艺类17项，分别占总数6.50%、3.77%和3.56%；最后是传统戏剧类和传统医药类，都为13项，各占少数民族非遗总数的2.73%。从不同类别的非遗名录内部看，少数民族非遗比重最高的前三类是民间舞蹈、民俗和传统医药，分别为68.70%、60.38%和56.52%，分别超过了所属类别的国家级非遗总数

---

① 在2012年7月28日召开的"全国少数民族和民族地区公共文化服务体系建设座谈会"上，文化部副部长杨志今表示，我国55个少数民族共有433个项目被列入前三批国家级非物质文化遗产保护名录，占总数的35.5%；本报告由于统计方式略有差别，前三批有419个项目为少数民族非遗，第四批有58个少数民族非遗，总计有477个少数民族非遗。在此郑重强调，由于统计方式不同造成了部分数据出现差别，本报告中的数据仅为"少数民族非遗蓝皮书"课题组观点。

② 第二批国家级非物质文化遗产名录将"民间音乐"更名为"传统音乐"，将"民间舞蹈"更名为"传统舞蹈"，将"杂技与竞技"更名为"传统体育、游艺与杂技"，将"民间美术"更名为"传统美术"，将"传统手工技艺"更名为"传统技艺"。

的一半；其次是民间文学（42.58%）、民间音乐（42.35%），再次是民间美术（25.41%）、传统手工技艺（25.31%）、杂技与竞技（21.95%），最后是曲艺和传统戏剧，分别为13.39%和8.02%（见图1）。

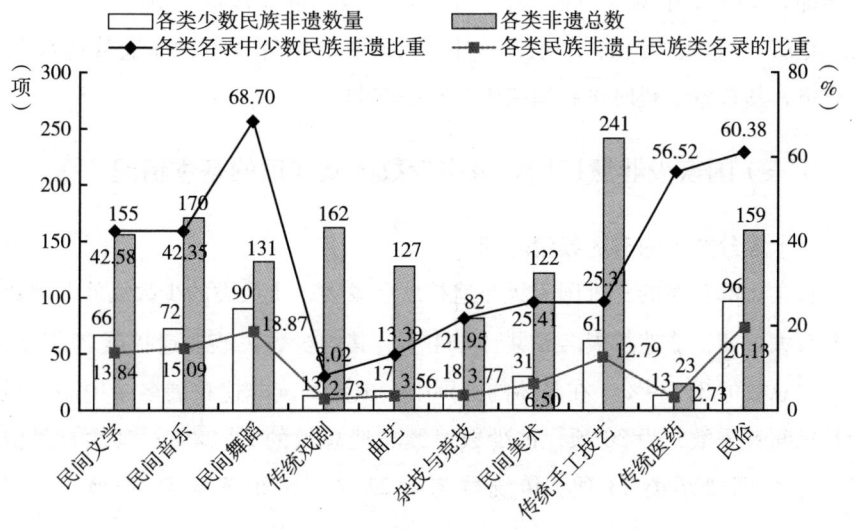

图1 国家级非遗名录十大类中少数民族非遗数量及比重

2. 各个少数民族非遗数量相差悬殊

文化部颁布的四批国家级非遗名录中，虽然55个少数民族除门巴族外都有非遗进入，但各个少数民族的项目数相差悬殊。四个批次的国家级非遗名录中，藏族最多，为68项；其次为蒙古族45项，彝族30项，苗族27项，维吾尔族24项；再次为土家族19项，哈萨克族14项，壮族13项，瑶族13项，朝鲜族13项，侗族12项，布依族和黎族都为11项，傣族10项；其余少数民族的项目数都在10项以下。项目数量为1项的少数民族为基诺族、保安族、仫佬族、乌孜别克族、独龙族、普米族、东乡族、塔塔尔族和高山族；门巴族则没有国家级非遗。针对部分非遗为多个民族"共享"的实际情况，单独设置综合类，以彰显这些非遗的复杂性与独特性。我国国家级非遗名录中的综合类非遗较多，有33项。

3. 各个省份少数民族非遗有多有少

文化部颁布的四批国家级非遗名录中，各个省份的少数民族非遗有多有少，我国的西南、西北、东北以及东南边疆地区数量较多。四个批次的国家级少数民族非遗名录中，云南省最多，为79项；其次为新疆69项，贵州63项，内蒙古53项，青海42项，西藏41项，四川39项；再次为湖南25项，广西、吉林都为24项，甘肃15项，黑龙江12项，辽宁和海南都为10项；湖北、宁夏、重庆、福建、河北、广东、浙江、天津和北京等省市的非遗数量都在10项以下；其余省市暂时没有国家级少数民族非遗。

（三）国家级非遗扩展名录中少数民族非遗的基本情况

1. 十大分类中的非遗数量差别

在文化部公布的三批国家级非遗扩展名录中，十大类的少数民族非遗数量相差较大。四批非遗扩展名录共计464项，其中少数民族非遗扩展名录为141项，占总数的30.39%。在具体的类别中，少数民族非遗扩展名录中非遗最多的是民间音乐类，为30项，占少数民族非遗总数的21.28%；其次是民俗类25项、民间舞蹈类23项、传统技艺类22项、传统美术类14项，分别占17.73%、16.31%、15.60%和9.93%；接着是传统医药类9项、传统戏剧类8项、曲艺4项，分别占6.38%、5.67%、2.84%；最后是民间文学类和杂技与竞技类，都为3项，各占总数的2.13%。从不同类别的非遗扩展名录内部看，少数民族非遗比重最高的前四类是民间音乐、民间舞蹈、民俗和传统医药，分别为57.69%、51.11%、41.67%和40.91%；其次是传统技艺26.19%，传统美术24.14%；再次是杂技与竞技16.67%，民间文学15%，曲艺13.79%；最后是传统戏剧10.53%（见图2）。

2. 各个少数民族非遗扩展名录数量比较

文化部颁布的三批国家级非遗扩展名录中，较多的少数民族都没有国家级非遗，且各个少数民族非遗的项目数也相差悬殊。三批次的国家级非遗扩展名录中，藏族最多，为28项；其次为蒙古族21项，苗族15项，维吾尔族9项；再次为侗族7项，回族5项，瑶族和土家族都为4项，哈萨克族、畲族、朝鲜族和彝族都为3项；壮族和达斡尔族都为2项；非遗较少的满族、佤族、布依族、毛南族、锡伯族、黎族、傣族、白族、塔塔尔族都为1项；其他少数民族暂时没有。分属于多个少数民族的非遗数量也较多，为23项。

2006~2014年中国少数民族非物质文化遗产发展的成就、问题及未来发展对策

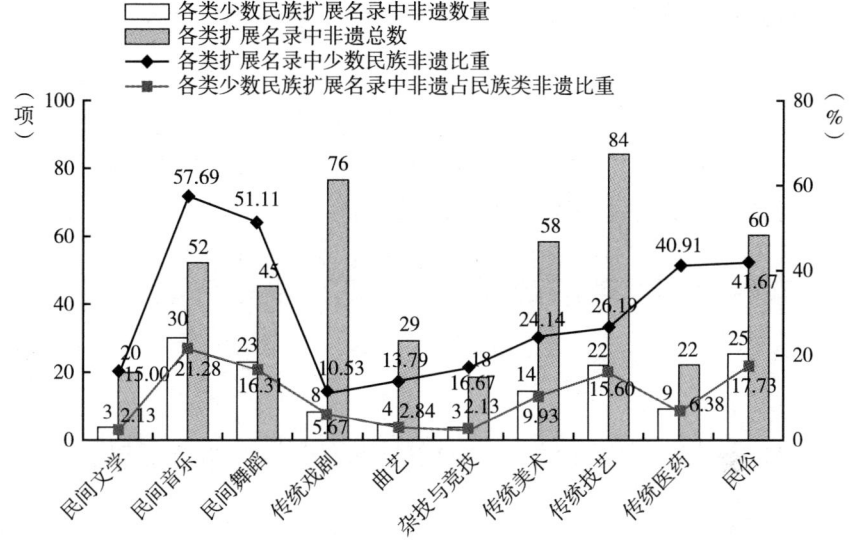

图 2　国家级非遗扩展名录中十大类中少数民族非遗数量及比重

3. 非遗扩展名录中各个省份数量多少不一

文化部颁布的三批国家级非遗扩展名录中，各个省份的少数民族非遗数量多少不一，多集中于我国的西南、西北、东北等省份。三批次的国家级少数民族非遗扩展名录中，贵州省最多，为 28 项；其次为新疆 22 项，内蒙古 20 项，西藏 18 项，广西 13 项，四川 11 项，青海和云南各 10 项；再次为湖南 8 项，吉林 7 项，黑龙江 6 项，湖北、甘肃、辽宁都为 5 项，重庆、宁夏为 4 项，福建、浙江为 3 项，海南、广东都为 2 项，山西和陕西都为 1 项；其余省市暂时没有国家级少数民族非遗。

（四）国家级非遗代表性传承人基本情况

1. 十大类传承人数量分布

在文化部公布的四批国家级非遗名录代表性传承人中，十大类的少数民族非遗传承人数量也多少不一。四批非遗代表性传承人共计 1986 人，其中少数民族传承人为 506 人，占总数的 25.48%。在具体的类别中，少数民族非遗传承人最多的是民间舞蹈类，为 91 人，占少数民族非遗传承人总数的 17.98%，

其次是民间音乐类①90人、传统手工技艺类85人、民间文学类61人,分别占17.79%、16.80%、12.06%;接着是传统戏剧类48人、民间美术类40人、民俗类31人,分别占9.49%、7.91%、6.13%;最后是传统医药类、曲艺类和杂技与竞技类,分别为28人、22人、10人,各占总数的5.53%、4.35%、1.98%。从不同类别的非遗传承人内部看,少数民族非遗传承人比重最高的前三类是民间文学、民间舞蹈和民俗,分别为79.22%、51.41%和50.82%,分别超过了所属类别的所有国家级非遗传承人总数的一半;其次是民间音乐(38.96%)、传统医药(37.84%);再次是传统手工技艺(26.07%)、杂技与竞技(21.28%)、民间美术(17.32%);最后是曲艺和传统戏剧,分别为14.57%和7.86%(见图3)。这与非遗名录的情况基本类似,因此少数民族非遗的数量直接影响着少数民族非遗代表性传承人的数量。

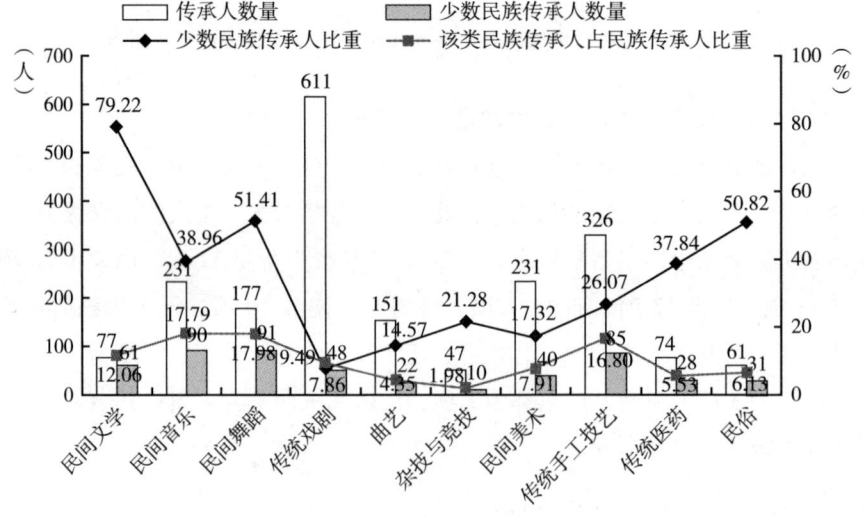

图3 国家级非遗代表性传承人十大类中少数民族传承人的数量及比重

---

① 第二批国家级非物质文化遗产名录将"民间音乐"更名为"传统音乐",将"民间舞蹈"更名为"传统舞蹈",将"杂技与竞技"更名为"传统体育、游艺与杂技",将"民间美术"更名为"传统美术",将"传统手工技艺"更名为"传统技艺"。

2. 十大类中不同性别少数民族传承人数量的差异

从传承人的性别来看，不同类别的非遗名录中的传承人都呈现"男多女少"的情况。在不同类别的少数民族传承人中，民间音乐的女性少数民族传承人最多，为24人；其次是传统手工技艺（19人）、民间美术（16人）、民俗（13人）、民间舞蹈（11人）、民间文学（10人）；接着是传统戏剧（9人）、曲艺（9人）、杂技与竞技（2人）、传统医药（1人）。民间舞蹈的男性传承人最多，为80人；其次是民间音乐和传统手工技艺（66人）、民间文学（51人）、传统戏剧（39人）；然后是传统医药（27人）、民间美术（24人）、民俗（18人）、曲艺（13人）；最后是杂技与竞技（8人）。在各类少数民族传承人中，女性传承人比重最高的是民俗类，为41.94%；其次是曲艺类（40.91%）、民间美术类（40%）、民间音乐（26.67%）、传统手工技艺（22.35%）、杂技与竞技（20%）；再次是传统戏剧（18.75%）、民间文学（16.39%）、民间舞蹈（12.09%）；比重最少的是传统医药，为3.57%（见图4）。

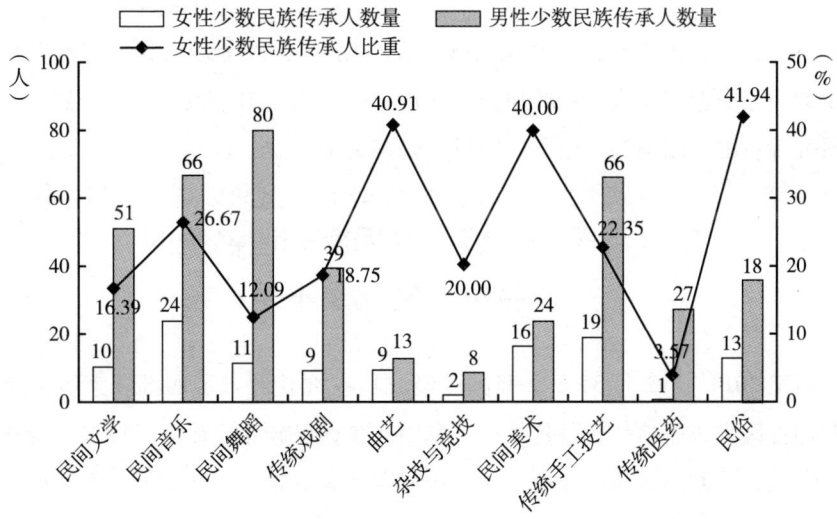

图4 国家级少数民族非遗代表性传承人中不同性别传承人数量及女性比重

3. 各个少数民族非遗传承人数量相差悬殊

在文化部颁布的四批国家级非遗名录中，并非55个少数民族都有国家级非遗传承人，怒族、门巴族、普米族、塔塔尔族、高山族、珞巴族、基诺族和独龙族等8个少数民族没有对应的少数民族非遗传承人。其中，国家级非遗传承人数量最多的是藏族，为122人；其次是蒙古族（50人）、维吾尔族（35人）、苗族（33人）、土家族（29人）、回族（26人）、满族（24人）、彝族（22人）、侗族（21人）；接着是傣族（12人），布依族和壮族都为9人；黎族、土族和瑶族都为8人。有国家级非遗传承人但数量最少的少数民族是德昂族、京族、俄罗斯族、毛南族、仡佬族、景颇族、仫佬族、乌孜别克族、鄂温克族，都为1人。

4. 各个省份非遗传承人数量多少不一

文化部颁布的四批国家级非遗代表性传承人中，各个省份的少数民族非遗传承人数量多少不一，同样多集中于我国的西南、西北、东北以及部分中部地区。其中以西藏自治区最多，为68人；第二位是云南省，为63人；第三位是新疆维吾尔自治区，为62人；第四位是贵州省，为60人；第五位是青海省，为46人；其次是内蒙古自治区（35人）、湖南省（28人）、四川（20人）；然后是广西（19人）、甘肃（18人）、湖北、北京、黑龙江和辽宁都为10人；其他省（市、自治区）的少数民族传承人都在10人以下。部分省市没有国家级少数民族非遗传承人。一些单位名义申报的传承人名单也在其中，如中国艺术研究院、国家图书馆、中国中医科学院都为1人。①

二 我国国家级少数民族非遗名录的
特征、成就及不足

截至2014年12月31日，我国已经成功审批并颁布了四批国家级非遗名录和四批国家级非遗代表性传承人。其中，少数民族非遗体现了较多的特殊性与复杂性，一方面是我国非遗保护工作取得重大成就的显现，另一方面也说明目前的名录还有值得完善的地方。

---

① 申报单位不是具体省级政府而是企事业单位或者社会团体研究机构，如果是全国性单位如中国艺术研究院单独按照省级单位进行统计；如果是西藏医学院则归属该传承人为西藏自治区。

（一）我国国家级少数民族非遗名录的特殊性与复杂性

通过对我国国家级少数民族非遗名录和代表性传承人名录的统计后发现，名录中存在着较多的特殊性与复杂性，对我国非遗的保护与传承造成了众多的直接影响和间接影响。仔细研究并了解这些特殊性与复杂性，对于顺利解决保护和传承非遗名录中的诸多难题有着多重的现实意义。

1. 单一型项目与复合型项目共存

名录中有较多的单一型项目，也有较多的复合型项目；国家级名录多为复合型项目，省级、市级、县级名录则多为单一型项目。如藏医药（拉萨北派藏医水银洗炼法和藏药仁青常觉配伍技艺、甘孜州南派藏医药）入选我国第一批非遗名录，在第一批扩展名录中增加了藏医外治法、藏医尿诊法、藏医药浴疗法、甘南藏医药、藏药炮制技艺、藏药七十味珍珠丸配伍技艺、藏药珊瑚七十味丸配伍技艺、藏药阿如拉炮制技艺、七十味珍珠丸赛太炮制技艺，第二批扩展名录中又增加藏医骨伤疗法，第三批扩展名录中又增加山南藏医药浴法、藏医放血疗法。如此之多的藏医药疗法和藏医药制作技艺专门以一项复合型项目代之，显得十分不合理。[①] 毫无疑问，藏医药是复合型项目的典型代表。况且，他们之间的差别较大，属于藏族医学与药学中的单独的技艺、疗法或者诊法，不能以一项统盖之。另外，有较多非遗为单一型项目，如各个少数民族的婚礼的名录中，就体现出较大的单一性，不同民族的婚礼分别形成了一个非遗项目。如第一批国家非遗名录中的土族婚礼（Ⅹ-56）、撒拉族婚礼（Ⅹ-57），第二批非遗名录中的朝鲜族传统婚礼（Ⅹ-99）、塔吉克族婚俗（Ⅹ-100），就属于单一型的项目。

2. 多个民族共享的非遗项目的存在

国家级非遗名录中也存在较多的项目为多个少数民族共同享有的一种状况。此种情况的出现有三种：一是同一种非遗为多个少数民族传承和延续，但其具体表现形态大同小异；二是同一种非遗为多个少数民族传承和延续，但其具体表现形态大相径庭；三是与部分复合型项目一样，将不同地区、不同民族的非遗集中在一起，从而形成了一个复合型项目。在具体的国家级非遗名录统

---

① 王伟杰：《中国传统医药类非物质文化遗产分类研究》，《江西社会科学》2013年第11期。

计中，由于其民族归属过于复杂，我们统一将其归为"综合类"。

如花儿（Ⅱ-20）在第一批国家级非遗名录中有莲花山花儿会、松鸣岩花儿会、二郎山花儿会、老爷山花儿会、丹麻土族花儿会、七里寺花儿会、瞿昙寺花儿会、宁夏回族山花儿等多个地区的不同形态，陆续又增加了新疆花儿、张家川花儿等扩展项目，既涵盖了不同省份和地区，又涉及较多民族。据资料显示，花儿是广泛流传于甘肃、青海、宁夏及新疆四省区的回、汉、土、东乡、保安、撒拉、藏、裕固8个民族中的山歌品种，[①] 自然为多个民族传承和保护，但他们之间的形态大同小异，并无太大差别，属于第一种情况。

另外，一些非遗项目虽然统合在一起，其表演形式有极大的相似性，但形态万千，是第二种情况的代表。如第一批非遗名录中的傩戏（Ⅳ-89）中有武安傩戏、池州傩戏等汉族傩戏，也有侗族傩戏等少数民族傩戏，第一批扩展名录中又增添了仡佬族傩戏、恩施傩戏等少数民族傩戏。虽然他们都是傩戏的表演形式，但形态万千，民俗功能也不尽相同，因此与第一种情况绝不相同。

第三种情况的案例是第三批非遗名录民俗类中的婚俗（Ⅹ-139）一项，内含朝鲜族回婚礼、达斡尔族传统婚俗、彝族传统婚俗、裕固族传统婚俗、回族传统婚俗、哈萨克族传统婚俗、锡伯族传统婚俗，在与第四批国家级非遗名录一同颁布的扩展名录中，婚俗中又加入了赫哲族婚俗、畲族婚俗、瑶族婚俗，包含了较多少数民族的传统婚俗，属于较为复杂的综合项目，与复合型项目相似。

3. 非遗在流布和传承中出现的传承人身份变更

非遗在区域间、代际口耳相传时，出现了代表性传承人与非遗项目的民族归属不统一的状况，这是民族交流与融合的结果，更是多民族国家共同创造了灿烂丰富的中华文明的例证。其中有汉族传承人继承少数民族非遗项目的现象，也有少数民族传承人继承汉族非遗项目的情况，更有一个少数民族非遗项目被另一个少数民族代表性传承人传承的现象。在非遗传承人民族归属的统计中，我们更注重的是传承人的民族成分，而不是依赖非遗项目的民族属性来决定其民族归属，因此就出现了传承人与非遗项目民族属性不相同的现象。如中

---

① 周和平主编《第一批国家级非物质文化遗产名录图典（上）》，文化艺术出版社，2007，第81页。

国工程院院士吴咸中（非遗传承人序号为202）为第一批国家级非遗名录传统医药类"中医生命与疾病认知方式"（Ⅸ-1）的代表性传承人，虽然是传统的汉族非遗，但吴咸中是满族人。第一批非遗名录中传统医药类非遗藏医药（Ⅸ-9）是藏族人民智慧的结晶，但第三批非遗代表性传承人中桑杰（非遗传承人序号为03-1459）为蒙古族。第一批国家级非遗名录中的传统技艺类非遗加牙藏族织毯技艺（Ⅷ-22）为青海安多藏区和康巴藏区的藏族同胞制作藏毯的传统手工技艺，但第一批非遗代表性传承人杨永良（非遗传承人序号为141）为汉族人。

（二）我国少数民族非遗名录的成就

1. 世界级、国家级、省级、市级、县级五级名录体系

2006年，我国有29项世界级非遗，其中有一些就是少数民族非遗。另外，我国各级地方政府根据非遗保护的现实需要，也颁布了省级、市级和县级非遗名录，由此形成我国体系较为完备的五级非遗名录体系。目前，较多省份的非遗名录大多也颁布了四批，另外一些省份颁布了三批，较少的省份颁布了五批非遗名录，如广东省。在一些地市，出现了六批及以上的非遗名录，如葫芦岛市颁布了六批非遗名录，温州市前后共颁布了八批非遗名录。各级地方政府在非遗名录的基础之上，积极评选出了非遗传承人，为非遗的全方位保护与传承打下了坚实的基础。

2. 与汉族交相呼应的非遗数量与质量

同汉族非遗一样，少数民族非遗同样有着较多的数量；同时由于其特色鲜明、形态多样，少数民族非遗成为我国非遗名录的重要组成部分。我国颁布的四批国家级非遗名录共计1372项，其中少数民族非遗项目为477项，占总数的34.77%。同样在四批国家级非遗1986位代表性传承人中有少数民族传承人506人，占总数的25.48%。这些非遗项目及其传承人为少数民族地区文化与经济的融合发展创造了良好的条件。

3. 各省、自治区、直辖市的非遗分布相对均衡

我国少数民族非遗项目虽然集中在我国部分地区（这些地区基本上为我国的少数民族聚集区，与我国"大杂居、小聚居"的人口分布特征基本类似），但其在我国的这些省份分布相对均匀。在我国少数民族较为集中的西

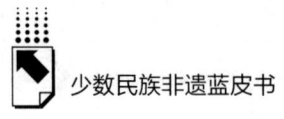

南、西北、东北等省、自治区、直辖市，每个省份都有较多的国家级少数民族非遗项目，并有较多的少数民族非遗代表性传承人。

4. 十大分类的科学性和权威性

我国在 2006 年颁布了首批国家级非遗名录，将我国的非遗分为民间文学、民间音乐（第二批改为"传统音乐"）、民间舞蹈（第二批改为"传统舞蹈"）、传统戏剧、曲艺、杂技与竞技（第二批改为"传统体育、游艺与杂技"）、民间美术（第二批改为"传统美术"）、传统手工技艺（第二批改为"传统技艺"）、传统医药、民俗十大类，为多年来困扰学术界的非遗分类问题提供了科学权威的分类标准。十大分类的确定为我国非遗的保护提供了有章可循的标准，更为采用现代化的数字化技术对非遗进行搜集、存储、保护、展示等奠定了基础。

（三）我国少数民族非遗申报及审批中的不足

1. 亟待在一级分类基础上进行二级、三级分类

我国在 2006 年颁布首批非遗名录之后，2009 年、2011 年、2014 年又先后颁布了三批国家级非遗名录，各级地方政府也相继颁布了省级、市级、县级非遗名录，面对越来越多的非遗项目，利用十大分类的方法对之进行统计显得越来越捉襟见肘。因此，在提出了非遗的十大分类之后，围绕十大分类继续进行二级、三级分类，为非遗申报、评审、管理、保护提供便利，从而使构建非遗名录的分类体系成了当务之急。

2. 国家级、省级等一级分类体系不统一

由于部分省份根据本省的特殊省情，在省级的非遗项目评定中，一级分类与国家级非遗名录的十大一级分类不尽相同。如贵州省于 2005 年颁布的首批非遗名录的一级分类为 13 个：民间信仰类、民间音乐类、岁时节令类、文化空间类、人生礼俗类、传统体育竞技类、民间手工技艺类、民间舞蹈类、民间文学（口头文学）类、民间知识类、戏曲类、民间杂技类、曲艺类。贵州省第二批非遗名录的一级分类与国家级非遗名录的一级分类完全吻合。黑龙江省于 2007 年颁布的首批非遗名录的一级分类也为 13 个：民间文学，民间美术，民间音乐，民间舞蹈，戏曲，曲艺，民间杂技，民间手工技艺，生产商贸习俗，消费习俗，岁时节令，人生礼俗，游艺、传统体育与竞技。同样地，黑龙江省第二批非遗名录就完全参照了国家级非遗名录的一级分类。然而多个省份的分类体系不尽相同，会给非遗的有效申报和管理带来较大不便。

3. 个别少数民族类非遗数量较少

在国家级非遗名录中，虽然55个少数民族除门巴族外都有自己的专属非遗项目，但是个别少数民族的非遗项目只有1项，不利于这些少数民族非物质文化的有效传承，更不利于当地的文化生态的良性发展。如项目数量较少的基诺族、保安族、仫佬族、乌孜别克族、独龙族、门巴族、普米族、东乡族、塔塔尔族和高山族，应继续增加非遗项目的数量，以全方位地维护我国民族文化的多元性和完整性。

4. 文化空间等国家级非遗项目的缺失

联合国教科文组织《保护非物质文化遗产公约》对非遗的定义指出非遗包含"文化场所"等，联合国教科文组织在2005年也批准了哥伦比亚的帕兰克－德－圣巴西里奥文化空间为世界非遗项目，同一批次也批准了马里的亚饶－戴高文化空间为世界非遗项目，因此，文化空间是相对重要的非遗项目，我国各个省份的非遗名录中也批准了部分文化空间类项目为省级非遗项目，为各省非遗的整体性保护提供了范例，如贵州省的首批非遗名录中的六枝梭嘎箐苗文化空间，但国家级文化空间类非遗项目暂时处于缺失的状态。

5. 项目归属过于单一

国家级非遗项目龙舞（Ⅲ－4）包含音乐、舞蹈、美术元素、扎制技艺、唱词等多个层面，但其主体表现形式是舞蹈，便放至于民间舞蹈类。然而，一些非遗项目虽然只归属为一类，但同时又与其他类别相关，如此一来归属问题又成为困扰非遗项目评定者的难题。鉴于联合国允许同时具备两项特征的非遗存在，我国也可以对较为特殊的非遗给予同属两类非遗的特殊优待。在世界级非遗中，就出现了单项非遗属于多个非遗类别的情况，如联合国教科文组织公布的人类口头与非遗代表作名录中，第一批的"扎巴拉人的口头遗产与文化活动"同属于"口头传统"和"传统知识技艺"两类，第二批的"中非阿卡·俾格米人口头传统"同属于"传统音乐"与"口头传统"等。

三 我国少数民族非遗保护与传承的基本现状

面对如此之多的非遗项目，如何传承和保护这些非遗便成为目前各级政府

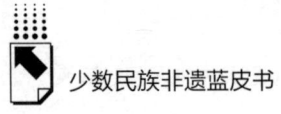

和学术界面临的重大问题。虽然生产性保护等保护方式逐步被应用到非遗的保护中去，并取得了一定的成效，但我国的少数民族非遗在传承中仍然受到了来自内部和外部的多方面的威胁。

（一）我国少数民族非遗保护与传承的重要成就

1. 各级政府保护及传承意识的重视和提升

自2006年我国颁布了第一批国家级非遗名录之后，各地各级政府积极筹划申报非遗项目的积极性空前高涨。这也从侧面反映出我国各级政府在非遗保护意识层面的重视和提升，并积极落到了实处。一是各级政府基本都颁布了旨在保护和传承非遗的法律法规；二是制定了适合本省省情的省级、市级和县级非遗名录；三是个别地方出台了针对本省非遗保护、经济发展等一体化的非遗发展规划，为多样性保护和发展非遗提供了范例。作为一些省份非遗名录的重要组成部分甚至是主要部分，少数民族非遗也在非遗整体的保护之下得到了良好安置。

2. 生产性保护等保护手段的有效运用

中国非遗保护严格贯彻执行联合国教科文组织《保护非物质文化遗产公约》的精神，始终遵循"保护为主、抢救第一、合理利用、传承发展"的方针，对不同类别、不同存续状况的非遗项目采取了多样化的保护方式，包含立法保护、抢救性保护、整体性保护和生产性保护。生产性保护是其中最能体现"经济和文化发展互补原则"以及"可持续发展原则"的保护方式，通常称之为"自我造血"的保护。① 我国的《非物质文化遗产法》也明确规定："国家鼓励和支持发挥非遗资源的特殊优势，在有效保护的基础上，合理利用非遗代表性项目开发具有地方、民族特色和市场潜力的文化产品和文化服务。"在此基础之上，非遗为地方文化建设和经济建设的协同发展做出了重要贡献，部分民族地区结合国家级非遗创新了文化业态（见图5），取得了较为成功的社会效益和经济效益。

3. 文化生态保护区等整体性保护工作的有效展开

我国在《国家"十一五"时期文化发展规划纲要·民族文化保护》中提

---

① 邱春林：《生产性保护：非遗的"自我造血"》，《中国文化报》2012年2月21日。

出了"确定10个国家级民族民间文化生态保护区"的重要目标,旨在通过划定文化生态保护区,将民族民间文化遗产原状地保存在其所属的区域及环境中,使之成为"活文化",是保护文化生态的一种有效方式。目前,文化部已经

图5　根据国家级非遗瑶族医药(药浴疗法)建设的瑶香灵谷会所

于2008年11月在四川省和陕西省批准成立羌族文化生态保护实验区,于2010年5月在湖南批准成立武陵山区(湘西)土家族苗族文化生态保护实验区。2012年5月1日实施的《贵州省非物质文化遗产保护条例》也提出,"在非物质文化遗产资源丰富、具有重要价值和广泛群众基础的特定区域可设立文化生态保护区,对非遗实行区域性整体保护",使文化生态保护区的概念进入了法律体系。① 通过文化生态保护区的建设,区域内的非遗和物质文化遗产得到了良好的保护,是明确贯彻非遗"整体性保护"的重要举措。由于我国的非遗一级分类之中没有文化空间一类,文化生态保护区的设立弥补了文化空间类非遗缺失的不足。

4. 以非遗为原版创造的文化艺术精品不断涌现

经济与文化互补发展原则是非遗保护的重要原则,通过生产性保护等手段,一些举世闻名的少数民族非遗被打造成为一部部优秀的文化艺术精品,成为人们喜闻乐见的文化产品。这些文化产品在取得了良好的经济效益的同时,传播了民族文化,并使一些濒临灭亡的非遗重新焕发了生机。如壮族姑娘刘三姐是广西等省份民间传说中的一位机智人物,"刘三姐歌谣"(Ⅰ-23)也是我国首批非遗名录中民间文学类非遗。目前,围绕着"刘三姐"拍摄的电影、电视剧早已出现并受到广大人民群众的欢迎。于2004年3月20日首次正式在广西桂林市上演的《印象·刘三姐》更是取得了极高的艺术成就,是全世界

---

① 胡星:《"文化生态保护区"概念首次进入中国法律体系》,中华人民共和国知识产权局网站,2012年5月10日,http://www.sipo.gov.cn/mtjj/2012/201205/t20120510_688949.html。

第一部全新概念的"山水实景演出",成为一次演出的革命、一次视觉的革命。在山东台儿庄古城进行的第二届中国非遗博览会上,少数民族非遗产品受到了参观者和游客的追捧:"保安族腰刀价格从几百元到上万元,一幅水族马尾绣的杯垫要上千元,一幅藏族唐卡几万元到四五十万元……但是价格并没有阻挡游客的热情"。①

5. 非遗学科建设及学术研究如火如荼地开展

非遗的保护是一项复杂的工程,需要政府、学术界、市场的全方位参与。非遗的评选与颁布,是文化管理部门与学术界共同努力的结果。因此,非遗最终有效地延续和传承,需要学术界众多专家学者的积极参与,为我国非遗的保护集思广益。随着"非遗热"的兴起,学术界针对非遗的研究也逐渐增多:一是大量有关非遗和少数民族非遗的专著、教材、研究报告和大量的学术论文逐步问世;二是国家针对非遗的保护与活化设置了较多的科研项目,包含科技支撑计划项目、国家艺术基金项目等等,尤其是针对民族地区少数民族非遗的数字化保护与传承等研究领域,项目较多;三是部分高等院校相继设立了文化遗产管理等相关专业,涵盖了非遗保护等相关方向,并逐渐形成学士—硕士—博士—博士后一体化的人才培养体系;四是民族高校根据自身发展的实际情况,成立了各类少数民族非遗研究所(中心),使少数民族非遗的研究落到实处。

6. 薪传奖的设立为非遗的传承起到了促进作用

"中华非物质文化遗产传承人薪传奖"是我国非遗保护工作机构面向中国内地和港、澳、台地区,为表彰中华非遗传承做出杰出贡献的各级非遗代表性传承人,以推动非遗的保护以及中华优秀传统文化的继承和弘扬而设立的专业奖项。从2012年至今,我国先后举行了三届"薪传奖"的评选。每届都有60名来自不同民族、不同类别名录的非遗传承人获得表彰。如在第二届"中华非物质文化遗产传承人薪传奖"获奖名单中,就有21名少数民族传承人获得此项殊荣,占当届总人数的35%(见表3)。"薪传奖"的设立,对逐步建立非遗传承保护的社会激励机制、探索符合非遗自身规律的保护方式、激发非遗薪火相传的内在动力具有重要意义。

---

① 娄辰、张晶:《非物质文化遗产产品走俏,凸显中国文化产业潜力》,新华网,2012年9月9日,http://news.xinhuanet.com/fortune/2012 - 09/09/c_ 113008693. htm。

表3 第二届"中华非物质文化遗产传承人薪传奖"获奖少数民族人员名单

序号	省份	姓名	性别	民族	出生年月	项目类别
1	北京市	连丽如	女	满	1942.2	曲艺
2	内蒙古自治区	宝音德力格尔	女	蒙古	1932	传统音乐
3	内蒙古自治区	布林	男	蒙古	1940.1	传统音乐
4	黑龙江省	吴明新	男	赫哲	1937.2	曲艺
5	广东省	唐买社公	男	瑶	1944.1	民俗
6	广西壮族自治区	杨似玉	男	侗	1955.8	传统技艺
7	广西壮族自治区	闭克坚	男	壮	1938.7	传统戏剧
8	海南省	符林早	女	黎	1964.5	传统技艺
9	贵州省	万政文	男	苗	1951.2	传统舞蹈
10	贵州省	王景才	男	苗	1968.2	传统舞蹈
11	云南省	郭有珍	女	彝	1943.5	民间文学
12	云南省	李增保	男	拉祜	1929.1	传统舞蹈
13	西藏自治区	洛桑多吉	男	藏	1956.9	传统医药
14	西藏自治区	尼玛次仁	男	藏	1959.8	传统医药
15	甘肃省	马金山	男	东乡	1946.7	传统音乐
16	青海省	西合道	男	藏	1946.2	传统美术
17	青海省	马进明	男	撒拉	1947.11	传统技艺
18	宁夏回族自治区	张宝玉	男	回	1946.9	传统医药
19	新疆维吾尔自治区	艾赛提·莫合塔	男	维吾尔	1938.7	传统音乐
20	新疆维吾尔自治区	萨日塔洪·哈德尔阿洪	男	柯尔克孜	1941.12	民间文学
21	新疆生产建设兵团	阿瓦依·哈尼塞提	女	哈萨克	1967.5	传统美术

注：原资料中也没有给出宝音德力格尔的确切出生月份。

（二）我国少数民族非遗保护与传承的问题与不足

1. 项目繁多之后的"重申报轻管理"问题

非遗的保护是一项长期的工作，也是一项相对费时费力而又艰苦的工作。由于前期的资金投入较大，而且不能立即产生较好的经济效益和社会效益，且部分民族地区缺乏一定的财政资金，一些地方出现了"重申报轻管理"的现象，值得我们警惕和深思。实质上，非遗名录的确定只是非遗保护工作开展的第一步，从搜集、整理到申报、评选，以至获批是一个较漫长的过程，非遗从获批到有效保护和传承更是一个几代人、几十代人甚至几百代人都要坚持的事业。这些"重申报轻管理"现象的出现自然与地方财政拮据有很大关系，但也与地方领导"经济效益至上"等观念相关。在追求经济增长率的发展理念下，一些地方领导没有对非遗的价值及其抢救工作给予足够重视。反映在具体的操作层面，就是对列入的国家级非遗项目，缺少较为科学的保护计划和具体的保护实施措施，以致一些非遗遭受破坏的现象还没有得到遏止，部分非遗传承人的生活较为困难。

2. 少数民族非遗资源过度开发导致"开发性破坏"

同样是经济利益的诱惑，多少地方政府申报各类文化遗产的热情空前高涨，成为另外一种"申遗热"的景象。为了以非遗来带动当地旅游业的发展，不少非遗成为开发的卖点和对象，以致部分地区出现了"开发性破坏"的现象。一方面，少数民族非遗成为发展民族文化旅游的重要的民族文化资源，另一方面却在开发中遭受本真性破坏的威胁，不但失去了少数民族非遗原有的民俗文化功能，也失去了非遗赖以生存的文化土壤。甚至一些教授直接就对非遗资源的开发本身持否定态度，乃至不用"开发"二字，而用"活化"或者"利用"。2007年，在湖北省长阳县举办的"20年来中国非物质文化遗产保护的理论与实践学术研讨会"上，我国非遗研究著名学者刘守华教授就直接表达了对非遗产业化的反对："我们对非遗的保护工作还没有做到很完善的时候，就将其盲目推向市场进行开发利用，这等于是把原生态的非遗撕成碎片，无疑违背了保护的初衷。"

3. 少数民族非遗与生态环境、文化遗产等的整体性保护不足

同较多文化遗产一样，少数民族非遗是一个完整性的文化系统。较多的少数民族非遗的传承需要有娴熟技艺的传承人、一定的地理环境和人文环境、非遗涉及的各类器物、独特的民族语言和地方方言、众多熟知非遗审美标准和多元价值的受众等等。简而言之，少数民族非遗的保护需要一个完整的文化空间。然而，我国的非遗名录的十大分类中没有文化空间一类。虽然文化部也批准成立了一些少数民族文化生态保护区，但对于我国数以千万计的非遗来讲，是远远不足的。目前，少数民族非遗的保护没能完整地同生态环境保护、物质文化遗产保护、少数民族文化传播与传承结合起来，造成了一些非遗被碎片化保护的现状，不仅耗费了较多的资金和人力资源，更容易在保护不同种类的文化遗产和生态环境之中发生冲突。

4. 少数民族非遗传承人的稀缺与断代

少数民族非遗的传承离不开传承人,因此非遗的保护首先就要重视对少数民族非遗传承人的保护。作为非遗重要的承载者和传递者,狠抓对传承人的保护已经越来越成为目前我国"非遗"传承与保护的关键。虽然我国已经较为完善地建构了以国家级为主的四级代表性传承人保护制度,然而令人不安的是,非遗传承人的保护依旧有着极大的危机,尤其是我国西南、西北少数民族地区非遗传承人的危机最为严重,后继乏人、人亡艺绝的悲剧时有发生。我国各级政府在各地为少数民族非遗传承人提供了权利保障的同时,也明确规定了各级传承人应当遵守相关的法律法规,承担应有的作为一名非遗传承人的基本义务,尤其是每一位传承人都必须授收徒弟,以传承和保护宝贵的非遗。然而一些学者在调查中却发现,众多的少数民族非遗传承人都难以履行自身授收传习人的义务。虽然其中有多种原因,但最为重要的不是传承人自身不负责任,而是"无徒可教"。[①] 目前,少数民族地区民众受到现代化市场经济的影响,多半年轻人为生计而不辞辛劳,远赴我国东南沿海打工,却不愿待在家中。另外,一些年轻人更愿意接受外来流行文化,不愿意成为非遗传承人,以致非遗传承人的"断代"。因此,加强对少数民族非遗传承人的保护,已经成为目前非遗保护工作中的重中之重。

5. 少数民族非遗进课堂及学科发展之困

少数民族非遗进高校课堂是传承和保护非遗的重要形式之一,探索新型的少数民族非遗高校传承方式,有着理论和实践的双重意义。围绕着少数民族非遗建设新兴的交叉学科,并开设相关的本科专业,对少数民族非遗的有序传承和民族文化的传播都将大有裨益。然而,作为一门新兴的交叉学科,非遗学的地位是相对尴尬的,既与民俗学息息相关,又不能完全等同于民俗学。从非遗的十大分类来看,每一大类的非遗似乎都与其他学科紧密相连,从而使非遗学成为一门综合性的交叉学科。如名录中的民间文学对应民间文学或者民俗学、民间音乐对应音乐学、民间舞蹈对应舞蹈学、传统戏剧对应戏剧学、曲艺对应曲艺学、杂技与竞技对应体育学、民间美术对应美术学、传统手工技艺又对应

---

① 文永辉:《少数民族"非遗"传承人保护存在问题及制度完善——基于对贵州的田野调查》,《广西民族研究》2013年第1期。

餐饮学、建筑学等等。从少数民族非遗的角度来看,又与民族学关系密切。因此,如何承认非遗学的合法地位并给予合适的学科定位,是少数民族非遗进课堂的首要前提。

四 我国少数民族非遗未来保护与传承的对策建议

在世界经济一体化和全球化进程快速发展的今天,随着现代化的文化转型过程,少数民族非遗赖以生长的文化生态环境在迅速变化,① 给少数民族非遗的保护带来了极大的困难。展望未来,保护非遗工作的道路依然艰巨。我们要始终坚持"保护为主、抢救第一、合理利用、传承发展"的工作方针,使少数民族非遗得到有效保护和可持续发展。

(一)继续完善少数民族非遗名录体系

名录保护方式已经成为保护非遗最重要的措施之一,要使少数民族非遗得到更好的保护,少数民族非遗名录体系必须进一步完善。首先,在非遗名录十大分类的基础之上,针对一些少数民族非遗较为集中、亟须整体性保护的非遗可以增加文化空间类名录,以更好地为非遗的保护培育良好的文化土壤。尤其是我国少数民族非遗的传承都需要其独特的地理环境和人文环境,因此设置一些文化空间类名录可以实现整体性的传承和保护部分非遗。其次,非遗名录越来越多的情况,可以设置二级分类甚至是三级分类,构筑完善的非遗名录分类体系,从而为今后非遗的搜集、申报、评审、审批以至后期的数字化管理和保护提供科学分类依据。再次,加大少数民族非遗的申报和评审力度,尤其是一些少数民族的专有非遗项目,以提高少数民族非遗在各级非遗名录中的比例。鉴于少数民族非遗在数量上严重不足的现实,为维护各个地区的文化多样性,可以对一些人口较少、名录数量较少的少数民族的非遗进行深度挖掘和整理,并在申报和审批之中给予更多特例,以保护这些少数民族的文化。最后,针对一些非遗归属不清的问题,可以汲取联合国

---

① 王琼瑶:《少数民族非物质文化遗产保护工作意义重大——访中国艺术研究院院长、中国非物质文化遗产保护中心主任王文章》,《青海日报》2008年6月16日。

教科文组织在评定人类非遗名录中的经验,对较为特殊的非遗进行同属两类非遗的特殊优待。

(二)重视文化生态保护区等非遗聚集地的建设

文化生态保护实验区建设注重对非遗进行动态的整体性的保护,在一定范围内适应了非遗的活态流变性、恒定性和整体性等特征,从而使其成为非遗保护的一种科学措施。在今后的非遗保护工作中,我们必须重视文化生态保护区的建设,甚至应该加快对此类保护区的申报和审批速度,以使更多的少数民族非遗得到整体性的保护。2007年,文化部设立第一个国家级文化生态保护实验区——闽南文化生态保护实验区,文化生态保护区建设工作正式启动。目前,我国已经设立了多个少数民族文化生态保护实验区,有利于推动区域内非遗的保护和传承,维护区域内文化生态系统的平衡和完整,增强区域内人民群众自觉参与文化遗产保护活动的文化自觉。文化生态保护实验区成了保护非遗的创举。[①] 然而,文化生态保护实验区建设是一个新命题,我们处在"摸着石头过河"的阶段,因此需要持续地进行实践和探索,从而总结出保护非遗的成功道路。当前各级各地的文化生态保护实验区建设还存在着一些问题,例如意识上不重视、贯彻执行不足、实证研究相对滞后、财政资金投入严重不足等,使保护区内少数民族非遗的保护受到制约。因此,我们必须重视保护区的建设,一是要继续加快申报和审批过程,简化申报程序,扩大申报范围,提高申报成功率;二是在已经获批的保护区要科学编制和实施《国家级文化生态保护区总体规划》,从而使区域内的非遗保护工作能稳步推进;三是重视对保护区内少数民族非遗名录项目和代表性传承人的保护;四是将保护区的建设同保护区内生态环境的保护结合起来,也要加强对与非遗密切相关的物质实体的保护,从而真正地实现保护区各种文化资源的整体性保护。

(三)少数民族和汉族非遗的协同保护与传承

我国国家级非遗名录中有较多的复合型项目,由于其传承和保护都由多个

---

① 《建立文化生态保护实验区是保护非遗创举》,中国非物质文化遗产网,2012年10月21日,http://www.zgfy.org/contentRead.asp?classid=105&cmsid=14576。

少数民族乃至汉族所共同承担，因此其也由多个民族"共享"。一些非遗是由汉族传入少数民族，并融合了地域特色和民族特色；还有一些非遗是少数民族传入汉族，从而出现了由少数民族和汉族"共享"此类非遗的情况。对于此类非遗，单纯地依靠一个民族进行传承和延续，不利于非遗在民族交流融合中发展创新，反而会因为不适应社会发展的潮流而面临"无以为继"的危机。抛开一些民族偏见，合理地汲取来自各个民族的优秀文化特质，将有利于创造出新的文化。因此，少数民族非遗，保护的对象不仅仅是少数民族非遗，还应该包含汉族非遗；少数民族非遗保护也不仅仅是少数民族群众的伟大事业，更是全国人民乃至全人类的伟大实践。在未来非遗保护的伟大实践中，应加强汉族与少数民族之间、少数民族内部、国内和国外之间的沟通和协作，共同承担起延续优秀传统中国文化的伟大使命，为社会主义文化大发展、大繁荣做出伟大贡献。

（四）在非遗开发利用中拒绝"转基因"

国家非遗保护工作专家委员会委员田青曾指出："一些地方在非遗项目创新上走了弯路，把非遗变为精髓尽失的'转基因'产品，弱化甚至异化了其传统文化内涵，实质上是对传统文化、技艺的一种破坏、伤害。"随着我国文化体制改革进程的加快，民族文化产业发展的春天也即将到来，面对如此发展良机，一些地方政府将少数民族非遗视为地方经济发展的重要资源，为获取较高的经济利益，以致部分非遗的创新"变了味"。长期从事民俗学研究的江玉祥教授曾质疑所谓的"刺绣年画"和"葫芦年画"。一样的道理，如果我国的传统戏剧不再是原有的表现形式，而代之的是大量的美声唱法以及众多的声光电技术，民众所听到的此类地方戏剧自然地成为"转基因的文化食粮"。《中华人民共和国非物质文化遗产法》指明了方向："使用非物质文化遗产，应当尊重其形式和内涵。禁止以歪曲、贬损等方式使用非物质文化遗产。"因此，非遗的发展应当拒绝转基因，不能随意地因为市场的萎缩而武断地走上求变求奇之路，嫁接一些外来元素和流行元素。正确的做法应当是提炼"非遗"文化的"优质基因"，使众多的少数民族非遗在中华民族中传承百年千年而保持其优秀基因不变。虽然不同类别、项目的少数民族非遗有着千差万别的保护方式，但都有相应的"优质基因"：形态构成要素、特定的实现方式及其文化内涵与渊源等因素。一旦提炼出了"优质基因",就为非遗的科学化传承提供了便利,更能简单地判定"合理利用"与"破坏性保护"的区别与界限。①

(五)加强对少数民族非遗传承人的监管、保护与培养

因较多的少数民族非遗都需要口耳相传以延续其生命力,故非遗传承人在非遗的传承中有着重要的地位。我国较多的濒危非遗的主要问题就是传承人断层或后继无人。鉴于目前各类少数民族非遗名录出现的传承人在数量和质量上的诸多问题,必须从多元角度出发,仔细做好非遗传承人的监管、保护和培养工作。首先,对部分被评为国家级非遗传承人后带来巨大"身份转变"的传承者,应做好相应的监督敦促工作,在享有国家规定的相应权利之外,必须履行培养接班人的义务,不能只为获取经济利益而置社会利益于不顾。其次,针对少数民族非遗名录中濒危项目较多的现实状态,可以提高其传承人的补助费,由国家财政、省财政及市财政共同承担,使这些少数民族非遗传承人无后顾之忧。目前,云南省对国家级非遗传承人每人每年发放10000元补助费,由国家财政支付;对云南省省级非遗传承人每人每年发放3000元补助费。② 对一些居住在祖国边远地区的少数民族传承人来讲,补助金额相对较低,而一些产业化经济效益丰富的传承人,又不太需要相应的补助费。最后,应当加强对少数民族非遗传承人的培训和培养工作,采用高校培养等相应的模式,实现民族非遗教育的"双语教学",以培养少数民族非遗的大学生接班人。

(六)坚持非遗与自然遗产、文化遗产、农业遗产等的共同保护

我国的文化遗产众多,无论是在遗产种类还是在遗产数量都在世界上居于前列。除了世界级的非遗之外,还有世界文化遗产、世界自然遗产、世界自然与文化遗产、文化景观、全球重要农业文化等等。由于我国幅员辽阔、历史悠久,这些人类遗产中我国占较大比重,并且随着评定工作的逐步进行,我国拥有的这些遗产数量将会持续增加,因此如何保护这些人类遗产是全中国乃至全

---

① 吴晓颖、海明威、余里:《"非遗"保护存三大误区》,新华网,2011年6月3日,http://news.xinhuanet.com/shuhua/2011-06/03/c_121489974.htm。
② 吴晓亮、郝云华:《云南少数民族非遗新生代传承人"回逆再构"式培养研究》,《云南民族大学学报》(哲学社会科学版)2014年第1期。

世界人民的重要使命。从少数民族居住空间的角度看,由于地处偏远、交通不便等,无论是生态环境、农业生产抑或是民俗文化都处于一个相对封闭的空间,因此较多区域的民族社会处于一个保存完好的原生态的状态,并使一些非遗、农业文化遗产、自然遗产等扎堆出现。如贵州省从江县就是世界级非遗侗族大歌、全球重要农业文化遗产地"侗乡稻鱼鸭系统"、国家级非遗侗族服饰等重要遗产的聚集地,这些非遗迅速带动了当地文化旅游业的飞速发展。① 针对类似的遗产聚集地,必须采取"多方协调、整体保护"的方式,才能实现多种遗产资源保护的共赢。

(七)以地方政府为主导,推动少数民族非遗与公共文化服务体系建设共同发展

少数民族非遗所处的民族地区多为我国相对偏远的边疆地区和山区,因此保存得相对完善,并且具有重要的学术研究价值和文化价值。然而,由于基础设施不完善、交通不发达、地方财政经费不足等原因,这些地区的公共文化服务体系建设相对滞后。例如,一些地区农村文化大院没有完全普及,由于道路不便、语言障碍及经费不足等原因,"流动图书馆"以及"送文化下乡"等活动次数较少,尤其是公共文化产品的内容、时间、数量与当地少数民族群众的需求不对称,这些地区的农村公共文化服务体系建设与中东部地区相比有较大差距。在保护珍贵的非遗与完善公共文化服务体系的双重压力面前,可以充分利用当地少数民族非遗资源,坚持以"政府为主导、传承人为主体、农民广泛参与、市场积极运作"的原则,将民族地区的非遗等打造成为民众喜欢的公共文化产品,推动当地公共文化建设,满足少数民族地区民众的基本文化权益,并带动地方旅游业及相关产业链的发展。因此,政府应坚持科学保护理念,加大少数民族非遗的宣传力度,制定少数民族非遗发展规划,加大财政投入力度,借助我国新一轮的西部大开发建设,使少数民族非遗成为建设民族地区公共文化的重要文化资源,从而做好非遗代表性项目的传承、传播工作,推动非物质文化遗产保护迈上新台阶,为弘扬中华民族优秀传统文化做出新的贡献。

---

① 秦京午:《从江侗乡稻鱼鸭系统成为农业文化遗产地》,央视网,2011年6月11日,http://news.cntv.cn/20110611/104451.shtml。

专题篇
Special Reports

2006~2014年中国少数民族民间音乐类非物质文化遗产发展报告[*]

詹一虹　周雨城[**]

| 摘　要： | 民间音乐积淀了劳动人民的艺术智慧和创造才能，形成了多样性和复杂性的特征。近年来，我国少数民族民间音乐类非物质文化遗产保护与传承稳步发展，同时也面临着前所未有的挑战和危机。本文在概述少数民族民间音乐类非物质文化遗产发展现状的基础之上，针对少数民族民间音乐类非物质文化遗产发展中存在的传承断层、文化土壤不断恶化等问题，提出大力发展文化旅游、加强传承人队伍建设等建议， |

---

[*] 国家"十二五"科技支撑计划课题"荆楚文化遗产数字化公共服务模式及共性技术研究"（2012BAH83F01）和"非物质文化遗产数字化关键技术及示范应用"（2015BAK02B02）的阶段性成果。

[**] 詹一虹，博士、教授、博士生导师，华中师范大学国家文化产业研究中心常务副主任，研究方向：文化遗产管理；周雨城，华中师范大学国家文化产业研究中心在读硕士生，研究方向：文化资源与文化产业。

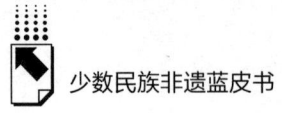

探讨少数民族民间音乐的可持续发展之路，以期为更好地保护及传承少数民族民间音乐类非物质文化遗产提供参考。

关键词： 少数民族　民间音乐　非物质文化遗产　保护与传承

民间音乐作为非物质文化遗产（以下简称"非遗"）的重要组成部分，有着民俗学、民族学、文化学、人类学以及艺术审美等多方面的巨大价值。各少数民族在日常生产、宗教祭祀及节庆活动中，创造了内涵丰富、形式多样、各具特色的少数民族民间音乐文化，它以音乐为核心、以文化为表征、以民族为特色、以"诗歌舞"相结合为主要表现形式①，进而成为中国民间音乐艺术极其重要的组成部分。然而，在西部大开发和现代文明的强烈冲击下，少数民族民间音乐类非遗的传承遇到了前所未有的困境，很多具有代表性的少数民族民间音乐走到了无人传唱、濒临消亡的地步。在当前弘扬中国传统文化的大环境下，从2005年开始，少数民族民间音乐类非遗得到国家和地方的高度重视，逐渐纳入到国家文化保护体系中来。

一　少数民族民间音乐类非遗保护与传承发展概况

近年来，少数民族民间音乐类非遗保护在国家和地方的大力支持下，取得了较为突出的成就，一大批优秀的少数民族民间音乐类非遗项目成功入选世界级、国家级、省市级保护名录，少数民族民间音乐类非遗的艺术、文学、民俗、美学等多方面的价值得到良好的挖掘，非遗项目涉及的文化事项、民族和地域不断扩大，少数民族民间音乐类非遗得到了有力的保护与传承。

（一）展开全国大普查，四级非遗代表作名录体系建立

2005年3月26日，国务院办公厅下发《国务院办公厅关于加强我国非物

---

① 常晶晶：《文化旅游与西南少数民族民间音乐传承》，《黑龙江民族丛刊》2013年第6期。

质文化遗产保护工作的意见》，提出大力开展非物质文化遗产普查工作，并建立国家级和省、市、县级非物质文化遗产代表作名录体系。① 通过在全国范围内的普查，大量的少数民族民间音乐类非遗被发现、挖掘出来，进入人们的视野，尤其是一些濒临消亡的民间音乐类非遗被发现，得到及时的保护。2005年底，文化部发布了《中国民族民间文化保护工程普查手册》，指导非物质文化遗产的普查工作。2006年5月，国务院发布第一批国家级非物质文化遗产名录，随后，我国不少省、区、市也建立了自己的省、市、县级名录。2006～2014年，国务院共公布了四批国家级非物质文化遗产代表性项目名录共计1372项和非遗扩展项目名录共计464项。

在国家公布的四批非遗代表性项目名录中，民间音乐共有170项，占四批国家非遗项目总数的12.39%，数量可观，可见民间音乐在非遗名录中占相当大比重；民间音乐类非遗扩展名录有52项，占扩展项目名录总数的11.2%，说明民间音乐的形式和形态呈现多样化特征。第一批、第二批、第三批、第四批国家非遗名录中民间音乐项目分别为72项、67项、16项和15项，占四批非遗总数比重分别为13.90%、13.14%、8.38%和9.80%，可见民间音乐类非遗名录呈逐年减少趋势（见图1）。其中，少数民族民间音乐类非遗共计70项（见表1），占民间音乐类非遗总数的41.18%。其中，第一批少数民族民间音乐非遗名录有21项，占第一批民间音乐类非遗总数的29.17%；第二批少数民族民间音乐非遗名录有31项，占第二批民间音乐类非遗总数的46.27%；第三批少数民族民间音乐非遗名录有8项，占第三批民间音乐类非遗总数的50%；第四批少数民族民间音乐非遗名录有10项，占第四批民间音乐类非遗总数的66.67%，可见少数民族民间音乐类名录占民间音乐类非遗名录相当大的比重，数量总体呈现较快上升趋势（见图2）。少数民族民间音乐类非遗申请的地域性和民族性，凸显了少数民族音乐艺术种类繁多，并且这些非遗不断走向现代社会，能够得到国家和人民大众的广泛认可。

---

① 国务院办公厅：《国务院办公厅关于加强我国非物质文化遗产保护工作的意见》，中华人民共和国中央人民政府，2005年8月15日，http://www.gov.cn/zwgk/2005-08/15/content_21681.htm。

表1 四批国家级非遗名录中少数民族民间音乐类非遗具体项目一览

非遗名录批次	少数民族民间音乐类非遗具体项目
第一批国家级非遗名录（21项）	Ⅱ-70 新疆维吾尔木卡姆艺术（十二木卡姆、吐鲁番木卡姆）、Ⅱ-63 回族民间器乐、Ⅱ-60 铜鼓十二调、Ⅱ-54 土家族打溜子、Ⅱ-38 羌笛演奏及制作技艺、Ⅱ-36 蒙古族四胡音乐、Ⅱ-35 蒙古族马头琴音乐、Ⅱ-32 那坡壮族民歌、Ⅱ-31 彝族海菜腔、Ⅱ-30 哈尼族多声部民歌、Ⅱ-29 侗族琵琶歌、Ⅱ-28 侗族大歌、Ⅱ-23 靖州苗族歌鼟、Ⅱ-21 藏族拉伊、Ⅱ-20 花儿（莲花山花儿会、松鸣岩花儿会、二郎山花儿会）、Ⅱ-19 裕固族民歌、Ⅱ-17 傈僳族民歌、Ⅱ-15 石柱土家啰儿调、Ⅱ-7 畲族民歌、Ⅱ-4 蒙古族呼麦、Ⅱ-3 蒙古族长调民歌
第一批扩展名录（9项）	Ⅱ-3 蒙古族长调民歌、Ⅱ-4 蒙古族呼麦、Ⅱ-7 畲族民歌、Ⅱ-20 花儿、Ⅱ-28 侗族大歌、Ⅱ-30 多声部民歌、Ⅱ-35 蒙古族马头琴音乐、Ⅱ-36 蒙古族四胡音乐、Ⅱ-54 土家族打溜子
第二批国家级非遗名录（31项）	Ⅱ-84 秀山民歌、Ⅱ-85 酉阳民歌、Ⅱ-91 爬山调Ⅱ-92 漫瀚调、Ⅱ-105 蒙古族民歌、Ⅱ-106 鄂温克族民歌（鄂温克叙事民歌）、Ⅱ-107 鄂伦春族民歌（鄂伦春族赞达仁）、Ⅱ-108 达斡尔族民歌（达斡尔扎恩达勒、罕伯岱达斡尔族民歌）、Ⅱ-109 苗族民歌（湘西苗族民歌、苗族飞歌）、Ⅱ-110 瑶族民歌（花瑶呜哇山歌）、Ⅱ-111 黎族民歌（琼中黎族民歌）、Ⅱ-112 布依族民歌（好花红调）、Ⅱ-113 彝族民歌（彝族酒歌）、Ⅱ-114 布朗族民歌（布朗族弹唱）、Ⅱ-115 藏族民歌、Ⅱ-116 维吾尔族民歌（罗布淖尔维吾尔族民歌）、Ⅱ-117 乌孜别克族埃希来、叶来、Ⅱ-118 回族宴席曲、Ⅱ-124 朝鲜族洞箫音乐、Ⅱ-125 土家族咚咚喹、Ⅱ-126 哈萨克六十二阔恩尔、Ⅱ-127 维吾尔族鼓吹乐、Ⅱ-128 洞经音乐（文昌洞经古乐、妙善学女子洞经音乐）、Ⅱ-129 芦笙音乐（侗族芦笙、苗族芒筒芦笙）、Ⅱ-130 布依族勒尤、Ⅱ-131 藏族扎木聂弹唱、Ⅱ-132 哈萨克族冬布拉艺术、Ⅱ-133 柯尔克孜族库姆孜艺术、Ⅱ-134 蒙古族绰尔、Ⅱ-135 黎族竹木器乐、Ⅱ-136 口弦音乐
第二批扩展名录（9项）	Ⅱ-7 畲族民歌、Ⅱ-29 侗族琵琶歌、Ⅱ-30 多声部民歌（潮水道-阿巴嘎潮尔）、Ⅱ-52 吹打（广西八音）、Ⅱ-105 蒙古族民歌（乌拉特民歌）、Ⅱ-109 苗族民歌（苗族飞歌）、Ⅱ-113 彝族民歌（彝族山歌）、Ⅱ-115 藏族民歌（藏族赶马调、班戈昌鲁）、Ⅱ-136 口弦音乐
第三批国家级非遗名录（8项）	Ⅱ-145 弥渡民歌、Ⅱ-147 阿里郎、Ⅱ-148 哈萨克族民歌、Ⅱ-149 塔吉克族民歌、Ⅱ-152 纳西族白沙细乐、Ⅱ-153 伽倻琴艺术、Ⅱ-154 京族独弦琴艺术、Ⅱ-155 哈萨克族库布孜
第三批扩展名录（10项）	Ⅱ-3 蒙古族长调民歌（巴尔虎长调）、Ⅱ-20 花儿（张家川花儿）、Ⅱ-21 藏族拉伊（那曲拉伊）、Ⅱ-30 多声部民歌（阿尔麦多声部民歌）、Ⅱ-36 蒙古族四胡音乐、Ⅱ-105 蒙古族民歌、Ⅱ-109 苗族民歌、Ⅱ-110 瑶族民歌、Ⅱ-115 藏族民歌（藏族酒曲）、Ⅱ-116 维吾尔族民歌
第四批国家级非遗名录（10项）	Ⅱ-156 土家族民歌、Ⅱ-160 撒拉族民歌、Ⅱ-161 锡伯族民歌、Ⅱ-162 凌云壮族七十二巫调音乐、Ⅱ-163 毕摩音乐、Ⅱ-164 剑川白曲、Ⅱ-165 阿斯尔、Ⅱ-167 蒙古族汗廷音乐、Ⅱ-169 潮尔（蒙古族弓弦乐）、Ⅱ-170 蒙古族托布秀尔音乐

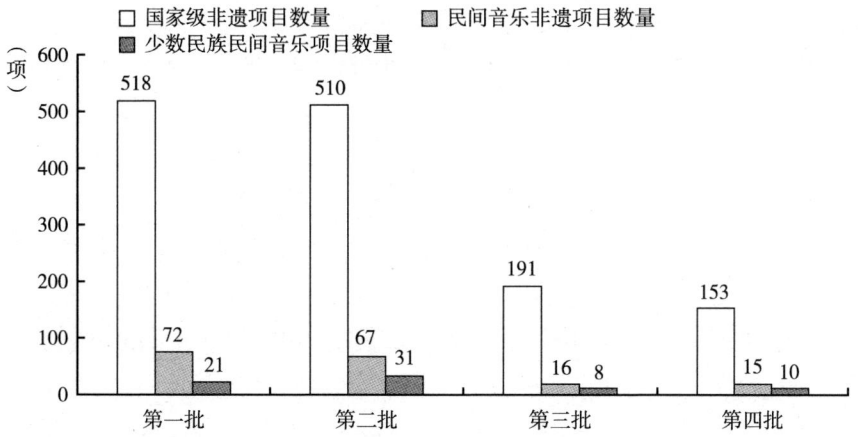

图1 四批国家非遗项目、民间音乐非遗项目及少数民族民间音乐非遗项目数量对比

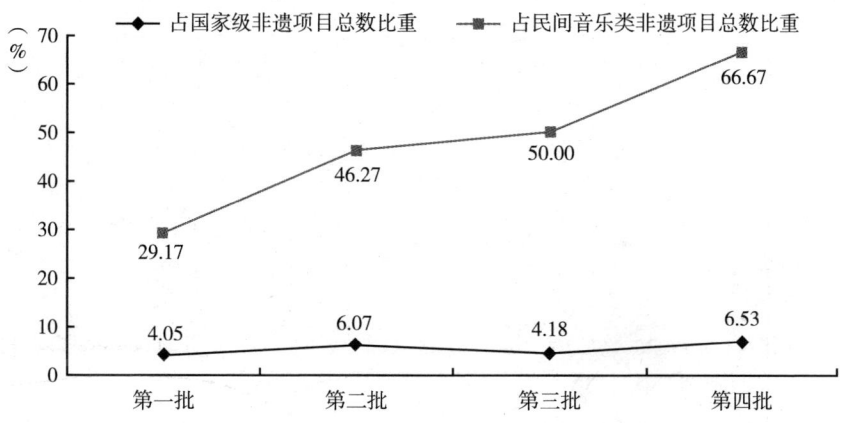

图2 四批国家级非遗名录中少数民族民间音乐类非遗所占比重

(二)少数民族民间音乐类非遗传承人保护机制不断完善

2007年,文化部印发了《文化部办公厅关于推荐国家级非物质文化遗产项目代表性传承人的通知》(办社图函〔2007〕111号),要不断鼓励和支持国家级非物质文化遗产项目代表性传承人开展传习活动,并于同年公布第一批国家级非物质文化遗产项目代表性传承人名单。2008年5月,文化部发布《国家级非物质文化遗产项目代表性传承人认定与管理暂行办法》,第四条规

定符合下列条件的公民可以申请或者被推荐为国家级非物质文化遗产项目代表性传承人：第一，掌握并承续某项国家级非物质文化遗产；第二，在一定区域或领域内被公认为具有代表性和影响力；第三，积极开展传承活动，培养后继人才。① 到2012年12月，文化部共公布了四批国家级非物质文化遗产项目代表性传承人名单，共计1986人，其中民间音乐类非遗传承人总数为231人（其中第一批不涉及民间音乐传承人），占四批国家级非遗传承人总数的11.63%；少数民族民间音乐类非遗传承人总数为90人，占民间音乐类非遗传承人总数的38.96%。其中，第二批少数民族民间音乐类非遗传承人共41人，占第二批民间音乐类非遗传承人总数的39.42%；第三批少数民族民间音乐类传承人共40人，占第三批民间音乐类非遗传承人总数的41.66%；第四批少数民族民间音乐类非遗传承人共9人，占第四批民间音乐类非遗传承人总数的29.03%（见图3）。同时，各省、市、县也公布了民间音乐类非遗相关传承人名单。

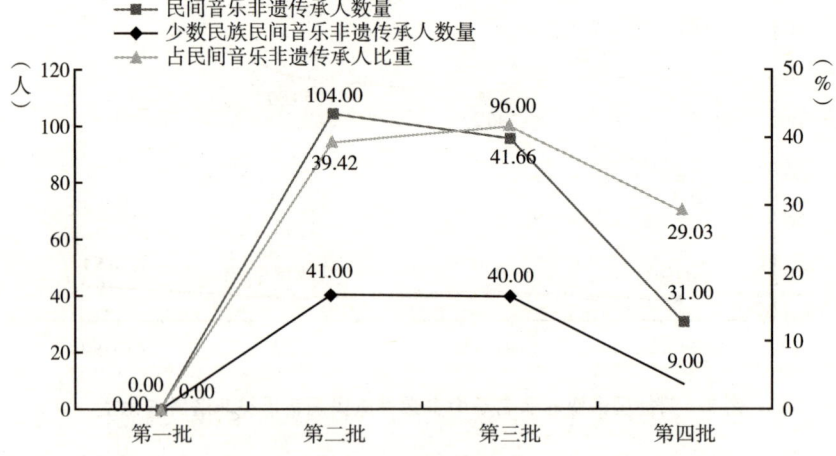

图3　四批国家级少数民族民间音乐传承人具体数量情况

文化部印发的《文化部办公厅关于推荐国家级非物质文化遗产项目代表性传承人的通知》（办社图函[2007]111号）要求各级文化行政部门应对开

---

① 文化部：《国家级非物质文化遗产项目代表性传承人认定与管理暂行办法》，中华人民共和国中央人民政府，2008年5月4日，http://www.gov.cn/gongbao/content/2008/content_1157918.htm。

展传习活动确有困难的国家级非物质文化遗产项目代表性传承人予以支持,支持方式主要有支持资助传承人的授徒传艺或教育培训活动等。另外,对无经济收入来源、生活确有困难的国家级非物质文化遗产项目代表性传承人,所在地文化行政部门应积极创造条件,并鼓励社会组织和个人进行资助,保障其基本生活需求。从2008年开始,中央财政对国家级非遗项目代表性传承人提供每人每年8000元的传习补贴,而从2011年开始,金额提高到每人每年10000元。① 同时,各省市县也对传承人生存、生活提供保障,如养老、生活补贴等,帮其解除后顾之忧。这一系列的措施,为少数民族地区国家级民间音乐类非遗项目传承人提供了专项传承活动经费,并提供了各项政策支持,少数民族地区民间音乐类非遗的传承人保护机制基本建立起来。

(三)少数民族民间音乐类非遗保护法规建设逐步加强

2000年,文化部、国家民委联合发布了《关于进一步加强少数民族文化工作的意见》,要求抓好民族文化艺术遗产的资料整理和民族文艺理论研究工作,着重强调大力加强保护少数民族老歌手、老艺人,抓紧抢救文献记载和口头流传的少数民族文化遗产。2003年,文化部与财政部联合国家民委、中国文联启动"中国民族民间文化保护工程",对加强少数民族文化遗产保护具有极为重大的意义。与此同时,为了加强非遗法律法规建设,全国人大常委会于2011年2月25日通过了《中华人民共和国非物质文化遗产法》,这部法律的出台对加强少数民族民间音乐类非遗保护工作有着极其重大的意义。

同时,各省市非遗保护条例相继出台,少数民族民间音乐类非遗保护的法律、法规、机制不断得到完善。2014年1月,《陕西省非物质文化遗产条例》出台,要求建立省(自治区、直辖市)、市、县(市、区)三级非物质文化遗产代表性项目名录,将体现中华民族优秀传统文化,同时具有历史、文学、艺术等价值的非物质文化遗产项目列入名录予以保护,实行动态管理。与此同时,在少数民族聚集的省、市、县也颁布了类似的保护条例,如云南、贵州、福建、广西、重庆颁布了省级非物质文化遗产保护条例,四川凉山彝族自治州、贵州玉屏侗族自治州、湖北长阳土家族自治县、海南保亭黎族苗族自治

---

① 徐颢哲:《"城镇化非遗保护意见"将出台》,《北京日报》2014年8月21日。

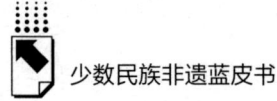

县、云南维西傈僳族自治县、四川北川羌族自治县等，也颁布了州、县非物质文化遗产保护条例，保护本地区少数民族民间音乐类非物质文化遗产。

（四）少数民族民间音乐类非遗民族文化之乡、民俗传习馆和生态博物馆相继设立

为了保护少数民族非遗的原生态环境，更好地保护与传承少数民族非遗，文化部于2010年发布《文化部办公厅关于开展国家级非物质文化遗产生产性保护示范基地建设的通知》，并于2011年8月，公布第一批国家级非物质文化遗产生产性保护示范基地公示名单。① 与此同时，各级政府部门先后建设了一大批少数民族传统文化保护区、少数民族艺术之乡、民族生态博物馆、民俗传习馆等非遗保护项目。一是设立民间文化艺术之乡和民族文化生态保护区，保护少数民族民间音乐文化。贵州省从20世纪90年代开始，已评选命名了64个独具特色的民族民间文化艺术之乡，如苗族芦笙艺术之乡、侗戏艺术之乡、彝族歌舞之乡等等。2012年，云南省将27个少数民族聚居村寨命名为"民族传统文化保护区"，列入省级保护名录，如翁丁村佤族传统文化保护区、糯黑彝族传统文化保护区等。2012年，宁夏回族自治区在海原、同心、泾源等8个"山花儿"自然流传村建立传承基地，命名"山花儿"民俗村，② 对少数民族民间音乐类非遗保护与传承起到重要的作用。二是各类少数民族非遗生态博物馆与传习馆相继开馆，大大加强了少数民族民间音乐类非遗的传播。2003年广西壮族自治区启动"广西民族生态博物馆建设1+10工程"，计划在全区各地新建10个专业生态博物馆。③ 经过8年努力，南丹里湖白裤瑶、三江侗族等10个民族生态博物馆相继开馆；同时，贵州省雷山县达地水族乡也吉水寨建起了水族博物馆，重庆开通少数民族传统文化数字博物馆。2010年，云南

---

① 文化部：《文化部关于公示第一批国家级非物质文化遗产生产性保护示范基地的通知》，中华人民共和国文化部，2011年8月5日，http：//www.mcprc.gov.cn/whzx/ggtz/201111/t20111121_420601.html。

② 贾莉：《宁夏非物质文化遗产保护负重前行》，宁夏商务，2006年12月16日，http：//ningxia.mofcom.gov.cn/aarticle/sjzhongyaozt/200612/20061204057056.html。

③ 向志强、吴小康：《广西建成11个民族生态博物馆》，新华网，2011年5月29日，http：//news.xinhuanet.com/shuhua/2011-05/30/c_121471563.htm。

首个非物质文化遗产传习馆在昆明市官渡古镇开课授徒。① 这些少数民族非遗博物馆与传习馆的建立取得了良好的社会效益，普及了少数民族民间音乐文化，对少数民族民间音乐类非遗传承有重要意义。

二　少数民族民间音乐类非遗保护、传承、开发过程中存在的问题

在国家的大力支持下，少数民族民间音乐类非遗得到较大发展，取得了不俗的成绩。但是，在信息化的今天，社会的经济结构、生产生活方式和审美意识都发生了巨大的变化，使少数民族民间音乐文化传承遇到了一些问题，如内容过于单薄、传承人危机等，直接影响到少数民族民间音乐类非遗的生存和发展。

（一）少数民族民间音乐类非遗日渐衰微

少数民族具有优秀的音乐文化传统，在悠久的历史长河中创作了大量脍炙人口的民间音乐艺术作品。受全球化、经济一体化、主流音乐文化的持续冲击，尤其是受网络媒体、手机媒体等新业态文化传播媒介的广泛影响，少数民族原有的生活方式和审美观念逐渐发生改变，特别是少数民族年轻人的思想和娱乐方式随之改变，对主流音乐文化要么是全盘接受，要么是刻意模仿，对民族民间音乐不感兴趣；许多年轻人对本民族语言和文化习俗日渐失去兴趣，他们大多数都不再穿戴民族服饰，对表达古老传说、乡土情怀和祭祀信仰的民间音乐失去了学习的兴趣，认为民族音乐"落后"、"保守"、"老土过时"，不符合时代潮流。傣族、土家族等少数民族在新人结婚前要集体唱"哭嫁歌"，人们用哭声来表达对新人的祝福，充分反映出土家族人民特有的民族风俗和人文关怀。但是，如今很多婚庆公司承办人们的婚礼，再难觅"哭嫁歌"的场景了；在国家级非遗西河大鼓的历史发展中，从小段到大书，实口实词少了，趟词多了，唱得越来越少，说得越来越多，有的干脆不唱了，就说评书了。很多少数民族民间音乐文化已经到了生死存亡的边缘。

---

① 王锦强：《少数民族非物质文化遗产保护入佳境》，《中国社会科学报》2010年9月14日。

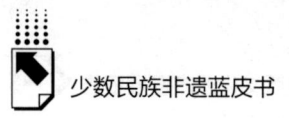

（二）少数民族民间音乐类非遗传承出现断层危机

少数民族民间音乐类非遗的传承方式主要有两种，一是群体传承，例如民间文化风俗活动的传承；二是个人传承，如特殊器乐演奏的音乐、特色器皿的制作等，大多是专门艺人传授。一方面是被誉为传统传唱"活化石"的老艺人正在减少；另一方面，封闭式的传承方式面临后继无人的尴尬局面，很多优秀的音乐品种濒临消亡，一些美妙的乐声再难见于世。"如果传承人没有了，活态的文化便立即中断，剩下的只能是一种纯物质的历史见证了"[①]。如侗族大歌（Ⅱ-28，国家级非遗）原来的很多传统体裁，如鼓楼大歌、叙事歌、踩堂歌等，已经不能唱全了。一些少数民族地区为了迎合游客的喜好，传统的侗族大歌已经不唱了，只反复演唱那三四首歌。

同时，民间音乐类非遗传承人的生活境遇不容乐观，极大地影响了民间音乐的有效传承。截至2014年12月，文化部公布了四批国家级非遗传承人名单，并对传承人给予补助。然而，传承人不仅仅是一个头衔和精神鼓励，更需要的是文化传承的保障——时间和经费[②]。只有解决了基本生活问题，才能将自己的技艺传承下去。如以少数民族非物质文化遗产丰富的云南省为例，2009年，据《昆明日报》的记者摸底调查，昆明90%以上的传承人贫困交加，面临无法将技艺传承下去的危险。2008年初，云南省表示，国家级和省级非遗传承人每年将获得4000~5000元的生活补助和传承经费，但这笔钱的落实却没有任何消息[③]。依靠"口传心授"、"言传身教"和"集体展演"作为主要传承方式的少数民族民间音乐，其生命力的脆弱在于一旦失去具有文化认同感的传人，它将迅速消亡。

（三）少数民族民间音乐文化生成土壤日益恶化

少数民族民间音乐类非遗是各少数民族地区世代沿袭的文化传承过程，更

[①] 周润健：《冯骥才：保护非物质文化遗产就是保护传承人》，新华网，2008年6月12日，http://news.xinhuanet.com/newscenter/2008-06/13/content_8358508.htm。

[②] 郎玉屏：《现代化进程中少数民族非物质文化遗产传承研究》，《西南民族大学学报》（人文社科版）2009年第10期。

[③] 贾薇：《云南昆明九成"非遗"传承人贫困交加》，《中国民族报》2008年7月11日。

重要是以口传心授、民族记忆的方式传递积累下来的,是保存于各民族形式各异的生产、生活和文化环境中的。因此,少数民族民间音乐类非遗保护与世代传承民族文化的艺人、表演者、观众息息相关,总是和一定群体的生产生活方式及生存状态交织在一起。随着民族地区政治、经济、文化等社会结构的不断变革,民族地区的经济获得较大发展,城市的发展速度日益加快,但是民间音乐类非遗赖以生存的文化土壤却日渐消失,例如民俗礼仪、民间信仰等濒危乃至面临断代的危险,使民间音乐类非遗保护面临前所未有的严峻形势。

首先是生活方式的变化。少数民族地区长期以来在吃住行、婚丧嫁娶等方面形成别具一格、颇具地域民族特色的生活习俗,正是在这种古朴的社会氛围中形成了丰富多彩的民间音乐文化。然而,随着西部大开发的推进,我国传统古村落不断消失,2000~2010年,我国自然村由363万个锐减至271万个,其中包含大量少数民族传统村落[1]。同时,少数民族地区大量青年人外出打工,民间活动逐渐弱化,民间音乐类非遗的民间基础正在消解,致使有些民间音乐逐渐消亡。其次是民间信仰的变化。少数民族地区传统的祭拜礼仪和祭祀习俗,往往在很多民间音乐中体现。然而随着少数民族青少年文化素质的不断提高,他们接受全新的价值观和世界观,逐渐摒弃落后的原始信仰观念,传统的祭祀活动也淡出人们的视野,那些与少数民族宗教信仰相关的民间音乐的传承遇到了很大困境。

三 少数民族民间音乐类非遗未来保护与传承的对策分析

在新时代背景下,实现少数民族民间音乐类非遗的可持续发展,是一项复杂而艰巨的工作。我们既要在那些已经丧失生存环境的古老音乐乐种消亡前进行大量细致的收集、整理、记录、保存工作,以保证少数民族民间音乐类非遗保护体系的相对完整性[2],同时又要为少数民族民间音乐类非遗寻找一条能与

---

[1] 陈杰:《10年减少90万个自然村中国传统村落保护迫在眉睫》,新华网,2013年6月5日,http://news.xinhuanet.com/local/2013-06/05/c_116033629.htm。
[2] 孙航:《"西部开发"与少数民族传统音乐的保护及传承》,《交响-西安音乐学院学报》2002年第4期。

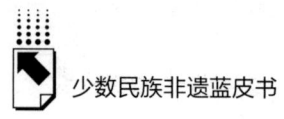

现代社会相适应的发展之路，避免传承出现断裂，为少数民族民间音乐文化的发展提供更为广阔的空间。

（一）加强少数民族民间音乐类非遗教育，鼓励社会群体积极参与

物质文化遗产源于民间，长期服务于大众，重点应由民间保护、民间传承，这才符合文化遗产保护传承的规律。① 少数民族民间音乐文化博大精深、种类繁多，必须加强少数民族民间音乐类非遗的教育工作。

一是在我国少数民族地区大中专院校及中小学普及民间音乐类非遗教育，"学校的音乐教育应牢固地建立在民族音乐的基础之上"。在中小学教育阶段，将少数民族民间音乐作为当地中小学生音乐的必修课程，聘请优秀的民间艺人授课，加深学生对本民族民间音乐文化的了解和认识，增强文化自信和文化自觉；在高等教育阶段，对音乐教育课程教学做出适当调整，鼓励广大青年学子对某一类民间音乐音种调查并撰写调查报告，同时将少数民族民间音乐纳入选修课程，培养他们对少数民族民间音乐文化的兴趣。此外，通过家庭、社会等多种教育渠道，将少数民族的民间音乐类非遗进行有效的、系统的、科学的传播。二是少数民族地区政府要加强宣传工作，向少数民族地区宣传非物质文化遗产保护的相关政策和法律法规，唤醒人们的保护意识。同时开展丰富多样的传承活动，通过自上而下、由专业到非专业、由学校到社会团体等多种模式广泛开展民间音乐的推广和普及活动，如定期举办民间音乐文化讲座、聘请民间音乐手工艺人在现场展示高超的音乐技艺等。三是开展对少数民族民间音乐类非遗的理论研究，广泛吸纳有关学术研究机构、音乐专业人才参与保护工作，深入开展少数民族民间音乐类非遗的理论研究。

（二）加大政府扶持力度，建立多元化立体保护体系

少数民族民间音乐是广大人民群众在长期的生产生活和实践中创作出来的艺术，是不可再生遗产。长期以来，民间音乐类非遗主要是在民间世代相传，这些专职的民间艺人是民间音乐类非遗传承中最为坚定和最为活跃的力量。面对当前少数民族民间音乐类非遗保护遇到的种种困境，政府应该采取有效的措

---

① 陈清：《民间力量是非遗保护主体》，《中国文化报》2014年10月22日。

施壮大民间传承的力量，在法律法规建设、传承人资助、濒危乐种保护等方面，建立多元化立体保护体系。

第一，完善少数民族民间音乐类非遗相关法律法规。目前还没有出台针对少数民族民间音乐类非遗的法规或条例，因此应该在国家、省市政府层面上尽快出台《少数民族民间音乐类非遗保护条例》，真正使少数民族民间音乐类非遗传承有法律保障。第二，对少数民族民间音乐类传承人予以资助，特别是濒危的音乐乐种要重点资助，组织专业人员对其进行整理抢救。第三，鼓励传承人收徒授艺，并创造条件让优秀的少数民族民间音乐进入社区、学校和城乡表演等，通过多种形式提高传承人创作的热情和群众的参与度，不断扩大少数民族民间音乐类非遗的影响力，丰富人民群众的文化生活。第四，建立少数民族民间音乐类非遗保护责任机制。一方面，建立健全少数民族民间音乐类非遗保护的监管机制，建立各少数民族各自治区、州、县文化部门多层级的监管机制，明确保护重点责任和履责重点，定期进行检查和考核；另一方面加强少数民族民间音乐类非遗项目管理，对专项保护资金实行专人管理、严格监督，确保传承人的补贴补助、专业人员的培训经费、调查设备购买等各项工作落到实处。

（三）加快少数民族民间音乐类非遗传承人队伍建设

传承人是非遗保护之本。保护民间音乐类非遗，不仅仅是保存文本、图像、作品原创物等资料，更应该注重对民间音乐类非遗传承人培养和扶持。

首先，传承人是民间音乐类非遗传承的主要载体，要保护民间音乐类非遗的原貌，必须提升传承人的社会地位，提高生活水平，使其有精力、有能力继续传承宝贵的音乐文化。一方面要对传承人生存、生活提供充分的保障，如养老、生活补贴等，帮助其解除后顾之忧；另一方面，对那些变为大众共享资源的家传独创性音乐演奏技艺，给予一定的经济补偿，以体现其价值。其次，不断拓展传承人才培养渠道，创作出一批别具一格的少数民族民间音乐作品。少数民族民间音乐类非遗涉及民俗文化、音乐表演艺术、礼仪习俗等多个方面，依托音乐院校在多个专业领域培养传承人，开设音乐非遗培训班，同时将民间音乐类非遗与社会需求及年轻人的兴趣爱好紧密结合起来，创作出现代青少年喜闻乐见的音乐作品，使濒临灭绝的音乐艺术重新焕发光彩。

（四）建立健全少数民族民间音乐类非遗数字化体系

随着计算机网络的快速普及，以信息技术、存储技术、扫描技术等为代表的数字化技术得到了突飞猛进的发展。利用数字化保护和传承少数民族民间音乐非遗并对其进行分类存储、保护、管理，为我国文化工作者提供较为完整的检索等服务，是新时期少数民族民间音乐类非遗数字化工作的重要内容。第一，建立少数民族民间音乐类非遗数据档案馆，完善非遗资源专题库、图片库。少数民族民间音乐类非遗项目众多，很多依靠口头传承，没有文字，没有曲谱，因此亟须通过田野调查和走访艺人，保护原汁原味的传唱艺术。通过拍摄、录制、拍照等现代技术，制作传唱艺术"动态性"的资料，以便对数据资料进行立体分析和多角度观察。第二，利用模式识别、人工智能等数字化技术对文化遗产图形符号、色彩、纹理等基因式信息的特征进行识别与抽取，并进行矢量化标识，① 建立少数民族民间音乐类非遗基因信息优质矢量数据集，通过建立数字资源库体系和基因信息库，不断丰富少数民族民间音乐类非遗素材库。第三，建立少数民族民间音乐类非遗数字展览馆，如苗族民间音乐数字展览馆、土家族民间音乐数字展览馆等，重视"静态遗产"和"动态遗产"双向发展。运用虚拟现实、动作捕捉等高科技技术，呈现少数民族颇具特色的生活生产状态，使观众身临其境地感受当地的民俗民风活动，体会来自少数民族原生态环境里的民间音乐。

（五）大力发展少数民族民间音乐类非遗文化旅游，提升综合影响力

首先，大力发展民间音乐类非遗项目旅游，传承民间音乐文化。随着少数民族地区基础设施的不断改善，少数民族民间音乐类非遗项目与文化产业相结合，进行合理的开发，不断吸引外地游客，拓展音乐文化旅游路线，例如推出以西南少数民族地区为主的旅游路线，主打纳西酒歌、苗族大歌等少数民族民间音乐文化等，促进当地旅游，让更多的游客欣赏优秀的少数民族民间音乐艺术。同时，借助少数民族地区诸多的音乐节庆活动，如贵州侗族大歌节、广西

---

① 王晓芬：《文化遗产数字化保护的优势与路径》，《光明日报》2013年12月26日。

国际民族节、西藏雪顿节等,宣传和展示少数民族丰富多彩的民间音乐文化,实现少数民族民间音乐文化与旅游的互促共赢。

其次,打造少数民族民间音乐类非遗文化品牌,提升文化影响力。产品创新是少数民族民间音乐类非遗生产性保护与开发的重中之重,只有不断丰富少数民族民间音乐类非遗的文化内涵,借助现代科技手段,不断增强音乐产品创新能力,创造出系列原创音乐产品和衍生品,才能使古老的音乐文化遗产历久弥新。相对于传统非遗产品,非遗衍生品更注重产品的实用性和美观效果,更容易受到广大中青年消费群体的青睐。如受中央电视台青年歌手电视大奖赛的影响,"原生态"已经成为唱响少数民族民间音乐、传承少数民族民间音乐文化的金字招牌,可见少数民族民间音乐文化颇具魅力。我们应该将原生态的少数民族民间音乐类非遗制作成生活气息更浓、更大众化的音乐作品,不断拓展、丰富少数民族民间音乐非遗主题及表现形式,扩大应用范围,生产更适应当代社会需求的作品,形成独树一帜的文化品牌,如侗族大歌音乐节、苗族原创音乐工作室、少数民族民间音乐文化盛典、"最美原声"少数民族音乐歌唱大奖赛等,并应用网络、手机媒体等新业态传播媒介大力推广,充分发挥民间音乐类非遗的多重价值。

B.3 2006~2014年中国少数民族民间文学类非物质文化遗产发展报告*

肖远平 王小艳 柴 立**

摘 要： 作为一个多民族国家，各具特色的少数民族文化资源异常丰富，也蕴藏着大量的民间文学珍品。然而在社会加速发展的大环境下，城市主流文化的快速传播严重挤压了少数民族传统文化的生存空间，普通话的推广及少数民族地区与外界的频繁交流对少数民族语言的生存与发展造成了较大的影响，而且部分地方政府在保护过程中功利心重，使少数民族民间文学类非遗在当代的传承与发展中出现了一些问题。本报告在梳理少数民族民间文学类非遗工作基本情况和问题的基础之上，对少数民族民间文学类非遗在未来的发展提供了一些可供参考的对策建议，在未来的传承与保护过程中，理应重视少数民族语言的保护，注意申报的合理性与保护的延续性，加强活态性保护，并完善法律机制以更好地保护少数民族民间文学类非遗代表作的权益。

关键词： 少数民族 民间文学 非物质文化遗产

---

* 国家民委人文社科重点研究基地"南方少数民族非物质文化遗产研究基地建设项目"（民委发［2014］37号）的阶段性研究成果。
** 肖远平，彝族，教授、博士、博士生导师，贵州民族大学副校长，国家民委人文社科重点研究基地南方少数民族非物质文化遗产研究基地主任、首席专家，研究方向为民俗学、文化产业等；王小艳，土家族，贵州民族大学硕士研究生，研究方向为民俗与民间文学；柴立，满族，教授、硕士生导师，医药化工高级工程师，贵州宏宇健康产业集团（筹）股份有限公司董事长兼CEO，研究方向：民族医药学。

20世纪70年代后,"无形文化财"的概念渐渐影响到联合国教科文组织乃至整个国际社会,在联合国教科文组织的呼吁下,非物质文化遗产(以下简称"非遗")保护运动迅速展开。2001年5月18日,联合国教科文组织宣布了第一批"人类口头和非物质遗产代表作"名录,此次申报共有19个项目入选,中国的昆曲艺术位列其中,非遗保护理念开始引入国内。自2003年始,中国政府启动"中国民族民间文化保护工程",① 非遗保护意识开始在政府层面被重视。2005年,文化部部署了全国范围内的非物质文化遗产普查工作,开始了漫长的非遗保护之路。将近十年的非遗保护运动抢救了一批批濒临消亡的珍贵遗产。在这次大范围的深入的非遗保护工作中,发现了诸多濒危的非物质文化遗产,也挖掘出了大量少数民族民间文学的精品,并将其归入非遗民间文学类加以保护。

一 我国少数民族民间文学类非遗传承与保护的基本情况

我国历史悠久,文化绵延不断,为民间文学的创作与传承提供了安稳的现实环境,口头文学占据了中国文学的半壁江山,形成了璀璨夺目的文学宝库。通过全国范围的非遗普查,少数民族民间文学逐渐为人们所熟知,并在其传承和保护过程中取得了一定的成就。

(一)少数民族民间文学类国家级非遗名录基本情况

通过普查和认定,从2006年5月20日国务院下发《国务院关于公布第一批国家级非物质文化遗产名录的通知》,正式发布了通过申报的第一批国家级非遗名录至今,共发布了四批非遗名录、三批扩展名录。而且,我国诸多省、市、县也纷纷建立起相应的省、市、县级非遗名录,以完善非遗名录体系,对辖区内的非遗采取不同程度的保护措施。

从所占比重来看,四批少数民族民间文学非遗在民间文学类中所占比重呈不断下降的趋势。在第一批国家级非遗名录中,民间文学共31项,其中少数

---

① 苑利、顾军:《非物质文化遗产学》,高等教育出版社,2009,第29页。

民族类15项，占民间文学类的48.39%；第二批国家级非遗名录中，民间文学共53项，其中少数民族类25项，占民间文学类的47.17%；第三批国家级非遗名录中，民间文学共41项，其中少数民族类17项，占民间文学类的41.46%；第四批国家级非遗名录中，民间文学共30项，其中少数民族类9项，占民间文学类的30%。在第一批国家级非遗扩展项目名录中，民间文学共5项，其中少数民族类0项；第二批国家级非遗扩展项目名录中，民间文学共8项，其中少数民族类2项；第三批国家级非遗扩展项目名录中，民间文学共7项，其中少数民族类1项（见图1）。

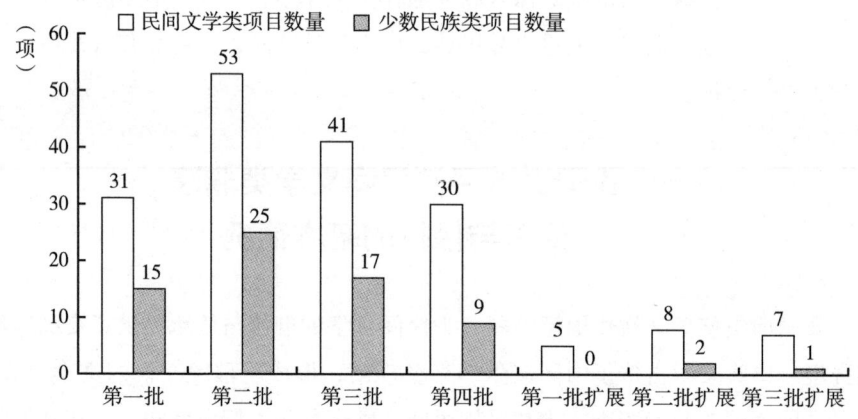

图1 国家级非遗名录中民间文学类项目数量

从名录的民族分布来看，涉及范围较广。国务院先后批准了29个少数民族民间文学为国家级非遗项目：第一批涉及苗、蒙古、壮、阿昌、拉祜、土、哈尼、柯尔克孜、畲、藏、满、彝等12个民族，第二批涉及蒙古、彝、藏、苗、土家、柯尔克孜、满、壮、布依、佤、侗、哈萨克、维吾尔、傣、东乡、哈尼、德昂等17个民族，第三批涉及藏、蒙古、土家、畲、珞巴、锡伯、壮、瑶、哈尼、苗、彝、维吾尔、羌、景颇等14个民族，第四批涉及彝、撒拉、回、壮、维吾尔、瑶、纳西、土等8个民族。但分布相对集中，个别民族拥有多项，大部分民族仅占1项。其中蒙古族8项，彝族7项，苗、壮、藏族各5项，土家族4项，维吾尔、哈尼族各3项，畲、土、满、柯尔克孜、瑶族各2项，阿昌、拉祜、布依、佤、侗、哈萨克、傣、东乡、德昂、珞巴、锡伯、羌、景颇、撒拉、回、纳西族各1项。总计66项。在三批扩展名录中，苗、佤、藏族各1项。

从非遗的地域分布来看，在已经颁布的国家级民间文学非遗名录中，其申报单位和地区主要集中在我国西部地区，云南为申报项目最多的省份。第一批少数民族民间文学类名录中，云南5项，新疆3项，贵州、青海、广西各2项，吉林、辽宁、西藏、甘肃、四川、内蒙古、福建各1项；第二批少数民族民间文学类名录中，云南6项，贵州4项，内蒙古、青海、新疆各3项，辽宁、湖北、甘肃、四川、湖南、广西各1项；第三批少数民族民间文学类名录中，云南4项，湖南、西藏、新疆各2项，青海、重庆、内蒙古、贵州、吉林、辽宁、四川、广西各1项；第四批少数民族民间文学类名录中，四川、青海各2项，新疆、宁夏、湖南、云南、广西各1项。总计四批名录中少数民族民间文学分别分布在云南16项，新疆9项，青海8项，贵州7项，广西、四川、内蒙古各5项，湖南4项，辽宁、西藏各3项，吉林、甘肃各2项，福建、湖北、重庆、宁夏各1项。扩展项目名录中，第一批国家级扩展项目名录中未涉及民间文学类；第二批国家级民间文学扩展项目名录湖南和云南各1项；第三批国家级民间文学扩展项目名录仅内蒙古1项。总计三批扩展项目名录中少数民族民间文学分别分布在湖南、云南、内蒙古各1项（见图2）。

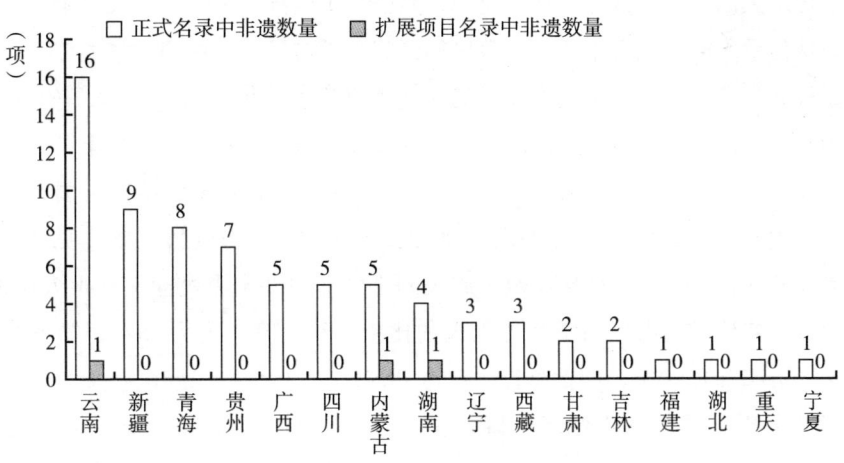

图2 各省少数民族国家级民间文学类非遗数量对比

综合来看，国务院公布了四批非物质文化遗产名录，共有1372项，其中民间文学类总计155项，占国家级非遗总数的11.3%，四批国家级名录中，少数民族民间文学共计66项，占民间文学类非遗总数的42.58%；三批扩展名录共计459项，民间文学类20项，其中少数民族民间文学3项。而且"格萨尔"、"玛纳斯"两个少数民族民间文学项目入选了"人类非物质文化遗产代表作名录"。通过对四批国家级非遗名录中少数民族民间文学代表作的分析可以了解到，少数民族民间文学具体申报项目主要体现在神话、传说、故事、史诗等几大体裁，歌谣、谚语等体裁鲜有涉及，所以申报工作仍需进一步拓展和深入。

（二）少数民族民间文学类非遗项目代表性传承人基本情况

非物质文化遗产是一种活态文化，它依附于个体的人、群体或特定区域、空间而存在。基于此特性，在非遗的保护过程中，"保护"就不能仅仅局限于物质形态的保护，而应注重对作为传承载体的传承人的活态保护。2007年，根据国务院办公厅《关于加强我国非物质文化遗产保护工作的意见》（国办发〔2005〕18号）的文件精神，文化部印发了《文化部办公厅关于推荐国家级非物质文化遗产项目代表性传承人的通知》（办社图函〔2007〕111号），开展非遗传承人的申报和认定工作。至今，共公布了四批代表性传承人名单。

从传承人所占比重来看，少数民族民间文学传承人占民间文学类传承人的比重很高。第一批国家级民间文学类非遗项目代表性传承人共32人，其中24人为少数民族；第二批没有民间文学国家级非遗传承人；第三批国家级民间文学类非遗项目代表性传承人共25人，其中19人为少数民族；第四批国家级民间文学类非遗项目代表性传承人共20人，其中18人为少数民族（见图3）。所以，从比重上来看，虽然少数民族民间文学非遗并未占民间文学很大比重，但少数民族传承人占民间文学传承人的比重很高，第一批为75%，第三批为76%，第四批为90%，四批总计比重为79.22%；从少数民族民间文学传承人占当批次比重看，总体处于下降趋势，由第一批的10.62%降至第三批的2.67%，再略微上升至第四批的3.61%，但仍大幅落后于第一批所占比重（见图4）。

从传承人的地域分布来看，共涉及14个省份，但分布较为集中。第一批

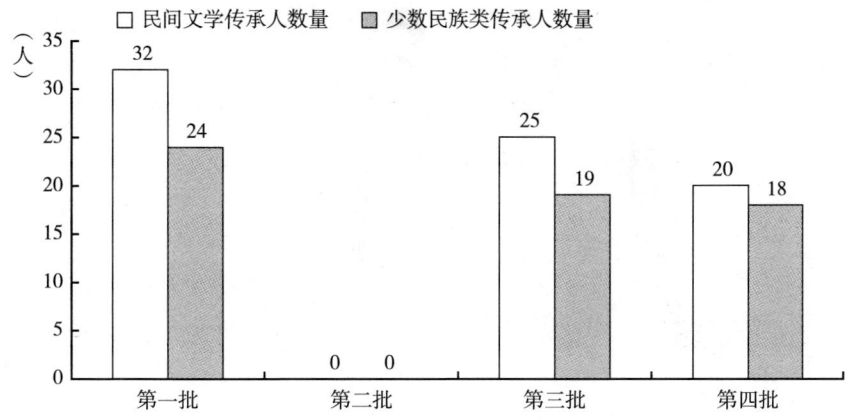

图3　国家级民间文学类非遗传承人数量基本构成

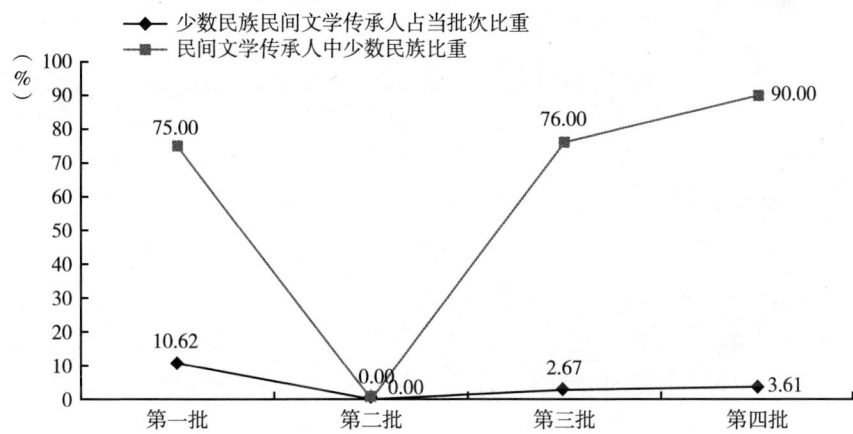

图4　少数民族民间文学传承人数量占民间文学传承人及当批次传承人数量比重

国家少数民族民间文学类非遗项目代表性传承人共24人，从申报单位或者地域上看，分别为贵州、云南、新疆各6人，青海3人，四川、甘肃、西藏各1人；第二批没有国家级少数民族民间文学类非遗项目代表性传承人；第三批国家级少数民族民间文学类非遗项目代表性传承人共19人，从申报单位或者地域上看，分别为新疆4人，辽宁、内蒙古、云南、青海各2人，贵州、广西、西藏、湖北、甘肃、四川、湖南各1人；第四批国家级少数民族民间文学类非遗项目代表性传承人共18人，从申报单位或者地域上看，分别为云南6人，新疆3人，贵州2人，吉林、广西、西藏、福建、湖北、青海、湖南各1人。总计四批名录中少数民族民间文学传承人分别为云南14人，新疆13人，贵州9人，青海6人，西藏3人，四川、甘肃、辽宁、内蒙古、广西、湖北、湖南各2人，吉林、福建各1人。其余省份则没有少数民族民间文学传承人（见图5）。

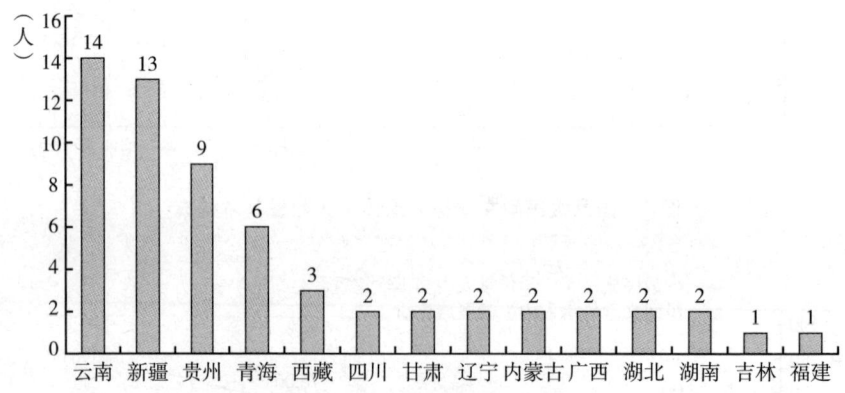

图5　各省少数民族国家级民间文学传承人数量对比

从传承人的民族分布来看，所涉及民族较多，但仍相对集中。第一批国家级少数民族民间文学类非遗项目代表性传承人共24人，苗族6人，蒙古、藏族各4人，拉祜、柯尔克孜、土、彝族各2人，阿昌、哈尼族各1人；第二批没有国家级民间文学类非遗传承人；第三批国家级少数民族民间文学类非遗项目代表性传承人共19人，分别为蒙古族4人，柯尔克孜、藏、土家、彝族各2人，苗、壮、满、德昂、东乡、维吾尔、哈萨克族各1人；第四批国家级少数民族民间文学类非遗项目代表性传承人共18人，蒙古、藏、土家、彝、维吾尔族各2人，满、仫佬、畲、布依、佤、壮、苗、哈尼族各1人。总体上看，四批国家级少数民族民间文学类非遗项目代表性传承人中蒙古族最多为10人，其次，苗族和藏族各8人，彝族6人；另外，土家、柯尔克孜族各4人，哈尼、维吾尔族各3人，阿昌、拉祜、土、壮、满族各2人，德昂、东乡、哈萨克、仫佬、畲、布依、佤族各1人，其他少数民族均为0人。

从性别方面看，我国少数民族民间文学非遗项目代表性传承人呈现男性占绝对优势的局面。第一批国家级少数民族民间文学类非遗项目代表性传承人的

24人中,仅4名女性;第三批国家级少数民族民间文学类非遗项目代表性传承人共19人,男性16人、女性3人;第四批国家级少数民族民间文学类非遗项目代表性传承人共18人,男性15人、女性3人。总体上看,我国少数民族民间文学非遗项目代表性传承人共61人,有51人为男性,占83.61%(见图6)。

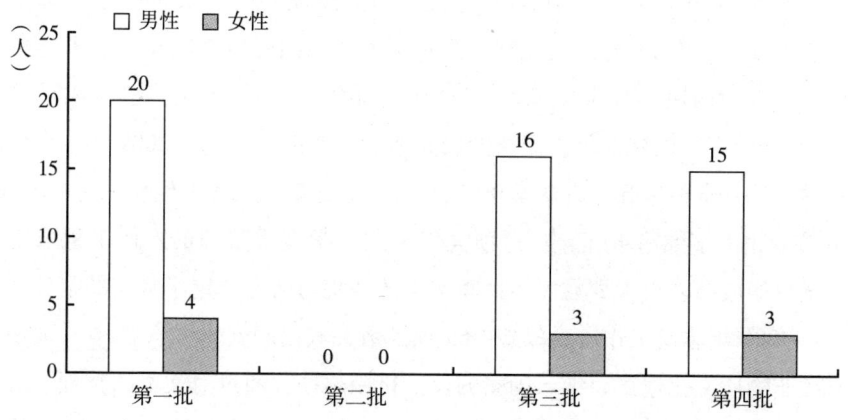

图6 我国国家级少数民族民间文学传承人中不同性别数量对比

经观察发现,第三批和第四批中认定的部分传承人是对个别代表项目认定工作的延续,如苗族古歌、河西宝卷、走马镇民间故事、吴歌、玛纳斯、格萨尔等项目,在第一批时,就曾认定过传承人。传承人的继续认定可以显示出一个项目的优秀传承人数量,是代表项目得以"活态"保存的象征。

以上数据足以显示少数民族民间文学类传承人在确立和保护中取得的成绩。传承人群体的充实是一个项目得以传承下去的保证,是保护工作的重要基石。正是传承人的存在与发展,才赋予了非遗鲜活和持久的动力,而少数民族民间文学传承人的确立和保护,也彰显了少数民族民间文学旺盛的生命力。

(三)我国少数民族民间文学类非遗代表作的搜集与研究资料丰富

以"五四"时期的歌谣学运动为发端,国内学术界就开始重视对少数民族民间文学的搜集、整理与研究。从1928年起,蔡元培主持的中央研究院民族学组就开展了对广西瑶族、台湾高山族、黑龙江赫哲族、湖南苗族、浙江畲族、海南岛黎族、云南彝族等民族的实地调查。① 大批的学者深入到少数民族及偏远地区，采集珍贵的民间文学材料，随后完成了一批高质量的少数民族调查报告和研究性资料。如马学良的《苗族史诗》、凌纯声的《松花江下游的赫哲族》、芮逸夫与凌纯声合著的《湘西苗族调查报告》等，都是极其珍贵的少数民族原始民间文学搜集与研究资料。

20世纪70年代末，在中国民间文艺研究会的带领下，民间文学逐渐繁荣起来。1984年5月28日，文化部、国家民委和中国民研会联合签发了《关于编辑出版〈中国民间故事集成〉、〈中国歌谣集成〉、〈中国谚语集成〉的通知》。在全国范围内展开了大规模的民间文学普查活动，直至2009年三套集成的省卷本部分全部出齐，省卷本90卷（计1.2亿字），地县卷本（内部出版）4000多卷，总字数逾40亿。② 这项关于民间文学搜集整理的宏伟工程取得了举世瞩目的成绩，也为少数民族民间文学的搜集与研究奠定了坚实的基础。

自2005年非遗工作启动以来，69项少数民族民间文学（含扩展）被评为国家级非物质文化遗产，纳入国家的保护机制之中，通过对文本的整理、讲述现场的录制、传承人的培养等一系列措施对其进行保护，并将成果资源数字化，建立非遗代表项目资源档案及数据库。此外，通过国家保护政策的引导，各地在申报非遗名录的过程中，必须要对其进行全面的调查，并邀请相关专家对其进行研究论证，这个过程本身就会产出一个项目的基础性材料。而申报成功，更会吸引大量人对此进行关注和研究。个别项目甚至成立了专门的工作室，如2009年，由《亚鲁王》最初的发现者杨正江带头成立的"亚鲁王工作室"，专门从事亚鲁王的挖掘整理、翻译和研究，在工作室的努力下，《亚鲁王》③ 得以出版；再以少数民族史诗《格萨尔》为例，《格萨尔》当前已搜集到的资料有120多卷、100多万诗行、2000多万字，更有大量的研究成果，从1959年徐国琼发表在《文学评论》上的《藏族史诗〈格萨尔王传〉》至2014年12月，其主题涉及"格萨尔"的文献多达5320条。以上数据足以说明少数民族民间文学类非遗代表作的资料丰富。虽然69项少数民族民间文学代表作

---

① 刘守华、陈建宪：《民间文学教程（第二版）》，华中师范大学出版社，2012，第8页。
② 刘洋：《纪念"中国民间文学三套集成"启动30周年》，《中国艺术报》2014年5月30日。
③ 中国民间文艺家协会主编《亚鲁王》，中华书局，2011。

（含扩展）与我国的少数民族民间文学蕴藏量比起来，不过是冰山一角，但通过非遗保护工作，已逐渐唤起人们守护精神家园的意识，使其积极地投入少数民族民间文学类非遗的保护与传承之中。

二 我国少数民族民间文学类非遗传承、保护、开发过程中存在的问题

对少数民族民间文学类非遗发展现状的梳理，可以看出其传承与保护已迈出了至关重要的第一步，并逐渐走向科学化、规范化，然而，在社会环境的变化中，受到各方面的影响，其传承、保护与开发仍存在一些问题值得探讨和思考。

（一）少数民族语言发展形势严峻

民间文学是一种活跃在广大民众口耳之间的特殊的语言艺术。[①] 口头性是民间文学的基本特征之一，因此，少数民族民间文学与少数民族语言密不可分。一个民族独特的语言不仅是该民族民众日常交流的工具，更是该民族民间文学的重要载体。而如今，在社会生活环境的影响下，汉语对少数民族语言展现出强大的同化能力，少数民族语言发展形势越来越严峻。

从区域分布上看，少数民族主要分布在我国的西南、西北、东北等边疆地带，地形多为山地和高原，其聚居区较汉族来说地广人稀，较为闭塞，因而少数民族语言也相应地具有封闭性、多样性和复杂性的特征，常出现"隔山不同语，隔村不同音"的现象。因此，其文化的发展较少受到外界的干扰，形成其独特性和民族性，这也正是少数民族民间文学类非遗得以完整保存的重要原因。然而，国家教育政策的引导以及对汉语的大力推广，给少数民族语言造成了很大的冲击。王远新主编的《语言田野调查实录》就真实地记录了这样的情况，很多地区的当地中青年人多用汉语进行交流，仅使用少量的常用的本民族语言，甚至完全不会本民族语言。在教育的选择上，虽然部分人有民族语言情节，但家长出于对小孩前途的考虑，仍会选择师资力量雄厚的汉语学校而

---

① 钟敬文：《民间文学概论（第二版）》，高等教育出版社，2010，第23页。

放弃师资较弱的双语学校。国内最重要的入学考试——高考，也几乎全是用汉语进行考试，这必然会导致学生在学习生活中选择汉语。此外，我国共有55个少数民族，正式使用、经国家批准推行的少数民族文字只有19种，还有部分少数民族只有语言而没有文字。自1986年国家把推广普通话列为新时期语言文字工作的首要任务开始，政府大力推广普通话，并于1992年将推广普通话工作方针定为"大力推行、积极普及、逐步提高"，对强化政府行为、扩大普及范围、提高全民普通话应用水平等方面提出了更高的要求。[1] 在现代化建设的过程中，国家大力推广普通话以消除各民族之间的语言隔阂，促进社会的交往，这些政策在促进社会发展的情况下，也对少数民族的语言造成了强大的冲击。如今，熟练掌握民族语言的多为中老年人，与之相对应的是少数民族民间文学传承人也多为中老年人，因此，大多数非遗项目出现传承人断层的现象。若是民族语言无人继承，那么口头文学将无法口耳相传下去，注定只能以文本记录的方式予以保存。

（二）传统传承场域的消解

当今社会，全球化发展趋势日益加强，不仅对经济、政治领域产生重要影响，更对多民族国家的文化造成深刻的影响。而且，现实的全球化并不是世界各国各民族平等地携手共进，而是以西方为主导的不平衡发展。[2] 在国内经济快速发展和社会人口流动加快的大环境下，汉文化对少数民族也产生了较大影响。在强势的主流文化和外来文化的冲击下，少数民族传统传承空间和场域逐渐消解。

首先，现代媒介对少数民族民间文学传统的家庭传承场域产生了毁灭性打击。家庭的传承场域依赖于家庭成员之间的关系，通常表现为父（母）辈或者祖父（母）辈对下一代或者下下一代进行本民族知识、语言、传统手工技艺以及生产生活技能的教育。少数民族民间文学的家庭传承在西南地区尤其突出，火塘就是其典型的传承场合之一。因西南地区特殊的地理位置和气候条

---

[1] 王怀安、顾明、祝铭山、孙琬钟、唐德华、乔晓阳主编《中华人民共和国法律全书（二十五）》，吉林人民出版社，2005，第283页。

[2] 胡惠林主编《文化产业概论》，云南大学出版社，2005，第2页。

件,冬季有围着火塘取暖的习惯,一家人围坐在火塘边,没有其他的娱乐方式,最常见的就是讲故事,老一辈将一些传说、故事等民族特色文化讲述给下一辈,也借此完成少数民族民间文学一代一代地传承。而今,电视、DVD、收音机等影音设备的普及,使人们的娱乐方式逐渐多样化。大家习惯于围坐在一起看电视、谈论新奇的事物,年轻一代更是沉迷于电视剧、综艺、动漫、歌曲等新兴娱乐方式,将此作为跟上时代的象征,难以回到老一辈身边去听故事。

其次,城市主流文化对少数民族民间文学传承心理形成了强力冲击。强烈的少数民族文化认同感是该民族民间文学乃至文化得以传承和延续的基础,只有本民族人民认同本民族文化时,民族文化才能够自觉地被传承。如果说现代媒介对少数民族民间文学传承场域只是外在形式上的毁灭,那么,城市主流文化对少数民族民间文学传承场域则是内在的、心理上的消解。当少数民族地区以弱者之姿被迫纳入全球化的背景之下时,主流文化的强势表露无遗,在高新技术飞速发展的今天,人与人之间、地区与地区之间的交流愈加频繁和便捷,城市的主流文化通过各种渠道流入少数民族地区,极大地影响了当地民众的文化选择,对新奇事物的渴望和对城市繁荣的向往使少数地区民众对城市主流文化趋之若鹜,反而将本民族的民间文学等传统文化视为老掉牙的过时的东西,态度冷漠甚至全然否定。例如《苗族古歌》,它原本是在鼓藏节、婚丧嫁娶、亲友聚会以及大型节日等场合下演唱,如今,亲友聚会时多改为时下流行的娱乐方式,婚礼大都模仿城市婚礼形式,大型节日则以吃喝玩乐为主,苗族古歌在主流文化和市场经济的冲击下,失去了传统的传承场域,年轻人热衷于现代文化,更是无心继承,以至于苗族古歌濒临失传。以台江县为例,全县13万苗族同胞,目前只有200余人能唱一些不完整的古歌,而且都是中老年人。[①]

(三)保护过程中的功利性和单一性

在少数民族民间文学的保护、开发和传承的过程中,呈现出功利性和单一性的倾向。主要表现为以下几个方面:其一,少数民族多处于偏远地区,在政治上相对中东部处于弱势,但是民族资源丰富,民间文学蕴藏量大,所以部分

---

① 贵州非物质文化遗产问题研究课题组编《贵州非物质文化遗产问题研究》,2008年12月,第44页。

地方政府格外珍惜非遗运动的契机,尤其重视非遗的申报和认定过程,花大力气将其塑造为地方文化品牌,增强自身的知名度,却往往忽视后续的保护工作,认定了传承人之后并没有协助其进行传承工作,投入大量人力、物力、财力建设的传承场地也只是上级检查工作时的说辞,使非遗的保护运动沦为表现政绩的工具。其二,多地共有是非遗的普遍现象,然而部分地方政府却吝啬于在其他地区申报过的项目上做进一步的投入而忽视本地区也存在此项非遗的事实,过多地专注于挖掘新的项目以吸引更多关注。这种现象严重影响了对一个代表项目保护的整体性。从非遗名录的扩展名录也可以看出此现象,在三批非遗民间文学类扩展名录中,仅有"司岗里"和"格萨(斯)尔"两项。但第一批、第二批、第三批的非遗名录中,仍有部分项目存在于其他地区而未被挖掘,例如,苗族古歌就不仅仅存在于贵州省的台江县和黄平县,在贵州的剑河、丹寨、施秉、广西三江、湖南靖县等地均有流传。

除此之外,少数民族民间文学保护过程中的功利性和单一性还体现在申报过程中的急功近利,在代表作的取向上失衡,忽略对民间文学作品文本背景的关注,忽略多个异文的存在等,这些都是少数民族民间文学类非遗保护和传承中需要注意的问题。

三 我国少数民族民间文学类非遗未来传承与保护的对策建议

针对我国少数民族民间文学类非遗在传承、保护与开发中出现的问题,积极学习成功案例,并结合现实情况,采取相应的对策,进一步做好未来的传承与保护工作,珍惜少数民族民间文学资源。

(一)重视对少数民族语言的保护

少数民族语言是民族文化的表现形式,是少数民族民间文学类非遗的载体,是民间文学类非遗得以继续传承下去的重要前提。所以在未来的保护与传承过程中,必须重视对少数民族语言的保护。

长期以来,我国少数民族虽然一直坚持"民汉兼通"的少数民族双语人才培养模式。但仍存在教育形式单一、少数民族文化价值观培养不足、师资力量与校园文化欠缺等问题,所以需加强对少数民族语言的保护。一是加强对少数民族语言的分阶段教育。不能仅仅停留在小学阶段,仅仅满足于日常交流的需要。在少数民族地区对少数民族语言的教育应该进行小学、初中、高中、大学分阶段式教育,从日常交流开始,逐渐深入,并在语言的基础上进行民族文化的教育。二是丰富少数民族语言的传播方式。在少数民族地区,语言的传播方式不局限于人与人之间的听说,还可以通过报纸、图书、广播、电视、互联网等传播媒介,采用娱乐活动、艺术表演等多样化的途径进行传播。例如,东北方言就因舞台表演、电视创作的形式深入人心。当人们都对此感兴趣的时候,自然传承有望。三是壮大少数民族师资队伍。要重视教育,师资则是关键。当前,一些少数民族地区的高才生或者是少数民族语言方面的人才毕业后,重新回到家乡任教的比例较低,导致少数民族地区的语言文化教育师资严重不足,其中,精通少数民族语言的更是稀少,所以要大力培养少数民族语言文字研究或艺术创作的专门人才,并鼓励有能力的专业人才回到少数民族地区发展,只有师资得到了保证,语言才能得到有力的传承与保护。四是为少数民族语言类人才提供更多的就业机会。当今社会,就业压力越来越大,很多人在接受高等教育时,以就业前景作为专业选择的重要参考,迫于就业的压力,很多人选择金融、财会、建筑、营销等社会需求量大的热门专业,少数民族语言专业少人问津。若是能实实在在地为少数民族语言类人才提供更多更有吸引力的就业机会,相信将会有更多的人进入这一领域。此外,还可以设立专项传承与发展的基金,鼓励更多的人参与到少数民族语言的传承与保护中来。

(二)加强少数民族民间文学类非遗的活态保护

"非物质"性是所有非遗最大的特性,多数非遗在进入名录之前,都只存在于传承人的大脑之中,存在于特殊的传承空间之中,其中少数民族民间文学类非遗表现得尤为突出。特定的场景、特有的语言、独特的文化使口耳相传成为少数民族民间文学类非遗的重要特征之一。对于这种以"人"为根本的文学样式,文本记录只是传承的辅助方式,重要的还是活态传承。

少数民族民间文学类非遗的活态传承有两个关键点:一是传承人,二是传承空间。只有保护好传承人,才能确保民间文学类非遗不会消失,才可能继续发展；只有保护好传承空间，才能实现非遗的整体保护，让其拥有一片生存的土壤，而不是成为标本。如果说传承人的保护是为了有人去传承，那么传承空间的保护则是为了让人有条件去传承、愿意去传承。两方面相结合，才能让少数民族民间文学类非遗继续活下去。

在传承人的保护方面，首先，政府应加强对代表性传承人的认定工作。经过严格的筛选之后，尽可能多认定。现在，多个项目出现仅有一位传承人的情况，而且是高龄传承人，人生无常，若这位传承人去世，这一项目就会出现暂时的空缺，而且一位传承人根本无法负担起所有的传承工作。其次，应加强对传承人的管理。在认定了传承人之后，既要给予多方面的支持以保障传承人的生活，使其更好地进行传承活动，也要制订具体的传承方案和责任书，认真实施，定期检验，对不合格的传承人要及时引导或者更换。最后，必须注重新一代传承人的培养。通过传习所、学校、社会活动等多种渠道，努力培养新一代传承人。

除了传承人的保护，传承空间的保护显得更加紧迫。少数民族民间文学类非遗与少数民族的日常社会习俗、生存环境、生活方式及生活群体息息相关，脱离了相关的生态环境就难以孤立存活。但是社会的发展、城镇化的进程正严重侵蚀着原有的传承空间。这种社会大环境的改变势不可当，而且保护也并不是为了留住历史，活态流变本就是非遗的特性。所以面对空间的流变，我们不是要固定原有的环境，而是要在坚守的同时，给予一个适合其发展的空间。比如，在新农村建设的规划中，以建设原村落的文化空间为核心，尽可能留下原有的生活群体，尽力凸显原有的文化。此外，政府还可以协力开展一系列的传统文化活动，延续人们对传统的记忆。

（三）注重少数民族民间文学类非遗申报的科学性与保护的延续性

少数民族民间文学类非遗在申报和保护中的功利性和单一性问题不容忽视，可从以下几个方面入手，保证申报的科学性与保护的延续性。一要注意申报取向上的均衡。不能因为经济利益的导向，就只热衷于申报神话、传说等有利于树立文化品牌、宣传区域旅游的代表作，而忽略对歌谣、谚语、故事、笑话等其他类别的申报工作。二是强调对代表作的全面考察和深入挖掘。多地共存的项目争取联合申报，完善和丰富对该代表作的认知，更好地进行保护,例如"格萨尔"的多单位联合申报就是一个非常成功的案例。而且少数民族民间文学类非遗项目多存在于偏远山区,挖掘工作难度较大,一定要长时间深入地调研,尽量多搜集异文,确定其流传范围,保证申报的完整性和科学性。三是注重保护的延续性而非即时利益。非物质文化遗产代表作悄然成为某些地区的经济资源,但是一味地追求商业化、利益化必然不适合长期的发展,合理地开发和利用其实用价值的同时,也要考虑遗产实质的延续性。

(四)完善法律机制以保障民间文学类非遗的版权

我国对少数民族民间文学的保护才刚刚起步,还未形成体系,对民间文学的范围、传承人的权利等界定尚不清晰,因此滋生出多起关于版权的纷争案件。我国著名越剧作家刘南薇的子女因父亲的《梁祝哀史》改编权而状告浙江"小百花"越剧团的案例,折射出我国对民间文学类作品缺乏法律的保护。

目前,我国对少数民族民间文学类作品的保护主要依据《非物质文化遗产法》和《中华人民共和国著作权法》。然而,现有的这两部法律对少数民族民间文学类作品的保护并不到位,不能达到版权保护的效果。我国 1990 年制定的《著作权法》第 6 条明确规定:"民间文学艺术作品的保护办法由国务院另行规定",[①] 但至今仍未出台相关保护规定,在 2001 年《著作权法》的修订中,依然保留了这一条规定。按照我国《非物质文化遗产法》的规定,没有明确传承人的民间文学艺术不能纳入非遗保护范围;[②] 而现实情况证明,很多少数民族民间文学类非遗都流传已久,是集体智慧的结晶,无法考证其作者,因此这一规定便将大量的代表作排除在法律的保护之外;即使是有传承人的代表作,也未明确规定传承人的权利,传承人无法对其独占,那么也就无法阻止其他人的使用。而且少数民族民间文学类非遗有着它独特的社会环境及历史人文背景,只有将作品置入其中,才能对其形成正确的理解。所以,若是没有传

---

① 苏雅、张莉蔚:《论我国民间文学艺术的法律保护模式》,《法制与社会》2013 年第 24 期。
② 李静、王喆:《我国民间文学艺术版权保护制度的完善》,《天津商业大学学报》2013 年第 3 期。

承人或者专门机构的参与，难免出现歪曲或滥用，对其造成不利影响。制定《民间文学艺术作品著作权保护条例》，2007年就列入国家版权局重点工作内容，① 然而几易其稿，《条例》至今仍未颁布。

鉴于以上情况，政府应设置专门的机构或者在非物质文化遗产研究中心设置独立的部门，对少数民族民间文学类非遗进行版权管理，并赋予这一机构或部门所有代表作品的独占性权利，方便对少数民族民间文学类非遗的监管，正确地引导其开发和利用。

---

① 常云波、沈建洪：《期待〈民间文学艺术作品著作权保护条例〉尽快出台》，《中国版权》2011年第5期。

B.4 2006～2014年中国少数民族传统医药类非物质文化遗产发展报告*

王伟杰 张 驰**

摘 要： 民族医药是我国传统医药的重要组成部分，无论是在历史上还是在现代都发挥着举足轻重的作用。自2006年我国颁布首批国家级非物质文化遗产名录以来，共审批了13项国家级民族医药非物质文化遗产项目和28位少数民族的非物质文化遗产项目代表性传承人，为民族医药的有效保护和传承打下了良好的基础。然而，我国民族医药也存在着国家级非物质文化遗产代表性项目稀少、代表性传承人数量不足、队伍结构不协调、产业化开发不合理、知识产权保护不乐观等问题。因此，加快传统医药单一类项目的申报及审批步伐，建立梯队合理、结构完善、层次分明的传承人队伍，利用新技术、新手段加快民族医药的创新步伐，并重视民族医药的知识产权保护是未来民族医药得以有效传承的可行之策。

关键词： 传统医药 非物质文化遗产 民族医药

传统医药通常指历史上遗传下来的医药经验和技术，或现代医药以前的各

---

* 国家民委人文社科重点研究基地"南方少数民族非物质文化遗产研究基地建设项目"（民委发〔2014〕37号）的阶段性研究成果。
** 王伟杰，博士，贵州民族大学民族文化产业发展研究中心副教授，研究方向：文化遗产与文化产业；张驰，贵州民族大学民俗学硕士研究生，研究方向：酒文化。

个历史发展阶段的医药经验和诊疗技术。我国的传统医药是国际医药界不可多得的宝贵财富。实际上,中国传统医学并不应仅仅指汉族所创造的医学,而应当包括全国各民族所创造的传统医学。[①] 2006年,我国将"中医生命与疾病认知方法"等9项传统医药列入第一批国家级非物质文化遗产(以下简称"非遗")名录,自此掀开了保护与传承传统医药的新步伐。本文回顾了我国少数民族传统医药类非遗(以下简称"民族医药")及传承人的基本现状,探讨民族医药的传承和发展现状,并提出了未来传承与发展民族医药的可行性路径。

一 保护和传承民族医药的重要意义

我国55个少数民族文化中蕴含了丰富的传统医药知识,各民族医药知识相互交流借鉴又自成体系。建立完善的民族医药非遗的传承体系,有着重要的现实意义。

第一,民族医药是传统医药的重要组成部分,是中华民族优秀的传统文化遗产。在历史上,民族医药为民族地区的繁荣和发展做出了重要的贡献,并留下了许多经典著作,如藏医药的《晶珠本草》、《四部医典》,蒙古医药的《蒙医本草学》、《碧光琉璃医鉴》,傣族医药的《档哈雅》等。费孝通先生也认为:"我们中国人在这地球上生活了几千年,那时候并没有现代概念中的医院,但是他们是怎么活下来的呢?这里面有很多的办法,有许多办法很经济、很实用,比如针灸、拔火罐、刮痧等等,有时并不需要药,就能解决问题,不但简单而且副作用很少。"费老先生睿智地道出了我国传统医药的本质特征,也指出了传统医药与西医格格不入却依旧能够在现代社会顽强生存的秘密所在。传统医药简(方法简易)、便(应用方便)、验(行之有效)、廉(价格低廉)的鲜明特征,的确是我们应该去主动继承和挖掘的中华民族传统文化遗产中的精髓。[②]

[①] 奇玲、罗达尚:《中国少数民族传统医药大系》,内蒙古科学技术出版社,2013,第3页。
[②] 方李莉:《费孝通先生的"最后一重山"——费孝通晚年学术思想诠释与理解》,《中华读书报》2010年12月20日。

第二，使用民族医药来治疗疾病和保健，能克服化学药品带来的一些弊端。长期以来，化学药物的使用存在着较多的弊端，例如"治标不治本"、毒副作用不断出现、药源性疾病日益增加以及生化药品研制成本昂贵等。随着现代科技的发展，这些弊端不仅没有得到解决，反而逐渐呈现恶化的趋势。因此，人们开始呼唤回归大自然，希望用天然药物和绿色植物来治疗疾病和保健。以民族医药为代表的传统医药在治疗疾病中取材于自然，熬制方法简单，毒副作用较少，价格较为实惠，从而迎合了人们"回归自然"的生理及心理需求。同时，民族医药本身就含有一些养生保健的知识和疗法，为人们治疗疾病带来了极大的福音。

第三，充分挖掘和发展传统民族医药是世界医学发展的普遍趋势。民族医药及其他传统医药为保障世界人民的健康做出了巨大贡献，具有独特的优势，充分挖掘和发展民族医药和其他传统医药，对人类战胜疾病、保障健康具有重要意义。北美、西欧等国家草药市场的兴起和"世界传统医药日"的确定，都表明一个有利于传统医药发扬光大的社会氛围正逐步形成。近年来，随着人类疾病谱的变化和"回归自然"潮流的兴起，中医药及其他传统医药受到世界各国的高度重视，世界传统医药发展迅速，国际地位不断上升。目前，我国中药已在东南亚等国得到广泛应用，美、欧等西方发达国家也逐渐开始重视中医中药。

第四，民族医药的确为治疗疑难杂症提供了独特的方式和药剂。一是民族地区有着独特的自然条件和生活习俗，长期实践形成了对某些疾病独特的治疗经验。如高寒地区专长于治疗风湿病，鄂伦春族对冻伤有独特的治疗方法，草原游牧民族则善于治跌打损伤和脑震荡等。二是民族医药的开发涉及的民族和地区十分广泛，产品剂型多种多样。20世纪70年代以来，云南已从民族医药中开发出20种新药，其中著名的"傣肌松"是从傣药"亚乎奴"中开发出的一种肌肉松弛剂；"神衰果素片"是从景颇族草药"木札"中分离出的豆腐果甙开发出来的；"灯盏细辛注射液"是从苗族药灯盏细辛开发出来的；用哈尼族药青叶胆制成了治疗肝炎的"青叶胆片"；用哈尼族药"莫阿宰呢"生产的"昆明山海棠片"，可用于治疗类风湿和红斑狼疮；从纳西族药"埃酥蒙"（岩白菜）中开发出了"岩白菜素片"等。

二 民族医药类非遗名录基本情况

2006～2014年,我国先后颁布了四批国家级非遗名录,其中有数目众多的少数民族非遗名录。尤其是第九类传统医药类名录及扩展项目的评定(见表1),为我国传统医药的保护和传承打下了坚实的基础。

表1 国家非遗名录中的少数民族传统医药

批次	序号	编号	项目名称	申报地区或单位
第一批	448	Ⅸ-9	藏医药(拉萨北派藏医水银洗炼法和藏药仁青常觉配伍技艺、甘孜州南派藏医药)	西藏自治区 四川省甘孜藏族自治州
第二批	972	Ⅸ-12	蒙医药(赞巴拉道尔吉温针、火针疗法)	内蒙古自治区
	973	Ⅸ-13	畲族医药(痧症疗法、六神经络骨通药制作工艺)	浙江省丽水市 福建省罗源县
	974	Ⅸ-14	瑶族医药(药浴疗法)	贵州省从江县
	975	Ⅸ-15	苗医药(骨伤蛇伤疗法、九节茶药制作工艺)	贵州省雷山县 黔东南苗族侗族自治州
	976	Ⅸ-16	侗医药(过路黄药制作工艺)	贵州省黔东南苗族侗族自治州
	977	Ⅸ-17	回族医药(张氏回医正骨疗法、回族汤瓶八诊疗法)	宁夏回族自治区吴忠市、银川市
第三批	1193	Ⅸ-18	壮医药(壮医药线点灸疗法)	广西中医学院
	1194	Ⅸ-19	彝医药(彝医水膏药疗法)	云南省楚雄彝族自治州
	1195	Ⅸ-20	傣医药(睡药疗法)	云南省西双版纳傣族自治州、德宏傣族景颇族自治州
	1196	Ⅸ-21	维吾尔医药(维药传统炮制技艺、木尼孜其·木斯力汤药制作技艺、食物疗法、库西台法)	新疆维吾尔医学高等专科学校、新疆维吾尔自治区和田地区、新疆维吾尔自治区莎车县、新疆维吾尔自治区维吾尔医药研究所
第四批	1356	Ⅸ-22	布依族医药(益肝草制作技艺)	贵州省贵定县
	1357	Ⅸ-23	哈萨克族医药(布拉吾药浴熏蒸疗法、卧塔什正骨术、冻伤疗法)	新疆维吾尔自治区阿勒泰地区

续表

批次	序号	编号	项目名称	申报地区或单位
第一批扩展	448	Ⅸ-9	藏医药(藏医外治法、藏医尿诊法、藏医药浴疗法、甘南藏医药、藏药炮制技艺、藏药七十味珍珠丸配伍技艺、藏药珊瑚七十味丸配伍技艺、藏药阿拉炮制技艺、七十味珍珠丸赛太炮制技艺)	西藏自治区藏医学院、西藏自治区山南地区藏医院、青海省藏医院、甘肃省碌曲县、西藏自治区藏医院、西藏自治区藏药厂、西藏自治区雄巴拉曲神水藏药厂、青海省金诃藏药药业股份有限公司
第二批扩展	448	Ⅸ-9	藏医药(藏医骨伤疗法)	云南省迪庆藏族自治州
	972	Ⅸ-12	蒙医药(蒙医传统正骨术、蒙医正骨疗法、血衰症疗法)	内蒙古自治区中蒙医医院、科尔沁左翼后旗,辽宁省阜新蒙古族自治县
	975	Ⅸ-15	苗医药(癫痫症疗法、钻节风疗法)	湖南省凤凰县、花垣县
第三批扩展	448	Ⅸ-9	藏医药(山南藏医药浴法、藏医放血疗法)	西藏自治区山南地区、青海省
	972	Ⅸ-12	蒙医药(科尔沁蒙医药浴疗法)	内蒙古自治区科尔沁右翼中旗
	977	Ⅸ-17	回族医药(陈氏回族医技十法)	宁夏回族自治区吴忠市
	1194	Ⅸ-19	彝医药(拨云锭制作技艺)	云南省楚雄市
	1196	Ⅸ-21	维吾尔医药(沙疗)	新疆维吾尔自治区吐鲁番市

(一)五级名录体系日趋完善

早在2006年以前,较多省份已经颁布了本省的省级非遗名录。2006年,国务院公布第一批国家级非遗名录以后,各地各级政府也相继颁布了不同种类和批次的名录,包含国家级、省级、市级和县级非遗名录;加上联合国颁布的"人类非物质文化遗产代表作名录",因此形成了日趋完善的五级传统医药名录体系。美中不足的是,我国的传统医药类人类非遗代表作名录只有针灸,而没有少数民族传统医药。

(二)国家级非遗不断增加

在第一批国家级非遗名录中,传统医药共9项,其中少数民族类1项;第二批国家级非遗名录中,传统医药共8项,其中少数民族类6项;第三批国家级非遗名录中,传统医药共4项,其中少数民族类4项;第四批国家级非遗名录中,传统医药共2项,其中少数民族类2项。在第一批国家级非遗扩展项目名录中,传统医药共5项,其中少数民族类1项;第二批国家级非遗扩展项目名录中,传统医药共7项,其中少数民族类3项;第三批国家级非遗扩展项目名录中,传统医药共10项,其中少数民族类5项(见表1和图1)。少数民族传统医药非遗项目数量不断增多,先后有13个少数民族传统医药进入国家级非遗名录:第一批为藏医药,第二批为蒙医药、畲族医药、瑶族医药、苗医药、侗医药和回族医药,第三批为壮医药、彝医药、傣医药和维吾尔医药,第四批为布依族医药和哈萨克族医药。

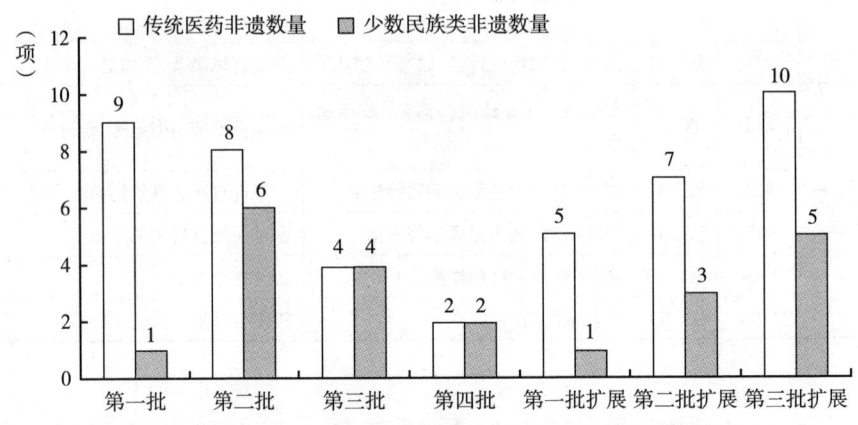

图1 国家级非遗名录中传统医药类非遗数量

(三)各少数民族非遗分配均匀

在国务院及文化部相继公布的四批国家级少数民族传统医药名录中,各少数民族的非遗数量相对均匀。其中藏族、蒙古族、畲族、瑶族、苗族、侗族、回族、壮族、彝族、傣族、维吾尔族、布依族、哈萨克族各占1项,总计13项。在三批扩展名录中,藏族3项,蒙古族2项,苗族、回族、彝族、维吾尔族各1项(见图2)。并且按照传统医药名录批准的趋势和数量看,其他少数民族的传统医药也将会在接下来的非遗名录评审工作中陆续上榜。

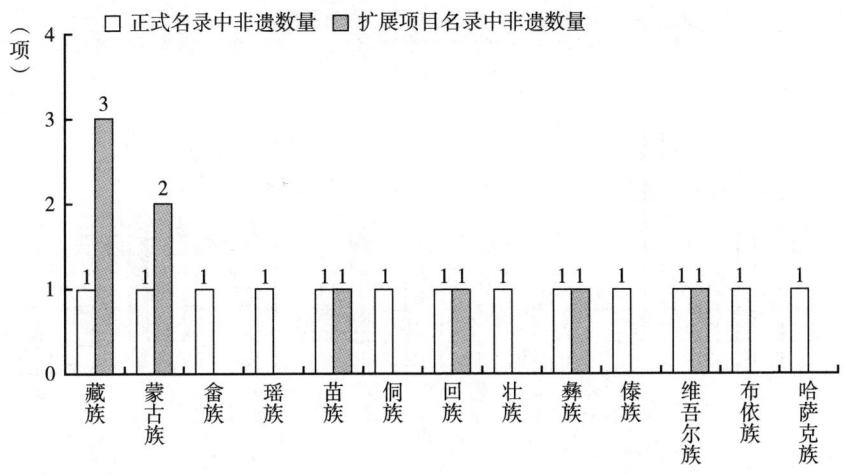

图 2　各少数民族国家级传统医药类非遗数量对比

（四）非遗分布地区相对集中

在已经颁布的国家级传统医药类非遗名录中，其申报单位和地区主要集中我国西部地区，尤其是密集处于5个自治区。第一批少数民族类传统医药非遗在西藏和四川各1处；第二批少数民族类传统医药非遗在贵州3项，宁夏1项，浙江1项，福建1项，内蒙古1项；第三批少数民族类传统医药非遗在云南2项，广西1项，新疆1项；第四批少数民族类传统医药非遗在贵州1项，新疆1项。总计四批名录中少数民族传统医药非遗分别在西藏1项，四川1项，贵州4项，宁夏1项，浙江1项，福建1项，内蒙古1项，云南2项，广西1项，新疆2项。扩展项目名录中，第一批国家级传统医药扩展项目名录中藏医药非遗分布在西藏、甘肃、青海等地；第二批国家级传统医药扩展项目名录云南、辽宁、湖南和内蒙古各1项；第三批国家级传统医药扩展项目名录西藏、青海、内蒙古、宁夏、云南、新疆各1项。总计三批扩展项目名录中少数民族传统医药分别在西藏2项，甘肃1项，青海2项，云南2项，辽宁1项，湖南1项，内蒙古2项，宁夏1项，新疆1项（见图3）。

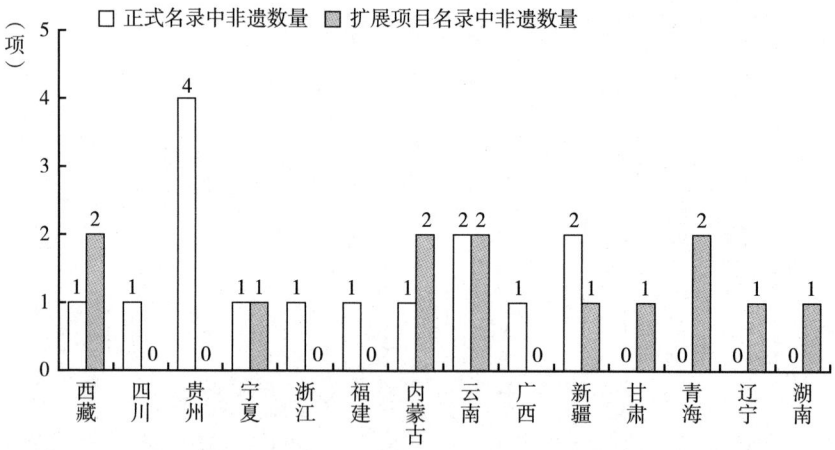

图3 各省少数民族国家级传统医药名录中非遗数量对比

三 民族医药类非遗项目代表性传承人基本情况

非遗传承人在非遗的传承、保护、延续、发展中，起着超乎常人的重大作用，评定并保护数量可观的传承人是非遗保护工作中的重点。2007~2014年，我国先后公布了四批国家级非遗项目代表性传承人名单。

（一）传承人总量较少且比重较低

第一批国家传统医药类非遗项目代表性传承人共19人，其中8人为少数民族；第二批没有传统医药国家级非遗传承人；第三批国家级传统医药类非遗项目代表性传承人共24人，其中13人为少数民族；第四批国家级传统医药类非遗项目代表性传承人共21人，其中7人为少数民族（见图4）。从比重来看，虽然民族医药名录占据了传统医药的一大部分，但少数民族传承人占传统医药传承人的比重较低，第一批为42.1%，第三批为54.2%，第四批为33.3%，四批总计为43.8%；从少数民族传统医药传承人占当批次比重看，基本处于不断下降趋势，由第一批的3.54%降至第三批的1.83%，再降至第四批的1.41%（见图5）。

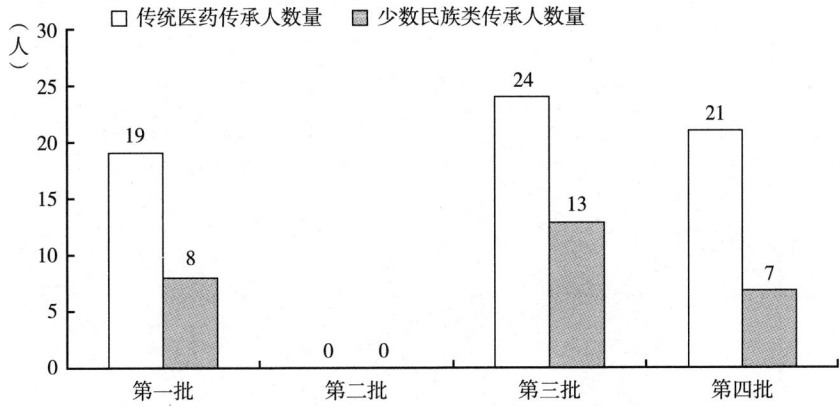

图 4　传统医药传承人数量基本构成

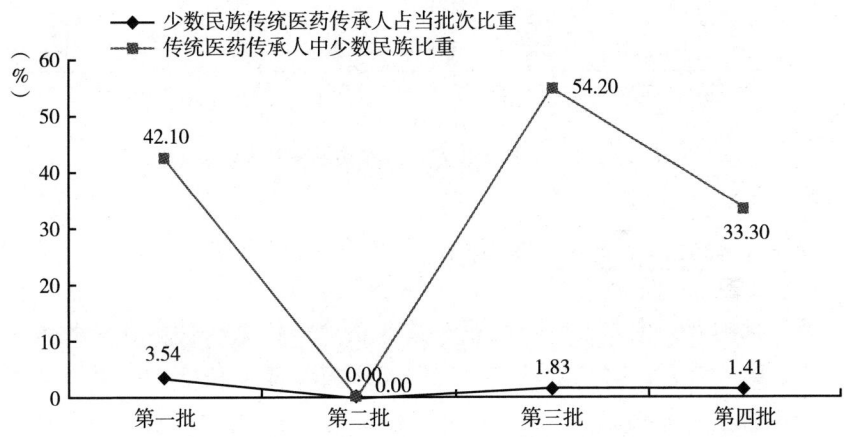

图 5　民族医药传承人数量占传统医药传承人及当批次传承人数量比重

(二) 地域分布较为集中

第一批国家级少数民族传统医药类非遗项目代表性传承人共 8 人, 从申报单位或者地域上看分别为中国中医科学院 1 人、西藏 5 人、四川 2 人; 第二批没有国家级少数民族传统医药类非遗项目代表性传承人; 第三批国家级少数民族传统医药类非遗项目代表性传承人共 13 人, 从申报单位或者地域上看分别为西藏 6 人、青海 5 人、内蒙古 2 人; 第四批国家级少数民族传统医药类非遗项目代表性传承人共7人，从申报单位或者地域上看分别为新疆2人、西藏1人、内蒙古1人、湖南1人、宁夏2人。总计四批名录中少数民族传统医药传承人分别为中国中医科学院1人、西藏12人、四川2人、青海5人、内蒙古3人、新疆2人、湖南1人、宁夏2人，其余省份则没有少数民族传统医药类传承人（见图6）。

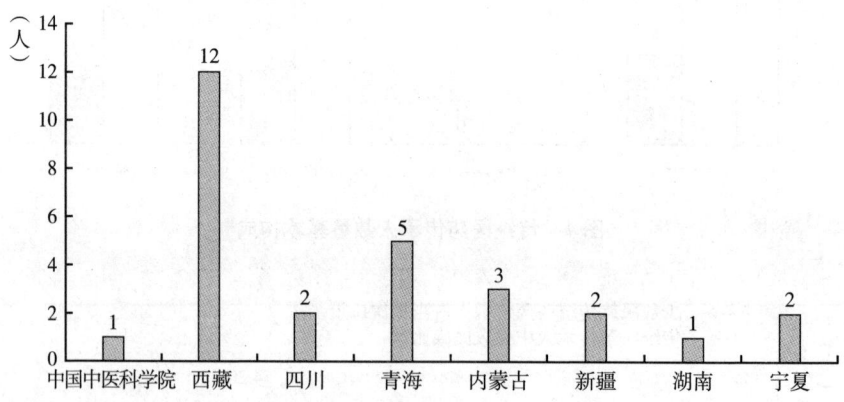

图6 各省少数民族国家级传统医药类传承人数量对比

（三）各民族传承人分布不均

第一批国家级少数民族传统医药类非遗项目代表性传承人共8人，满族1人、藏族7人；第二批没有传统医药国家级非遗传承人；第三批国家级少数民族传统医药类非遗项目代表性传承人共13人，分别为藏族10人、蒙古族3人；第四批国家级少数民族传统医药类非遗项目代表性传承人共7人，蒙古族、藏族、苗族各1人，回族和维吾尔族各2人。总体上看，四批国家级少数民族传统医药类非遗项目代表性传承人中藏族最多为18人，这与申报单位和地区多为西藏自治区的情况基本吻合；另外满族1人、蒙古族4人、苗族1人、回族2人、维吾尔族2人，其他少数民族均为0人（见图7）。

（四）传承人集中于男性

从性别方面看，我国少数民族传统医药类非遗项目代表性传承人呈现男性

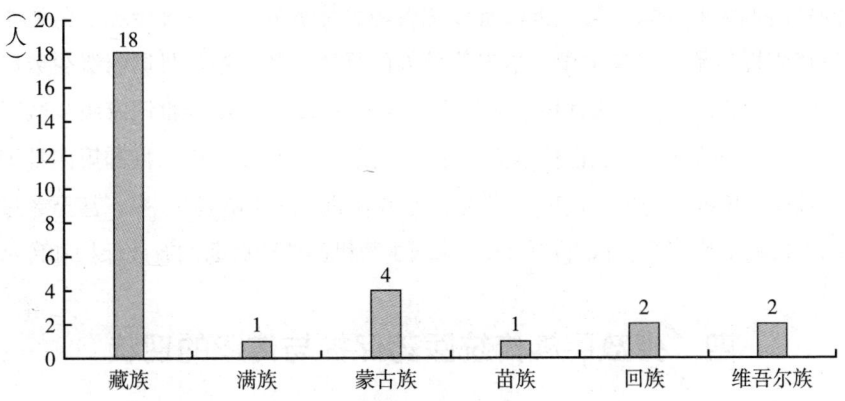

图7 各少数民族国家级传统医药类传承人数量对比

占据压倒性优势的局面。第一批国家级少数民族传统医药类非遗项目代表性传承人的8人全部为男性；第三批国家级少数民族传统医药类非遗项目代表性传承人中有男性12人、女性1人；第四批国家级少数民族传统医药类非遗项目代表性传承人的7人也全部为男性。总体上看，我国少数民族传统医药类非遗项目代表性传承人中有27人为男性，占96.4%（见图8）。

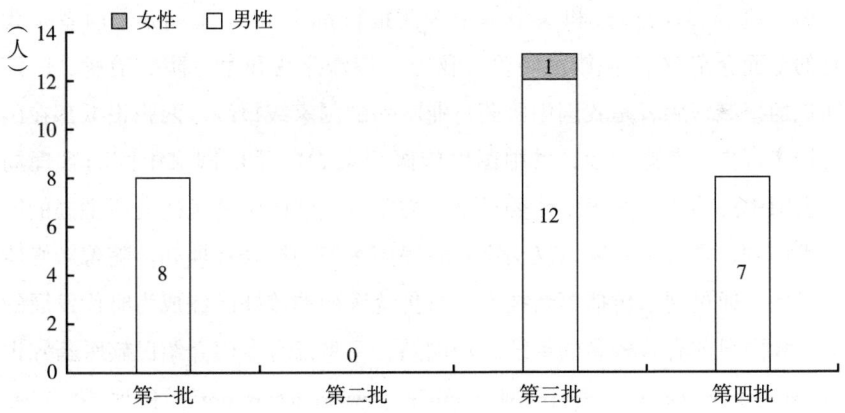

图8 我国少数民族国家级传统医药类传承人中不同性别数量对比

（五）传承人年龄偏高

从年龄上看，我国少数民族传统医药类非遗项目代表性传承人呈现较为严重的年龄偏大的现象。第二批没有传统医药类传承人，第三批传统医药类非遗项目代表性传承人名单中没有给出传承人的具体年龄；第一批国家级少数民族传统医药类非遗项目代表性传承人的平均年龄为72岁；第四批国家级少数民族传统医药类非遗项目代表性传承人的平均年龄也为72岁。第一批和第四批国家级少数民族传统医药类非遗项目代表性传承人的平均年龄是72岁，甚至超过了我国人口的平均寿命，这直接影响了我国少数民族传统医药的有效保护和传承。

四 少数民族传统医药保护与传承的现状

民族医药作为我国传统医药的重要组成部分，在五千年来的中华文明史中发挥着不可替代的作用。经过多年的努力，全国民族医药工作者在其保护工作上取得了巨大的进步，也暴露出许多不足之处。

（一）成就和经验

其一，民族医药宣传阵地的不断扩大。近年来，民族医药宣传阵营不断增加新成员，逐步扩大了自身的影响，不断拥有民族医药报纸、杂志和网站。报纸方面，《民族医药报》和《中国中医药报》都于1989年创办，前者是我国仅有的全面介绍56个民族民间验方秘方、特殊疗法和家庭防病治病、医疗保健知识的报纸，后者是我国中医药行业唯一的国家级报纸。两张报纸都在国内外有较多订户。杂志方面，《中国民族医药杂志》是由国家中医药管理局主管，全国中医药图书情报工作委员会、内蒙古自治区中蒙医研究所主办的国家级学术期刊，是我国一家以汉文字刊载民族医药的综合性期刊。随着新媒体技术的发展，通过网络传播等新技术进行传统医药的传播已经成为时代发展的新趋势。我国目前有着较多的传统医药网站，几乎都有专门介绍民族医药知识和技能的专题。如中华中医网（http：//www.zhzyw.org）和医学全在线（http：//www.med126.com）都有专门介绍民族医药的专栏，对我国的蒙医、藏医、瑶医、壮医、维医、傣医进行了相关理论知识与治疗方法的介绍。[①] 中

[①] 《民族医药》，中华中医网，http：//www.zhzyw.org/mzyy/；医学全在线民族医药频道，医学全在线，http：//www.med126.com/mingzu/。

国恩施民族医药网（http：//www.e-fm.com.cn/）也介绍了土家族医药、苗族医药、侗族医药和其他民族医药的相关知识。其他类似的医药网站也有民族医药的相关介绍。

其二，制作了一定数量的宣传视频，使民众对民族医药的认识逐步深入。尤其是24集大型纪录片《中医药民族医药探秘》的制作，有效地传播了以壮医药、瑶医药为代表的民族医药的神奇疗效和医药文化。《中医药民族医药探秘》介绍了"传奇"的民族医药疗法，如壮医针灸、壮医经筋疗法、药物竹罐疗法、瑶医火攻等，让观众更深入地了解广西中医药民族医药，为弘扬中医药民族医药文化发挥着重要的作用。

其三，一些学术及民间组织的成立，加强了民间内部民族医药知识和资源的交流。中国民族医药协会（China Ethnic Medicine Association，简称"CEMA"）成立于2007年9月，是经民政部批准、国家民委主管的中国民族医药行业的一级社团组织。多年来，中国民族医药协会致力于发展民族医药事业，开展民族医药工作，协助党和政府联系广大民族医药工作者，从而成为促进各民族共同团结进步、共同繁荣发展的纽带与桥梁。中国民族医药学会是为数不多的我国的民族医药学术团体，从1994年开始，多次呼吁"抢救民族医药，保护民族医药，把根留住"，对我国民族医药的保护与发展工作起了一定的推动作用。

其四，部分高校相继开设了民族医药学院，为民族医药人才培养体系的完善做出了巨大贡献。贵阳医学院神奇民族医药学院、云南中医学院民族医药学院以及成都中医药大学民族医药学院，从各自掌握的不同的优势学科资源出发，以市场急需的民族医药人才为培养目标，设置了不同的专业研究方向，为技能型的民族医药人才培养发挥了举足轻重的作用。

其五，各个省份民族医院的存在和延续是民族医药基础知识和技艺能得以传承的重中之重。我国不同省份都存在民族医院，一部分民族医药医生发挥着余光余热，从而使民族医学和民族医术能活态地得以传承，并能真正地发挥一定的现实功效，这是今后发展的重要方向。

其六，部分民族医药博览会的定期举办，逐步活跃了曾经辉煌的民族医药市场。如中国（宁夏）民族医药博览会、中华民族医药（中医药）博览会和全国少数民族医药博览会的成功举办，使更多的媒体和企业进入了传播和挽救

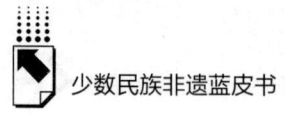

民族医药的队伍中来,有效地促进了民族医药的市场化、产业化发展,更使普通民众享受到了民族医药良好疗效所带来的积极效果。

(二)问题与不足

由于我国传统医药作为非遗存在的身份较为短暂,在保护与传承方面还面临着极大挑战。作为我国传统医药的重要组成部分,民族传统医药的保护与传承问题同样举足轻重。

第一,少数民族传统医药非遗数量的稀少不利于其自身的保护与传承。同中医药一样,少数民族传统医药同样有着完整的医疗体系,包含民族医药文物、民族医药古籍、民族医药图谱、民族医药器物、民族医药人物、民族医药基础理论、民族医药、民族医药方剂、民族医药养生保健、民族医药疾病、民族医药疗法、民族医药符号等多种类别的内容。每类都包含了较多的医药资源。然而,我国目前的民族医药非遗数量极少,在各级、各批次的名录中所占的比例极低,与传统医药在整体名录中所占的份额较低的情况基本类似。在我国仅有的 29 项联合国教科文组织评定的 "人类非物质文化遗产代表作名录"中,传统医药只有 1 项——"中医针灸",只占目前我国世界级非遗总数的 3.45%,民族医药更是 1 项都没有。在我国第一批国家级非遗名录的 518 项非遗中,传统医药共 9 项,仅占 1.74%,民族医药 1 项,仅占 0.19%;在第二批国家级非遗名录的 510 项非遗中,传统医药共 8 项,仅占 1.57%,民族医药 6 项,仅占 1.18%;在第三批国家级非遗名录的 191 项非遗中,传统医药共 4 项,仅占 2.09%,民族医药也为 4 项,占 2.09%;在第四批国家级非遗名录的 153 项非遗中,传统医药共 2 项,仅占 1.31%,民族医药 2 项,仅占 1.31%。扩展名录中,第一批国家级非遗扩展名录 147 项,传统医药共 5 项,仅占 3.40%,民族医药 1 项,占 0.68%;在第二批国家级非遗扩展名录的 164 项中,传统医药共 7 项,仅占 4.27%,民族医药 3 项,占 1.83%;在第三批国家级非遗扩展名录的 153 项中,传统医药共 10 项,仅占 6.54%,民族医药 5 项,占 3.27%。总体上看,四批国家级非遗名录总计 1372 项,传统医药 23 项,占 1.68%,民族医药 13 项,占 0.95%;三批国家级非遗扩展名录总计 464 项,传统医药 22 项,占 4.74%,民族医药 9 项,占 1.94%(见图 9)。按照各类非遗占 10% 的平均数来看,传统医药名录及扩展名录中非遗的数量远远没有达到这个比重,少数民族传统医药的数量更是如此,因此非遗数量较少的现实已经影响到了传统医药的有效保护和传承。

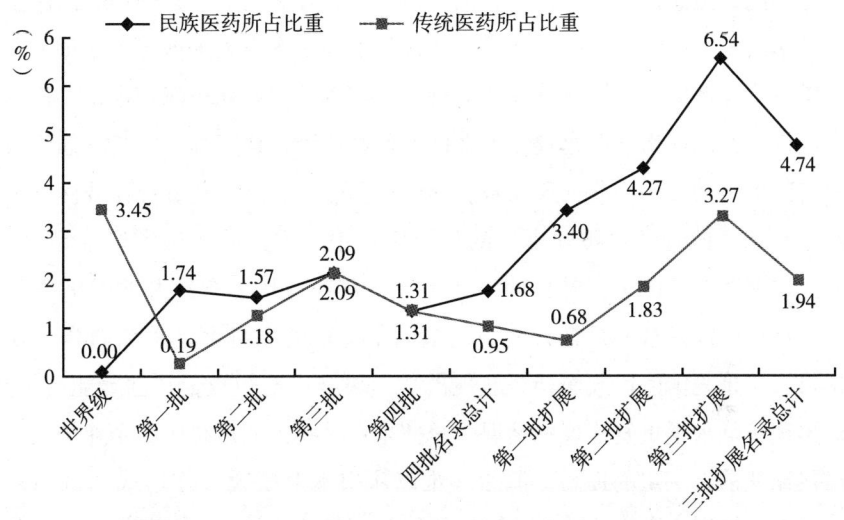

图9 传统医药非遗和民族医药非遗在世界级及国家级非遗名录中的比重

第二,民族医药的传承人数量稀少,队伍结构严重不合理。首先,我国传统医药传承人数量较少,与其他类非遗传承人数量相差悬殊。从图9可以看出,我国四批民族医药传承人比重都在当批次的4%以下。总体上看,文化部先后公布了四批国家级非遗项目代表性传承人名单1986人,民族医药传承人共计28人,仅占1.41%。其次,传承人评比的滞后性影响了部分少数民族传统医药类非遗的保护与传承,如第四批非遗名录批准的布依族医药(益肝草制作技艺)和哈萨克族医药(布拉吾药浴熏蒸疗法、卧塔什正骨术、冻伤疗法)暂时没有传承人,影响了布依族和哈萨克族传统医药的保护和传承。再次,民族医药传承人的民族成分、性别组成和年龄结构都不十分合理,极大地影响了民族医药的可持续发展和有效保护传承。较多少数民族没有民族医药传承人不利于其他民族医药的传承和发展,男女比例严重失调不利于传承人的培养,年龄偏大的现实状况很容易形成"人亡技绝"的状况。不幸的是,这种现象已经发生,如我国著名的针灸传人王雪苔业已离世。王老先生虽不是民族医药的传承人,但传统医药传承人年龄偏大的现实使传统医药的传承面临着极大隐患。最后,传统医药传承人多为医院有造诣的老专家,不利于发挥一些身怀绝技的"赤脚医生"的积极性。同民间医药一样,民族医药的高手很多也隐藏在民间,虽然没有获得传承人的身份,但其技艺精湛、药到病除的医学造诣令较多百姓叹服,应加强走访调研工作,加强对此类人的搜寻和保护。

第三,民族医药产业化开发不合理,在国内传统医药市场中占据的份额较少,同样的在国际市场中也处于产业链的低端,附加值不高。一是在国际市场上,我国出口的多为中草药原材料,而中成药较少,且中药资源在我国已经处于濒危状态。据统计,我国出口的传统医药中,成药的比例竟然不足30%。与此形成鲜明对比的是,韩日两国在世界中草药市场上竟然占据了90%的份额,更让人难以理解的是韩日两国出口的中草药的原料大概80%都需要从中国进口。二是我国的民族医药企业规模小,缺乏一定的资金,创新能力不足,因而出现了低水平重复建设的情况。总体来看,我国的传统医药企业的生产工艺虽然比从前有一定的提高,但始终难以从根本上摆脱"作坊式"的生产格局,从而使较多中方企业间为争取市场份额而打价格战,造成恶性循环。

第四,同传统中医药的情况类似,民族医药专利与知识产权保护不容乐观。西方发达国家通常将我国的传统医药看作一个"公知领域",竭尽全力进行产业化开发。① 如以色列人向美国申请了"治疗消化性溃疡和痔疮的中药组方"专利并顺利获得了授权,但其专利说明书中直接承认其配方源自于《中华本草》一书的英文版。日本也无偿开发了我国医药名著《伤寒杂病论》、《金匮要略方》等中的200余个古方,从而使日本"汉方制剂"工业蓬勃发展起来。2002年,中药青蒿素被国外一家企业根据科研论文进行结构改造并抢先申请了专利,使我国因此每年至少损失2亿~3亿美元的出口额②。

五 建立少数民族传统医药传承体系的可行性路径

民族医药在西方医学和中医药没有进入少数民族医学领域前发挥了重要的

---

① 亚太传统医药编辑部:《部分国家传统医学知识产权保护现状》,《亚太传统医药》2013年第1期。

② 齐芳、田雅婷:《中医药知识产权应该如何保护》,《光明日报》2009年7月8日,第5版。

作用，对维护少数民族人民身心健康和治愈各种疾病居功至伟。作为我国传统医药的重要组成部分，我们要建立民族医药的传承体系，将民族医药同现代知识和科技相结合，保护和发展类似的独特的非遗。

第一，加快传统医药单一类项目的申报及审批步伐，增加其非遗的总量。民族医药项目数量少是传统医药中的普遍现象。究其原因，传统医药项目数量较少除了一大部分失传之外，还与其拥有较多复合型项目相关。在传统医药类非遗中，国家级名录多为复合型项目，省级、市级、县级名录则多为单一型项目。由于单个名录中包含较多子项目和扩展名录，原本不多的传统医药项目数量更少。如藏医药（拉萨北派藏医水银洗炼法和藏药仁青常觉配伍技艺、甘孜州南派藏医药）入选我国第一批非遗名录，在第一批扩展名录中增加了藏医外治法、藏医尿诊法、藏医药浴疗法、甘南藏医药、藏药炮制技艺、藏药七十味珍珠丸配伍技艺、藏药珊瑚七十味丸配伍技艺、藏药阿如拉炮制技艺、七十味珍珠丸赛太炮制技艺，第二批扩展名录中又增加藏医骨伤疗法，第三批扩展名录中又增加山南藏医药浴法、藏医放血疗法。如此之多的藏医药疗法和藏医药制作技艺专门以一项复合型项目代之，显得尤为不合理。① 因此，要对我国传统医药尤其是民族医学进行拉网式的清查，摸清家底，尽最大努力将传统医药资源发扬光大，建立国家级、省级、市级、县级的四级传统医药名录保护体系。同时要克服"重开发轻保护、重申报轻管理"的观念，对传统医药应该做到"申报与管理并重，开发与保护并重"。最后，针对我国的省级、市级、县级传统医药的评审中大多为碎片状的单一型项目的实际情况，不妨改革传统医药的申报及评定规则，将以往包容性较强的复合型项目革新为单一型项目，以此来更有针对性地对其分类保护与传承。革新后国家级与省市县三级非遗体系的标准将基本统一。

第二，建立梯队合理、结构完善、层次分明的传承人队伍，并逐步向活态化、年轻化、专业化转变。我国目前民族医药的传承人不仅数量少，而且面临着老龄化严重的问题。在未来传承人的培养及评定中，可以积极采取以下措施优化传承人的队伍建设。首先，应该积极扩大传承人队伍，针对已经评定的民族医药名录，每项可以评定多名乃至几十名传承人，并且要考虑到性别、区域

---

① 王伟杰：《中国传统医药类非物质文化遗产分类研究》，《江西社会科学》2013年第11期。

和年龄方面的差异。尤其是对一些较为年轻却医术精湛的中医专家，应该积极将其吸纳至传承人队伍中来，保持传承人队伍的稳定性和年轻化。其次，应将民族医药传承人的培养和审定列为未来工作的重点，对于那些没有国家级传统医药名录的少数民族，要对其项目及传承人的申报及审批给予特殊照顾，争取在短时间内建立起我国健全完整的民族医药名录及传承人体系。最后，大胆吸纳具有特殊技艺的民族医药"赤脚医生"进入传承人行列。这就要求我们要摒弃传统观念，改变以往只有中医科学院和知名医院才能申请非遗的传统做法，逐步推动并鼓励民族医药企业申请自身的民族医药知识及技术成为非遗，以积极的态度实现民族医药在我国广大的乡村社会及民族地区的传承和发展。

第三，利用新技术、新手段加快民族医药的创新步伐，用生产性保护的方法使其重新焕发青春。与其他类别的非遗项目不同的是，民族医药具有极强的实用性及产业基础。在现代医学飞速发展的大环境下，西医由于紧密结合新兴科学知识与技术，在医学知识与技术方面不断取得突破与创新，其发展速度远非日新月异能形容。民族医药由于不能较快地适应新科学与新技术的变化，以致发展迟缓甚至踟蹰不前。尤其是一些民族医学的药方和疗法，传承犹恐不及，更何况创新。然而，一味地保护并不能实现最好的传承，在生产实践中发挥传承医学的重要作用，才能实现其在现代社会的活态传承。尤其是利用现代科技对民族医药进行合理的改造和创新，才能与时俱进，适应社会发展的潮流。我国的传统民族医药等文化才能走出去，被世界人民所接受，从而推动中国传统民族医药在世界范围内的传承和发展。

第四，注重对民族医药的知识产权保护，根据不同医药类别，创新知识产权保护形式。首先，要加强对民族医药的立法保护，尽快出台专门用于中医药知识产权保护的相关政策法规，避免以后再发生中医药知识产权被不当占有的事件。其次，注重对药方专利的申请与保护。现行《专利法》虽然对诊疗方法是排除的，但药方是可以申请专利的，也可以通过注册商标得到品牌保护，通过著述进行版权保护，这些都是国际上通用的方法。而对"家传秘方"这一特殊形式，则可以通过商业秘密，或者用《反不正当竞争法》进行保护。①

---

① 亚太传统医药编辑部：《部分国家传统医学知识产权保护现状》，《亚太传统医药》2013年第1期。

最后，借鉴知识产权保护的国际经验，维护我国民族医药的合法权益。例如，印度人常用一种姜类植物"姜黄"治疗创伤和皮疹，但在1995年，密西西比医学中心的两名科学家竟然因"利用姜黄治疗创伤"获得美国专利。该专利授权后，印度科学和工业委员会向美国提出，姜黄治疗创伤在印度已有几千年的历史，不具有新颖性，并提供了古文献和一篇在杂志上发表的论文，最终导致美国撤销了这一专利。①

---

① 齐芳、田雅婷：《中医药知识产权应该如何保护》，《光明日报》2009年7月0日，第5版。

B.5 2006~2014年中国少数民族传统美术类非物质文化遗产发展报告

谈国新 曹浩*

摘　要： 在几千年的文化积淀中，各少数民族形成了各具特色、丰富多彩的传统美术类非物质文化遗产。然而，在现代文明的冲击下，大量少数民族传统美术类非遗开始消失，甚至濒临消亡。自2006年起，国家采取了一系列的措施保护少数民族传统美术类非遗，取得了显著的成就，但当前也存在少数民族地区文化生态环境改变加速，传承人的断层，少数民族民众保护意识淡薄，重申报、轻保护，开发程度低等问题，因此本文拟针对这些问题提供一些对策建议，以期对少数民族传统美术类非遗的保护、传承、开发工作有所帮助。

关键词： 少数民族　传统美术　非物质文化遗产　保护开发

我国是一个多民族国家，在特定的历史背景、政治环境、宗教信仰和地理环境中，通过几千年的积淀，各少数民族形成了各具特色、丰富多彩的传统美术非物质文化遗产（以下简称"非遗"）。这些文化不仅是少数民族人民的价值观念、气质情感、民族精神的体现，还具有较高的历史文化价值和审美价值，是少数民族人民宝贵的文化遗产，更是世界各民族文化遗产的重要组成部

---

* 谈国新，博士、教授、博士生导师，华中师范大学国家文化产业研究中心副主任，研究方向：文化遗产数字化；曹浩，华中师范大学国家文化产业研究中心在读硕士生，研究方向：文化资源与文化产业。

分。然而，随着经济全球化和西部大开发的深入，在现代文明的猛烈冲击下，少数民族传统美术类非遗的生存环境受到了前所未有的威胁，有些甚至处于濒危状态。自2005年起，国家开始重视非物质文化遗产的保护和传承，少数民族传统美术类非遗开始纳入国家保护体系。

一 少数民族传统美术类非遗在保护、开发、传承过程中取得的成就

（一）开展全国大普查，四级非遗代表作名录体系建立

2005年3月26日，国务院办公厅下发了《国务院办公厅关于加强我国非物质文化遗产保护工作的意见》，提出开展非物质文化遗产普查工作，并建立国家级和省、市、县级非物质文化遗产代表作名录体系。[①] 通过在全国范围内的普查，大量的少数民族传统美术类非遗被发现，进入人们的视野，尤其是一些濒临消亡的传统美术类非遗被发现，得到及时的保护。2005年底，文化部发布了《中国民族民间文化保护工程普查手册》，指导非物质文化遗产的普查工作。2006年5月，国务院发布第一批国家级非物质文化遗产名录，随后，我国不少省份也建立了自己的省、市、县级名录。2006~2014年，国务院共公布了四批国家级非物质文化遗产名录，共计1836项（含拓展）。其中，四批传统美术类非遗总数179项，占国家级非遗总数的9.75%，四批少数民族传统美术类非遗总数为37项，占传统美术类非遗总数20.67%。四批少数民族传统美术类非遗的具体数量，分别占每批国家级非遗名录和传统美术类非遗名录的比重如表1、图1所示。从表1、图1可以看出，每批少数民族传统美术类非遗的数量较少，且自第二批以后呈逐次递减的趋势，平均每批占传统美术类非遗的比重不足25%。四批国家级非遗名录中少数民族传统美术类非遗具体项目（见表2），主要集中于绘画、剪纸、刺绣、书法、雕塑这几个类别。

---

① 国务院办公厅：《国务院办公厅关于加强我国非物质文化遗产保护工作的意见》，中华人民共和国中央人民政府，2005年8月15日，http://www.gov.cn/zwgk/2005-08/15/content_21681.htm。

部分省（自治区）公布的非遗名录中少数民族传统美术类非遗数量（见图2），以新疆维吾尔自治区、内蒙古自治区和四川省最多。通过全国范围内的普查，少数民族传统美术类非遗从默默无闻开始进入人们的视野，开始纳入政府保护的范围，得到科学、有效的保护。

表1 四批国家级非遗名录中少数民族传统美术类非遗数量情况

单位：项，%

类别 \ 批次	第一批（不含拓展）	第二批（不含拓展）	第三批（不含拓展）	第四批
少数民族传统美术类非遗数量	10	11	5	5
传统美术非遗数量	51	45	13	13
占传统美术非遗项目总数比重	19.61	24.44	38.46	38.46
占国家级非遗项目总数比重	1.93	2.16	2.62	3.26

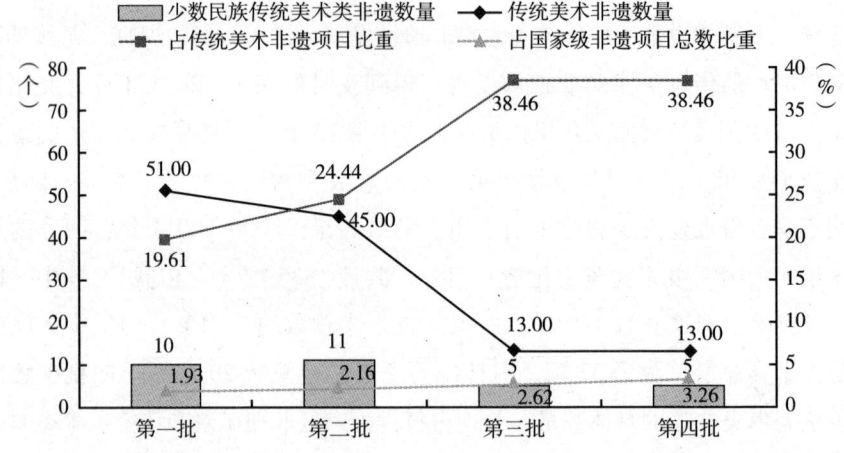

图1 四批国家级非遗名录中少数民族传统美术类非遗数量情况

表2 四批国家级少数民族传统美术类非遗具体项目情况

批次\项目	国家级少数民族传统美术非遗项目
第一批	Ⅶ-13 纳西族东巴画、Ⅶ-14 藏族唐卡、Ⅶ-22 苗绣、Ⅶ-23 水族马尾绣、Ⅶ-24 土族盘绣、Ⅶ-39 藏族格萨尔彩绘石刻、Ⅶ-48 塔尔寺酥油花、Ⅶ-49 热贡艺术
第一批拓展	Ⅶ-14 藏族唐卡、Ⅶ-22 苗绣

续表

批次项目	国家级少数民族传统美术非遗项目
第二批	Ⅶ-64 藏文书法、Ⅶ-76 羌族刺绣、Ⅶ-78 彝族(撒尼)刺绣、Ⅶ-79 维吾尔族刺绣、Ⅶ-80 满族刺绣、Ⅶ-81 蒙古族刺绣、Ⅶ-82 柯尔克孜族刺绣、Ⅶ-83 哈萨克毡绣和布绣
第二批拓展	Ⅶ-14 藏族唐卡(勉萨画派)、Ⅶ-22 苗绣、Ⅶ-25 苗族挑花、Ⅶ-48 酥油花(强巴林寺酥油花)、Ⅶ-51 毛南族花竹帽编织技艺、Ⅶ-54 草编(哈萨克族芨芨草编织技艺)
第三批	Ⅶ-98 苗画,Ⅶ-105 瑶族刺绣、Ⅶ-106 藏族挑花、刺绣、编织工艺、Ⅶ-107 侗族刺绣,Ⅶ-108 锡伯族刺绣
第三批拓展	水族剪纸、回族剪纸、藏文书法(尼赤)、满族刺绣、蒙古族刺绣
第四批	彝族毕摩画、彩砂坛城绘制、蒙古文书法、满文书法

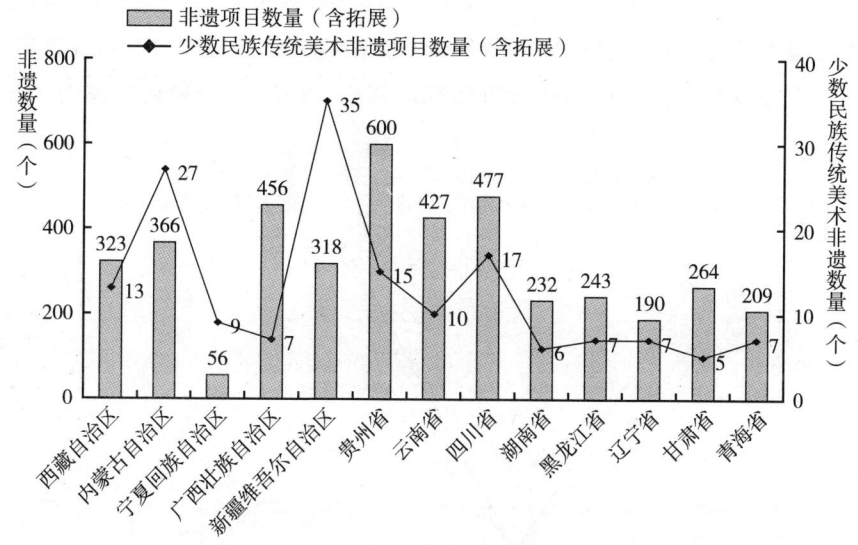

图2 部分省(自治区)少数民族传统美术类非遗数量情况

(二)少数民族传统美术类非遗传承人保护机制初步建立

2007年,文化部印发了《文化部办公厅关于推荐国家级非物质文化遗产项目代表性传承人的通知》,鼓励和支持国家级非物质文化遗产项目代表性传承人开展传习活动,并于同年公布第一批国家级非物质文化遗产项目代表性传承人名单，到 2012 年 12 月，共公布了四批国家级非物质文化遗产项目代表性传承人名单，共计 1986 人，其中传统美术类非遗传承人总数为 231 人（其中第二批不涉及传统美术传承人），占四批国家级非遗传承人总数的 11.63%；少数民族传统美术类非遗传承人总数为 40 人，占传统美术类传承人总数的 17.32%。各批少数民族传统美术类非遗传承人的具体数量，分别占每批国家级非遗和传统美术类非遗传承人名录的比重如图 3 所示。同时，各省、市、县也公布了传统美术类非遗相关传承人名单。2008 年 5 月，文化部发布了《国家级非物质文化遗产项目代表性传承人认定与管理暂行办法》，要求各级文化行政部门应对开展传习活动确有困难的国家级非物质文化遗产项目代表性传承人予以支持。支持方式主要有：支持资助传承人的授徒传艺或教育培训活动；提供必要的传习活动场所；资助有关技艺资料的整理、出版；提供展示、宣传及其他有利于项目传承的帮助。另外，对无经济收入来源、生活确有困难的国家级非物质文化遗产项目代表性传承人，所在地文化行政部门应积极创造条件，并鼓励社会组织和个人进行资助，保障其基本生活需求。① 从 2008 年开始，

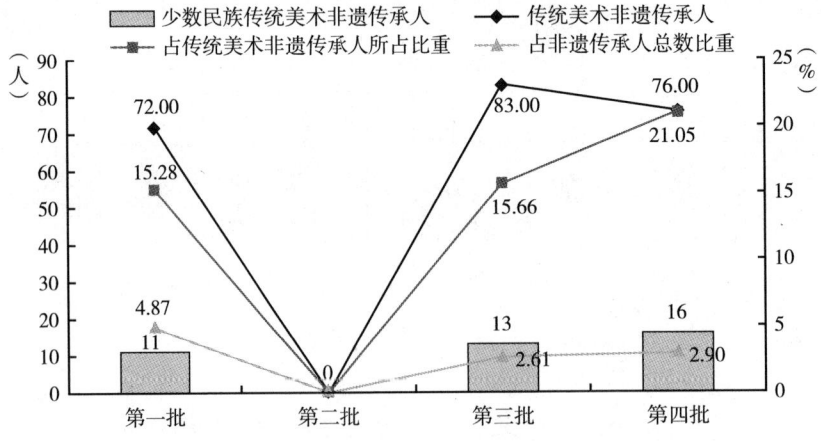

图 3　各批国家级少数民族传统美术类非遗传承人的具体数量情况

---

① 文化部：《国家级非物质文化遗产项目代表性传承人认定与管理暂行办法（2008）》，中华人民共和国文化部，2010 年 1 月 13 日，http://www.mcprc.gov.cn/sjzz/fwzwhycs_ sjzz/fwzwhycs_ flfg/201111/t20111128_ 356511. htm。

中央财政对国家级代表性传承人提供每人每年8000元的传习补贴,从2011年开始,金额提高到每人每年10000元。① 通过一系列的措施,国家为少数民族地区国家级传统美术类非遗项目传承人提供了传承活动经费,并提供了各种政策支持,可以说,少数民族地区传统美术类非遗的传承人保护机制初步建立。

(三)少数民族传统美术类非遗生产性保护基地和文化生态保护区相继建立

为完善生产性保护的方式方法,加强非物质文化遗产保护和传承,文化部于2010年发布了《文化部办公厅关于开展国家级非物质文化遗产生产性保护示范基地建设的通知》,并于2011年8月公布了第一批国家级非物质文化遗产生产性保护示范基地公示名单,包括北京景泰蓝制作技艺、河北衡水内画、山西老陈醋酿制技艺等涉及41个项目企业或单位、39项国家级名录项目入选。② 其中,青海黄南州热贡画院的热贡艺术和青海省互助土族文化传播有限公司的土族盘绣成为少数民族传统美术类非遗的生产性保护基地。2014年5月,文化部公布了第二批国家级非物质文化遗产生产性保护示范基地公示名单,共计57个,其中康定大吉香巴拉文化发展有限公司的藏族唐卡(噶玛嘎孜画派)、台江芳佤银饰刺绣有限公司的苗绣、西藏唐卡画院的藏族唐卡(勉萨画派)、夏河县拉扑楞摩尼宝藏族文化艺术有限公司的藏族唐卡(甘南藏族唐卡)、新疆生产建设兵团农业建设第六师红旗农场的哈萨克毡绣和布绣入选。③ 通过建立少数民族传统美术类非遗生产性保护基地,使少数民族传统美术类非遗在生产实践中得到积极保护,有利于实现少数民族传统美术类非遗保护与开发的良性互动。2008年,热贡艺术的核心区青海同仁地区被认定为国家级文化生态保护区,是继闽南、徽州之后的全国第三个国家级文化生态保护区,也是第一

---

① 《"城镇化非遗保护意见"将出台》,人民网,2014年8月21日,http://culture.people.com.cn/n/2014/0821/c22219-25507902.html。
② 文化部:《文化部关于公示第一批国家级非物质文化遗产生产性保护示范基地的通知》,中华人民共和国文化部,2011年8月5日,http://www.mcprc.gov.cn/whzx/ggtz/201111/t20111121_420601.html。
③ 文化部:《文化部关于公布第二批国家级非物质文化遗产生产性保护示范基地名单的通知》,中华人民共和国文化部,2014年5月16日,http://zwgk.mcprc.gov.cn/auto255/201405/t20140519_30295.html。

个少数民族地区文化生态保护实验区。实验区建立后，青海黄南藏族自治州及时启动热贡文化生态保护实验区总体规划的编制工作，2011年3月，《热贡文化生态保护区总体规划》获文化部正式批复。《总体规划》标志着热贡文化生态保护实验区建设进入科学、有序的新阶段。通过建设热贡艺术文化生态保护区，探索热贡艺术整体性保护的路径和方式，对其他少数民族地区保护传统美术类非遗更具有重要的借鉴意义。

（四）少数民族传统美术类非遗的法律法规建设加强

1997年国务院颁布了《传统工艺美术的保护条例》，这是第一部专门针对传统工艺美术制定的保护条例。2000年5月，云南省颁布实施了《云南省民族民间传统文化保护条例》，这是第一个旨在重点保护本辖区内少数民族非物质文化遗产的地方性法规。该条例保护的民族民间传统文化包括具有代表性的民族民间绘画、雕塑、民族民间传统工艺制作技术和工艺美术珍品等，实际上为数量众多的少数民族传统美术类非遗提供了地方法律保障。该条例的第十七条规定："具有优秀民族民间文学艺术传统或者工艺美术品制作传统的地方，可以命名为云南省民族民间传统文化之乡。"第二十二条规定："民族民间传统文化工艺美术珍品的经营按照国家有关规定执行，禁止经营珍贵的民族民间传统文化原始资料和实物。"第二十八条规定："对于需要保密的工艺美术品的工艺技术，职能部门应当确定密级，依法实施保密。"① 这些规定将少数民族传统美术类非遗的保护落到了实处。《云南省民族民间传统文化保护条例》的颁布实施比《中华人民共和国非物质文化遗产法》早11年。其后，在少数民族聚集的省、市、县也相继颁布了类似的保护条例，如贵州省、福建省、广西壮族自治区颁布了省级非物质文化遗产保护条例，四川凉山彝族自治州、贵州玉屏侗族自治州、湖北长阳土家族自治县、海南保亭黎族苗族自治县、云南维西傈僳族自治县、四川北川羌族自治县，也颁布了州、县非物质文化遗产保护条例，保护本辖区少数民族非物质文化遗产。除了颁布保护条例，有些少数民族自治区发布了《非物质文化遗产保护工程实施方案》，如宁夏回族自治

---

① 云南省文化厅：《云南省民族民间传统文化保护条例》，云南省文化厅，2000年5月16日，http://www.whyn.gov.cn/public/view/policy-74.html。

区、新疆维吾尔自治区等。这些法律法规的制定在全国范围内构建了一个少数民族传统美术类非遗的法律保护体系,为少数民族传统美术类非遗的保护提供了有力的保障。

二 少数民族传统美术类非遗保护、开发、传承过程中存在的问题

少数民族地区传统美术类非遗经过8年的综合性保护,取得了很大的成就,但也存在诸多问题,如传统的文化生态环境仍在加速改变,"整体性"保护付诸实践收效甚微;传承人断层现象依旧突出;少数民族民众的非遗保护意识仍有待提升;而重申报、轻保护,开发程度低更是阻碍了少数民族传统美术类非遗的保护与传承。

(一)少数民族传统美术文化生态环境改变加速

少数民族非物质文化遗产具有很强的独特性。少数民族聚居区大多属于偏远偏僻地区,造成了一个封闭的生态环境,与外界交流沟通少,保证了少数民族文化演进的纯粹性和发展的独特性。[①] 因此,只有维护传统的文化生态环境,继续保持少数民族聚居地居民的传统生活方式和文化习俗,才能确保少数民族传统美术的活态性和原真性。但这些少数民族地区,无论人口多寡、地域远近,都不可能处于完全封闭状态,尤其是西部大开发以后,少数民族与汉族社会的交流互动更加频繁。根据《国家"八七"扶贫攻坚计划》,在592个国家级重点扶持贫困县中,少数民族贫困县257个,占43.4%,到2003年底,我国未解决温饱的有2900万人,少数民族地区有1304万人,占45%。[②] 这些少数民族地区经济发展缓慢,文化教育落后,生产生活条件恶劣,长期处于主流社会的边缘。面对现代文明和外来文化的强势冲击,不少少数民族地区的居民不愿重复上一辈的贫苦生活,外出打工,积极接受现代文明,脱贫致富,已

---

① 叶芳芳、朱远来:《少数民族非物质文化遗产整体性保护的困境与出路》,《广西民族研究》2013年第3期。
② 《国家高度重视少数民族贫困问题》,中国网,2005年5月27日,http://www.china.com.cn/chinese/PI-c/873830.htm。

经改变了其传统的生活方式，传统观念也随之发生变化，他们的传统民族文化开始出现断层。虽然国家提出对非遗的"整体性"保护，但只是一种设想，在实际操作中收效甚微，少数民族地区的生态环境在各种因素的冲击下，仍在加速改变，依托于少数民族原有的存在土壤和社会环境的传统美术类非遗，生存仍然受到强烈威胁。如水族地区的马尾绣，是一种古老的原始艺术，不仅具有很高的审美价值，同时也是研究水族民族文化的重要资料。马尾绣服饰往往在节日里，尤其是在水族端节里穿戴，但现在的端节逐渐流于形式，当地人对马尾绣的看法也发生了改变。在过去，一件马尾绣服装是水族姑娘手艺好坏的表现，也是女方家庭是否富有的象征。而现在的水族姑娘们不愿制作费时费力、工艺复杂的马尾绣服装，也很少愿意穿戴，宁愿穿汉装，把马尾绣服饰压到了箱底，致使马尾绣这一传统美术类非遗失去了原有的文化生态环境，逐渐走向消失。

（二）少数民族传统美术传承人断层

非物质文化遗产最重要的一个特点是靠"口传心授"，它依托于人本身而存在，以声音、形象和技艺为表现手段，并以身口相传作为文化链而得以延续。① 可以说，少数民族传统美术类非遗中最脆弱的部分是传承人，因此从少数民族传统美术类非遗的传承过程来讲，传承人就显得最为重要，一旦出现传承人断层，少数民族传统美术类非遗就会面临消失的危险。当前的情况是，掌握一定传统美术技艺的民间艺人为数较少，不少项目传承人都是六七十岁的老人，年富力强者不多，且多生活困难，有的因无法维持生计而改行。新一代年轻人热衷时尚文化，对于口传心授的民间文化兴趣低，缺乏耐心和信心，不愿意学习继承甚至排斥，于是出现了老一辈传承人"无徒可招"的尴尬局面，一些少数民族传统美术类非遗项目因缺乏新生代传承人而濒临失传甚至消失。如藏族格萨尔彩绘石刻，对艺人的素质要求较高，但目前进行格萨尔彩绘石刻制作的艺人多为农牧民或寺庙僧人，且是业余者，很难达到彩绘石刻的技艺要求。此外，凿刻格萨尔画像的工作十分辛苦，收入很低，平均每月不足千元，难以维持手工艺人的生计，年轻的艺人要么外出打工，要么改从他业，因此格萨尔彩绘石刻技艺面临着传承人断层的局面。

---

① 贾银忠：《中国少数民族非物质文化遗产教程》，民族出版社，2008，第111页。

(三)少数民族民众保护意识淡薄,缺乏"文化自觉"

近年来,政府部门高度重视少数民族非遗的保护工作,无论是在政策、法律法规还是资金、技术上,都给予非遗保护极大的支持,但落实到具体的实践中,却存在"上热下冷"的现象,尤其是在偏远的少数民族地区。究其原因,一方面,由于宣传工作滞后,一些少数民族地方政府对传统美术类非遗的保护工作认识不到位,对保护工作的重要性和紧迫性认识不足,对保护工作不够重视,缺乏主动性和积极性,造成了少数民族地区群众对非遗保护政策和相关知识的缺乏,对传统美术类非遗的保护意识淡薄。另一方面,少数民族地区的群众对本民族的传统美术文化没有形成正确的认识,认为保护非遗是政府部门的事情,与己无关,甚至对自己的文化欠缺自信。长期以来,少数民族地区地域偏远,经济落后,生活条件艰苦,一直处在以汉族为主导的主流社会的边缘,他们的民族传统文化也被边缘化,与现代文明相比较,他们容易产生本民族传统美术是一种土、过时、落后的文化观念,并产生厌恶之感。这是缺乏"文化自觉"的表现。而少数民族传统美术类非遗的传承,不能仅靠政府相关部门主导、行政命令式的强制性保护,也不能单靠几个传承人开展的几次传承活动,这是一种缺乏内在原动力的保护,很难保证保护与传承工作的持续有效性。只有少数民族地区的民众才是少数民族传统美术类非遗保护和传承的真正主体,必须要让他们充分认识和认同本民族传统美术类非遗的价值、意义,产生文化自信,他们才会自觉地保护与传承本民族的传统美术,只有这样,传统美术类非遗的传承才会有稳固、可靠、坚实的基础,也才能真正取得实效。

(四)重申报、轻保护

在少数民族地区传统美术类非遗的保护中,存在重申报、轻保护的现象。在申报传统美术类非遗项目时,少数民族地方政府都十分重视,投入大量的财力、物力、人力进行积极申报,但落实到保护层面上,则不够重视,收效甚微。少数民族地区经济不发达、财政困难,缺乏保护经费,无力专门安排专业人才实施保护管理是造成保护不力的一个原因,但导致非遗保护工作中"重申报、轻保护"现象的关键原因在于经济利益、政绩考核。少数民族地区政府希望借申请国家对非物质文化遗产的重视获得相关的资金扶持,借国家级非物质文化遗产名录的名气发展民族旅游，售卖传统美术工艺品，提高景区门票价格来谋取经济利益。传统美术类非遗项目一旦申报成功，在政绩考核时就会得到加分，而对传统美术类非遗项目的保护，由于没有严格的量化指标，缺乏有效的监督机制，保护得好与不好，均不会影响到政府的政绩，因此受到轻视，这对少数民族地区传统美术类非遗的保护工作将极为不利。

（五）开发程度低，尚未建立有效的产销渠道

少数民族传统美术类非遗具有较高的审美价值和收藏价值，是少数民族地区重要的经济资源，适合进行生产性保护，走向市场，进行开发利用成为必然。由于制作材料和制作工艺的不同，不同少数民族传统美术类非遗的生产特点也不同，产业化水平发展也有很大的差异，个体手工业、家庭作坊生产占了相当大的比重，生产方式较为原始，生产力水平较低。① 由于少数民族地域相对闭塞，传统美术类非遗的传承人手工技艺虽然高超，但往往并不善于营销推广，他们大多生活困难，资金有限，无力进行扩大生产，因此经营模式和产品类型单一，产销渠道狭窄。如苗绣，只有少数几家家庭作坊生产，经营者多为当地的少数人，全手工操作，产量有限，销售渠道较为单一，即便是依靠旅游商店、网店销售，由于缺乏有效的营销手段，销量也很低。此外，少数民族传统美术类非遗在面向市场进行新产品研发方面的能力较弱，几乎没有任何投入，缺少一个相对集中的研发、生产少数民族传统美术类非遗项目作品的区域平台，产品的现代性设计差，导致整体竞争力不强，是制约少数民族传统美术类非遗项目产业化开发的一大瓶颈。

三 我国少数民族传统美术类非遗未来保护与传承的对策建议

（一）加强少数民族传统美术类非遗的普及，鼓励全民参与

非物质文化遗产源于民间，长期服务于大众，重点应由民间保护、民间传

---

① 覃莉：《产业化视角下民族民间传统文化保护传承研究——以土家族民间工艺美术为例》，《前沿》2012年第7期。

承,这才符合文化遗产保护传承的规律。① 因此,必须加强少数民族传统美术的普及工作。一是在少数民族地区,要将传统美术纳入教育体制,在初中级教育阶段,将少数民族传统美术作为当地中小学生的美术必修课,从小进行传统美术的熏陶和培养,加深对本民族传统美术的了解和认识,增强文化自信和文化自觉;在高等教育阶段,将少数民族传统美术列入选修课,向高校学生普及少数民族传统美术知识,培养他们对少数民族传统美术的兴趣。此外,通过家庭、社会等多种教育渠道,将少数民族的传统美术类非遗进行有效的、系统的、科学的传播。二是少数民族地区政府要加强宣传工作,向少数民族地区宣传非物质文化遗产保护的相关政策和法律法规,唤醒他们的保护意识。同时,开展丰富多样的传承活动,如定期举办传统美术文化讲座,聘请传统美术手工艺人在现场展示高超的制作技艺;发挥少数民族传统美术社会团体作用,通过开展传统美术艺术交流活动;举办传统美术非遗项目专题展会;依托少数民族传统节日进行传统美术非遗宣传、普及,举办各种传统美术非遗项目比赛,鼓励全民参与,营造良好的传播氛围等。三是重视对少数民族传统美术类非遗的理论研究,广泛吸纳有关学术研究机构、专业人才参与保护工作,深入开展少数民族传统美术类非遗的理论研究,深化其文化内涵,提升文化资源价值。

(二)重视新生代传承人的培养

为了避免出现"人去艺绝"的现象,我们应加强对少数民族传统美术类非遗的保护工作,根据其口传身授的特点,重点对传承人加以保护的同时,培养下一代的传承人,才不会因为老一辈艺人的去世而使少数民族传统美术类非遗消失。新生代传承群体是一个活态的群体,他们具有可变性和可塑性特征,他们与老一代传承人的主要区别在于所受教育水平不同,成长环境不同,生活的价值取向差异增大。因此,根据新生代传承人的特点,必须创新传承人培养模式。首先,在保留传统师带徒的模式上,在少数民族地区的职业技术学院、高等院校开设传统美术类非遗专业本科班、专科班,聘请少数民族传承人作为学校的专业授课教师,并组织他们编译出一整套比较规范、内容全面的传统美术高等教育教材,充分利用高校的教学设备资源,向经过层层选拔的优秀青年

---

① 陈清:《民间力量是非遗保护主体》,《中国文化报》2014年10月22日。

学生传授知识和技能，从根本上解决少数民族传统美术类非遗的传承问题，为少数民族传统美术类非遗的发展提供人才支持。其次，扩大少数民族传统美术类非遗的影响力，在全国开办少数民族传统美术类非遗项目培训班，储备传统美术类非遗人才。再次，结合市场需要培训新的承传人，通过建立少数民族传统美术类非遗工作室，如唐卡工作室、苗绣工作室、水族剪纸工作室、侗族刺绣工作室等，集组织、策划、运作、营销于一体，形成一个可操作的实体。同时，将分散的少数民族艺人家庭整合起来，组成一个个生产基地，培养人才和开展订单生产并举，以遗养遗，提高新生代传承人的收入和待遇，增收致富，提高他们传承少数民族非遗的积极性。

（三）建立少数民族传统美术类非遗保护责任机制

要解决少数民族传统美术类非遗"重申报、轻保护"的问题，必须建立科学合理的责任机制。一是各级政府部门要转换观念，重视少数民族传统美术类非遗的保护工作，不能依靠文化部的定期检查，必须健全监管机制，上到中央、省、自治区，下到自治县、民族文化乡，明确保护与管理目标，分解到各级文化监管部门、具体到保护项目、落实到岗位、量化到个人，实行定期和不定期检查和考核。完善项目管理问责机制。对在少数民族传统美术类非遗项目保护工作中做出突出成绩的给予表彰奖励；对保护工作不力的给予通报批评；造成传统美术类非遗文化场所及环境破坏的，将依法追究责任，给予行政处分，构成犯罪的，依法追究刑事责任，并将该项少数民族传统美术类非遗从非遗名录中撤销，责令期限进行整改和恢复。二是重视对建立少数民族传统美术类非遗的管理工作，尤其是加强对专项保护资金的管理，严禁挪用，科学合理地规划专项保护资金的使用，确保少数民族传统美术类非遗传承人的专项补贴，培训专业人员，购买专门的设备、设施的经费落实到实处。

（四）深化少数民族传统美术类非遗数字化体系建设

数字化技术是少数民族传统美术类非遗数据实现大规模存储和管理的重要手段，是实现少数民族传统美术类非遗项目、传承人、生态保护区实时监测、有效管理的重要途径，更是少数民族传统美术类非遗进行广泛、深入宣传和传承的有力工具。① 目前，从国家、各省（自治区）非物质文化遗产保护中心，到各相关研究机构非遗资源库，再到县、市、区，基本都建立了非物质文化遗产网站，基本上形成了一个全国性的非遗数据库体系。但纵观各个非遗网站的内容，仅停留在非遗名录和传承人的展示方面，尚属于初级数据库阶段。因此，必须深入非物质文化遗产数据库建设，尤其是少数民族传统美术类非遗数据库的建设。首先，建立少数民族传统美术类非遗数字资源库体系。将几千年的文明发展形成的表现形式多样，在不同的历史时期、不同的地域、不同少数民族具有各自特色的传统美术类遗产资源收入到数据资源库体系中，集中反映不同时代、不同地域、不同民族的传统美术特色，将更有利于少数民族传统美术的传承。其次，建立少数民族传统美术类非遗基因信息库。一是科学论证和提炼可以传承和坚守的少数民族传统美术类非遗基因信息的核心元素，并对其进行科学的分类，如图形符号、典型纹样、地域属性、时代特征、色彩体系等文化基因，以保证文化 DNA 的正确传播与传承；二是利用模式识别、人工智能等数字化技术对文化遗产图形符号、色彩、纹理等基因式信息的特征进行识别与抽取，并进行矢量化标识，建立少数民族传统美术类非遗基因信息优质矢量数据集，② 通过建立数字资源库体系和基因信息库，为少数民族传统美术类非遗进行创新和与科技的融合提供丰富的素材库。

（五）进行科学的产业化开发

少数民族传统美术类非遗中有不少极具民族文化特色，又有经济利用价值、市场开发前景的优势文化资源，如藏族唐卡、藏族挑花、苗族刺绣、瑶族刺绣、热贡艺术等，如果对这些优质文化资源进行合理的品牌定位、有效的营销战略，进行产业化开发，将资源优势转化为经济优势，充分实现少数民族传统美术类非遗的经济价值，为经济发展水平较为落后的少数民族地区带来经济效益，通过"内部造血"获取资金，才能将这些资金反过来用于少数民族传统美术类非遗的保护和发展，走可持续保护之路。首先，各少数民族地区根据传统美术类非遗的特点和优势制定产业化发展规划。精心挑选需要进行市场化

---

① 丁岩：《吹响非遗数字化保护工作的时代号角》，《中国文化报》2013 年 12 月 11 日。
② 王晓芬：《文化遗产数字化保护的优势与路径》，《光明日报》2013 年 12 月 26 日。

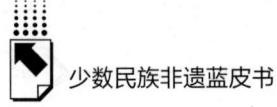

开发的少数民族传统美术类非遗项目，将分散的、家庭式的手工作坊、小企业集中在一起，建立生产基地，通过资源共享，人才、技术交流实现集约化生产。由于少数民族传统美术类非遗项目的产品涉及创作、制作、生产、营销等一系列经营环节，针对手工艺人不善营销和管理、产销渠道狭窄的问题，由政府搭建一个专业性市场运作平台，将生产到营销的每一个环节上的资源都会聚到一起，进行资源整合，并打包成整体品牌，向外推广，拓展更大范围的市场。其次，设置专项资金用于少数民族传统美术类非遗项目的研发，一方面将少数民族传统美术元素融入现代设计当中，融入当代人的日常生活中去，积极研发带有少数民族传统美术元素的各种衍生产品，拓展产业链条；另一方面，对一些可进行机器化生产的传统美术类非遗项目产品，可通过技术攻关，提高机械化程度，在保持传统美术类非遗特色和内涵的同时，提高产能，满足更多的市场需求。最后，打造体验型手工艺文化企业，即以少数民族传统美术类非遗项目为基础，建立观光体验区，融合少数民族地区自然风光、人文历史景观、手工作坊、传承人传习所、博物展示宣传、DIY、休闲购物等几大要素，走产销一体化和体验经济的路线。① 通过打造体验型手工艺文化企业，将少数民族传统美术资源转化为体验经济，不仅有助于增加传承人的收入，吸引年轻人对少数民族传统美术非遗产品产生兴趣，自觉地宣传和保护，还能带动当地旅游业的发展。当然，要特别强调的是，科学合理的产业化开发，必须谨守开发与保护的边界，始终把握好分寸，尊重非遗项目的内在属性，保护第一，避免出现"重开发、轻保护"的现象。

---

① 邱春林：《非遗保护如何介入体验型手工艺文化产业》，《中国文化报》2014年7月28日。

B.6 2006～2014年中国少数民族民俗类非物质文化遗产发展报告[*]

肖远平 王蔚 柴立[**]

摘 要：	我国少数民族民俗文化是一个世代绵延的文化传承过程，全球化进程打破了少数民族社会原有的封闭性，使许多传统民俗类非物质文化遗产处于逐渐消失甚至达到濒危的状态。国家自2006年开始实施一系列少数民族民俗非遗类保护措施，取得了阶段性的显著成就，但当前也存在少数民族地区文化生存环境变迁、民俗"传承链"的中断危机、在多元文化中竞争力弱等问题。因此，本文拟针对这些问题提出强化保护主体职能、注重少数民族非遗民俗的族内传承、提高少数民族民俗非遗的自身竞争力等对策建议，以期对少数民族民俗类非遗的保护、传承以及在现代文化市场中如何提升自身竞争力有所帮助。
关键词：	少数民族 民俗 非物质文化遗产

我国是一个历史悠久、地域辽阔的文明古国。在漫长的岁月中，56个民

---

[*] 国家民委人文社科重点研究基地"南方少数民族非物质文化遗产研究基地建设项目"（民委发〔2014〕37号）的阶段性研究成果。

[**] 肖远平，彝族，教授、博士、博士生导师，贵州民族大学副校长，国家民委人文社科重点研究基地南方少数民族非物质文化遗产研究基地主任、首席专家，研究方向：民俗学；王蔚，贵州民族大学民俗学硕士研究生，研究方向：民间文学；柴立，满族，教授、硕士生导师，医药化工高级工程师，贵州宏宇健康产业集团（筹）股份有限公司董事长兼CEO，研究方向：民族医药学。

族创造了多彩绚丽的珍贵文化遗产。民俗作为一种由广大民众所创造、享用和传承的生活文化，成了国家级非物质文化遗产（以下简称"非遗"）名录中不可或缺的重要名录之一。对少数民族民俗类非遗的抢救与保护，不仅有利于继承和发扬民族优秀文化传统，更能够增进民族团结和维护国家统一、增强民族自信心和凝聚力。

一 我国少数民族民俗类非遗名录及传承人基本情况介绍

2005年抢救与保护非遗工作开展以来，非遗普查工作积极稳步推进。大量丰富多彩、独具特色的少数民族地区民俗类非遗先后被发掘。在新世纪现代化社会发展过程中，少数民族地区的民俗类非遗的现状及传承人保护工作的展开成了社会关注的焦点。

（一）我国少数民族民俗类非遗申报及审批基本情况

1. "宝塔形"少数民族民俗类非遗名录体系的形成

为更好地对非遗进行保护与管理，我国开创性地建立和完善了非遗名录保护四级体系。2006年5月20日，国务院批准公布了第一批国家级非遗名录，民俗类70个项目，其中少数民族民俗类42项，占半数以上。2008年6月7日，国务院公布了第二批国家级非遗名录和第一批国家级非遗扩展名录，共计657项，民俗类共计66项，含少数民族民俗34项。2011年、2014年国务院先后批准公布了第三批、第四批国家级非遗名录，两批非遗名录民俗类共计38项，少数民族民俗类占26项。四批名录（含前两批扩展名录）中少数民族民俗类非遗共计109项。通过国家级非遗名录的甄选与录入，少数民族民俗类非遗不仅得到了有效保护，更是走出深山被世人所关注。2006年11月，文化部以部长令的形式颁发了《国家级非遗保护与管理暂行办法》，其中对国家级非遗提出四级保护与管理办法①。国务院文化行政部门负责组织、协调以及监督全国范围内国家级非遗项目的保护工作；省级人民政府文化行政部门负责组

---

① 刘锡诚：《非遗保护应向农村传承人倾斜》，《中国文化报》2013年9月2日，第8版。

织、协调和监督本行政区域内国家级非遗的保护工作；国家级非遗项目所在地人民政府中的文化行政部门负责组织、监督本地区非遗项目的具体保护工作；县级以上人民政府中的文化行政部门应当积极争取当地政府的大力支持，对本行政区域内的国家级非遗项目保护给予应有的资助。在确立该法令基础上，我国非遗保护名录体系逐步完善。目前，全国各省（自治区、直辖市）都已建立了省级非物质文化遗产名录。国家、省、市、县四级的宝塔形的非遗名录体系正在逐步形成，初步实现了非遗的分级保护。

2. 国家级少数民族民俗类非遗不断增加

在第一批国家级非遗名录中，民俗共70项，其中少数民族类42项；第二批国家级非遗名录中，民俗共51项，其中少数民族类28项；第三批国家级非遗名录中，民俗共23项，其中少数民族类15项；第四批国家级非遗名录中，民俗共15项，其中少数民族类11项。在第一批国家级非遗扩展项目名录中，民俗共15项，其中少数民族类6项；第二批国家级非遗扩展项目名录中，民俗共24项，其中少数民族类7项；第三批国家级非遗扩展项目名录中，民俗共21项，其中少数民族类12项（见图1）。少数民族民俗类非遗数量不断增加，先后批准了39个少数民族的民俗为国家级非遗：第一批为苗族、京族、傣族、锡伯族、彝族、景颇族、黎族、鄂伦春族、瑶族、壮族、仫佬族、毛南族、羌族、水族、布依族、独龙族、怒族、侗族、仡佬族、傈僳族、塔吉克族、土族、藏族、蒙古族、维吾尔族、撒拉族、回族、白族，第二批为畲族、

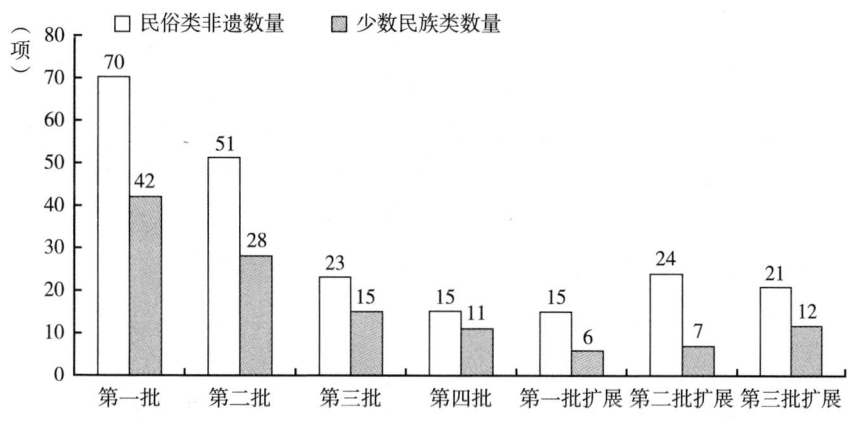

图1 国家级非遗名录中民俗类非遗数量

德昂族、塔塔尔族、朝鲜族、鄂温克族、珞巴族、裕固族、哈萨克族，第三批为俄罗斯族、柯尔克孜族，第四批为达斡尔族。

3. 各少数民族非遗分配均匀

在国务院及文化部相继公布的四批国家级少数民族民俗名录中，各个少数民族的非遗数量相对均匀。其中京族、锡伯族、景颇族、鄂伦春族、仫佬族、毛南族、独龙族、怒族、傈僳族、回族、德昂族、珞巴族、裕固族、哈萨克族、俄罗斯族、哈尼族、傣族、达斡尔族、塔塔尔族各占1项，总计19项；黎族、水族、羌族、撒拉族、白族、畲族、布依族、仡佬族、柯尔克孜族各占2项，总计18项；彝族、瑶族、壮族、塔吉克族、朝鲜族、鄂温克族各占3项，总计18项；侗族、土家族各占4项，总计8项；藏族占7项、蒙古族占9项、苗族占10项，总计26项。在三批扩展名录中，傣族、彝族、瑶族、塔塔尔族、藏族、白族、达斡尔族各占1项；侗族、朝鲜族各占2项；苗族占3项，蒙古族占4项。从民俗名录批准的趋势和数量看，其他少数民族的民俗也将会在接下来的非遗评审工作中陆续上榜。

4. 非遗分布地区相对集中

在已经颁布的国家级民俗非遗名录中，项目申报单位和地区主要集中在我国西部地区，尤其是密集处于5个自治区。第一批少数民族类民俗名录分布在广西9项，云南8项，贵州7项，青海4项，内蒙古4项，新疆3项，广东2项，四川2项，海南1项，黑龙江1项，西藏1项，重庆1项，宁夏1项；第二批少数民族类民俗名录分布在新疆5项，西藏4项，吉林4项，贵州3项，青海3项，内蒙古3项，云南2项，甘肃2项，湖南2项，四川1项，辽宁1项，福建1项，浙江1项；第三批少数民族类民俗名录分布在贵州5项，新疆4项，黑龙江2项，四川2项，内蒙古1项，湖南1项，西藏1项，云南1项，甘肃1项，宁夏1项，福建1项，吉林1项；第四批少数民族类民俗名录分布在内蒙古4项，贵州3项，云南2项，西藏1项，四川1项，新疆1项。总计四批名录中少数民族民俗分别分布在贵州18项，云南13项，新疆13项，内蒙古12项，广西9项，青海7项，西藏7项，四川6项，吉林5项，黑龙江3项，甘肃3项，湖南3项，宁夏2项，福建2项，广东2项，重庆1项，辽宁1项，浙江1项，海南1项。扩展项目名录中，第一批国家级民俗扩展项目名录的少数民族民俗分布在云南、青海、内蒙古、吉林、湖南各1项，贵州、新疆各2项；第二批国家级民俗扩展项目名录的少数民族民俗吉林、贵州、湖南、内蒙古、辽宁、黑龙江各1项，新疆2项；第三批国家级民俗扩展项目名录的少数民族民俗青海、内蒙古、辽宁、广东、湖南、四川、宁夏、黑龙江、浙江、福建各1项，贵州3项，广西5项，云南2项。总计三批扩展项目名录中少数民族民俗分别分布在贵州6项，广西5项，新疆4项，云南3项，内蒙古3项，湖南3项，青海2项，黑龙江2项，吉林2项，辽宁2项，宁夏1项，四川1项，广东1项，福建1项，浙江1项（见图2）。

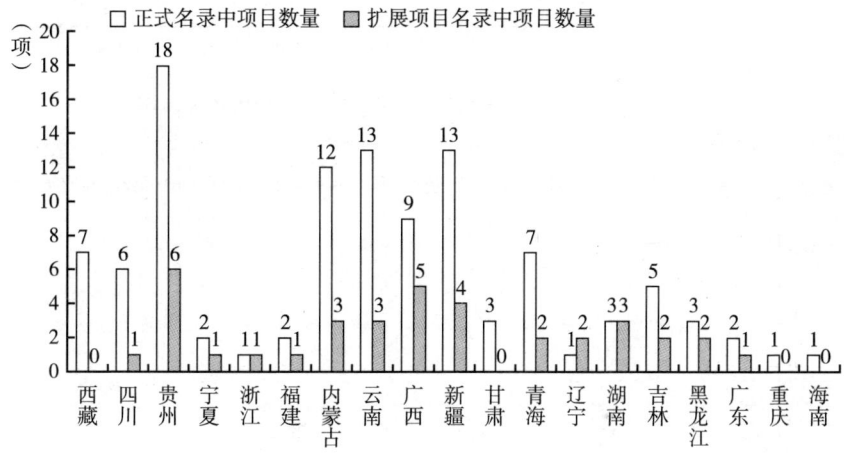

图2 各省少数民族国家级民俗类非遗数量对比

（二）我国少数民族民俗类非遗代表性传承人申报及审批基本情况

1. 传承人总量较少，比重不一

第一批国家级民俗类非遗项目代表性传承人数为零；第二批国家级民俗类非遗项目代表性传承人共5人，全部为少数民族；第三批国家民俗类非遗项目代表性传承人共25人，其中9人为少数民族；第四批国家民俗类非遗项目代表性传承人共37人，其中17人为少数民族（见图3）。从比重上看，少数民族传承人占民俗传承人比重不一，第二批为100%，第三批为36%，第四批为45.95%；从少数民族民俗传承人占当批次比重看，处于缓慢上升趋势，由第二批的0.91%升至第三批的3.52%，再升至第四批的7.43%（见图4）。

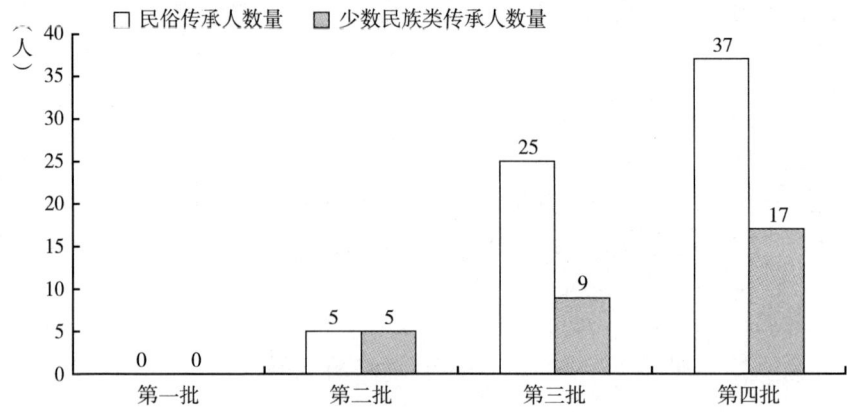

图3 少数民族民俗类传承人的数量与民俗类传承人数量

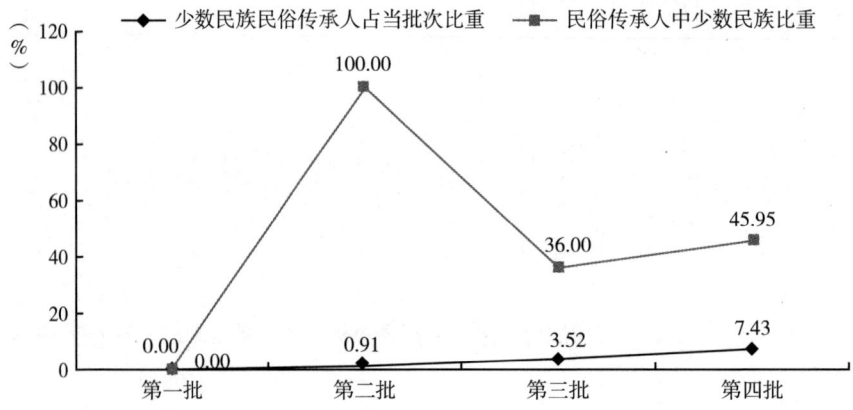

图4 少数民族民俗类传承人数量占民俗类传承人及当批次传承人数量比重

2. 地域分布较为集中

第一批没有国家级少数民族民俗类非遗项目代表性传承人；第二批国家级少数民族民俗类非遗项目代表性传承人共5人，从申报单位或者地域上看分别为广东2人，云南2人，广西1人；第三批国家级少数民族民俗类非遗项目代表性传承人共9人，从申报单位或者地域上看分别为广西1人，云南1人，重庆2人，贵州2人，四川2人，西藏1人；第四批国家级少数民族民俗类非遗项目代表性传承人共17人，从申报单位或者地域上看分别为云南2人，广西3人，内蒙古2人，青海5人，新疆3人，甘肃2人。总计四批名录中少数民族民俗传承人分别为云南5人，广西5人，青海5人，新疆3人，广东2人，重庆2人，贵州2人，四川2人，内蒙古2人，甘肃2人，西藏1人，其余省份则没有少数民族民俗传承人。

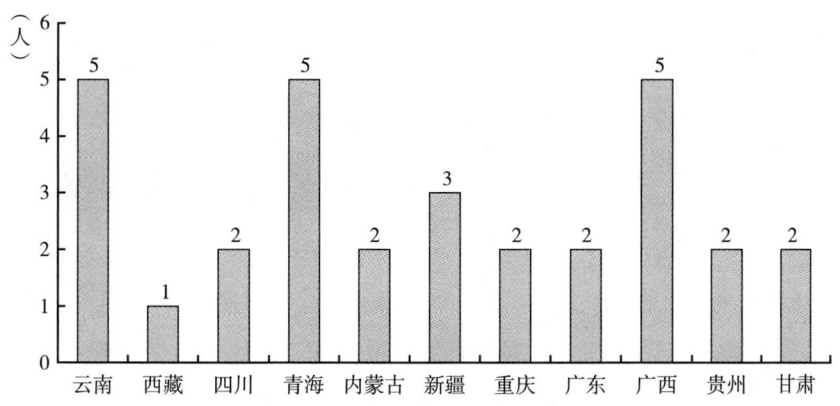

图5　各省少数民族国家级民俗类非遗传承人数量对比

3. 各民族传承人分布不均

第一批没有国家级少数民族民俗类非遗传承人；第二批国家级少数民族民俗类非遗项目代表性传承人共5人，瑶族2人、傈僳族1人、白族1人、壮族1人；第三批国家级少数民族民俗类非遗项目代表性传承人共9人，京族1人、景颇族1人、苗族1人、土家族1人、水族2人、羌族2人、藏族1人；第四批国家级少数民族民俗类非遗项目代表性传承人共17人，彝族、瑶族、毛南族、维吾尔族、土家族、撒拉族、塔吉克族各1人，蒙古族3人，藏族3人，苗族2人，裕固族2人。总体上看，四批国家级少数民族民俗类非遗项目代表性传承人中藏族最多为4人，另外蒙古族、苗族、瑶族各3人，裕固族、水族、羌族、土家族各2人，傈僳族、白族、壮族、京族、景颇族、彝族、毛南族、维吾尔族、撒拉族、塔吉克族各1人。

4. 传承人数量中男性偏多

从性别上看，我国少数民族民俗非遗项目代表性传承人呈现以男性为主的局面。第二批国家级少数民族民俗类非遗项目代表性传承人的5人全部为男性；第三批国家级少数民族民俗类非遗项目代表性传承人的9人也全部为男性；第四批国家级少数民族民俗类非遗项目代表性传承人中有男性13人、女性4人；总体上看，我国少数民族民俗类非遗项目代表性传承人中有31人为男性，占87.10%。

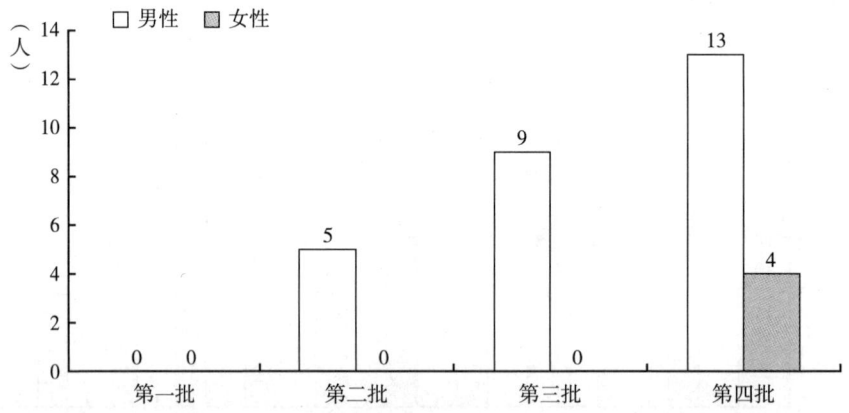

图6 我国少数民族国家级民俗类非遗传承人中不同性别数量对比

（三）我国少数民族非遗名录民俗类申报及审批中的不足

1. 少数民族非遗名录种类亟待完善

我国四批少数民族非遗名录总体类型多样、民族代表性强、独特性凸显，但依旧具有种类不全面、申报类型单一等特征。四批少数民族民俗类非遗名录中主要包含生产生活民俗、社会组织民俗、岁时节日民俗、人生仪礼民俗等。其中，生产生活民俗主要申报项目为服饰民俗、狩猎民俗、文化科技民俗。社会组织民俗包含宗族组织、社团与社区组织民俗，较丰富地表现在各少数民族歌圩、歌节、坡会上。人生仪礼民俗则多为少数民族婚俗。

我国少数民族民俗类非遗名录种类亟待完善。在四批少数民族非遗名录中，生产生活民俗的项目以少数民族服饰为主，共计17项只涉及14个少数民族。与此同时，归属于该大类下的其他种类申报项目较少。在涵盖范围广泛的生产生活民俗分类中还包含饮食习俗、居住空间习俗、生产习俗与科技文化习俗等等。以饮食习俗为例，西南地区少数民族多喜食酸，有"三天不食酸，走路打窜窜"、"无菜不酸，吃饭必辣"的民间谚语。各种酸辣味的食物既是具有地域特色的饮食文化，也是一种无形的民间文化传承。与汉族的民俗类非遗名录相比，社会组织民俗的种类相对较少，数量也较少，分别是规约习俗、歌会与集会，共计6项。而人生仪礼民俗则多是少数民族婚俗。诞生仪礼、成年仪礼、丧葬仪礼都是人生仪礼中的重要部分，不同民族具有不同的人生仪礼，其中独具特色的仪式与文化内涵极具研究价值，应尽早纳入名录之中进行传承与保护。

2. 人口较少的少数民族非遗普查需深化

2005年6月，文化部办公厅下达《关于开展非遗普查工作的通知》（办社图发〔2005〕21号），以进一步推进我国非遗保护工作。在四批非遗名录中，人口较多的少数民族其文化传承人口也相对较多，非遗事项也易发掘。苗族少数民族非遗名录种类较全面，涵盖歌会、民族服饰、年节、祭祖等。朝鲜族申报项目有婚俗、服饰、花甲礼等。回族有节庆、服饰等项目。其他人口较少的少数民族非遗项目发掘晚、传承人口较少，因此属于国家级非遗种类较少，只收录民族代表性岁时节日。为更好地保护文化多样性，各地方政府应深化普查少数民族非物质文化遗产资源，对人口较少的少数民族濒危状态的非遗项目进行抢救保护。

3. 应重视少数民族民俗信仰项目的申报

民俗信仰又被称之为民间信仰，是在长期历史发展过程中民众自发形成的一套神灵崇拜观念、行为习惯以及相关的礼仪制度。即使在文化多元化的现代社会，一个民族的民间信仰仍是本民族文化的一种重要的精神表现。在四批国家级非遗民俗类名录中，汉族民俗信仰有民间信俗（孝子祭、潮神祭祀、三平祖师信俗、东镇沂山祭仪、贵屿双忠信俗、冼夫人信俗、梅里神山祭祀、女子太阳山祭祀、黄大仙信俗、梅日更召信俗、锡伯族喜利妈妈信俗、闽台送王船、清水祖师信俗），祭祖习俗（沁水柳氏清明祭祖、太公祭、石壁客家祭祖习俗、灯杆彩凤习俗、下沙祭祖）等，而少数民族民间信俗却寥寥无几。

我国少数民族民间信仰较多，许多少数民族早期经历纷争战事，长途跋涉退避至深山险谷，在认识自然与改造自然的过程中所形成的独特心理经验，逐渐成为一个集体的心理习惯，表现为一种特定的行为方式，并世代传承下来。这些信仰对象包括图腾、自然神、祖先神、灵魂等等。例如，布依族崇拜自然和祖先。苗族民间有鬼灵崇拜、巫术崇拜、图腾崇拜；壮族有原始宗教。少数

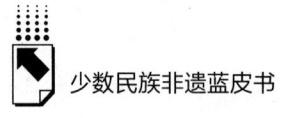

民族的不同民间信俗也有相应的一套仪式与行为习惯。对少数民族民间信俗的研究有利于人类文化多样性的保护，丰富人类文明历史。

二 我国少数民族民俗类非遗保护与传承的基本现状

少数民族民俗类非遗项目内容丰富多彩，是华夏民族历史与文化的积淀。我国的非遗保护与传承工作虽然起步较晚但发展较快，在取得了巨大进步的同时，也面临着众多不足。

（一）我国少数民族民俗类非遗保护与传承的重要成就

1. 一系列有利于少数民族非遗法规的制定

早在1989年，由联合国教科文组织通过的《保护传统文化和民俗的建议》就在巴黎通过。《建议》中强调民俗作为文化遗产和生活文化的一个主要部分的特性和重要性，并建议各成员国应依照各国宪法实际采取法律措施或其他方法来应用民俗保护规定。2004年8月，我国正式加入《保护非物质文化遗产公约》，虽然时间较短，但在政府的主导下，进行了动态的整体性的非遗保护工作。一系列关于保护非遗的条例得到确立，为我国少数民族民俗类非遗保护与传承提供了有力保障。

2005年12月，国务院办公厅下达了《国务院关于加强文化遗产保护的通知》（国发〔2005〕42号）。[①]《通知》中提到要重点扶持少数民族地区的非遗传承与保护工作。对处于濒危状态的少数民族文化遗产和文化生态区域，理应尽快列入保护名录，积极落实相关保护措施，抓紧时间进行抢救和保护。为更好地贯彻实施，各地方政府也制定了相应的地方性保护条例。在少数民族种类多样的云南省，其《民族民间传统文化保护条例》中鼓励各地挖掘和提高本地有浓郁地方特色的民俗活动表演项目，并增强其观赏性。鼓励发展有民族特色的民族民间工艺品、服饰、器皿等旅游商品；世居少数民族较多的贵州省制定了《贵州省民族民间文化保护条例》，《条例》中提出可在符合条件的区域

---

① 《国务院关于加强文化遗产保护的通知》（国发〔2005〕42号），中国华夏文化遗产网，2010年7月1日，http://www.cchfound.cn/info/33.html。

或村寨建立民族文化生态博物馆或者民族文化村寨博物馆；民族成分以壮族为主的广西，公布了《广西壮族自治区民族民间传统文化保护条例》，《条例》中为更好地保护民间传统文化，命名部分传统文化底蕴深厚的乡镇为民族民间文化艺术之乡，并设立民族文化生态保护区。其他地区也结合本地区民族特点以条例的形式确定了对少数民族非遗的保护措施。据统计，四批国家级少数民族非遗民俗类名录共涉及38个少数民族，其中人口数低于30万的少数民族有17个，人口数低于10万的有11个，属于濒危少数民族的有5个。随着全国非遗普查的深入，更多的少数民族非遗将被发掘，在中央及地方政府的多种法律条文的保护下，不同文化的少数民族民俗事项将得到更好的保护与传承。

2. 加强了对非遗传承人的保护

2005年国务院下发了《关于加强文化遗产保护的通知》，《通知》要求对列入非物质文化遗产名录的代表性传承人要实行计划性资助，以保证传承工作的顺利开展。自2008年5月文化部通过《国家级非物质文化遗产项目代表性传承人认定与管理暂行办法》（以下称《暂行办法》）以来，现已公布了四批国家级代表性传承人名单，累计共有1986名传承人入选。同时，各省、自治区、直辖市及其地区也陆续展开了非遗传承人的认定工作，自上而下地形成了国家、省、市、县共四级传承人保护制度，这也是非遗保护工作的重要措施。我国的大量非遗项目都是以小农经济为基础发展而来，与之相应地，大量的民族民间传承人依然主要分布在广大农村。改革开放以来，虽然我国的经济进入高速发展模式，部分地区的农村居民也逐渐摆脱了贫困，但由于我国经济发展的不平衡以及城乡发展的巨大差距，目前我国大部分民族民间传承人的生活条件依然十分艰苦。各地政府也都清楚地认识到这一问题，结合《国家级非物质文化遗产项目代表性传承人认定与管理暂行办法》第12条的相关规定，大部分地方政府纷纷采取相关措施，对代表性传承人给予实际的经济支持，进一步改善他们的生活条件，从而保证非遗传承中最基本的外部条件，使之得以继续有效地开展传习活动，使珍贵的非遗得到合理有效的保护和传承。

3. 文化生态下的非遗民俗保护

在非遗的传承与保护工作中，我国结合现实国情，积极探索科学的保护方法，并逐渐形成具体的保护体系。例如，对濒临消亡和传承人缺失的项目采取抢救性保护的措施；对存在于独具特色、保持完整的特定区域内的项目采取整体性保护的措施；对部分具有生产性质的项目采取生产性保护的措施等。其中，文化生态区的建设得到了政府的重点关注。"文化生态"（或称"文化环境"），主要是指相互交往的文化群体借以从事文化创造、文化传播及其他文化活动的背景和条件。① 民俗作为一种广大民众所创造、享用和传承的生活文化并不是一种孤立存在的文化事项，而是依托于民众创造及传播民俗文化的背景和条件存在。南方少数民族的杆栏式建筑或是承载民族文化的服饰如果脱离了文化生态，就缺失了外显的、符号化的精神。

自 2006 年 9 月，国务院办公厅发布《国家"十一五"时期文化发展规划纲要》以来，全国积极推进十个首批"国家级民族民间文化生态保护区"的建设工作。此外，全国不少地区也根据当地民族文化与地域特点，积极探索关于文化生态保护区的开发方式。广西壮族自治区铜鼓文化（河池）生态保护区已初现成效，现已启动将壮族文化（百色）生态保护区申报为国家级文化生态保护区的工作，并努力推动瑶族文化（金秀）、侗族文化（三江）生态保护区的建设；贵州省于 2012 年 12 月 31 日经文化部部务会议审议通过，正式设立"黔东南民族文化生态保护实验区"；此外，吉林、内蒙古、山东等省份也正积极筹备申请设立文化生态保护实验区。

以云南省为例，全省现有翁丁村佤族传统文化保护区、糯黑彝族传统文化保护区、白沙乡玉湖村纳西族传统文化保护区等共计 27 个民族传统保护区，民族民间传统文化之乡 27 个；每一个保护区以村落为最小保护单位进行整体性保护。在位于海拔 1136.75 米、全乡人口只有 6000 人的三台乡德昂族传统文化保护区中，少数民族从居住、衣着、环境、社会组织、文化结构都在被发掘的同时进行原真性的保护。民族风俗也在一个文化生态的保护下以一种活态的形式表现出来。文化生态保护区的建立是非遗保护工作的新尝试，要想实实在在做好这项工作仍然需要在实践中积极探索、积累经验。

4. 少数民族非遗民俗节庆产业链的涌现

我国建立非遗四级保护名录以来，非遗资源所具有的政治、经济、文化意义日益凸显。各级地方政府对自有的非遗资源的保护及传承意识逐渐重视和提升。在四批国家级少数民族民俗类非物质遗产名录中，民俗节庆项目所占比重

---

① 向勇、刘静：《文化产业应用理论》，金城出版社，2011，第 45 页。

远大于其他项目,同时也成为非遗民俗产业链中的核心驱动。按照少数民族节日的参与人群划分,节庆产业链可分为拉动内需产业链和满足外需产业链。在一些地处偏远、文化闭合性较强的少数民族地区,每次节庆的参与人群多为本地人,与外界交互较少,伴随产生的节庆产业链多以拉动内部需要为主。而在交通略为便捷、非遗民俗节庆资源发掘较早、多文化交流的少数民族地区,节庆参与人群还包含许多为满足猎奇心理的游客、观察研究对象的学者、应邀而来的外族朋友等等。为满足这部分外来人群的需求也相应产生了众多节庆产业链。以云南省西双版纳傣族自治州的泼水节为例,1987年由西双版纳傣族自治州人大常委会批准将每年公历4月13~15日定为泼水节法定节期并写入自治州条例。经过近30年的发展,泼水节在保持传统习俗的基础上,还增加了许多其他活动项目,如物资交流、歌舞娱乐、民族文化大游演等活动内容。整个节庆已然成为傣族服饰文化、水文化、歌舞艺术和宗教信仰等传统文化的自我呈现,节庆的规模和影响的范围越来越大,每年吸引数以万计的各族人民前来参与盛会。在这一节庆的带动下逐渐形成了集旅游、娱乐、餐饮、住宿、零售、休闲于一体的现代化产业链条。以节庆为依托背景的民俗文化产品成了产业链条的重要衍生物之一。把民俗文化产品推向节庆市场,通过参与节庆的外来人群传播效应,使民俗文化的影响快速扩大,推动了民俗文化的传播。

(二)我国少数民族民俗类非遗保护与传承的问题与不足

1. 生存环境的变迁

少数民族大多生活在交通比较闭塞的边远地区,农耕经济是社会主要的生产方式,其传统文化也一直由本民族群体创造与传承。少数民族非遗是在一个民族群体中世代传承,并与该民族生存环境密切相关的各种传统文化艺术的表现形式,因而具有独特性、活态性、传承性、民族性等特征。但是少数民族传统文化在全球化浪潮席卷的今天,具有较强的脆弱性和被强大的外来文化同化的可能。市场经济的发展,给民族地区带来发展和开发机遇,但多民族文化也在物质、意识形态、生产模式等方面,对少数民族传统文化形成强有力的冲击,逐渐影响少数民族原有的生产生活方式和审美观念。外来文化的影响、生存环境的变迁使少数民族群众,特别是年轻一代的精神生活趋向多元化。传统少数民族歌节原本是青年人交友集会的一个重要娱乐方式,如今在这些歌节上已经很难看见青年人的身影。许多年轻人已经对本民族的语言和文化失去兴趣，而对现代化的视讯网络交流充满热情。在民族节日里，年轻一代人脱掉了民族服饰，换上了现代服装。现代生活方式进入民族村寨，使原有的生产生活方式、手工技艺、民俗礼仪、节日文化等传统文化，或者因处境艰难而濒临消亡，或者因环境变化而难以生存，或者因无人感兴趣而日渐萎缩。

2. 少数民族民俗传承链的中断危机

非遗民俗类项目与其他非遗文化遗产项目的传承方式相比较为特殊，它不仅仅是单线的"口传心授"，依托于两三个人的传承，一些民俗仪礼、民俗信仰、民俗节庆更是涉及广大的地域乃至全国范围内的大众，形成一种以群体传承为主的综合性传承方式。以民俗节庆为例，少数民族节庆主要是农业文明的伴生物，是与天时、物候的周期性转换相适应，在人们社会生活中约定俗成的、具有相应风俗活动内容的特定时日。节庆的产生往往很难追溯到起源，大众的共同信仰及祈望人寿年丰、趋吉避凶的普遍文化心理成了民俗文化传承链中的重要组成部分。然而，这种对本民族文化选择所形成的自觉意识的传承链也很容易被中断。一个节庆既是被创造的，也是满足于民众需要的，当环境的变化、文化的变迁让民众不再选择继续传承时，这个节庆民俗的传承链就会被迫中断。节庆失去被民众需要的生存土壤之后，便会日渐萎缩直至消亡。类似于民俗节庆传承链这样需要整体性保护的非遗项目还有庙会、社区信仰、群体仪式活动。传承形式的特殊性和传承人数的广泛性，为寻找有效传承人和保护传承方式带来一定的困难，这也使少数民族民俗传承链随时存在着中断的危机。

3. 少数民族民俗类非遗竞争力弱化

我国改革开放后，整个社会的转型打破了少数民族社会原有的封闭性，使许多传统民俗类非遗的生存环境受到威胁，竞争力呈现不断弱化的趋势。现代少数民族村落已经不再是"阡陌交通，鸡犬相闻"的自然村落。在西部大开发战略的实施过程中，民族地区交通由过去"以马代步"变为"以车代步"。视讯产业的快速发展也让原本信息闭塞的村寨能够获得更多的文化资讯，一些当地文化精英还拥有互联网的信息资源。这一系列现代化的发展对少数民族传统文化市场产生了强有力的冲击。传统审美的改变和低成本、批量生产的现代服饰使一些生产周期较长的民族传统手工服饰被逐渐替代，人们对民族服饰文化相依相生的传统文化的关注和喜爱程度也变得越来越弱。除此之外，随着文化消费方式日益增多，少数民族地区的民众已经不再满足原有的、单一的少数民族非物质文化形式，更倾向于追求多元化的生活方式。尤其是年轻一代被洋节和现代文艺的新颖所吸引，对民族民间文化的传承失去热情，这在很大程度上冲击了少数民族民俗文化的发展，有的民间文化甚至面临完全消失的危险。经济全球化进程和社会环境的变化，对民族地区的经济、文化、民间信仰、生活习俗等方方面面都产生了极大影响，使民族传统文化赖以生存的环境发生了急剧变化。中共十五届五中全会通过的《中共中央关于制定国民经济和社会发展第十个五年计划的建议》把实施西部大开发作为一项战略任务后，民族地区现代化、城市化的进程日益推进，人们不断地接受新鲜事物，热火朝天地进行现代化建设，却将传统文化搁置在了角落。失去了文化市场上的主要占有额，失去了被民众主流选择的少数非遗民俗，其竞争力在比较中不断弱化。其中，包含的少数民族的传统服饰、民俗礼仪、民间信仰正面临着消失、濒危或断代的危险，使少数民族非遗保护面临着前所未有的严峻形势。

三 我国少数民族民俗类非遗未来保护与传承的对策建议

面对新世纪的全球化发展、社会的转型、市场的需求，我国少数民族民俗类非遗未来的保护与传承工作也进入到新时期。如何在日新月异的多元文化角逐中保护与传承传统文化成了新时期少数民族民俗非遗保护传承工作的重中之重。

（一）强化保护主体职能

自2006年第一批国家级少数民族非遗名录确认以来，至今已有数百项少数民族非遗被人们所知。在申报工作积极展开的同时，保护工作也成了重中之重。由政府职能部门主导，由学界、商界、新闻媒体共同参与形成多维度的保护主体，对非遗传承形成一股具有推动作用的外部力量。各级政府是保护少数民族非遗的重要主体，应统辖全局，形成一种以行政权力为依托，具有强势地位的主导力量。首先，政府应加强相关职能部门的领导和协调能力，强化少数民族地区政府对少数民族非遗的保护意识，调动其积极性和主动性，并加强相关部门的内部联系，实现科学化、数据化管理，增进行业内部沟通与资源共享，对少数民族非物质文化资源形成整体性保护。其次，优化少数民族非遗管理队伍。国家可以根据管理层次的不同举办相关业务知识培训班，进行专业化培训，提升相关文化保护人员的综合素质，增强决策与管理层的职业水平。不同地区的少数民族管理部门可依据自身情况，编写相应的保护管理手册，对非遗保护实现规范性保护。最后，建立有效的保护激励机制，对少数民族民俗非遗濒危项目设立专项资金予以保护。对少数民族民俗非遗的优秀项目的传承、文化传承地区给予有效的补足，实施扶持措施。作为保护主体的有效参与者的学界、商界、新闻媒体应加大对少数民族非物质文化的宣传力度，使民间文化与主流文化、精英文化之间相互借鉴，实现共同繁荣。

（二）注重少数民族非遗民俗的族内传承

少数民族民俗是由少数民族群众集体享用和创造的民间文化。少数民族的民俗文化保护和发展需要传承自觉。在全球化进程不断加快的当下，承载着少数民族民俗文化的族群内部的文化认同感不断弱化，许多伴随着生产生活方式而改变的民俗文化逐渐失去传承主体，直至消亡。当少数民族民众对本民族民俗文化缺乏传承的自觉性时，民俗文化也就无法以一种活态的形式保存下来。因此，民族文化传承中的主体构成应当是具有传承自觉的族内民众。由于少数民族的发展起步较晚，在发展经济的同时往往容易忽略文化的发展，缺乏对自身文化价值与面临的文化传承危机的认识，对民族民俗文化也不具备独立保护和开发的能力。以族群内部成员为民俗文化传承主体将成为保护活态非遗民俗文化的一个重要任务，必须把承载着少数民族民俗文化的族内民众作为自觉主体来发展，促使他们上升为民族文化传承的自觉力量。相关非遗民俗项目申报单位应当以民俗文化较为集中地区为重点传承地区，以开办非遗民俗文化宣传讲座的形式在村、乡、镇等加强族群内民众对民族文化价值和自觉传承的意识，鼓励族内精英人士对本族民俗文化进行深入推广，让非遗民俗知识走进课堂，使青少年了解传承的紧迫性与重要性。总之，充分发挥族内民众作为传承主体的重要作用，促进族内民众的自觉参与，才能与族外保护力量共同优化少数民族民俗文化的传承模式。

（三）提高少数民族民俗非遗的自身竞争力

处地偏僻的民族地区，空间阻隔了秘境也使少数民族民俗非遗资源难为人知晓。要想得到更好的保护，就需要提高其自身在多元文化中的竞争力。一些民族文化较为封闭地区的民俗传承，依旧遵循着落后、保守的观念，不利于族内民众的传承与发展。因此在对非遗资源进行保护的过程中，可以把非遗传承人和族内精英人士作为改变原有封闭观念的突破口，使其在传承、传播、宣传方面解放思想。旧规俗约的解除可以让多种类人群成为传承主体，扩大其知名度，获取更多的保护力量，提高其自身在现代文化博弈中的竞争力。而在一些少数民族非物质文化民俗资源开发较早的地区，已经逐渐形成了相关资源的产业化发展。在市场力量的作用下，少数民族非遗民俗文化的产业化发展需从内源上挖掘其潜力，并进行创新改革，努力提高自主经营和管理能力。大力推进少数民族民俗非遗文化资源与市场机制相结合，认真钻研市场，有意识地培育市场，积极主动地参与到市场竞争中来。重视发展与提高少数民族非物质文化品牌，全面提高少数民族非物质文化产业的市场化程度，形成规模效应。少数民族非遗民俗是依托于整体文化环境而存在的活态遗产，在对其资源开发与建设中还需注意其本真性、历史性、艺术性、民族性，才能凸显其独特的文化竞争力。

民间文学篇

Reports of Folklore

B.7
彝族非物质文化遗产"支格阿鲁"史诗保护与传承研究

洛边木果*

> **摘　要：** 远古彝族英雄支格阿鲁是一位集君王、毕摩与天文历算家为一身的历史人物。由于他不可企及的历史功绩和历史地位，在他事迹流传的过程中，人们把理想和愿望集中于他身上创作出了许多神奇动人的神话故事和英雄史诗，因此将他神化了。支格阿鲁史诗以丰富多样的形式流传或传承于云南、四川、贵州等广大彝族地区，各地区版本虽大同小异却各有特色，因而史诗具有突出的特征和重要的价值。然而，虽然我国在这部史诗的保护与传承方面做了一些工作，但传承形势依然严峻，需要以申报非遗项目等多种方法与措施对史诗进

---

* 洛边木果，教授，西昌学院彝族文化研究中心副主任，研究方向：支格阿鲁文化、彝族英雄史诗、彝族语言文化。

行全面而科学的保护与传承。

关键词： 支格阿鲁　英雄史诗　保护与传承

支格阿鲁是彝人最崇敬的民族英雄，是勇敢、智慧和力量的化身，是族群认同的精神标识。彝族世代居住在祖国大西南川滇黔桂广袤的土地上，勇敢智慧的彝族人民在这片神奇的土地上，以英雄支格阿鲁的宏伟业绩为基础创造了气势恢宏的支格阿鲁英雄史诗。这部史诗流传于云、贵、川广大彝族地区，这里属于云贵高原及其周边的高山河谷地带，气候复杂多样，高山林立，江河奔流。支格阿鲁史诗反映了远古母系社会的生活画卷和历史文化，有突出的历史久远性特征，这部史诗不朽的艺术成就与丰富的思想内涵具有不可替代的杰出价值。我们要保护、传承和弘扬这部彝族民间文学巨作，使之走向世界，为这一珍贵的人类非物质文化遗产的保护和传承做出贡献。

一　彝族英雄支格阿鲁

支格阿鲁这个远古彝族英雄的名字流传于滇、川、桂广大彝族地区（未知越南、缅甸、泰国等国外彝族有无支格阿鲁故事流传），甚至在绝大多数彝族地区家喻户晓。关于支格阿鲁的神话传说、英雄史诗、典故等遍布整个西南彝族地区，还有许多彝文历史、谱系和天文历算书记载了支格阿鲁及其家谱。支格阿鲁是彝族最著名的英雄、彝人最崇敬的民族英雄。支格阿鲁文化精神成了彝族人民共同的维系族人情感的文化精神之一，是一种自信自尊、团结友爱、勇往直前的优秀民族文化精神。由于历史的久远、彝族各支系的分化以及不同方言的产生与发展，有关远古英雄支格阿鲁的名字及其一些相关问题出现了不同的看法。

（一）关于支格阿鲁的名字

支格阿鲁的名字因彝语方言或汉文翻译的不同而出现多种不同的写法。贵州地区有"支嘎阿鲁"、"垍寡阿珑"、"笃支嘎阿鲁"、"助剖阿鲁"、"直剖阿鲁"、"支格阿鲁"、"注嘎阿鲁"等全称,有"阿鲁"、"阿娄"、"阿陇"等简称;云南地区有"支格阿鲁"、"阿鲁举热"、"支格阿龙"等全称,有"阿鲁"、"阿罗"、"阿录"、"阿庐"、"阿洛"等简称;四川地区有"支格阿鲁"、"支格阿尔"、"支格阿龙"、"吉支格阿鲁"、"吉支格罗"等全称,有"阿鲁"、"阿尔"、"阿龙"等简称。可以看出,这些大同小异的支格阿鲁名字写法属于彝语同一个名字的不同方言的汉文译名的差异现象。

目前,人们在搜集整理支格阿鲁相关文本和学术研究中常见的情况是:四川地区用得最多的为"支格阿鲁",其次是"支格阿龙"。云南地区主要用"阿鲁举热",也有少数用"支格阿鲁"或"支格阿龙"的。贵州地区主要用"支嘎阿鲁",也有少数用"直格阿鲁"或"支格阿鲁"的。

四川地区有的学者主张用"支格阿鲁",有的学者主张用"支格阿龙"。"支格阿鲁"中的"鲁"是彝语音译字,汉语意为"龙",所以"支格阿龙"中的"龙"是意译。按翻译学中的专有名词翻译原则应音译为"鲁",而不应意译为"龙"。我们通过上述几种用法的排列比较,可见用得最多的是"支格阿鲁",且云、贵、川都出现了这个"支格阿鲁"。据此种种,这个名字应统一为"支格阿鲁"。

(二)关于支格阿鲁的人性与神性

对"支格阿鲁"的看法,存在一种支格阿鲁是人还是神的争论,有的说支格阿鲁是一个神,有的说支格阿鲁是一个人。这个问题曾在2009年西昌举办的首届中国彝族支格阿鲁文化研讨会上引起激烈争论,争论结果也没有明显的胜利方。笔者认为,支格阿鲁是从人发展到神,即从一个真实的历史人物发展演变成一位具有神智神力的神性人物。

第一,从语言的角度看,彝语说支格阿鲁是一个"斯惹",意思是"神人",神人就是具有神仙本领的人,而非神仙。彝语神仙叫"斯色"。据此,支格阿鲁不是神仙而是人类,是一个具有神仙本领的人。

第二,支格阿鲁是人之子,他的母亲是一位美丽智慧的姑娘,如在四川地区流传的史诗中,支格阿鲁的母亲是发明纺织技术的美女蒲嫫妮依,是空中一只雄鹰滴血在她身上而感孕生支格阿鲁的。云南地区流传的史诗中,支格阿鲁的母亲是刺绣能手卜嫫妮日姑娘,也是一只老鹰滴水在她身上而感孕生支格阿鲁。贵州地区流传的史诗中，支格阿鲁的母亲是能治理大地的美女奢阿媚，她与天郎恒扎祝生下支格阿鲁后，支格阿鲁的父亲恒扎祝化为一只雄鹰飞向蓝天，母亲化为一棵马桑树。可见，支格阿鲁的母亲是人类美女，只因他的父亲非人类，造就了支格阿鲁神的本领，使他成长为一个"神人"。

第三，彝族史书、谱牒书、天文历算书记载了支格阿鲁的事迹和家谱。如著名彝族历史典籍《西南彝志》第十二卷里写道："支嘎阿鲁是古彝部族武支系武古笃的第十八代孙，是彝族历史上的一位民族英雄，其事迹多记于书，频传于口，声名远播，流传至今。"① 该书以180页（215～394）的长篇幅史诗语言叙述了支格阿鲁的事迹。有的彝族历史典籍还具体记载了支格阿鲁的谱系和历史事项，如著名彝族历史典籍《彝族源流》第十卷"支嘎阿鲁源流"中说支格阿鲁是远古彝族武僰氏后代："次为僰雅勒，一代僰雅勒，二代勒叟吾，三代叟吾爵，四代爵阿纣，五代纣阿直，六代直支嘎，七代支嘎阿鲁。"② 贵州地区英雄史诗《支嘎阿鲁传》里写道："笃支嘎阿鲁，他也是人呀，他不是天神，他不是地神。"③

在大量的彝族史书、谱牒书、天文历算书中，支格阿鲁是一位真实的历史人物，是一位集君王、毕摩、天文历算家于一身的远古彝族英雄。正如彝学专家阿洛兴德所说："支嘎阿鲁是真人真事，历史地位与后人对他的评价都很高。根据《彝族源流》和《西南彝志》的记载推算，支嘎阿鲁生活的年代迄今至少有4000年。其活动范围在今金沙江两岸的云、贵、川三省毗邻一带。支嘎阿鲁曾经统一过大部分彝族。支嘎阿鲁作为典型的彝族古代圣贤之一，他集王、布摩、天文学家、历算家于一身。作为王，他带领人民战天斗地，治理洪水，劝勉农耕、畜牧，解决了生存和发展问题，历史功绩不可没。作为布摩，他曾统一规范过彝文这种古老的文字，为彝族古代社会的发展进步，起了积极的推动作用。作为天文学家和历算家，他观察天象，归类识别并命名星座，给山川河流命名；积累和总结前人的经验，创制彝族共同使用的历法。这些记载，或零散，或系统，分散在多部彝文古籍中。"④ 支格阿鲁作为历史人

---

① 陈长友：《西南彝志》第十二卷，贵州民族出版社，2000，第215页。
② 陈长友：《彝族源流》，贵州民族出版社，1992，第175页。
③ 田明才：《支嘎阿鲁传》，贵州民族出版社，2006，第229页。
④ 阿洛兴德：《支嘎阿鲁王》，贵州民族出版社，1994，前言1～2页。

物记载的文献资料主要是贵州地区的彝文典籍。云南地区部分传说和文献如《中国彝族通史纲要》也谈到支格阿鲁是彝族古滇王国时期的一位部落联盟首领。说"支格阿龙就是鹰部落男子（"男子"为笔者加）与龙部落姑娘蒲莫列衣通婚而生的。支格阿龙的一系列活动都得到了鹰部落的大力支持"。四川地区的支格阿鲁史诗和神话传说则没有真人真事的历史人物特色，而是神话英雄形象。

那么，支格阿鲁是怎样从真实历史人物演化为神话人物的呢？这是由于支格阿鲁在历史上的威望和他在彝人心目中有崇高的地位，在他所有的事迹流传的过程中，人们一代代地进行夸张、渲染等一系列文学创作。这样，经过数十代，甚至上百代的民间文学流传，彝族人民按照自己的理想和愿望，把支格阿鲁神化，并把他塑造成战胜自然灾害、战胜邪恶敌人等无所不能、战无不胜的神人形象。贵州、云南和四川神话的故事、英雄史诗等大量的民间文学作品都把支格阿鲁塑造成了一位神话英雄人物。

（三）关于支格阿鲁后代

支格阿鲁有无后代也值得研究。不同地区的不同支格阿鲁史诗版本中有多种精彩的支格阿鲁爱情婚姻情节。四川版中阿鲁与两位仙女（红仙女和绿仙女）姐妹相爱成婚，阿鲁在25岁时掉入大海身亡，史诗中未见留下儿女的情节描写。云南版里阿鲁治死了主人日姆后，日姆的太太和小老婆成为阿鲁的妻室，后阿鲁被小老婆所害与飞马一起掉入大海身亡，史诗也没有阿鲁留下儿女的记载。①

贵州地区流传的史诗中有几个支格阿鲁的爱情故事：一是阿鲁与山神龙王鲁依岩的爱女鲁斯阿颖相爱的精彩动人情节。阿鲁去求婚被阿颖父亲龙王鲁依岩赶走，却带走了鲁斯阿颖的心，阿颖整日埋头想阿鲁，泪水湿透了裙子。当阿鲁突然出现在阿颖的牧场后，"一连四十九天/两条河水汇在一起/红绿彩虹连在一起/两个影子叠在一起/从此再难分舍/说不完的情话/唱不完的恋歌/群山为他们祝福/百鸟为他们歌唱"②。最后，阿颖为帮助阿鲁用北方

---

① 笔者认为，多部史诗中没有记叙支格阿鲁后代，但也不能说明或确定支格阿鲁无后。
② 阿洛兴德：《支嘎阿鲁王》，贵州民族出版社，1994，第48页。

的山填南方阿鲁鹰国的洪水，她吞下父亲的撵山神鞭而死去，以她宝贵的生命证明了对支格阿鲁忠贞感人的爱情，但史诗也没有对这段爱情结晶——儿女方面的记载。

另一贵州史诗版本《支嘎阿鲁传》里有一个情节是：支格阿鲁巡视大海，收拾了两只作恶多端的海龙王，当他巡视到善良的海龙王皮罗寿博散家时，龙王小女溢居阿诺尼在海岸变出一座金屋，她自己变成一个大美女与阿鲁相爱同居了一夜怀孕，一年后生了个儿子。海龙王认为这个儿子是人间种，不能留在海龙宫里，便把这个支格阿鲁之子送到海岸交予人家抚养。这是史诗中唯一一处叙述支格阿鲁有后的情节。

最能说明支格阿鲁有后代的是在历史文献、谱牒文献等许多彝文古籍中都写到了支格阿鲁的后代谱系。如彝文典籍《彝族源流》第十卷"阿鲁后裔"中写道："一代支嘎阿鲁，二代阿鲁洪吐，三代洪吐洪那，四代洪那羿吾，五代羿吾阿欧，六代阿欧苦鲁，七代苦鲁输立，八代输立阿伍，九代阿伍葛鲁，十代葛鲁尼。葛鲁尼有九子，遍地分布着……在啥益卧甸，修建高大庙房，修阿鲁的庙，塑上一堂像，塑阿鲁的像。葛尼十六国，由葛鲁尼主宰，靠天威势掌权，凭地威势保境，说是这样的。"[①] 还有《物始记略》、《彝族创世志·谱牒志一》等彝文典籍中都有对支格阿鲁后代谱系的记载，这就说明了支格阿鲁有后代这一事实。

二 彝族英雄史诗支格阿鲁

这里的"支格阿鲁史诗"是指反映支格阿鲁的史诗，即塑造和反映彝族远古英雄支格阿鲁英雄人物形象的史诗。支格阿鲁史诗有收集整理的版本，有民间手抄本和毕摩经书，还有大量的口头流传。

（一）支格阿鲁史诗版本概述

现当代收集整理出版的支格阿鲁史诗有《支格阿鲁》（四川地区，彝文版）、《阿鲁举热》（云南地区，汉文版）、《支嘎阿鲁王》（贵州地区，汉文

[①] 陈长友：《彝族源流》，贵州民族出版社，1992，第181~183页。

版)、《支嘎阿鲁传》(贵州地区,彝、国际音标、汉文对照版)、《支格阿龙》(四川加部分贵州,汉文版)、《支格阿鲁》(四川地区,彝汉文对照版)、《支格阿鲁王》(贵州地区,彝汉文对照版)、《阿鲁举热》(云南地区,彝汉文对照版)。这8种版本简介如下。

四川地区彝文版《支格阿鲁》由卢占雄收集整理,四川民族出版社1984年出版。这个版本由阿鲁诞生、阿鲁射日月、阿鲁捉拿雷公、阿鲁制服魔蟒、阿鲁制服天魔塔博、阿鲁痛打恶鬼、阿鲁娶得红仙女和绿仙女两姐妹、阿鲁母亲蒲嫫妮依去世、阿鲁制服食人马、阿鲁制服害人牛、阿鲁制服孔雀魔、支格阿鲁亡等内容构成,有13000多行。史诗鸿篇巨制,情节曲折精彩,语言细腻韵美。

云南地区汉文版《阿鲁举热》(肖开亮唱,黑朝高翻译,祁树森、李世忠、毛中祥等记录的文本),见《楚雄民间文学资料》第一辑。这个版本内容与四川彝文版基本相似,但内容较少一些,只有阿鲁举热诞生、阿鲁制死恶凶主子日姆、阿鲁射日月、阿鲁制服吃人的蟒蛇、阿鲁制服害庄家的石蚌、阿鲁去世等内容。史诗短小精干,语言简洁富有地方色彩,情节曲折神奇。

贵州地区汉文版《支嘎阿鲁王》由阿洛兴德收集整理和翻译,贵州民族出版社1994年出版。这个版本共有15个章节:天地初开、神王降生、天君求贤、支嘎阿鲁、继承父志、驱散迷雾、移山填水、射日射月、定夺乾坤、智取雕王、鹰王中计、灭撮阻艾、古笃阿伍、迁都南国、大业一统等。史诗结构宏伟,诗韵铿锵有力,部落战争场面壮观。

贵州地区彝文、国际音标、汉文对照版《支格阿鲁传》由田明才主编,贵州民族出版社2006年出版。这个版本是支格阿鲁英雄史诗中篇幅最长的一部,有15000多行,叙述和描写了支嘎阿鲁诞生、成长及其一系列精彩的英雄事迹和不可磨灭的丰功伟绩,内容十分丰富。其中,阿鲁谱系、阿鲁巡视大海、阿鲁体察民情等内容是其他几种支格阿鲁英雄史诗版本中所没有的。

四川加贵州部分的汉文版《支格阿龙》由沙马打各、阿牛木支主编,四川民族出版社2008年出版。这个版本是在卢占雄的四川地区彝文版《支格阿鲁》的基础上加入了阿洛兴德的《支嘎阿鲁王》中的部分内容,有阿鲁诞生、射日月、智取雕王等23个章节,内容比较丰富。

四川地区彝汉文对照版《支格阿鲁》由洛边木果、曲木伍各主编,云南民族出版社2014年出版。这个版本全面收集整理了四川地区出版的和未出版的支格阿鲁史诗内容,分为阿鲁出世前、阿鲁诞生、射日月等22个部分,是目前四川地区最完整的支格阿鲁史诗文本。

贵州地区彝汉文对照版《支格阿鲁王》由阿洛兴德、洛边木果主编,云南民族出版社2014年出版。这个版本比较全面地收集整理了贵州地区部分出版的和非正式出版的支格阿鲁史诗,分为开天辟地、阿鲁诞生、射日月等20个部分,是目前贵州地区最具代表性的支格阿鲁史诗文本。

云南地区彝汉文对照版《阿鲁举热》由杨甫旺、洛边木果主编,云南民族出版社2014年出版。这个版本全面收集整理了云南地区出版的和未出版的支格阿鲁史诗,分为万物初始、阿鲁降生、阿鲁成长等18个部分,从原版《阿鲁举热》500多行增加到了5000余行,是目前支格阿鲁史诗云南版本中内容最完整、篇幅最长的一部。

(二)支格阿鲁史诗异同比较

流传于云贵川各地区的支格阿鲁史诗版本内容大同小异,这里想从支格阿鲁诞生异同、支格阿鲁故事情节异同、支格阿鲁结局异同等三个方面做简述。

1. 支格阿鲁诞生异同

云南和四川的版本基本相同,都说阿鲁父亲是雄鹰,鹰滴血(水)在美丽智慧的姑娘身上而感孕生阿鲁。如"鹰滴三滴血/滴到妮依身上/一滴滴在头上/穿透九层发辫/一滴滴腰部/透九层披毡/一滴滴下身/穿透九层裙褶"。又如"老鹰身上的水滴下三滴来/一滴滴在姑娘锣锅帽上/二滴滴在姑娘折子披毡上/三滴滴在姑娘白褶裙上/不知不觉的时候/姑娘怀孕了"。贵州地区版本写的是地女甯阿媚与天郎恒扎祝相爱结合诞生英雄支格阿鲁,后来阿鲁父亲恒扎祝化为一只雄鹰。如"雷鸣惊天地/闪电照宇宙/一只苍鹰搏击长空/一个婴儿呱呱坠地/恒扎祝用尽最后一丝力/化作矫健的雄鹰/甯阿媚吸进最后一口气/化作茂盛的马桑"。① 史诗中说,白天马桑给阿鲁哺乳,夜晚雄鹰为阿鲁覆盖。云南的和贵州的版本都说雄鹰把阿鲁抚养大,四川的则说是龙养大阿鲁。

2. 支格阿鲁故事情节异同

其一,云、贵、川版本都有射日月的内容,但是具体情节有些差异。一是

---

① 阿洛兴德:《支嘎阿鲁王》,贵州民族出版社,1994,第8页。

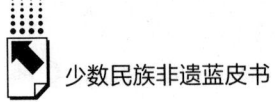

日月数目的差异,四川是6日7月,云南为7日6月,贵州的是7日7月。二是阿鲁射日月方式差异,云南是用神物轻易射下日月,四川是经过多次艰辛的努力才射下来。贵州是阿鲁先练好射箭本领,做到稳操胜券,然后一举射成功。

其二,贵州的未见制服雷公内容,云南和四川的有制服雷公的内容,但其具体内容和情节有差异,如四川版用铜帽、铜网筅、铜棒等铜器来制服雷公,云南版则用铁锅等铁器来制服雷公。

其三,降伏妖魔鬼怪,贵州的、四川的和云南的版本都有,但具体制服妖魔的内容和方式有差异,如贵州主要写阿鲁制服最强大的三种妖魔,猪头蛇身的食人怪物杜瓦舍、邪恶海龙王等;四川的则有阿鲁制服天魔塔博阿魔一家,恶鬼欧惹伍几,妖马、妖牛、孔雀魔王等。云南的有阿鲁制服妖婆、邪龙、麻蛇、石蚌等。

其四,四川和云南的没有部落战争内容,而贵州有之。如鹰王支格阿鲁与雕王大亥娜进行多次大规模的战役,最后支格阿鲁智取雕王;阿鲁的名将阿奇留守鹰国首都奎部城时遭到隆王麻痹突然被攻破城市,阿奇带领守城将士和人民与入侵强敌厮杀,"空前绝后的决战/一场谁都没有取胜的战斗/敌我全遭毁灭/入侵者全被消灭/守城者全都战死/城堡变成坟墓/埋葬了入侵者/掩埋了守城人/战场没有留下活口/惨不忍睹的场面/无法向后世诉说"①,还有"支嘎阿鲁哟/扑灭了鲁方的野火/平息了鲁方的叛乱/北方的洛舍/野心更是膨胀/阿鲁关门打狼/解除北面祸患"② 等都是有关战争的内容。

3. 支格阿鲁结局异同

四川版讲的是:阿鲁的两位妻子分别住在滇潘海东西两岸,阿鲁骑着飞马往返于两位妻子家时,两位妻子因误会而相互猜疑,她们悄悄地剪去飞马翅羽,使阿鲁同飞马一起掉进大海而亡。云南版讲的是:阿鲁骑着飞马往返于滇潘海两岸的大小老婆家时,狠毒的小老婆为了把阿鲁留在自己身边,独占阿鲁,把阿鲁的飞马翅羽悄悄地剪去,使阿鲁同飞马一起掉进大海而亡。贵州版

---

① 阿洛兴德:《支嘎阿鲁王》,贵州民族出版社,1994,第129~130页。
② 阿洛兴德:《支嘎阿鲁王》,贵州民族出版社,1994,第133页。

中阿鲁没有死，说的是阿鲁完成人间大业后到天上去，去当天上的神仙，享受天庭神仙生活去了，这与藏族史诗中的格萨尔结局相似。四川版和云南版支格阿鲁掉海身亡的结局悲壮，史诗主人公的生命戛然而止，令人痛惜。贵州版支格阿鲁上天成仙，没有死亡，生命以另一种方式延续着，这一结局实现了人们对英雄祖先命运的美好愿望，给人一种精神满足感。

（三）支格阿鲁史诗的特征与价值

第一，久远性与民众性特征。支格阿鲁史诗产生于母系社会末期，一直流传至今，其反映的母系社会历史是国内外英雄史诗中最久远的社会历史，因此具有显著的历史久远性特征。这部史诗在大部分彝族地区流传着，很多地区口耳相传，具有民众性特征。

第二，英雄史诗特征。支格阿鲁史诗构思奇妙，成功地塑造了一位心地善良、神力无比、深受人们爱戴和敬佩的民族英雄形象，并塑造了由支格阿鲁及其将领阿奇、阿枝、麻依等组成的英雄群体，具有典型的英雄史诗特征。

第三，活态性与发展性特征。支格阿鲁史诗被演述于隆重的集会活动之中，被彝族祭师毕摩颂唱于其仪式活动之中，因而具有明显的活态性。随着时代的发展，这部史诗有书面传播形式、网络传播形式、影视传播形式等，具有传播途径多样化的发展特征。

第四，这部史诗的价值也是多元化的。一是文学价值，支格阿鲁史诗在世界英雄史诗中具有特别重要的地位。这部史诗反映了原始母系社会时期的内容，据研究史诗产生年代为4000多年前，比目前世界公认的古巴比伦文学《吉尔伽美什》①（3700年前左右）还早，当为世界上第一部英雄史诗。因此，探讨和界定这部史诗产生的历史时期对于建构中华民族史诗文学理论乃至对于世界史诗文学理论建设都有重要价值。这部史诗以其不朽的艺术成就深刻地影响着彝族文学的发展。二是学术价值，支格阿鲁史诗既是口传文学，又形成了书面文本，史诗积淀着深厚的彝族传统文化内涵，反映了远古彝族先民的哲学思想、伦理道德、宗教信仰、风俗习惯、社会生活等各个方面，具有独特的人

---

① 赵乐甡译《吉尔伽美什》，辽宁人民出版社，1981。

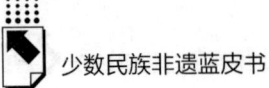

类学、民族学、民俗学、社会学价值。三是人文精神价值，支格阿鲁史诗具有民族认同性，并有着勇敢正义、友善和谐、自尊自爱的人文精神，能增进民族团结，促进社会和谐，推动社会发展。四是文化开发价值，支格阿鲁史诗作为彝族史诗巨著，分布区域广、受众多，具有艺术创作、影视、网络、旅游文化开发的重要价值。

概言之，这部英雄史诗以叙事长诗的形式从远古英雄支格阿鲁诞生前的宇宙多灾多难、人世间苦难重重等开始，讲支格阿鲁神奇诞生和成长为伟大神人的历程，讲他测天量地以治理天地、观测天象以制定历法、射日射月以解除旱灾、移山填水解除洪水灾害，还有降妖伏魔、战胜敌强等伟大事迹，讲他治理国家的卓越风范等伟大业绩。史诗结构宏伟，情节曲折而神奇，内容非常丰富，史诗的艺术成就和思想内容深刻影响着彝族文学，并对我国史诗文学及世界史诗理论建设具有重要的价值。

三 支格阿鲁史诗流传情况

支格阿鲁史诗流传（传承）区域广，而且在很多彝族地区家喻户晓。这部史诗流传（传承）形式丰富多样，有静态的表现形式，有动态的表现形式，有视觉方面的，有听觉方面的。

（一）流传区域

彝族是一个跨境民族，缅甸、泰国、越南等周边国家也有彝族。国内彝族人口有800多万人，族内支系繁多，自称或他称有"诺苏"、"纳苏"、"聂苏"、"夷"、"彝"、"倮"、"撒尼"等等。彝族语言分为6种方言，彝族文字是一种古老的自源文字。如前所述，彝族主要居住在云贵高原和康藏高原东南部边缘地带的高山河谷。在彝族聚居区及彝族与其他民族杂居的地区先后建立了3个彝族自治州、19个自治县。其中，凉山彝族自治州是全国最大的彝族聚居区，所辖的17个县市都有大量的彝族人居住，部分县几乎全是彝族，自治州彝族人口259.77万人（第六次人口普查数）。彝族居住地区属亚热带季风气候，高山与河谷坝地间形成立体气候。这一地区群峰林立，峡谷纵深，地势雄伟，气势磅礴。大雪山、大凉山、乌蒙山、哀牢山、无量山横卧境内，金沙江、元江、南盘江、雅砻江、普渡河、西溪河、美姑河、安宁河、会通河盘旋于幽谷之中。境内的支格阿鲁史诗就流传于这些地区，其主要流传区域如下所示。

四川的流传地区。四川的支格阿鲁史诗主要流传于凉山彝族自治州17个县市，乐山市的峨边县、马边县、金口河区，攀枝花市的米易县、盐边县和仁和区，雅安市的石棉县、汉源县，甘孜州的九龙县、泸定县。

云南的流传地区。云南的支格阿鲁史诗主要流传于楚雄州、红河州、丽江地区的宁蒗县、迪庆地区、玉溪地区、禄劝县、泸西县等许多地区。

贵州的流传地区。贵州的支格阿鲁史诗主要流传于毕节市、六盘水市、黔西等彝族地区，特别是毕节的赫章县、威宁县最为丰富。

（二）流传形式

支格阿鲁史诗流传的形式多种多样，在笔者看来，至少包含以下6种。

一是文献流传。其中又分为三种文献流传形式。第一，史诗文本流传，支格阿鲁史诗文本流传有出版文本，如上述《支格阿鲁》、《支嘎阿鲁王》等版本，有民间抄本等；第二，载于其他文献，支格阿鲁史诗部分地或片段地散载于许多彝族古籍文献中，如上述的《西南彝志》、《勒俄特依》①、《物始记略》等；第三，毕摩经书记载，支格阿鲁史诗还大量记载于毕摩经书中，其记录的材料有纸、皮、布、竹简等几种，且多有支格阿鲁画像等插图（见图1）。

图1 载有支格阿鲁史诗内容的皮质和纸质毕摩经书

二是民间艺人演述。其一是坐式单人诵述，在集会或人多的地方，史诗朗诵艺人自由地为大家诵述这部史诗；其二是坐式两人赛诵，在集会活动时，两

---

① 冯元蔚：《勒俄特依》，四川民族出版社，1982。

图2 四人表演赛述中一组演述照

个史诗朗诵艺人代表两方人群进行这部史诗朗诵比赛，拼比谁朗诵的史诗内容多而正确；其三是四人两组表演赛诵，一般在老人去世等重大集会活动中，史诗朗诵艺人以两人一组，每组各代表一个家族，与对手组进行史诗演述比赛，拼比哪一组演述的史诗内容多而正确。演述时，一般身披彝族披风察尔瓦①，有的还佩戴英雄带和红丝斗笠，一边诵述史诗，一边伴以舞蹈动作（见图2）。

图3 多人毕摩大型仪式颂唱

三是毕摩仪式诵唱。一种形式是单个毕摩仪式诵唱。单个毕摩在主人家做相关的仪式时，进行支格阿鲁史诗颂唱活动，有的边颂唱边安排一些人做射箭动作表演；另一种形式是多个毕摩大型仪式颂唱。两个或两个以上的毕摩，甚至多达十几个毕摩在一起做大仪式，如医治重大病症时，诵唱支格阿鲁史诗活动。这种仪式的场面壮观，一般都伴有射箭等一些动作表演（见图3）。

四是教育传习活动。其一，学校教育。在彝族学生集中的中小学或大学、中专等学校开设支格阿鲁史诗课程。其二，民间传习活动。民间支格阿鲁史诗说唱艺人给年轻人传授支格阿鲁史诗说唱技艺，或以带徒弟的方式有针对性地对一些年轻人

---

① 指代彝族服饰。彝族不论男女都喜欢披一件羊毛织的披毡，称为"察尔瓦"，有黑、白两色，以黑色为佳。它形似斗篷，长至膝盖之下，下端饰有长穗流苏，白天披在身上挡风御寒，夜晚则当被褥。

进行传习教育，以培养传承人。其三，毕摩传习。毕摩以世袭方式，或拜师的形式传习毕摩信仰知识和祭祀等仪式技艺，其中就有相关的支格阿鲁史诗内容传习活动。其四，史诗朗诵或演述活动。政府、学校、企业、社会团体等组织举办支格阿鲁史诗朗诵或演述竞赛活动，以宣传教育支格阿鲁史诗文化，培养这方面的人才。

五是学术活动。第一，史诗文本收集整理和翻译活动。如上述的支格阿鲁史诗文本的搜集整理和翻译，这是这部史诗学术活动的重要内容之一。第二，举办史诗研讨会。举办史诗研究座谈会、史诗专题研讨会、大型史诗学术研讨会也是这部史诗学术活动的重要内容，如2009年"首届中国彝族

图4　支格阿鲁文化（包括史诗）研讨会

支格阿鲁文化研讨会"、2012年"彝族史诗《支格阿鲁》研究项目研讨会"等。第三，进行史诗研究。自由研究、国家社科基金等各种项目申报立项后，其研究成果为研究报告、学术研究论文，收集整理出版史诗文本、史诗研究专著等等（见图4）。

六是文化资源利用。其一，史诗影视网络文化开发。用各种形式进行以支格阿鲁史诗为基础的影视、网络开发，如已公演的电影彝族神话片《支格阿鲁》等（见图6）。其二，史诗文化旅游开发。以支格阿鲁史诗为基础，建设支格阿鲁旅游景点、支格阿鲁文化园，制作支格阿鲁文化旅游纪念品等。如贵州毕节地区的"支嘎阿鲁湖"，四川螺髻山景区阿鲁崖及阿鲁与情人约会的幽恋湖，还有云贵川各地彝区的支格阿鲁雕塑等。其三，史诗文化展览。建立支格阿鲁史诗文化展厅及其展览活动，如四川省社会科学重点研究基地西昌学院彝族文化研究中心的"支格阿鲁文化展厅"等。其四，史诗艺术创作。以支格阿鲁史诗为基础进行有关支格阿鲁的文学、美术、音乐的创作，如阿库乌雾的诗《召唤阿鲁魂》、吉狄马加的诗《自画像》、周刚的报告文学《支格阿鲁的子孙们》[①] 等（见图5）。

---

① 周刚：《支格阿鲁的子孙们》，四川民族出版社，1990。

图5 毕节支格阿鲁湖祭祀照

图6 电影《支格阿鲁》剧照

上述可见,支格阿鲁史诗流传区域广,流传形式丰富多样。这部支格阿鲁史诗以其流布的广泛性和存续的活态性深深融入彝族的生命历程中,史诗中勇敢正义、团结和谐、和平友爱等的人文精神对西南彝族地区的民族团结与社会稳定有着积极而深远的影响。

四 支格阿鲁史诗保护与传承现状

从非物质文化遗产角度看,目前已出台《四川省非物质文化遗产保护条例》、《云南省非物质文化遗产保护条例》、《贵州省非物质文化遗产保护条例》及各地市州的非物质文化遗产保护文件等多种保护文化遗产的法律法规,为保护与传承彝族支格阿鲁史诗文化提供了法律依据。四川和云南的支格阿鲁史诗和传说故事已申报立项为省级非物质文化遗产项目,并确认了一些支格阿鲁史诗传承人。政府关心支持这部分传承人,给予一定的经济补助,以保护传承人及其非物质文化遗产,从而活态传承这部史诗。然而直至现在,支格阿鲁还没有获批为国家级和联合国的非物质文化遗产,与我国兄弟民族的史诗相比,差距很大,还需要在此方面下大功夫。

为了挖掘、弘扬、保护和传承这部史诗,各彝族地区对支格阿鲁史诗进行了搜集整理、翻译和研究工作,近年来立项研究的省部级及以上的支格阿鲁史诗项目就有9项(见表1)。

表1 近年来立项的支格阿鲁史诗研究项目

序号	主持人	项目名称	项目类别
1	洛边木果	彝族史诗《支格阿鲁》研究	国家社会科学基金项目
2	肖远平	彝族英雄史诗"支格阿鲁"研究	国家民委人文社科基金项目
3	洛边木果	彝族英雄史诗文本理论与开发研究	四川省教育厅青年基金项目
4	洛边木果	彝族史诗支格阿鲁研究	四川省教育厅重点基金项目
5	洛边木果	彝族支格阿鲁史诗整合研究	四川省社科规划项目
6	朱秀英	《支格阿鲁》与《荷马史诗》比较研究	四川省社科重点研究基地项目
7	阿洛兴德	贵州地区《支格阿鲁》史诗研究	四川省社科重点研究基地项目
8	杨普旺	云南地区《支格阿鲁》史诗研究	四川省社科重点研究基地项目
9	莫正林	彝族史诗《支格阿鲁》影视开发研究	四川省社科规划项目

资料来源：由四川省社会科学重点研究基地——彝族文化研究中心（收集的资料）提供。

研究成果已出版《中国彝族支格阿鲁文化研究》等7部专著和史诗文本，发表了90余篇论文。四川省哲学社会科学重点研究基地"西昌学院彝族文化研究中心"专门建立了"支格阿鲁研究室"，对支格阿鲁史诗及其文化进行研究，并建有一个"支格阿鲁文化展厅"。2009年，由四川省社会科学重点研究基地——彝族文化研究中心主办、西昌学院承办召开了"首届中国彝族支格阿鲁文化研讨会"，引起社会的广泛关注，并出版了研究论文集。部分学者在电视台做了支格阿鲁史诗访谈讲座，影响较大，也进行了支格阿鲁史诗文化开发活动，如进行了初步的影视开发：由且萨伍牛编剧，贾萨杨万导演的电影《支格阿鲁》拍摄放映。

然而，支格阿鲁史诗文化的保护与传承形势严峻。支格阿鲁史诗在20世纪60~70年代的各种运动中受到冲击和破坏，特别是在"文革"中遭到严重破坏，重要传承者毕摩①受迫害，传诵被禁止。"文革"结束后，支格阿鲁史诗的传承得到恢复，但不久又受到现代强势文化的冲击，像其他许多民族文化一样，支格阿鲁史诗也遭遇当代全球经济一体化思潮的影响，出现各种危机。现代教育忽略民族传统文化传承，使民族史诗文学逐渐远离青少年一

---

① 毕摩，彝族从事原始宗教和文化活动的人，相当于巫师、祭司、经师。"毕"意即诵经者，"摩"即大。毕摩有文化，掌握古彝文和本民族的文化习俗、历史和宗教等知识。

代，没有读书的年轻人也在打工浪潮中丢失了自己的民族文化，加上现在彝人价值取向的转变，去追求时尚娱乐，欣赏和传承民族史诗歌谣的热情正在丧失，这些现象造成支格阿鲁史诗面临危机。现在能够完整朗诵支格阿鲁史诗的人越来越少，大部分人都只能朗诵几个章节，精通和应用支格阿鲁史诗于仪式之中的毕摩也在减少。随着老一代人的相继离世，有关支格阿鲁史诗方面的材料在不断流失，这部史诗的搜集整理和研究的资源越来越枯竭。因此，支格阿鲁史诗的保护和传承形势依然严峻，急需采取科学有力的措施进行保护和传承。

五 支格阿鲁史诗保护与传承思考

支格阿鲁史诗是彝族非物质文化遗产的重要内容之一，保护与传承这一文化遗产具有不可替代的意义和价值。支格阿鲁史诗文化的保护与传承涉及地区广，涉及人口众多，所以难度大，应引起高度重视。

（一）申报支格阿鲁史诗非遗项目

支格阿鲁史诗作为重要的彝族非物质文化遗产之一，应积极申报立项各级各类非遗项目，这样才能在各级地区层面、国家层面，甚至世界的层面进行关注、保护和传承，极大地推进支格阿鲁史诗保护与传承工作。目前，在申报各级各类非遗项目中还存在一些问题，一是贵州等部分地区还未申报立项这项非物质文化遗产，云南和四川也只进入省级非遗名录，还未进入国家级名录。二是还没有进行支格阿鲁史诗非遗项目的云贵川联合申报工作，所以项目保护范围、保护力量、传承人都显得较为分散或薄弱，这给申报带来一定的影响。因此，不仅要进行各地区各级别的支格阿鲁史诗非遗项目申报，而且云、贵、川等省份应积极联合申报国家级和联合国非遗项目。有条件的话，还应调查越南、缅甸、泰国等周边国家彝族中有无支格阿鲁史诗流传，使支格阿鲁史诗这项非物质文化遗产成为国际性的非物质文化遗产项目。

此外，需要申报立项支格阿鲁史诗文化生态保护区，这样才能够确定保护范围、保护的传承人及其培养对象，根据其自然生态和文化生态情况设立保护目标，计划好措施，进行更好的保护与传承。应该把支格阿鲁史诗流传最集中的凉山、楚雄和毕节这三个彝族地区立项为支格阿鲁史诗文化生态区进行保护，以促进这一非遗项目的保护与传承。

（二）全面系统地保护和传承

要在四川、云南、贵州等支格阿鲁史诗流传范围内全面系统地保护和传承支格阿鲁史诗，要对各地区各版本支格阿鲁史诗给予切实有效的保护。一是在各地彝区对支格阿鲁史诗进行全面的调查、搜集、分类、编目，并建立完整的档案。二是用彝文、国际音标、汉文、录音、录像、数字化、多媒体等多种手段对支格阿鲁史诗进行真实、全面、系统的记录，并对这些资料及相关实物做妥善的保存。三是对各地区支格阿鲁史诗进行文本的搜集整理、翻译及出版工作，这是一种积极的保护和传承方式。

（三）保护和培养传承人

保护和培养传承人主要采取经济资助手段，不断培养传承人，从而使支格阿鲁史诗传承不中断。所以，培养传承人是最好最有效的支格阿鲁史诗保护和传承。要确定和保护代表性传承人，加强对传承人的培养，以宣传教育等多种形式在青少年中培育这部史诗文化的自觉性和传承者。还要培养这部史诗民间诵唱演述形式和彝族祭师毕摩仪式诵唱的人才，只有源源不断地培养出这些民间支格阿鲁史诗说唱艺人和支格阿鲁史诗仪式的毕摩，才能保护和传承这部史诗的活态表现。

（四）要有周密的保障措施

一是要有经费保障，应当建立"支格阿鲁史诗保护基金"，以保障这一文化保护与传承工作，这是这部史诗长期传承下去的基本保障。二是要有机制保障。作为民间文学的彝族支格阿鲁史诗，建立民间自发的代代相传和政府自觉的保护相结合的机制。应该建立一个全国（或中国）彝族支格阿鲁文化研究中心，通过"中心"这一平台，组织协调彝族地区相关单位和机构，促成支格阿鲁史诗合理保护机制的形成。三是要有人员保障。确定并保护现有传承人的同时，在彝族地区大学和中小学进行支格阿鲁史诗文学教育，以培养这一非遗的传承人。

（五）弘扬与发展支格阿鲁史诗文化

发展是最好的保护。支格阿鲁史诗像其他非物质文化一样，既保持传统特色，又要跟随时代发展而发展，这样才能适应现实社会发展，从而长久地得到保护与传承，因此，要通过弘扬与发展，寻求古老的支格阿鲁史诗文化与现代文化的接轨途径，以达到更好地传承和保护这部史诗文化的目的。首先是整合各地区支格阿鲁史诗文本，即对这部史诗进行云贵川各地区版本的整合，对这部史诗巧妙增删、补充、连接等，使之成为一部融合了各地区版本内容而浑然一体、完整宏伟的英雄史诗，从而大幅度提升这部史诗的质量和影响力。其次是文化开发。进行支格阿鲁史诗文化旅游、影视、网络等开发活动，特别是影视、网络开发能够快速地使支格阿鲁史诗与现代化文化传播和现代文化生活方式相融合，从而现代化地保护与传承。支格阿鲁史诗的影视和网络开发潜力很大，仅影视方面，可以开发几十集的电视连续剧，也可以拍摄大型电影，既可以拍人饰剧，又适合制作动漫剧。

B.8 苗族史诗《亚鲁王》仪式视域下的归根情结研究*

刘洋 杨兰**

摘　要： 苗族史诗《亚鲁王》讲述了苗族原始先民的社会历史生活，具有丰富的研究价值，意义重大。文章在长期田野调查的基础上，从史诗展演场域丧葬仪式的开路仪式、砍马仪式和祭祀仪式；婚礼仪式的传统服饰、史诗唱诵和祭祀祖先；日常生活仪式的通灵仪式、祈子仪式、看蛋仪式和驱病禳灾仪式等切入，深入探析麻山苗人的归根情结。文章认为归根情结是麻山苗人文化自觉与文化自信的展现，源于麻山苗人身在异地对故土的思念情感；源于麻山苗人的民族认同感与集体荣誉感；源于麻山苗人对祖先亚鲁的信仰和崇拜。

关键词： 史诗研究　归根情结　《亚鲁王》

《亚鲁王》是苗族第一部英雄史诗，集苗族及其先祖的创世史、征战史、迁徙史于一体，神秘而小众、禁忌而肃穆、雄厚而悲壮、完整而活态。《亚鲁王》正式"回归"于2012年2月21日，当日，中国民间文艺家协会用最正式的平台、最庄严的方式、最活态的表演宣告了《亚鲁王》第一期成果的面世，

---

* 国家民委人文社科重点研究基地"南方少数民族非物质文化遗产研究基地建设项目"（民委发〔2014〕37号）的阶段性研究成果。
** 刘洋，硕士，贵州民族大学南方少数民族非物质文化遗产研究基地讲师，研究方向：少数民族民间文学；杨兰，彝族，硕士，贵州民族大学西南夜郎文化研究院助理研究员，研究方向：少数民族民间文学。

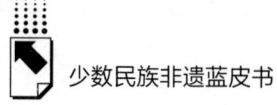

在政界、学界产生了广泛深远的影响。《亚鲁王》主要流传于麻山地区，在行政区划上，系紫云苗族布依族自治县、罗甸县、长顺县、望谟县、惠水县、平塘县六县交界处。同时，在贵阳的花溪区、清镇市、龙里县，毕节的黔西县、大方县、威宁彝族回族苗族自治县，安顺的平坝县、镇宁布依族苗族自治县、关岭布依族苗族自治县等地区也有少量流传。

在麻山，《亚鲁王》是活形态的史诗，不仅因为它活态存在于苗族人民的丧葬祭祀中，更因为其家族谱系功能，史诗内容在丧葬祭祀后更加丰富。在葬礼上，东郎为亡灵唱诵史诗，告知亡灵关于苗人的历史、征战、迁徙的故事，使亡灵沿迁徙来路，回归先祖故地，与先祖团聚，在先祖故地生产生活。史诗的发现填补了麻山次方言苗族从东方迁徙而来的历史空白，对民间文学界、民族学界、社会学界来说更是具有重要的研究价值。事实上，史诗被发现以来，学者们广泛关注《亚鲁王》，尝试解析史诗文化内涵。文章在长期田野调查的基础上，尝试探析麻山苗人的归根情结。

归根是每一个民族，也是每一个人都具有的一种情感，在这点上远离家乡的游子深有体悟。在我国的古诗词中就有"举头望明月，低头思故乡"和"遥知兄弟登高处，遍插茱萸少一人"等体悟归根的诗句。"根"是血脉、是传承、是本源。19世纪法国思想家厄内斯特·雷农在其著作中指出："国魂或人民精神的引导，实际由可以合二为一的两个要素形成的。其一是与过去紧密相连，其二是与现在休戚相关。前者是共享丰富传承的历史，后者是今时今世的共识。大家一致同意共同生活、同心协力、坚定意志、发扬光大传统的价值。"①人的归根情结何以如此浓厚，叶舒宪先生在其文章《归根情结说》中指出："人是一种具有归根返本情感倾向的动物"②、"农业这种产食模式的发明把人的生存同土地紧密地联结为一体，发展出定居的文化形态——村落乃至市镇、城邦。这种生产和生活方式的大改变仅用了数千年的时间便将历史推向文明阶段。伴随这一过程，人对土地的生存依赖感不断加剧，地缘意识继血缘意识之后成为制约人的思想和情感反应的重要基点。"③麻山苗人是较早进入

---

① 转引自许继霜:《共和爱国主义和文化民族主义——现代中国两种民族国家认同观》，《华东师范大学学报》（哲学社会科学版）2006第7期。
② 叶舒宪:《归根情结说》，《天涯》1997第2期。
③ 叶舒宪:《归根情结说》，《天涯》1997第2期。

农业文明的民族之一，强烈的地缘意识是麻山苗人归根情怀的重要原因。加之麻山地区土少石多、缺粮少水，人民生活困苦、出行艰难。强烈的对比之下，麻山苗人的归根情怀就愈加浓烈。

据当地老人讲述，50岁以上的人几乎毕生都没有走出过麻山，麻山就是他们的一切。也正因如此，史诗《亚鲁王》在这里保存完好，成为麻山苗族精神的支撑。苗族英雄史诗《亚鲁王》是联系着麻山苗人与祖先亚鲁的唯一载体，它讲述的是麻山苗族先祖亚鲁带领族人从东往西的迁徙历史，涉及的古地名数量庞大，是一条完整的迁徙路线。在进行实地调查的过程当中，我们了解到史诗《亚鲁王》的主要唱诵场域是在葬礼仪式上，其目的是为亡人指路。在麻山，葬礼仪式十分隆重，一是由于麻山地形原因，人们通常分散而居，只有在重大节日场合才能相聚；二是由于葬礼对于麻山苗族意味着回归与祖先团聚，因而十分隆重。

同时，麻山的仪式十分普遍且与史诗《亚鲁王》有着紧密的联系。仪式主持者有两种，一种称为东郎，另一种则为宝目。东郎主要主持葬礼仪式，宝目主要主持日常仪式。而这些仪式，都必不可少地唱诵史诗《亚鲁王》。《亚鲁王》几乎已经渗入麻山苗族人的血液和骨髓中，祖先亚鲁是他们的信仰，是他们的守护者，因此婚丧礼仪、身体病痛、占卜吉凶、禳灾除祸都依靠祖先亚鲁的保佑。这些都无不体现着史诗《亚鲁王》当中蕴藏着的归根情结。

一 丧葬仪式上的归根情结

一般而言，丧葬仪式宣告着人生命的终结，它意味着生离死别、天人永隔。但在麻山，死亡并不是痛苦的，相反意味着新生活的开始，回归故土，与祖先的团聚。麻山苗人的葬礼仪式极为隆重，其规模之大、耗费之多、礼仪之繁都是让人为之震惊的，丧葬仪式上的归根情结尤为突出。

（一）开路仪式

开路仪式悲壮、肃穆，是归根情结最为浓烈的场域。开路仪式是东郎（苗族史诗《亚鲁王》唱诵者、展演者和传承者）为亡人讲述祖先亚鲁从故乡迁徙而来的历史和路径，让亡人沿着祖先的足迹返回故乡。这段唱诵包括了史诗的全部内容，涵盖了英雄亚鲁一生的征战史和迁徙史。据东郎们讲述，他们

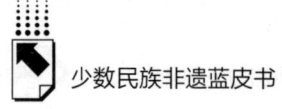

活着的时候不能返回故土,便将这种愿望寄托在死后,希望灵魂回归故土与祖先同在。仪式过程充斥着麻山苗族强烈的归根意识。

在开路仪式上,东郎会十分隆重地穿上蓝布长衫,戴上红色丝带的头盔并手持长剑,脚穿铁鞋(铁鞋由锄头代替),模仿麻山苗族先祖亚鲁出征时的装扮,更加直观地为族人们讲述祖先征战的故事。不仅如此,史诗唱诵要求十分严苛,东郎若在葬礼仪式唱诵过程中出现差错,其东郎的身份会被即时取消。据东郎们讲述,他们在学艺过程中都被师父反复强调,亚鲁征战的内容不容变更、不容篡改。事实上,开路的仪式过程从三个方面反复强化着归根情结,一是教育参加丧葬仪式的人们铭记历史,铭记祖源,铭记迁徙路线。二是通过装扮、行为以及语言不断强化麻山苗人对祖先生活的记忆,时刻警醒自己,随时做好回归故土的准备。三是全方位的监督机制确保史诗口传心授的准确性,确保麻山苗人顺利回归故土。

(二)砍马仪式

砍马仪式血腥、激烈,是归根情结最为具体的场域。作为丧葬仪式的重中之重,砍马仪式的直接目的就是亡灵乘坐马匹魂归故里。砍马仪式主要分为三个部分,一是东郎为亡人解冤;二是喂食马匹和唱诵《砍马经》;三是砍马;四是指引马匹回归东方故土。

为亡人解冤,主要由东郎主持。仪式上,东郎站于方形桌上,向亡者的亲朋好友告知亡者已离去,生前与他们产生的债务必须在此时了结,如不了结的今后不能叨扰亡人家属。从内容上,解冤似乎与归根意识并无多大关系,但深入探索便会发现,解冤仪式形似苗族祖先出征之前的点将仪式,从东郎的服饰(与开路服饰大致相同)、仪式的形式都能发现苗族先祖出征之前点将仪式的影子。古代苗族出征之前,将领通常会站在点将台上为士兵出征鼓舞士气,并致辞喝酒,任命出征的将领人选。因此,可以认为解冤仪式是麻山苗族对祖先出征的缅怀。

喂食马匹和唱诵《砍马经》主要由两项内容组成,一是喂食马匹;二是唱诵《砍马经》,主要目的是让马在死前吃饱将亡人顺利地驮回故土。喂食这项任务由丧家的妇女完成,待马匹进入砍马场地之后,丧家的妇女手拿稻谷穗按顺序排列进入场地,用稻谷穗依次喂食马匹。唱诵《砍马经》由东郎完成，其目的是向马解释砍杀它的缘由，东郎唱诵完《砍马经》会用苞谷酒淋向马的头部和颈部以示礼成。《砍马经》讲述马的祖先是因为将亚鲁王的生命树吃掉，而遭到了亚鲁王的惩罚，以至于亚鲁每死一个后代就会砍杀一匹马。事实上，这是祖先规矩的传承和返祖的精神，是麻山苗人归根情结的表现。

砍马这部分的任务是将马砍死，其血腥的场面是外人无法理解的，也是最惊心动魄的。砍马之前时要由东郎燃放鞭炮惊吓马匹，等马不惧怕鞭炮之后开始砍马，在进行砍杀动作的时候，马必须处于奔跑状态，所以砍马时间相对较长。砍马时，东郎轮流砍，每次只能砍一刀且只能砍马的颈部，直至将马砍倒为止。砍马这一过程，看起来十分血腥且十分激烈，这一过程在鞭炮声、枪声以及鼓声的烘托下显得异常的悲壮，更让人诧异的是马在整个过程中很少有嘶鸣的行为，它默默地任凭人们砍杀，仿佛知道自己的使命而无惧死亡。

在马被砍杀倒地之后，东郎们会立即将马的头搬向东方，指引马匹回归东方故土。据东郎所讲，在马被砍杀后将它的头搬朝东方是为了让它记得这个方向，并驮着亡者朝这个方向行走，一路征战回到祖先故地与祖先团聚。这一行为实际上是对自己的根与祖源的牵挂和向往。

（三）祭祀仪式

祭祀物品中浓厚的归根情结也让我们不免产生兴趣，麻山地理环境的特殊使得人们获得物质资料的条件困难。人们通常以玉米为主食，配上土豆、红稗、黄豆等作物为副食，因为麻山的土壤稀少，玉米的产量往往不能满足一个家庭的需求，所以麻山一度成为贫穷的代名词。

大米的食用是在打工潮的来临之后才逐渐普遍的，年轻一代的人们为了赚钱养家，去到外面打工，所挣得的钱就寄给家里的老人和孩子购买大米作为日常的主食，而以前食用的玉米则用来饲养牲畜。

通常在葬礼的祭祀物品中会出现不同于往常的物品，例如糯米、豆腐以及鱼等。这些是丧家用以祭祀祖先的物品，麻山苗族是由东方平原地区迁徙而来，因此他们认为如果用玉米祭祀祖先，祖先不会认同，这样反而会得罪祖先，阻碍了亡人回归的路程。而只有用糯米、鱼、豆腐等祖先的食物进行祭

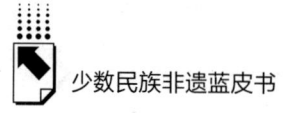

祀，才能够得到祖先的认同，回去东方故国。可见，就连祭祀的物品麻山苗族都丝毫不苟，企盼回归的心情十分迫切。

在丧葬仪式中不仅存在着大量的仪式行为与过程，更多的是附着在这些行为之上的归根情结。例如：在葬礼中进餐的顺序与平时相反，平常都是先给老人盛饭再给年轻人盛饭，但是在葬礼中就会反过来先给年轻人盛饭，盛酒也是一样和平常的顺序反着来，且碗通常都是倒扣在桌上的，意味与祖先同食；东郎在主持开路仪式的时候也将铁鞋倒着穿，亡者的草鞋也是与东郎一样倒着穿。人们认为，"反"与"返"同音，希望能够通过此种仪式行为让亡者顺利归返。

同时，亡者身上通常会盖上被称为"芒就"的布，他们称这块布为亚鲁族徽，是祖先认同的标识。这些葬礼上繁多的行为，都充满着一种"返"的意蕴，麻山苗族希望通过这样的方式返回故乡，希望从衣着装扮、行为语言上都能得到祖先的认可。这是他们在麻山这样贫瘠的土地上最为迫切和强烈的渴望。在葬礼上人们能够很直接地看到人们以各种形式将亡者送往祖先的地方，因此人们深信葬礼是让人们的生命得到延续的重要场域。所以，麻山葬礼的参与者不仅包括亡者的家属、亲朋好友、寨邻还包括很多不认识的人们，场面十分宏大。在我国，中华民族对"根"和"家"的感情十分特殊，这种情感是渗进骨髓的牵挂，所以每逢春节在外的游子不管是贫穷还是富贵，都会怀揣着那种浓浓的念家之情踏上回家的路途。

近年来，在外来文化的强烈冲击下，麻山丧葬仪式渐渐失去了它的传统形式，但其文化内核并未改变。据东郎讲述，目前的丧葬仪式由传统的七八天缩减为一天一夜，但是唱诵的内容在东郎们的坚持下，保留了亚鲁征战迁徙的完整内容。这些都是麻山苗人对返祖归根的固守和执着。

二 婚礼仪式上的归根情结

传统的麻山苗族婚礼目前极少存在，都已经被简化或者汉化。但传统婚礼是盛大隆重的，在传统婚礼上，新娘和新郎都会身着盛装，史诗的唱诵不绝于耳，各种礼仪都会唱古歌，场面十分热闹。

根据东郎陈兴华所述："在举办婚礼的时候，我们要唱诵《亚鲁王》史诗，目的是给祖先汇报他们的后代又要喜结连理了，希望祖先亚鲁能够保佑他们早生贵子、幸福美满。"① 因为麻山苗族人民希望在重要的日子里能与祖先重逢，所以他们通常都会在节日包括仪式的时候向祖先汇报，期望得到祖先的保佑以及让祖先了解自己在麻山的生活情况。麻山苗族从来对祖先是报喜不报忧，就算自己吃的是玉米、土豆，在祭祀祖先的时候也还是会将糯米、鱼、豆腐、肉等他们认为最好的食物供奉给祖先。

麻山婚礼也十分隆重，婚礼在家里举办需要宰杀牲畜作为招待客人的食物，通常一场婚礼的举办需要3万~5万元钱，有的甚至更多。婚礼上亲戚、寨邻前来帮忙，男女双方的亲朋好友相聚在一起谈天说地，热闹程度较次于葬礼仪式。麻山苗族以散居为主，平日相聚甚少，所以婚礼仪式上主人家的八方亲戚都会纷纷赶来祝贺。婚礼上的归根情结主要体现在三个方面，一是传统服饰；二是史诗唱诵；三是祭祀祖先。

（一）传统服饰

传统服饰主要体现在新郎和新娘的婚服上，新娘结婚时所穿的服饰通常以白、红、黄、黑四种色调为主，围裙以黑蓝或黑绿为主。裙为百褶裙，上绣多种图案。新娘的头饰为银饰，但麻山苗族头上的银饰与黔东南的有所不同，主要由几个挂有银饰的银圆围头部一圈而成，别具特色。衣服主要是门襟上和袖口以及手肘上有条形的绣片，颜色艳丽。在调研过程中，据麻山深处的苗族妇女说："在以前的时候，老人们都讲如果女人不穿自己做的衣服，不穿老一辈传下来的服装，苗族的祖先就不会保佑你，因为你不是他的后代。"② 这种以祖先的认同为主流的思想观念是麻山苗族保存民族文化的根本。一是得到祖先的认可是麻山苗族妇女传统服饰的重要意义。二是穿自己做的服饰，具有荣誉感和自信心。三是在制作服饰的过程中，能够强化民族认同感。四是穿传统的苗族服饰，能够增强民族凝聚力。五是传承民族工艺，传播民族文化。

---

① 访谈人：杨兰、刘洋，被访谈人：陈兴华，时间：2013年7月20日上午10：20，地点：贵州省安顺市紫云苗族布依族自治县水塘镇观音山。
② 访谈人：杨兰、刘洋，被访谈人：黄老妹，时间：2013年8月3日下午2：42，地点：贵州省安顺市紫云苗族布依族自治县摆通村。

（二）史诗唱诵

在婚礼中，史诗唱诵尤为重要，目的是向祖先汇报并求得保佑。这在婚礼仪式上是必不可少的，东郎在举行仪式时根据男方的家谱来向祖先汇报喜事，祈求祖先保佑他们枝繁叶茂以及庄稼丰收、麻山风调雨顺等等。史诗唱诵穿插在整个婚礼仪式当中，它的唱诵是对苗族古代历史的记忆，也是对自己家族谱系的记忆。一是因为麻山苗族聚集时间少，唱诵史诗能够起到教育的作用。二是向祖先汇报家族新添人口的消息，并祈求祖先亚鲁给予庇佑。三是为人们唱诵家族谱系的内容，能够让人们铭记自己的祖源。四是向人们讲述亚鲁创立红白喜事的缘由，有文化传承的功用。

（三）祭祀祖先

在麻山祭祀祖先被认为是能够获得祖先赐福的重要行为，所以在任何仪式上，都有对祖先祭祀的程序。同样，在婚礼上祭祀祖先也是不可或缺的重要环节。婚礼当中，对祖先的祭祀不仅包括东郎唱诵史诗，还会用实物来对祖先进行供奉祭祀，这些实物通常是鱼、肉、豆腐以及糯米和大米，这与他们在葬礼上举行实物祭祀的认知是一样的，认为祖先对玉米等食物是不认可的，他们只对自己所食的糯米、大米认可，所以人们只有用这些祭祀才能得到祖先的认同和保护。他们不仅仅要祭祀祖先，新娘从娘家出发去到男方家的路途中，还要将自己随身携带的糯米饭和酒祭祀自然万物，并向它们祈求能够风调雨顺、五谷丰登。这种对祖先、对自然的祭祀，都充分反映了苗族远古人民的宗教信仰对后代的影响至深，他们深信与祖先做相同的事、行相同的路便会得到祖先的保护，就会得到祖先的认同。这些行为和认知时刻体现着麻山苗族人民的归根意识，他们渴求与祖先同在，渴求能够得到祖先的庇佑，也渴求家的一种维系。一是因为认为祭祀祖先能够维系与祖先的联系。二是因为认为祭祀祖先能够讨好祖先，获得祖先的保佑。三是因为强烈的无归属感，让他们不得不在麻山寻求一种心理上的安慰。

婚礼在麻山的仪式中相对于葬礼来说其隆重程度稍微薄弱一些，婚礼的庄严程度没有葬礼那么深刻，因为葬礼在麻山人心中意味着是生命的重生，而婚礼则没有那么巨大的意义。所以，麻山至今对葬礼仪式的传承相对于婚礼更为完整和普遍。但是，婚礼中唱诵史诗《亚鲁王》、穿着苗族传统服饰、祭祀祖先、祭祀物品等都表现出麻山苗族人民的归根情怀，婚礼仪式同样也是麻山苗人寄托归返情怀的重要载体。

三　日常仪式上的归根情结

麻山苗族的归根情结不仅在葬礼、婚礼上体现，在麻山苗族的日常生活当中也无处不在，特别在通灵仪式、祈子仪式、看蛋仪式和驱病禳灾仪式中表现明显。

（一）通灵仪式

通灵通常在人们看来是十分荒谬的事情，在人们的认识中无外乎是神巫之说、谬诞之流。但在麻山就有这样奇妙的事件存在，东郎们会在主人家的盛邀之下来进行这样一种仪式。东郎会在仪式当中进入另外一种状态，有人称之为"癫狂"状态，其实是东郎被赋予神力之后失去灵魂的状态。他们在这种状态下，会达到沟通神人的境界，他们与主人的祖先一一进行交流进而帮主人家问清事情的缘由和解决的办法。这样一种让人无法置信的神秘仪式，还存活在麻山这片土壤之上。通灵仪式是麻山苗族常常使用的寻根问药仪式，东郎通常会神灵附体，仿佛回到几百年或是几千年的空间去为主人家询问根源，这种仪式相对于葬礼上的史诗唱诵仪式更具有神秘色彩。

通灵仪式开始之前，东郎会身着青布蓝衫，场域上的布置主要有一张竹圆桌、一张凳子、一壶酒、少许主人家提供的米（只有用主人家的米才能够去与主人家的祖先交流）、一只鸡等。待仪式开始时东郎会用一块蓝色头布将自己的整个脸蒙住，一手牵着拴鸡的绳子，便开始唱诵《亚鲁王》史诗，在唱诵过程中东郎逐渐进入"癫狂"状态，于是接下来所唱诵的就不再是史诗，而是东郎在另一个时空与主人家祖先对话的内容，这种情况会持续到东郎问清楚缘由为止，仪式完毕之后东郎不会自己苏醒，需在场的人将他的背捶几下才会逐渐恢复。

仪式上，东郎唱诵史诗，采用独特方式与祖先沟通，这些行为都在告诉我们，他们与祖先割不断的情结，不管是大小事务，麻山苗族都会采用

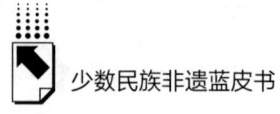

与祖先沟通的方式,希望祖先能够帮助他们解决问题,或者是得到祖先的保佑。

通灵仪式是几乎所有日常仪式中最为艰难的仪式,因为仪式要求东郎必须具有能够与神人沟通的能力,而这样的能力不是所有东郎都能具备的,所以,该仪式十分神秘。在麻山,东郎有两种,一种是自己靠记忆习得史诗的,另一种则是我们常常听说的"神授"即被神灵选中传授。通常第一种的东郎为大部分,而"神授"的东郎几乎少之又少,史诗的搜集整理翻译者之一的杨正江同志正是通过"神授"而能唱诵史诗的。通过了解他的人生经历,我们可以清楚地知道他在一段时间内曾经疯过,但是他自己并没有意识到自己已经疯狂,而是认为自己在做一件十分伟大的事情,他还记得他疯的那段日子和一位美丽的姑娘的浪漫故事,还记得自己要拯救族人的决心。但是这段日子并不长,一位东郎拯救了他,让他回归了正常。那位东郎在杨正江面前唱诵史诗《亚鲁王》,并举行仪式为他解除这些灾难,付出了极大的心血将杨正江拯救过来,但是据他所讲述他经过这一次疯狂之后,他会唱诵一点史诗的内容,这是连他自己都没有想到的事情。于是,他也开始拜师学艺,学习唱诵完整的史诗,像杨正江这样拥有特殊经历的东郎并不多,所以能够主持通灵仪式的东郎自然也就少了。也正因为如此,通灵仪式的举行也就没有其他日常仪式那样频繁。

通灵仪式也凝聚着麻山千百年来的文化积淀,是十分具有研究价值和意义的,但是由于语言的不通,我们无法将那些古老的歌词弄明白,也无法去明白东郎是怎样进入到过去的时空,更加无法体会东郎在主持仪式中的那种情感。通灵仪式是东郎与祖先的交流场域,是族人获取祖先信息的唯一场所,也是麻山苗族世代根深蒂固的思想观念。

(二)祈子仪式

祈子仪式主要是为苗族妇女举行的仪式,因为麻山苗族家庭将无法生育看作妇女的过错。所以,祈子仪式通常都是妇女要求进行。生子被中国人看得十分重要,正所谓"不孝有三,无后为大",所以在麻山区域中举行祈子活动也是比较严肃的。

祈子的时候东郎会唱诵关于生子部分的史诗,并为来祈子的妇女进行仪式,仪式中使用到的物品有纸桥（或其他）、酒水、符纸、公鸡等物品。据当地人讲,女子不能生育是因为平时行善少,所以在仪式中搭建纸桥是为祈子妇女积福,以祈求祖先保佑她们能够诞下子嗣。

不能生育的现象较少出现,所以祈子仪式相对来说就举行得较少。在祈子仪式中,可能还有很多不同的形式来为妇女们祈子。但是在进行仪式的过程中,这些仪式用品上都会由东郎画上一些符号,这些符号就像是佛家文化的经文一样,会起到"药到病除"的作用。这些经过东郎举行仪式的妇女们大多都在第二年诞下子嗣,这样一种很奇特的现象让麻山苗族们对东郎深信不疑,认为东郎们具有很强的法力。但这也许是因为妇女们得到东郎的帮助让她们内心的压力得到缓解,所以在放松的情绪下她们才能受孕。不管怎样,我们不能否定东郎们所做的一切。

在这个祈子仪式当中,东郎所采用的仪式物品和仪式行为、东郎所唱诵的史诗以及妇女们深信祖先与东郎的行为,无一不是对祖先的眷恋与归根的遐想,认为在祖先的身边就能够得到永远的幸福。

所以,人们思想的固化与东郎对传统的传承使得这样一种归根的情结千百年来至浓而不淡,而麻山苗族的善念观也是十分浓厚的,光从祈子仪式当中就可以看出麻山苗族心中注重行善积德和善有善报的观念。

（三）看蛋仪式

所谓看蛋就是让蛋成为病人的替身,并用此蛋为他们进行病情诊断的一种仪式。而举行这种仪式的通常是宝目,宝目是有别于东郎的苗族巫师,他们主要是主持族人日常生活中的烦琐仪式。宝目通常会在早晨为病人看蛋,因为早晨是一天当中的初始,清晨人还是最为原初的状态,有利于看病的准确性。所看病的蛋需要生病的人提供,这也是为看病结果的准确性所做的准备。宝目为人们看蛋主要有两种方式,一种是置于清水之中观其方向；一种是置于火中望其形态。我们所见到的则是置于清水之中的一种,但是听说置于火中的方法更为准确和详细,宝目会通过被火烧过的鸡蛋的蛋清、蛋黄的色泽、形状甚至是气泡情况来为病人做出诊断。

在调研过程中,岑天伦东郎在一次清早为我们演示了清水看蛋的仪式。在麻山东郎能够唱诵完整的史诗,具有十分完整而系统的史诗掌握能力,而宝目只能够唱诵平时日常仪式中的片段史诗，因而他们只能够主持日常仪式不能够主持葬礼仪式，东郎则可以两方面兼顾。

岑天伦将我们取来的蛋从病人的左肩滚至右肩，这样来回几次，说可以让病人的气息进入鸡蛋。在滚完鸡蛋后，东郎岑天伦开始唱诵史诗《亚鲁王》，这段史诗的内容大概就是讲述鸡蛋与亚鲁的关系、鸡蛋与病人的关系，因为亚鲁是创造万物的祖先，所以鸡是亚鲁王的鸡，蛋是亚鲁王的蛋，人也是亚鲁王的人，因此鸡蛋与病人之间就有了一种关联。唱完史诗之后，东郎就将鸡蛋置于放有清水的碗中并让其旋转几圈，看鸡蛋蛋头的指向，东郎根据蛋头的指向为我们说明病人身体很虚，胃有问题，需要加强锻炼和医治。看我们似信非信的神情，东郎又再一次进行了另一种仪式来对他的论断进行论证。他还是一样用到了鸡蛋和清水，这次不同的是他将鸡蛋剥开，流入清水中，随着蛋黄蛋清滚落水中，我们慢慢发现蛋清很稀，它并没有紧紧地围裹在蛋黄旁边，而是向四周流淌而去。东郎就向我们解释到，如果是身体健康的人，蛋清会紧紧地围在蛋黄的四周，在后面的仪式中，我们通过观看别人的情况也发现，东郎的看蛋仪式有其准确性。

看蛋在麻山苗族当中是十分普遍的仪式，因为麻山地理特殊，医疗条件落后，人们只能通过宝目为他们找出病因，并恳请宝目为他们举行仪式禳除病痛。

看蛋这种仪式，从史诗唱诵的鸡蛋与人与亚鲁的关系来说，是将蛋的神奇力量赋予了祖先亚鲁，希望鸡蛋通过祖先的指示让宝目知道族人的病痛，这也是一种将自身的福祸寄托于祖先保佑之下的一种对祖先对根源的固守之情。

（四）禳灾祛病仪式

禳灾祛病和看蛋一样是属于麻山地区普遍的日常生活仪式。人吃五谷杂粮，没有不生病的，所以不免常有这种祛病禳灾的仪式出现。但是麻山苗族他们对生病的理解与我们不同，在医学上认为生病是由于病毒入侵人体造成人体内部机能出现紊乱而表现的各种不适的症状。但是麻山苗族认为生病是因为在亚鲁时期所遗留下来的生灵不会说话不会表达，需要借助人类的身体来获得自己想要的食物或者其他。这样一种独特的认知让我们对麻山苗族的世界观和价值观产生了浓厚的兴趣，因为他们的观念还没有受到外界的影响，仍然保留着传统的思维意识，继承着亚鲁时期的人类思想观念。

麻山苗族对疾病的独特理解，形成了很多解除各种病痛的仪式形式。余未人先生曾说在几十年前她曾去过麻山地区的四大寨乡，那里随处可见的是宝目举行仪式过后遗留的禳灾祛病的物品。因为麻山长久以来是一个较为封闭且环境恶劣的地方，人们常常生病却无药可医，于是传统的宝目就成了他们长期以来负责治病救人的人选。总的来说，宝目成了麻山苗族身体健康、生活平安的守护者。宝目会根据每个人的不同病情来进行不同的祛病仪式，但不管是哪种病，宝目都会在三岔路的地方使用牲畜来进行仪式，并且唱诵史诗《亚鲁王》，为牲畜讲述杀它的缘由。将牲畜杀了之后，病人是不能够食用该牲畜的，这些牲畜要么由宝目拿走，要么分给寨邻，以示将疾病分而食之。牲畜被杀之后，祛病仪式也就算完成了，病人的病也就会好。在麻山生病不是个人的事情，生病需要向宝目汇报，宝目也必须向祖先汇报，以求在举行仪式的时候能够得到祖先的保佑，能让病人尽快好起来。

宝目为人们举行祛病仪式是不收取费用的，因为师父教诲，如若收取病人的钱，就是违背了祖先的意愿，病人的病也就不能治好。宝目还会在平时举行一些有利于族人生产发展的仪式，希望能够保佑庄稼丰收、风调雨顺。宝目的所有仪式几乎都要唱诵史诗《亚鲁王》，因为《亚鲁王》是整个麻山苗族的精神信仰，他们希望唱诵《亚鲁王》能够得到祖先亚鲁的保护，病情能够得到好转，灾祸能够得到解除。不管是麻山的祛病还是禳灾，史诗《亚鲁王》都是不能缺少的，麻山苗族对祖先的信任，对祖先的深刻记忆是那么的鲜明和炙热。

四　麻山苗族归根情结的主因

麻山苗族的事情无论大小，都与《亚鲁王》紧密相连，不管是红白事、修建房屋、驱病禳灾、祈子祈福等等，无一不通过唱诵《亚鲁王》史诗来获得祖先保佑的。亚鲁是麻山苗族的祖先，他英勇善战、善良机智，肩负起麻山苗族生产生活的重担，将毕生的心血都奉献给了自己的族人。史诗中的亚鲁充满了神性，这些也都是麻山苗族人民对他的热爱和崇拜，亚鲁成了后代族人的精神信仰，他们坚信亚鲁在任何时候都会尽自己的力量去帮助他们和保护

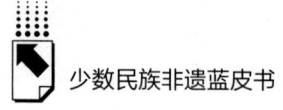

他们。

正是这样一种固执的信仰,这样一种深入骨髓的寄托,这样一种对故乡的眷念,才使得麻山苗族祖祖辈辈都守护着史诗《亚鲁王》,他们渴求通过祖先留下来的东西保持着与祖先的联系,希望能够最终回到祖先生活的地方。这不仅仅是因为麻山贫穷而向往过去的富裕生活,更是一种对自己"根"的追求,是对自己民族的强烈聚集。

通过以上分析,麻山苗族归根情结的主要原因有以下几点:

一是身在异地对家乡的思念。麻山苗族祖先从遥远的东方平原之地战败迁徙而来,在麻山这个孤独而又陌生的地域,自然是思乡之情溢于言表,他们与亲人分离,与族人分散而居,种种亲情的难以割舍。同时,麻山地区自然环境恶劣,苗族人民生活艰难,与祖先平原地区的富裕生活的强烈反差使得这样一种归根的感觉越发地强烈。

二是民族认同感与集体荣誉感。苗族人在一次次的战争中显示了他们的民族凝聚力,在长久而艰难的生存中他们并没有失去对自己民族的认同,反而在战争环境中将自己民族维系得更为紧密。因为祖先亚鲁的带领,他们虽然没有继续生活在原有的地方,但是因为亚鲁的优秀领导,他们觉得身为亚鲁部族是值得骄傲的,所以在麻山,他们为能成为亚鲁祖先的后裔感到无比的自豪。

三是对祖先亚鲁的信仰。人常常思考的就是从哪里来到哪里去,在这点上,麻山苗族自始至终都没有改变过,他们知道自己从遥远的东方平原之地来,希望在有朝一日能够回到那里去与祖先团聚。亚鲁的英勇和善良,是麻山苗族世代的信仰,他们相信人死后依然以另一种形式存活,他们相信祖先还生活在史诗中所描述的地方,更加相信祖先亚鲁会时刻保护他们、帮助他们。

就算是在遭受到现代文明的冲击,遭受到打工潮带来的变化,但是曾经快要让麻山苗族失去信心的苗族文明又在自身的坚韧与互换下逐渐复活,现在麻山苗族人的信仰再一次深深地根植在他们的心中,一切都比之前回归得更为猛烈,这不仅是国家政府政策的支持,更是麻山苗族文化自觉的觉醒。

壮族《麽经》的布洛陀神话研究

林安宁*

摘 要： 布洛陀神话是布洛陀文化研究的重要组成内容。梳理壮族《麽经》的布洛陀神话，有利于全面、深入地研究它，也为进一步研究壮族神话与史诗打下重要的基础。布洛陀神话母题是壮族神话体系中的重要内容之一，也是我国神话资料库中的重要瑰宝。布洛陀神话与黄帝神话的比较，是研究布洛陀神话的突破点，可以此了解黄帝神话对布洛陀神话的影响，以及布洛陀神话的民族独特性。

关键词： 壮族《麽经》 布洛陀神话 母题 黄帝

对布洛陀的研究论文已很多。布洛陀被学者称为壮族的创造神、始祖和文化英雄。蒋明智指出："壮族的一系列神话传说和壮族《麽经布洛陀》都认为，布洛陀是一位万能的创造神，他开天辟地，创造了世界万物和男女人类，使人类生命得以延续，壮族得以生存与繁衍。在壮族人民心中，天地是由布洛陀创造出来的，他们的祖先也是由布洛陀造出来的，因而布洛陀是壮族的创世神和壮民的'祖公'。""在《麽经布洛陀》中，布洛陀不仅赋予人类以生命，还发明各种生产工具，教会壮民各种生产技能，带领着他们进行各种各样的劳动创造，从而战胜了强大的自然力量，使壮民族得以生存与繁衍。……人民把一切的发明创造都归功于布洛陀，并把他神化，从而使布洛陀成为壮族人民心中的'文化英雄'。"[①] 覃乃昌也认为布

---

* 林安宁，博士，广西师范学院文学院讲师，研究方向：中国民间文学。
① 蒋明智：《〈布洛陀〉与壮民族文化精神》，《广西民族大学学报》（哲学社会科学版）2008 第 2 期。

洛陀是壮民族神话传说中的文化英雄、人文始祖。①李斯颖则认为布洛陀是父系氏族社会的骆越首领。"布洛陀亦像一位'百事通'长者，又透露出浓厚的氏族首领特征，有号召力，威信高，有着某些超人的能力，为整个族群的发展贡献了自己的智慧和神力。"②李斯颖又说"经壮学权威梁庭望先生总结，其内容可概括为布洛陀的四大类活动：开天辟地、创造万物、安排秩序、排忧解难"③。她还指出"布洛陀是壮族的创世神、始祖神、宗教神、道德神、智慧神"④。李斯颖的观点代表了目前很多学者对布洛陀神话的认识。

众多学者对布洛陀做出如此判断的原因大概有二：一是对布洛陀的认识，大多基于口头叙述的布洛陀神话（尤以曾被马昌仪编的《中国神话故事》等书所收入的，由周朝珍口述、何承文采录的《布洛陀》一文为代表）；二是尽管很多学者对《麽经》⑤也予以关注，但对其中更多的布洛陀母题缺乏更细致的解读。

由于《麽经》不是专门的神话专著，对它的布洛陀神话内容进行研究，以民间文学必读工具书《汤普森母题索引》⑥的神话母题对之进行系统梳理，就很有必要。它不仅是布洛陀神话研究的重要材料保证，还是整个布洛陀文化研究难得的资料库。

一 《麽经》的布洛陀神话母题

翻开《麽经》，我们看到之前很多布洛陀神话尚未提及的故事，如有关他的身世、生活、对战争的支持与参与等等。如《布洛陀孝亲唱本》叙述：

混沌已生得十年初/混沌已生得九年□/就要老凄凄/就要病哀哀/就要

---

① 覃乃昌：《布洛陀文化体系述论》，《广西民族研究》2003年第3期。
② 李斯颖：《论布洛陀身份的多重文化内涵》，《广西民族师范学院学报》2011年第5期。
③ 李斯颖：《壮族布洛陀史诗演述及其信仰传统》，《国际博物馆》（中文版）2010年第1期。
④ 李斯颖：《壮族布洛陀信仰与侗族萨岁信仰的比较》，《广西民族师范学院学报》2011年第6期。
⑤ 本文的壮族《麽经》即《壮族麽经布洛陀影印译注》（张声震主编，广西民族出版社，2004）一书的简称。
⑥ Stith Thompson. *Motif—Index of Folk—Literature*, Helsinki, 1932.

化去仙界/混沌说另外句话/混沌讲一句话/哪个人想承接混沌的住地和家……婆祖宜在堂屋门口就答/在晒台上面就接话/我正想承接混沌地方和鱼塘/我正要承接混沌房屋和碗/我正要承接混沌锅和三脚灶/我还（没）刀和斧/我还没丈夫没老公/怎得砍樟树/怎得生儿王/我还没刀没斧/我还无丈夫无老公/怎能砍直树/怎样生出儿王/混沌去看水田/她去找混沌/混沌去要菜/她去跟混沌/混沌去看水/婆祖宜就偷偷跟随后面/混沌在河上游洗澡/婆祖宜就去河下游/接混沌暖水/要混沌淫水/混沌淫水是好水/风就吹进骨肉身体/混沌淫水是暖的淫水/暖风就进入骨肉身体/风就吹进身体骨头/女子无丈夫自怀孕/妻子无丈夫自得子/……第一就生布洛癸/第二就生布洛班/第三就生布凡可/第四就生布祖王/第五就生布洛陀/第六就生麽渌甲/第七大恒儿人好/第八生儿任其人圆滑/九生妹囊仍/十生女孩囊娘。①

《布洛陀孝亲唱本》题意为"虔诚敬祭布洛陀"②，它讲述人们守孝满三年后要杀牛祭祖先的习俗起源、汉王祖王的故事、万物创造过程等内容。以上引文即属于"占杀牛祭祖宗唱"③ 的内容，它叙述了万物创造过程和人类起源的故事，以及布洛陀的出生、布洛陀确定杀牛祭祖习俗的缘由等内容。在人类起源之时，天下有很多部族，其中一部族的女人迎风而孕，生下了混沌④。混沌

---

① 《麽经》第 1970~1976 页。
② 见《麽经》第 1834 页的"书名题解"。
③ 其意为"杀牛祭祖时唱诵的经书"。
④ 混沌在《麽经》里有时是男性，有时是女性，在上述引文中以女性形象再现。在汉族文化里，混沌原来指天地形成前的一种状态，后来被塑造成原始神。如据冷德熙《超越神话——纬书政治神话研究》（东方出版社，1996）第 12~13 页叙述："《庄子·应帝王》载：'南海之帝为儵，北海之帝为忽，中央之帝为浑沌。儵与忽时相遇一浑沌之地，浑沌待之甚善。儵与忽谋报浑沌之德。'"而《山海经·西次之经》载：'又西三百五十里，曰天山，……有神焉，其状如黄囊，赤如丹火，六足四翼，浑沌无面目，是识歌舞，实惟帝江也。'毕沅注曰：'江读如鸿。《春秋传》云：帝鸿氏有不才子，天下谓之浑沌。'""《山海经·西次之经》中的帝江很可能是浑敦神的原型。"混沌神传到了壮族地区后，人们把他塑造成会开天辟地、创造万物的神灵。《麽经》中有大量叙述混沌创造天地万物的叙述，如"混沌造箱子"（26）；"混沌公造天"（158）、（981）；"混沌造地方"（260~261）、（263）；混沌在洪水退后造地方（265）；"混沌造园圃"（345）；"混沌造春墙，九头龙造河"（515）；"混沌婆造天下"（685）、（868）、（979）；"混沌造天下"（711）；"混沌造初始的人/混沌降生人类/混沌送花枝"（1631）、（2225~2226）；混沌赐予淫水给姑娘，姑娘得生具有神性的人（1869~1879）；等等。混沌还是人类的始祖，如上述引文所述即是。

使婆祖宜生下布洛陀。上文叙述了布洛陀神奇出生的故事：混沌即将老去之时，为了使生命得以繁衍，让婆祖宜承受其"淫水"，迎风而孕，经过十月怀胎，生下了布洛陀等十个孩子。由于有不平凡的出生，布洛陀在《麽经》中的非凡力量让人信服。布洛陀神奇出生的情节可纳入"神的出生"（A112）①母题。

《麽经》对布洛陀出行，叙述得也颇为动人。《麽送放》的叙述把布洛陀神力无边的形象讲得栩栩如生：

今天早上我出来/图额做伴我来/老虎做随行我来/图额就做晒台望我来/图额早做晒台喊我来/狗熊做祖公兵勇出来/老虎见我出来/称我做大哥……今天早上碰着水牛/水牛角为着我扭曲/今天早上碰着强盗/强盗就为着我逃走/今天早上遇着河/河水为着我干/水獭多亏我得吃鱼/今天早上沿着水田坎上来/水田就为着我干裂/乌鸦多亏我得吃虾/我歇息河水停流/我吃午餐河水断流/我做欢乐河水干涸（1433~1436）

如前已述，《麽送放》的题意是"做麽教仪式导引或超度亡灵到达祖神世界"。《麽送放》属于超度正常死亡者的经书。②《麽送放》一共十一章，分别为："造牛（残页）"，叙唱祖神布洛陀、麽渌甲教人造牛、驯牛与用牛；"麽唱杀鸡祭祖用"，叙述布洛陀的身世、死亡的缘由、与亡魂有关的各种丧葬习俗的起源等内容；"唱某日一起回来做灵楼过程中讲用的麽经"；"唱念上午饭用的咒语"；"唱阿啻故事用的麽经"；"呼哑唱祭祖故事"；"悼嘱亡灵用的麽经"；"祭祖宗礼规"；"念十二件事用的经文"；"十二件事仪规"；"只需用嘴喃诵就去病除灾"。③ 上述引文即属于第二章"麽唱杀鸡祭祖用"中叙述布洛陀身世的内容。图额、老虎做伴，熊、狗做兵勇，老虎称其大哥、野猪喊其姐夫、熊称其首领等叙述，把布洛陀威武的形象刻画出来。

---

① 来自汤普森母题的国际编号，下同。
② 《麽经》第1408~1409页"书名题解"。
③ 参见《麽经》第1409~1420页的"内容概述"。

这里通过很多母题内容展示布洛陀的威力，图额、老虎等图腾动物做伴，显示了布洛陀氏族首领的性质（A165、神的侍者，A415、氏族神），不是一般的神灵都有的；碰着水牛，水牛角就弯曲，碰着强盗，强盗被吓得闻风而逃等叙述，体现布洛陀的巨大神威（A133，巨神）；他吃午餐就能使河水断流（A133.1，巨神把湖水喝光），使人对其肚子的容量生发出无穷的遐想。

《麽经》中提及布洛陀的内容很多，因而它的母题极为丰富，有几十个之多。布洛陀的神话母题至少有以下这些。

A0、造物主；A10、自然界的造物主；A21、造物主来自上界——天上的神（仙人）放布洛陀下来，天开两边，造成道路，造泥土、水（1914）①；

A20、造物主的起源；A110、诸神的起源；A510、文化英雄或半神的起源；A511、文化英雄的神奇出身——王造布洛陀，王造麽渌甲（738）（1148）；混沌的污垢让婆州宜（婆祖宜）怀孕，生出人类，并生出布洛陀等神（1677~1680）、（1745~1750）、（1970~1975）、（2088~2093）；天上的神（仙人）放洛陀王（布洛陀）下来，天开两边，变成道路，造泥土、水、路、泉，盘古造河、塘、田峒、水田（1914~1915）；

A23、造物主由雌雄二性所生——混沌的污垢让婆州宜（婆祖宜）怀孕，生出人类，并生出布洛陀等神（1677~1680）、（1745~1750）、（1970~1975）、（2088~2093）、（2207~2212）；

A40、造物主的顾问；A41、成年男子作为神的顾问；A102、无所不知的神——布洛陀教"王"造火，并驱除火带来的各种殃怪（49~62）；布洛陀教人陆荷、罗安太、大将军、风卷鸡、人招魂和人住空造禳除造禳除（"兵"，"beng"）（166）；布洛陀教人类把天与地远远隔开（227~228）；牛拉不回，经布洛陀指点，就能拉回（282~283）；牛魂四散，养不成牛，经布洛陀指点，又能赎回牛魂（285~292）；猪被杀，有殃怪，经布洛陀指点，赎猪魂，又得安好（295~299）；母王（yah vuengz）造鸡，鸡失魂，经布洛陀指点，赎魂后鸡就繁殖（302~306）；布洛陀教人类赎鱼魂（315~317）；天地的混沌关联人间生活的凄惨，再引出要按布洛陀的旨意做禳解（439~447）；布洛

---

① 这里的数字指在《麽经》中的页码，下同。

陀教王造火（702~708）、（906~909）、（972~977）；

A75、造物主是天堂和人间的祖先——布洛陀被称为"祖公"，是人间的祖先（1125）；

A111、神的母亲——混沌的污垢让婆州宜（婆祖宜）怀孕，生出人类，并生出布洛陀等神（1677~1680）、（1745~1750）、（1970~1975）、（2088~2093）、（2207~2212）；

A120、神的性格与特征；A520、文化英雄（半神）的特点——布洛陀携带铜刀等法器，气度非凡（1125）；他还以"大刀"来禳解、驱冤怪（1205）；布洛陀吃铁当餐（1428~1429）；布洛陀性格豪爽，如他劝两个前来的壮汉喝酒，他俩不喝，布洛陀就要动粗（《麽送放》1429~1430）；

A133、巨神；A523、文化英雄是巨人——布洛陀威力无边（1433~1436）；布洛陀使河流干涸，"我吃午餐河水断流/我做欢乐河水干涸"（1436）；

A133.1、巨神把湖水喝光——布洛陀使河流干涸，"我吃午餐河水断流/我做欢乐河水干涸"（1436）；

A151、神的住所；A151.1、神的住所在高山；A570、文化英雄还活着；A571、文化英雄睡在山上——布洛陀的家在郎汉家，在敖山，在仙人的晒台（1428）、（2248）；

A153、神的食物——布洛陀吃铁当餐（1428~1429）；

A160、神的相互关系——混沌的汗水使婆州宜（婆祖宜）生出布洛陀等神灵，布洛陀与布任其等同为兄弟（1677~1680）、（1745~1750）、（1970~1975）、（2088~2093）、（2207~2212）；

A161、神的等级——布洛陀让祖王祭祀汉王，并让汉王管理殇死者（2624~2625）；布洛陀让王曹成为阴曹地府之王（2724~2725）；

A165、神的侍者——布洛陀的出行有各种图腾崇拜动物随行，具有氏族崇拜的特点（1433~1434）；

A169.2、神的军队——布洛陀有很多军马（950）；

A172、神介入战斗——布洛陀"书""掳掠"，使"掳掠"发达（431~432）；"疏理"占得不好的卦象，才使"掳掠"成功（520）、（524~525）；布洛陀讲做掳掠行侠（事）（1429、2248）；布洛陀"掳掠"首领形象（2248~

2249）、（2253~2257）；布洛陀与麽渌甲教人们制作武器（2366~2367）；布洛陀（祖公）"书""掳掠"，使掳掠发达（885~886）；布洛陀身带武器，俨然战争首领（1125、1195、1205、1207~1208）；

A180、神与人类的关系——布洛陀"书""掳掠"，使"掳掠"发达（431~432）；以上"A40、造物主的顾问；A41、成年男子作为神的顾问；A102、无所不知的神"母题相关内容；

A200、上界的神——天上的神（仙人）放布洛陀下来（1914）；

A400、地上的神——布洛陀的家在郎汉家，在敖山（1428）、（2248）；

A415、氏族神——混沌的汗水使婆州宜（婆祖宜）生出布洛陀、布祖王和布任其等神灵，这些神灵都具有氏族神特性（1677~1680）；布洛陀的出行有各种图腾崇拜动物随行，具有氏族崇拜的特点（1433~1434）；

A500、半神和文化英雄——天上的神（仙人）放布洛陀下来，天开两边，造成道路，造泥土、水（1914）；吝与布洛陀共造孝祭父母仪规（2323~2329）；布洛陀教人陆荷、罗安太、大将军、风卷鸡、人招魂和人住空造禳除造禳除（"兵"，"beng"）（166）；布洛陀教"王"造火，并驱除火带来的各种殃怪（49~62）；牛拉不回，经布洛陀指点，就能拉回（282~283）、（1236~1238）；牛魂四散，养不成牛，经布洛陀指点，又能赎回牛魂（285~292）；猪被殃怪祸害，经布洛陀指点，赎猪魂，又得安好（295~299）；母王（yah vuengz）造鸡；鸡失魂，经布洛陀指点，赎魂后鸡就繁殖（302~306）；天地的混沌无序导致人间生活的凄惨，再引出要按布洛陀的旨意做禳解（439~447）；布洛陀教王造火（702~708）、（906~909）、（972~77）；布洛陀与麽渌甲教人们制作武器（2366~2367）；吝与布洛陀共造孝祭父母仪规（2323~2329）；

A501、一群半神——混沌的汗水使婆州宜（婆祖宜）生出布洛陀、布祖王和布任其等神灵，这些神灵都具有半神或文化英雄的特征（1677~1680）；

A523.1、文化英雄的巨剑——布洛陀以"大刀"来禳解、驱冤怪（1205）；

A530、文化英雄建立法律和规则；A545、文化英雄建立风俗；A546、文化英雄建立社会制度——布洛陀做经书（102~105）、（1123）；教人陆荷、罗安太、大将军、风卷鸡、人招魂和人住空造禳除造禳除（"兵"，"beng"）

(166)、(992);《六造叭》整个异文都讲述"叭"(gyat)①的创造与起源。布洛陀创造各种"叭"(619~666);布洛陀创造媳妇、儿的逆反(不孝)造成的冤情的禳解(686~698)、(1764~1776);布渌甲造做麽,布洛陀造疏理(738);夫妻冤怪(造成彩虹怪)的来源,布洛陀教禳解灾祸(808~815);孤儿怪的起源,布洛陀教禳解(819~832);布洛陀指点做禳解,各种神来一起做禳解(盘古神也在其中呢,852),才去灾祸(849~854);布洛陀(祖公)"书""掳掠",使掳掠发达(885~886);布洛陀造"割魂"仪式(1099~1102);王造布洛陀,王造麽渌甲,布洛陀造疏理,婆盘古造冤解(1148);冤怪的各种根源(1258~1261)、(1296~1298);布洛陀造禳解(1650~1654);布洛陀教孤儿做麽的起源(1776~1787)、(2114~2120);与交人作战后,才杀水牛祭祖宗(1996)、(2113~2114);请神的规矩、丧葬的仪规、请布洛陀做法事的规矩、祭先祖灵魂的规矩(2237~2281);孩子出生的各种仪规(2290~2307);各与布洛陀共造孝祭父母仪规(2323~2329);王曹管理殇死者的成因(2639~2673);"破狱"法事仪式的起源(2639~2673)、(2681~2776)、(2947~3042);布洛陀教百姓做喜事仪规(2355);布洛陀教百姓创立结婚成家仪规(2371~2376);布洛陀教百姓分家仪式规(2377~2380);

A531、文化英雄战胜妖怪——布洛陀教"王"造火,并驱除火带来的各种殃怪(49~62);布洛陀教人陆荷、罗安太、大将军、风卷鸡、人招魂和人住空造禳除造禳除("兵","beng")(166);

A531.1、文化英雄宽恕坏的精灵——布洛陀教"王"造火,并驱除火带来的各种殃怪(49~62);

A541、文化英雄教授艺术与工艺——布洛陀教人陆荷、罗安太、大将军、风卷鸡、人招魂和人住空造禳除造禳除("兵","beng")(166);布洛陀(祖公)"书""掳掠",使掳掠发达(885~886);布洛陀与麽渌甲教人们制作武器(2366~2367)。

有关布洛陀的神话母题有40多个,综合以上这些母题,布洛陀神话可归

---

① 据《麽经》第613页解释,"叭"本义是"鸡仔脱蛋出壳"。在壮族麽教里,"叭"是布麽做驱赶、砍断、禳解法事的一种形式。壮族麽教认为,某人或某家若遇灾难,遭受祸害,必须尽快请布麽前来做禳解、砍断法事,以使灾难远离主家,祸害根除。这一类法事就叫作"叭"。

纳为：

布洛陀是《麽经》反复出现的始祖——造物主型文化英雄人物（见图1和图2）。与很多文化英雄一样，他有着神奇的出身。婆州宜（婆祖宜）接受了混沌的污垢后，生下了布洛陀与其他神灵。但在《麽经》里，有的地方则叙说布洛陀是天上派到人间的创世大神，人们把他叫作"祖公"，他自己并没有直接参与人类的创造活动。他是一个无所不知、充满着智慧的老人。布洛陀参与了创世活动，创造出水、泥土和道路等物。布洛陀只参与了其中的一小部分自然物的创造，因而，他不是自然物的最主要造物主。布洛陀可能是远古部族的首领形象的缩影，他的住所在敢山上，吃铁当饭，形象大得惊人，简直就是一位巨神，因为他能轻易地把河水喝光。他出行有老虎、狗熊等相随，连图额大神也对布洛陀称臣，足见他神力无边。布洛陀处处关心人类的生存与发展，他充当文化创造活动的顾问，或直接为人类创造了很多文化事物，参与制

图1　壮族麽教神图的中界人神布洛陀

资料来源：黄桂秋著《壮族麽文化研究》的插图。

图2　敢壮山的布洛陀神像

资料来源：内部资料《敢壮山》（2010年第2期，田阳县文联出版）封面。

定人类的社会制度，建立各项风俗习惯。此外，布洛陀还是一个创造战争文化的战争英雄，常佩带大刀等武器，拥有庞大的军队，还教会人们制造武器。他驱逐妖怪等各种邪恶力量，并通过禳解等方式，为人们禳灾祈福。在具体的战争中，他并不直接参与战斗，但他决定战争的胜负，充当战争的创造者、统帅或顾问的角色。他还是对其他神灵有统治力量的大神，汉王与祖王之争，因他的调解得到和平解决，他还确定汉王与祖王的职权。王曹管辖水府（地狱），也由布洛陀来确定。由于布洛陀的诸多丰功伟绩，人们把他敬为始祖神。

笔者归纳出来的每一个母题，都可以为布洛陀神话的研究带来新的视角，也可以母题的视角把布洛陀神话与其他神话做比较研究。从较小的母题视角进行研究，同样可以为布洛陀神话的研究打开一片广阔的天地。

已有的研究成果对布洛陀文化英雄特征的描述，大多集中于某些母题（如布洛陀作为壮族的人文始祖，他开天辟地、造各种动物和文明等）。以《民间文学的母题索引》的母题，学者们大都热衷于讨论"A0、造物主"（布洛陀造天地万物）、"A102、无所不知的神"（布洛陀是一个充满智慧的老人）、"A400、地上的神"（布洛陀是中界大神之首）、"A500、半神和文化英雄"（布洛陀是指导人们创造文明的文化英雄）、"A545、文化英雄建立风俗"（布洛陀让人们遵守各项伦理道德等）等母题。大多数学者对布洛陀神话的研究，基本上来自对口头神话文本《布洛陀》的认识。

二　壮族民间宗教经文《麽经》与口头神话文本《布洛陀》

布洛陀作为文明（文化）的创造者，《麽经》论述颇丰。相比之下，《麽经》与其他已为人知的壮族神话相比，有很多独特的布洛陀神话母题。在这里，试以之与著名神话《布洛陀》[①] 进行比较。

---

① 周朝珍口述，何承文整理，见《壮族民间故事选》（蓝鸿恩编，上海文艺出版社，1984）第1~21页。这个版本基本上把民间口传的布洛陀神话做了较系统的整理，内容较为丰富。目前，很多学者对布洛陀神话的理解与研究，基本上以这个版本为基础，甚至是以这个版本的内容直接去理解《麽经》中的布洛陀神话内容，因此，以《麽经》的布洛陀神话与之比较，就很有必要了。

基于口头文学基础上搜集整理而成的神话《布洛陀》，一共包括10部分，即造天地、定万物、取火、开红河、造米、造牛、打鱼、养鸡鸭、造屋、红水河和木棉花。从这些小标题我们可知，《布洛陀》基本上集中在"A0、造物主"、"A10、自然界的造物主"和"A500、半神和文化英雄"等神话母题。从《布洛陀》还可以归纳出更多的神话母题：如在"造天地"中，说布洛陀是居住在洛陀山上的一位老人（A151.1、神的住所在高山），布洛陀用铁木柱把天地分开（A625.2、升起天空。原初时天空接近地球——通常因为天父和地母相连，它被抬起到目前的位置）；"红水河和木棉花"中提到布洛陀死去（A565、文化英雄死去）；等等。

可见，《布洛陀》的布洛陀神话母题，在《麽经》基本上都可以找到。如布洛陀作为文化英雄，教会人们取火、造米、造牛、打鱼和养鸡鸭（"A500、半神和文化英雄"、"A102、无所不知的神"），《麽经》里也有同样的母题。布洛陀创造天地万物（"A0、造物主"、"A10、自然界的造物主"），是住在高山上的一位老人（A151.1、神的住所在高山）。但两者的叙述有差异，《布洛陀》中布洛陀亲自把天地分开（A625.2、升起天空），《麽经》对天地的分开有多种说法，或说天在低处，布洛陀指示人类把天撬到高处，还用柱子撑着（228～229）；或说春米的木杵碰着天，天才逃到高处（440～441）；或说古时天地相交，放四根柱子顶天（891～892）、（2834～2837）；还有的说天王氏把天造得又高又宽（1920～1921）。这些都属于民间文学流传过程中的变异现象。《麽经》中布洛陀指示人们把天撬到高处，他充当的是造物主的顾问角色（"A40、造物主的顾问"、"A41、成年男子作为神的顾问"）。《麽经》中很多神话母题，在《布洛陀》中并没有出现。布洛陀作为战争英雄和麽教主神，驱除妖怪、禳灾祈福方面的内容，在《布洛陀》中基本没有。此外，《布洛陀》有个别母题，如它提到布洛陀死去（A565、文化英雄死去），与《麽经》中布洛陀还活着（A570、文化英雄还活着）大相径庭。

《麽经》与《布洛陀》出现大量相似的母题，又有较大差别，可从两者的关系及性质找到原因。《布洛陀》与《麽经》都在红水河流域及右江流域流传①。

---

① 《壮族民间故事选》（蓝鸿恩编，上海文艺出版社，1984）第21页叙说，《布洛陀》"流传地区：广西右江、红水河一带"，它与《麽经》流传地是重合的。

《麽经》是在民间文学的基础上,以古壮字做记录。它集二十九个异文而成,内容比《布洛陀》更为丰富。《麽经》按民间宗教的需要而叙述,它的神话与宗教色彩更为丰富。如《麽经》中布洛陀还活着（A570、文化英雄还活着）,布麽做法事时,都要请布洛陀亲临现场,因而,布洛陀永远都活着。《布洛陀》说布洛陀死去,显然把布洛陀当成古老传说中的人物。《麽经》中布洛陀有各种图腾动物随从、能把河水喝光,其神话色彩比《布洛陀》更加浓烈。布洛陀关心、帮助人们参与战争,体现出战神的形象,这也是《布洛陀》所没有的。《麽经》的内容如此丰富,因而进一步研究其中的布洛陀形象,任务尤为紧迫。

三 《麽经》的布洛陀神话与黄帝神话

（一）布洛陀神话与黄帝神话母题比较

为了更好地把握布洛陀的特性,有必要将他与汉族的始祖——造物主型人物英雄黄帝加以比较。很多学者已较早地注意到布洛陀与黄帝的相似之处,并做了初步的比较。覃乃昌指出:"布洛陀文化与黄帝、炎帝文化在地位上是无法比拟的,但是作为大江大河流域原住民族的文化英雄神话人物,他们都具有创世性、始祖性、宗教性、广泛性、延续性的特征,因而他们是同质的,都可以称为大江大河流域原住民族的人文始祖。"[①] 这较早地把布洛陀与黄帝相提并论。布洛陀与黄帝比较的神话母题有太多相似之处,他俩都曾作为民间宗教的教主形象出现,经历了一个由神话人物（文化英雄）向宗教教主转换的过程。壮族与汉族有千丝万缕的联系,这样的比较意义重大。笔者通过分析文本[②],辅以前人的研究成果[③],将黄帝神话母题归纳如下。

A20、造物主的起源；A110、诸神的起源；A510、文化英雄或半神的起源；A511、文化英雄的神奇出身——黄帝是有熊国君少典氏的儿子,母亲名

[①] 覃乃昌:《布洛陀:珠江流域原住民族的人文始祖》,《广西民族研究》2004年第2期。
[②] 本文采用的文本以袁珂先生著的《中国神话传说:从盘古到秦始皇》（世界图书出版公司北京公司,2012）一书为主要内容。
[③] 主要是徐亦亭《黄帝是传说时代由游牧转为农耕的华夏先民首领》[《中南民族大学学报》（人文社会科学版）2005年第5期]有关的叙述。

附宝,她有一天晚上看到了绕北斗第一星,天枢起了一道电光,照耀四野,因而怀孕。二十四个月生黄帝,生的时候,紫气满屋;长大,身高过九尺,"河目、隆颡、日角、龙颜"。他未满七十天就会说话,十岁就明了自己的责任。①

A75、造物主是天堂和人间的祖先——黄帝是人和神共同的老祖宗(126②);

A120、神的性格与特征;A520、文化英雄(半神)的特点——黄帝长有四张脸(124);黄帝是雷雨之神(129);

A151、神的住所;A151.1、神的住所在高山;A571、文化英雄睡在山上——黄帝的行宫(帝都)在昆仑山上(117);黄帝的另一行宫在青要之山(119)。

A153、神的食物——不老树上长的果子,吃了可以长生不老(118);帝宫里吃不完的,吃了一块,又长出一块的视肉③(118);黄帝把白玉当食物(120);

A161、神的等级——黄帝作为中央的天帝,管理四面八方(包括东西南北四个天帝)(124);黄帝对山神烛龙的儿子("鼓")及"钦□④"的天神之罪行进行惩罚(124);黄帝对臣子"危"的罪行进行惩罚(124);黄帝统治鬼国(他的属神后土就是鬼国的王),还让神荼和郁垒两兄弟统领人间的鬼(125);

A162、神的斗争——黄帝与炎帝的战争(129~130);黄帝与蚩尤之间的战斗(130~134);黄帝与加入蚩尤的夸父族的战斗(138~139);黄帝和刑天间的战斗(151);

A165、神的侍者——管理黄帝昆仑山上的行宫是一个名叫"陆吾"的天神,他的状貌极威猛:人脸、老虎的身子和足爪、九条尾巴(117);管理黄帝"悬圃"(花园)的是一个鸟身、人脸,背上长着一对翅膀,通身是老虎斑纹的"英招"天神(117);把守悬圃下叫瑶水之河的,是一个无名的天神,形状像牛,八只足、两个脑袋、马的尾巴,发出的声音像吹号筒,什么地方的

---

① 钱穆、姚汉源编著《黄帝》,胜利出版社,1944,第9~10页。
② 这里的数字是在《中国神话传说:从盘古到秦始皇》一书中的页码,下同。
③ 据《中国神话传说:从盘古到秦始皇》第118页叙述,视肉是一种生物,这种生物四肢百骸都没有,只是一堆净肉,形状有点像牛肝,当中却长了一对小眼睛。
④ 丕字右边加鸟字。

人见了他什么地方就会有战争（118）；黄帝派一个长着三个脑袋、六只眼睛的天神，叫作离朱的，看守琅玕树上长出的食品（118）；昆仑山宫殿大门前的神兽（"开门兽"），身子有老虎般大，长着九个头，九个头各有一张人样的脸（119）；"武罗"神管理黄帝青要之山的行宫（119）；辅佐作为中央天帝的黄帝的是土神后土地（124）；南方的荒野有十六个神人为黄帝守夜（125）；白泽神协助黄帝，把各种怪物画成图画，以便管理（125~126）；黄帝出行时，大象挽宝车，毕方鸟给他驾车，蚩尤带领虎狼在前面开路，雨师和风伯打扫道路上的尘埃，鬼神随后，凤凰飞舞，腾蛇伏窜在地上（126）；

A169.2、神的军队——黄帝统率神兵神将与炎帝战斗，驱赶着老虎、豺狼、豹子、人熊、狗熊等种种野兽做先锋，拿雕、鹖、鹰、鸢等种种猛兽做旌旗（130）；黄帝与蚩尤战斗的军队，除了四方鬼神外，还有罴、熊、貅、虎等种种野兽，还有下方民族（131）；臣子"风后"制作"指南车"，帮助黄帝的军队冲出大雾（131~132）；黄帝的神龙（名叫应龙）和女儿"魃"参加战斗（132）；黄帝制作战鼓（133~134）；

A172、神介入战斗——夸父族加入蚩尤的队伍，玄女加入黄帝的部队（138）；

A180、神与人类的关系——黄帝是人和神共同的老祖宗（126）；黄帝子孙聚居在轩辕国，轩辕国民一个个都是人的脸、蛇的身子，尾巴缠绕在头顶上（151）；

A187、神作为人们的法官——黄帝对于那些意气用事，常常发生斗争，甚而演变成流血惨剧的天神，是最公平的裁判者（124）；

A200、上界的神——黄帝就是"皇天上帝"之意（117）；黄帝是中央的天帝（124）；

A523.1、文化英雄的巨剑——黄帝得到昆吾山的红铜打造而成的宝剑（138）；黄帝以宝剑砍掉刑天的头颅（151~152）；

A530、文化英雄建立法律和规则；A545、文化英雄建立风俗；A546、文化英雄建立社会制度——"黄帝初创了华夏礼仪制度。……黄帝做斋祓祀礼，迎河洛策图等传说，实际上应该是黄帝率领当时的华夏先民，初创祭祀、跪拜等礼仪形式的一个写照，而正是这些跪迎、拜见和祭祀等烦琐礼仪，成为历代华夏封建制度及礼仪文化的主要内容和重要形式。""将人们的服饰与社会地位结合起来，是古代华夏礼仪制度的又一重要内容和标志。传说黄帝设立轩冕衣服制度，垂衣裳而治天下，从而开创了使轩冕服饰成为华夏礼仪文化的一部分。""中原华夏先民是从黄帝时代开始，出现了按地域区划人民，对一定地域区划内的人们进行管辖和治理。"①

A541、文化英雄教授艺术与工艺——黄帝造车，制作了冕旒，发明了煮饭的锅和甑，教人们挖陷阱捕禽兽，教人民盖房子，发明踢球的游戏（155）；黄帝臣子的发明：雍父作杵臼、共鼓、货狄作舟，挥作弓，牟夷作矢，胡曹作冕，伯馀作衣裳，夷作鼓，尹寿作镜，於则作扉履，巫彭作医，巫咸作铜鼓，伶伦造律吕（乐律），大桡作甲子，隶首作算数，容成作调历，沮诵仓颉作书，史皇作图，等等（155）。

汉族古籍中，有关黄帝的记载很多，不能一一罗列，但它的神话母题却是有限的。结合《麽经》布洛陀的神话母题，就可以看出布洛陀与黄帝这两个始祖——造物主型人物英雄有着非常多的相似之处。

第一，布洛陀与黄帝都有着神奇的出身。黄帝的母亲附宝看到了绕北斗第一星，因而怀孕生下黄帝，黄帝出生没多久就会说话。布洛陀的母亲婆州宜（婆祖宜）得了混沌的"淫水"而怀孕，生下布洛陀。附宝与婆州宜（婆祖宜）都因神奇的原因导致怀孕，这加强了黄帝与布洛陀的神性，预示着他们即将具备强大的超自然神力。

第二，布洛陀与黄帝的吃穿住行等生活习性，以及性格特征都具神奇性。布洛陀吃铁当饭，黄帝则吃使人长生不老的果子、神奇的视肉，还把宝玉当美食。布洛陀与黄帝在天上与地上都有住所。《麽经》叙说天上派下布洛陀，说明布洛陀也属天上之神。他的住所在敖山（此山是神仙所住的山）。黄帝是天上中央之帝，但他也常住在昆仑山上。布洛陀与黄帝都有奇特的外貌或力量特征。布洛陀能把湖水喝光，黄帝则有四面。布洛陀与黄帝都将各种神兽作为侍者，以体现其神威。布洛陀出行时，有图额、老虎、狗熊等神灵或图腾崇拜动物做随从，黄帝则有"陆吾"、"英招"、"离朱"和"武罗"等神兽为其护卫。黄帝出行时，也有各种神灵或图腾崇拜物做随从。

第三，布洛陀与黄帝都具有领导、控制其他神灵的能力。布洛陀可驱逐妖

---

① 徐亦亭：《黄帝是传说时代由游牧转为农耕的华夏先民首领》，《中南民族大学学报》（人文社会科学版）2005年第5期。

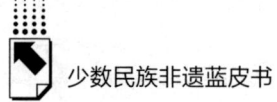

怪或精灵，还可安排汉王、祖王和王曹等神祇的职责。黄帝是中央之帝，统领东西南北四帝；黄帝可对犯了错的天神进行处罚；他还统治鬼国，并派出神荼和郁垒两兄弟统领人间的鬼。

第四，布洛陀与黄帝都是战神。如前所述，布洛陀与黄帝都参与战争，布洛陀是战争的统帅，他"书掳掠"（制定战争的经文），鼓励人们参与战争，并保证人们获得战争的胜利；他还帮助人们制造武器。布洛陀是战争的统帅，他高瞻远瞩，对战争予以战略性的把握。具体的战争，则由其他战将去完成。黄帝既是战争的统帅又是战将，亲自冲锋在战斗的第一线。黄帝参与了与炎帝、蚩尤的战斗，打败夸父族。黄帝还用自己的巨剑砍掉了刑天的头颅。布洛陀与黄帝都曾被民间宗教尊为教主，与他们的强大战斗力有着重要的关系。这一点在后面还会详述。

第五，布洛陀与黄帝具有氏族首领的特征，都被奉为民族的始祖。布洛陀所领导的战争，具有氏族战争的特色，布洛陀具有氏族首领的重要特征。布洛陀出行时，有众多动物做随从，也显示了其部落首领的特征。布洛陀被称为"祖公"，是壮族人民的始祖神。黄帝众多的侍者与他的军队都带有动物图腾崇拜的特征，显示出黄帝作为氏族首领的特性。黄帝的子孙轩辕国民也是人脸蛇身。黄帝是人类与神的共同祖先。

第六，布洛陀与黄帝都创造了灿烂的文化，是伟大的民族英雄。布洛陀教会人们创造文明，确立各项制度，建立了各种风俗。黄帝亲自创造了很多发明，在他的领导下，他的臣子进行的创造更是不计其数，从而使社会真正进入了一个文明时代。黄帝还制定了各项社会制度，为中华民族的文明做出了巨大的贡献。布洛陀是壮族的民族英雄，而黄帝是中华民族的英雄。

（二）布洛陀与黄帝：战争英雄与民间宗教主神

"今天，人们将黄帝推为中华民族的始祖，殊不知黄帝并不是历史上一个具体的人，而是华夏族团中某个氏族信奉的战神。他之所以获得始祖的殊荣，只是由于信奉他的那个氏族在神话时代的几次重要战争中获得了胜利的缘故。"[①] 布

---

① 陈建宪：《神祇与英雄——中国古代神话的母题》，生活·读书·新知三联书店，1994，第193页。

洛陀与黄帝都是战争英雄，他们的崇高地位跟他们在民族（氏族）战争中的巨大贡献分不开，他们亦因此被提升为宗教教主。

《麽经》中有大量战争的叙述。要了解布洛陀的战争首领性质，先要对《麽经》的战争特点进行综合的了解。笔者曾在《壮族麽经"掳掠"神话中的布洛陀》对布洛陀与战争（"掳掠"）间的关系做了较详细的论述，指出"'掳掠'母题的总体构成了'掳掠'神话。'掳掠'神话具有巫术性质，它的神话功能确定了布洛陀、汉王、祖王和王曹等神灵的职责。布洛陀拥有强大的巫术力量，对其他神灵拥有影响力，他是凝聚了'掳掠'神话的威力、信念、法力等正面文化的重要大神。"①"《麽经》的战争母题主要有四方面：1、汉王与祖王之争，战争之后，汉王与祖王得以确定了在麽教中的神灵职责。2、部落间的抢夺或结盟。3、王曹在战争中战死，成为地狱鬼王。4、布洛陀的战争首领形象以及他对战争灾祸的'疏理'。多个战争母题构成了《麽经》的战争神话：战争是各'部族'间经常发生，或是为官府征战时发生的行为，是'部族'生存与发展的需要。汉王、祖王、王曹和布任其（布壬癸）等是参与战争的主要神灵。布洛陀并不直接参与战争，但他通过法力控制战争的胜负与祸福的走向，更多的是站在幕后进行指挥的战争主帅与战争的英雄。"

如前所述，布洛陀的日常生活及性格都具有战神的特征。布洛陀订立经书，使战争因此可以获胜，或消除战争带来的祸害，处处体现出与人类的亲密关系。布洛陀手下的布任其是得力的战神，战争无往不胜。汉王与祖王的内部之争，经由布洛陀的调解，得以和平结束，两个神灵各得其所。王曹征战中战死沙场，也死有所终，成了地狱的鬼王。布洛陀既是壮族战争行为能统领千军万马的英雄，又是以其崇高的地位、神奇的法力，使众神信服的民间宗教主神。

笔者曾撰文叙述布洛陀在壮族历史上如何激励壮族人民的尚武精神。"壮族的战争观与时俱进，发展成保家卫国、英勇善战的民族优秀品质。布洛陀在战争前后的正面行为，是战争观发展成为民族优秀品质的重要动因。"②

布洛陀兼顾战争英雄与民间宗教主神的地位，这一点与黄帝也极为相似。

---

① 林安宁：《壮族麽经"掳掠"神话中的布洛陀》，《民族文学研究》2012年第5期。
② 林安宁：《壮族麽经"作贼"（gueg caeg）背后的文化意义》，《广西师范学院学报》（哲社版）2012年第4期。

布洛陀被《麽经》赋予主神的地位，原因多样，如他有神奇的出身，是民族的始祖神之一；他参与开辟天地，是自然界的造物主之一；他参与创造各种文化制度，教会人们各种发明等，对人类有着丰功伟绩；等等。这些原因经常被学者关注①，但是，布洛陀作为战争英雄，以及他因此被提升为民间宗教教主，却很少被学者提及。对黄帝的研究也存在着同样的情形。笔者认为黄帝被太平道奉为主神，与其战神性质关系很大。据汪启明的《道教起源与黄色、黄帝崇拜》②叙述："战国秦汉之间，黄帝有两重身份：一是作为英雄的黄帝，一是作为神仙的黄帝。""黄帝由英雄而登仙，经历了长期的过程。""从春秋时的秦灵公到西汉末东汉初，黄帝的神仙地位始终没有坐稳。一方面，继续作为汉民族英雄，受到人们崇敬；另一方面，又不断地被神化、偶像化，逐步走向神坛。""道士们传说黄帝服黄衣戴黄冕。""《搜神记》卷六：'灵帝中平元年而张角起，置三十六方，徒众数十万，皆是黄巾，故天下号曰"黄巾贼"，至今道服由此而兴'。"由此可知，黄帝经历了一个由英雄而被神化的过程（见图3）。笔者认为，黄帝作为民族英雄被提升至民间宗教中的主神，其战争英雄的地位尤为重要，这也是黄巾军尊奉黄帝，并皆穿上黄色衣服作战的原因。因太平道反抗统治者，一般的学者可能出于忌讳，对此避而不谈。

图3　敢壮山万人祭拜布洛陀盛况

资料来源：内部资料《敢壮山》（2010年第2期，田阳县文联出版）封三。

至此，我们可解析布洛陀与黄帝的特征相似的原因。"汉族文化同壮族文

---

① 如廖明君《壮族始祖创世之神布洛陀》（广西人民出版社，2009）一书共五章，分别为"第一章、一方水土一方神"、"第二章、开天辟地的创世之神"、"第三章、人与自然的智慧之神"、"第四章、人与人的至善之神"和"第五章、万世传扬创世歌"。该书对布洛陀的始祖神、创世神、文化英雄和民间宗教教主等特征都有论及。

② 汪启明：《道教起源与黄色、黄帝崇拜》，《宗教学研究》1992第Z1期。

化交流，经历了漫长的从对立、排斥、冲突到接纳、交流、融合的历史。从秦汉到唐宋，壮汉文化的基本关系是冲突与对峙。元、明、清时期，壮汉文化进一步汇融……"①《麽经》时代，已处在壮汉文化交融的时代，壮族文化吸纳汉族文化，是壮族文化得以保存与发展的重要方式。壮族也曾与中央政权对抗，但每次对抗都只能引来镇压，加速了民族文化被同化的脚步。侬智高起义被镇压之后，左江流域的文化被迅速汉化的事实就是明证。壮族文化在强大的主流文化压力之下，只能在主动协调、吸纳外来文化中获得相对独立的发展空间。正如徐松石所指出："中国人专制时代和封建时代所传下来的正统观念太深，人人都喜欢说本姓本族是出于中原，而且必须抬个黄帝出来，说自己是黄帝的嫡系。他们以为承认是南方土著部族，乃一极失面子的事。"② 正因如此，我们才看到了这样貌似悖论的事实：布洛陀需要在相当程度上继承、吸收汉族文化英雄黄帝的特征，才能在更大程度上保持民族文化的独立性。

当然，布洛陀的神话母题非常丰富，供我们进一步研究解读的视角很多。本文系统地梳理出它的主要神话母题，为布洛陀神话与其他神话的比较提供了便利。笔者只是就其中尚少有人涉及的神话母题，就布洛陀神话与黄帝神话做了一个初步的比较，希望以此丰富对布洛陀神话的认识。

---

① 周作秋、黄绍清、欧阳若修、覃德清：《壮族文学发展史》，广西人民出版社，2007，"绪论"第10页。
② 徐松石：《粤江流域人民史》，中华书局，1939，第81页。

B.10
《亚鲁王》史诗的现实性特征
——以史诗"英雄死而复生母题"的缺失为例*

刘洋 杨兰**

摘　要：苗族史诗《亚鲁王》较之于北方三大史诗来说，缺少了魔幻色彩，更为注重的是对现实生活的真实描述，是一部贴近人民的生活史诗。它同其他英雄史诗一样讲述的是英雄的故事，但是在其他史诗当中英雄有死而复生的本领，或者说是人民对于英雄的塑造倾向于神明形象，史诗《亚鲁王》中英雄们的形象更多地倾向于人性化的特征。文章从史诗文本出发，结合史诗英雄死而复生的母题深入探讨史诗的现实性特征，认为史诗的现实性特征由三方面因素造成：灵魂不灭观念的异同认识是背景性因素；独特的祖地向往意识是决定性因素；具有现代性意义的史诗观念是前提性因素。

关键词：　史诗研究　现实性特征　死而复生母题　《亚鲁王》

英雄史诗是史诗研究的重要内容，近年来被发现的苗族英雄史诗《亚鲁王》成了学界研究的热点，专家学者们大多关注史诗的音乐特征、历史人文

---

* 国家民委人文社科重点研究基地"南方少数民族非物质文化遗产研究基地建设项目"（民委发〔2014〕37号）的阶段性研究成果。
** 刘洋，硕士，贵州民族大学南方少数民族非物质文化遗产研究基地讲师，研究方向：少数民族民间文学；杨兰，彝族，贵州民族大学西南夜郎文化研究院助理研究员，研究方向：少数民族民间文学。

背景、母题研究、女性形象等，从多角度、多层次，力求全方位地对史诗进行研究。史诗《亚鲁王》所承载的并不仅仅是一两代人的记忆，更是麻山苗族的历史与文化，它作为一种凝聚族群向心力和增强民族认同感的民族文化，具有深刻的研究价值。

当前对苗族史诗《亚鲁王》的研究，大多集中在婚姻、射日射月等母题上，梳理学者们对北方三大史诗以及南方部分史诗的研究，发现英雄死而复生母题较为常见，这是苗族史诗《亚鲁王》所没有的。

郎樱教授在其文章《英雄的再生——突厥语族叙事文学中英雄入地母题研究》、《玛纳斯形象的古老文化内涵——英雄嗜血、好色、酣睡、死而复生母题研究》中就阐明了英雄死而复生母题是十分古老的母题，早期的人们认为人与自然万物一样有着轮回和交替，所以在他们看来人的生死并不意味着生命的结束，反而神与王者在精力衰败的时候会影响领地和部落的兴衰存亡，而死亡可以让他们重生获得力量，所以在很多史诗中，英雄如果已经老去或者丧失了保护族人的能力，通常就会被杀死，并通过某种力量的挽救，或是通过动物、某种液体、某种巫术等，使英雄获得再生的机会。原始先民们认为通过外界的干扰，能够为英雄提供再生的途径，为英雄补充精力和活力，使英雄重生并获得人民的信赖。

"高尔基在论述现实主义时指出，从既定的现实的总体中抽出它的基本意义而且用形象体现出来，这样我们就有了现实主义"，[①] 现实性特征具有三个方面的性质：一是细节的真实性；二是形象的典型性；三是具体描写方式的客观性。

基于以上论述，认为有必要对苗族英雄史诗《亚鲁王》英雄死而复生母题的缺失进行探讨。史诗《亚鲁王》中前面部分带有少许神话色彩，后面内容中的神话色彩氛围就越来越淡甚至消失，这与北方的三大史诗《格萨尔王》、《江格尔》、《玛纳斯》以及南方彝族英雄史诗《支格阿鲁》中的风格完全不一致。北方的三大史诗当中，英雄们都具有离奇的身世、无与伦比的神力以及充满神话色彩的征战遭遇，南方的彝族英雄史诗《支格阿鲁》的英雄阿鲁不仅是天神的后裔，更具有神性特质，其经历充满浓厚的神话色彩，他受命

---

① 高尔基：《文学论文选》，人民文学出版社，1959，第337页。

于天神与山神的女儿恋爱，后又与恶魔战斗，这一切无不充满神秘色彩与奇幻的氛围。但是史诗《亚鲁王》中英雄亚鲁并不是神的后代，也并非拥有天生的神力，他从一出生就是平凡的，这些现象实在与很多英雄史诗具有很大的不同。

一 史诗《亚鲁王》英雄死而复生母题的缺失

在苗族英雄史诗《亚鲁王》中，并没有关于英雄死后因服用某种液体或者举行某种仪式及获得某种力量的帮助而复生的描述，而是英雄死后不能复生的描述。通过对史诗文本的概览，我们归纳出6个具有英雄特征的英雄人物，他们都是为民造福、英勇善战的能人，但是他们具有一个共性——死后不能复生。

（一）赛杜

赛杜是亚鲁祖先董冬穹的儿子，董冬穹派赛杜去完成造大地的任务，"赛杜急忙挥一拳头成一片平地，赛杜赶紧敲一锤子成一个山垭，赛杜接着打一巴掌成一匹山崖"①。但是赛杜在造大地的时候，从山喳雀那里得知自己的父亲和母亲去世的消息，"赛杜听后一步跨越七丘，赛杜听后一脚跨越七岭，赛杜伤了膝盖，赛杜断了小腿。受伤的赛杜痛死了，折腿的赛杜离去了"②。在返回的路途中受伤而死，赛杜的尸骨被砍成很多块抛撒于荒野变成了生灵，"他被削为好多片肉撒在山丘，他被砍成许多断肢撒在山岭。他变成十二簇惑，他变为十二簇眉"③。赛杜死后没有像其他史诗中的英雄一样获得复生的机会，而是变成了生灵，史诗中赛杜的形象与开天辟地的盘古形象类似，不同的是盘古化身为世间万物，而赛杜是通过自己的能力创造万物。虽然他们所用的方式方法不同，但不可否认都是开天辟地任务的承担者，是创世的英雄。

---

① 紫云苗族布依族自治县《亚鲁王》工作室：《苗族英雄史诗〈亚鲁王〉》，杨正江译，贵州省文化厅、贵州非物质文化遗产保护中心内部资料，2011，第18页。
② 紫云苗族布依族自治县《亚鲁王》工作室：《苗族英雄史诗〈亚鲁王〉》，杨正江译，贵州省文化厅、贵州非物质文化遗产保护中心内部资料，2011，第18~19页。
③ 紫云苗族布依族自治县《亚鲁王》工作室：《苗族英雄史诗〈亚鲁王〉》，杨正江译，贵州省文化厅、贵州非物质文化遗产保护中心内部资料，2011，第19页。

（二）赛扬

赛扬也是董冬穹的儿子，在开天辟地这一章节里，赛扬在妻子怀孕之时被赋予了射日射月的重任，一去就是十二年（"赛扬射太阳离去十二年白天，赛扬射月亮去了十二年黑夜"①），然而他的儿子郎冉郎耶已经长大，郎冉郎耶带着干粮去寻找父亲赛扬，可是不知情况的赛扬却将郎冉郎耶错认为敌人，在冲突过程中郎冉郎耶被赛扬杀死，变成了惑和眉。当得知郎冉郎耶是自己儿子时，赛扬悔恨不已（"这话惊翻了赛扬，赛扬的心肝碎了。赛扬狠狠捶打胸膛，赛扬哗哗流淌眼泪"②），拔剑自杀身亡，赛扬也变成了十二簇惑和十二簇眉。

赛扬是射日射月的英雄，他花了十二年的时间才能将太阳和月亮射死，但是郎冉郎耶却一箭就将鹰的眼睛射中，赛扬被嫉妒的心蒙蔽了眼睛，在怒火的冲动下将自己的亲生骨肉杀死。他为了族人生活安定去完成射杀日月的任务，却没有料到将自己的孩子杀死，他在后悔、痛苦中自杀而亡，对于这样一个英雄，也只是变成了生灵，没有再生的可能。

（三）波尼桑

波尼桑，亚鲁的第一位情人，是亚鲁在外出学艺回家的路途中因意外所遇。当时的亚鲁只是一个小孩，他与师傅一起学习骑射的技艺，学成之后在回家的路途中因遇到一头雄狮而发生打斗，招来杀身之祸，幸得夯努将他救下带回家中休养，于是亚鲁在这段时间与夯努的女儿波尼桑产生了情愫。

波尼桑是一位贤惠、善良的女孩（"夯努女儿波尼桑去端饭，夯努女儿波尼桑舀汤来"③）。亚鲁在夯努家休养的时间里，波尼桑悉心照料，两个人虽然有了感情，但是亚鲁想回家的心情占据了上风，波尼桑理解亚鲁，并没有表露

---

① 紫云苗族布依族自治县《亚鲁王》工作室：《苗族英雄史诗〈亚鲁王〉》，杨正江译，贵州省文化厅、贵州非物质文化遗产保护中心内部资料，2011，第22页。
② 紫云苗族布依族自治县《亚鲁王》工作室：《苗族英雄史诗〈亚鲁王〉》，杨正江译，贵州省文化厅、贵州非物质文化遗产保护中心内部资料，2011，第25页。
③ 紫云苗族布依族自治县《亚鲁王》工作室：《苗族英雄史诗〈亚鲁王〉》，杨正江译，贵州省文化厅、贵州非物质文化遗产保护中心内部资料，2011，第77页。

出任何的不悦,也没有做出任何阻止亚鲁的行为。亚鲁离去之后,"波尼桑站在土坡看亚鲁渐渐远去,波尼桑呆立坡上望亚鲁天边消失"①。波尼桑对亚鲁的思念之情也是越发的浓烈,但是却又不能将自己的心声表述。后来在亚鲁与赛阳、赛霸的战争中,波尼桑为了支援亚鲁中箭身亡("卢呙王一箭射中波尼桑,卢呙王一镖刺中波尼桑。波尼桑应声倒地,波尼桑猛然扑地。亚鲁王发现有人中箭,亚鲁王听到有人中镖。波尼桑中箭了!波尼桑中镖了!"② "波尼桑声断而去,波尼桑气绝身亡"③)。

波尼桑可以说在史诗中所扮演的角色是英雄的拯救者,她善良、勇敢、聪慧,具有优秀女性的所有特质。从亚鲁的幼年到成年,波尼桑始终作为身后的支持者,照顾亚鲁、帮助亚鲁。对于这样一个女英雄,她的死也没有任何重生的可能性。

(四)波丽莎、波丽露

波丽莎、波丽露是亚鲁的两位王妃,同时她们也是两姐妹。波丽莎与波丽露是亚鲁于征战途中偶遇,亚鲁将她们带回王宫封为王妃,自此波丽莎、波丽露成为亚鲁的得力助手。波丽莎和波丽露照料家事让亚鲁得以安心地管理部族的事物("亚鲁王士兵都说王迎王后到,亚鲁王将领都讲王娶王妃来。谁来掌管财物,哪个料理事务?波丽莎掌管财物,波丽露料理事务。派波丽莎去经商,派波丽露来管室"④)。波丽莎、波丽露凭借自己的能干与聪慧将亚鲁托付的事务管理得井井有条。

但是狡黠的赛阳、赛霸却利用波丽莎、波丽露的善良将亚鲁的龙心偷走("赛阳赛霸密谋派谁去和波丽莎做情人,赛阳赛霸盘算派哪个与波丽露做情侣。派诺赛钦和波丽莎做情人,派汉赛钦与波丽露做情侣。立马抢劫芭蕉叶,

---

① 紫云苗族布依族自治县《亚鲁王》工作室:《苗族英雄史诗〈亚鲁王〉》,杨正江译,贵州省文化厅、贵州非物质文化遗产保护中心内部资料,2011,第79页。
② 紫云苗族布依族自治县《亚鲁王》工作室:《苗族英雄史诗〈亚鲁王〉》,杨正江译,贵州省文化厅、贵州非物质文化遗产保护中心内部资料,2011,第91页。
③ 紫云苗族布依族自治县《亚鲁王》工作室:《苗族英雄史诗〈亚鲁王〉》,杨正江译,贵州省文化厅、贵州非物质文化遗产保护中心内部资料,2011,第92页。
④ 紫云苗族布依族自治县《亚鲁王》工作室:《苗族英雄史诗〈亚鲁王〉》,杨正江译,贵州省文化厅、贵州非物质文化遗产保护中心内部资料,2011,第115页。

立即抢夺白牛角。马上抢劫龙心，迅速劫夺兔心"①），龙心被诺赛钦和汉赛钦抢走之后，亚鲁失去了有力的武器，在战役中亚鲁惨败，族人大都死于这场战役之中，波丽莎、波丽露因自责与悔恨主动留下来与赛阳、赛霸搏斗、厮杀（"大王哩大王，我俩掩护你逃出国土吧，我们帮助你逃离王国吧。你带儿女去新疆域种糯谷，你领族人来建新领地养鱼虾"②），待亚鲁带领族人离开疆域之后，波丽莎与波丽露点兵、点将为战争做准备（"波丽莎和波丽露点兵，波丽莎与波丽露点将。率七百人守护城门，领七十人驻扎阵地。波丽莎舞动宝剑，波丽露挥起梭镖。从城墙上跳下，飞身跨越城门。杀向赛阳的兵，砍倒赛霸的将"③），然而面对赛阳、赛霸强大的军队，势单力薄的波丽莎、波丽露很快就败下阵来（"鲜血流成河，尸首堆如山。七千务莱包围波丽莎，七百务吓围住波丽露。波丽莎剑刃翻卷，精力耗尽，波丽露镖竿断裂，精气枯竭。波丽莎血洒大地，波丽露血流故土"④）。姐妹俩死在赛阳、赛霸残忍的刀刃之下，虽说两位王妃是造成这场战败的罪人，但是同时也是勇于面对错误的英雄。她们为保护亚鲁部族安全离开，留下来与敌人对战厮杀，她们是为族人做出牺牲的英雄。但是，她们死后也与其他英雄一样没有获得重生的机会，甚至没有变成生灵的描述。

（五）耶郎棱

在史诗的描述中，耶郎棱与郎冉郎耶是一样的遭遇，他的父亲卓玺彦在耶郎棱还未出生之时被亚鲁王派去射日月，其射杀太阳和月亮的美名传到家中，耶郎棱的母亲赛嘎咏便做好干粮交给儿子耶郎棱，让耶郎棱去寻找他的父亲卓玺彦。但是天意弄人，从未见面的父子两人，因为卓玺彦的怀疑和猜忌而发生矛盾，耶郎棱就这样被自己的父亲误会杀死。（"父亲也许不知道，儿子或许

---

① 紫云苗族布依族自治县《亚鲁王》工作室：《苗族英雄史诗〈亚鲁王〉》，杨正江译，贵州省文化厅、贵州非物质文化遗产保护中心内部资料，2011，第146页。
② 紫云苗族布依族自治县《亚鲁王》工作室：《苗族英雄史诗〈亚鲁王〉》，杨正江译，贵州省文化厅、贵州非物质文化遗产保护中心内部资料，2011，第160页。
③ 紫云苗族布依族自治县《亚鲁王》工作室：《苗族英雄史诗〈亚鲁王〉》，杨正江译，贵州省文化厅、贵州非物质文化遗产保护中心内部资料，2011，第162页。
④ 紫云苗族布依族自治县《亚鲁王》工作室：《苗族英雄史诗〈亚鲁王〉》，杨正江译，贵州省文化厅、贵州非物质文化遗产保护中心内部资料，2011，第163页。

想杀死父亲哩,儿子也许不晓得,父亲也许想杀掉儿子啊。鸟的聒噪惹翻了卓玺彦。卓玺彦听到火冒三丈,卓玺彦旋风一样立起,射出七十支钢箭,射不中那只乌鸦。耶郎棱说,大王哩大王,你射不中它,我来帮你射,你杀不中它,我来替你杀。卓玺彦只得把弓递给耶郎棱。耶郎棱一箭射出去,那只乌鸦咚咚落地。卓玺彦心想,这小子也许是上方来的匪,这家伙或许是下方来的盗。我射不中,他射中……卓玺彦拔出两面锋宝剑,卓玺彦张开两根弦钢弓。射向耶郎棱,杀了耶郎棱。"① 在这里我们暂且不把耶郎棱当成英雄,但他是英雄卓玺彦的儿子,且身手不凡、技艺高强,在死后同样也是没有能够获得再生的机会,即使卓玺彦去询问祖先耶偌和耶婉,她们的答案也是一样。

悔恨的卓玺彦将儿子耶郎棱的尸体砍成了360块,这360块肉就变成了惑和眉,而这些惑和眉是受到亚鲁部族世世代代保护的。射日射月的英雄没能和自己的儿子团聚相认,最为残忍的就是史诗安排了他们亲族相残的结局,第一次射日射月的英雄赛扬和郎冉郎耶死后变成了许多的生灵,而这一次射日射月的英雄依然将自己的儿子杀死,他们的死可以说是因为误会,但是却还是没有能够获得重生的机会,这在史诗故事中来说也是十分惋惜的事情。

史诗中的6个英雄人物,无一获得再生的机会,他们或是在完成任务的途中而死,或是为族人的存亡战死,抑或是遭遇误会而死,但是他们都是充满正义与善良的英雄人物。在民族史诗当中,不乏英雄死而复生母题的描述,但是缘何在麻山苗族史诗《亚鲁王》中缺乏这一母题?基于此,拟从史诗缺乏英雄死而复生的母题切入,深入研究其与麻山苗族的传统历史文化的关联性。

二 英雄死而复生母题缺失的背景探讨

在蒙古族英雄史诗《江格尔》中,少年的江格尔因为抢劫了阿拉潭策吉的马群,被阿拉潭策吉用毒箭射死,但是在洪古尔的请求下,洪古尔的母亲用神药和神术使江格尔死而复生。而英雄洪古尔的死而复生则要比江格尔的情况复杂得多,洪古尔在与西拉·莽古斯的恶斗中被杀死,尸体被抛入七层地下的

---

① 紫云苗族布依族自治县《亚鲁王》工作室:《苗族英雄史诗〈亚鲁王〉》,杨正江译,贵州省文化厅、贵州非物质文化遗产保护中心内部资料,2011,第396页。

红海中，待江格尔返乡后，才来到红海中捞出洪古尔的尸体，并使用神树的叶子嚼碎吹在洪古尔的尸骨上，洪古尔便死而复活。

在柯尔克孜族英雄史诗《玛纳斯》中，玛纳斯曾在一次与阔孜卡曼和阔克确阔孜的征战中被杀害，玛纳斯被灌毒酒，并被推下悬崖，英勇的玛纳斯就这样断送了性命。但是，玛纳斯并没有就此真正死亡，而是获救了，关于这次的被救有三种说法：一种是一位仙女将玛纳斯母亲依尔迪的乳汁喂给玛纳斯喝，玛纳斯就此重获新生；一种是玛纳斯的妻子卡妮凯使用神药将玛纳斯救活；一种是将玛纳斯放在圣河中洗澡，是圣河中的圣水使玛纳斯复活。

但是后来，玛纳斯在与昆古尔的斗争中，遭到昆古尔的袭击，因昆古尔的武器上带有剧毒，同时玛纳斯不听妻子的劝告继续争斗，伤口化脓、毒液扩散，英雄玛纳斯错过了医治的良机，最后躺在爱妻卡妮凯的怀抱里，安然地死去了。

在玛纳斯去世之后，他的儿子赛麦台依继承了王位，他在壮年的时候因勇士的背叛而遭到砍杀，赛麦台依即刻就被宣告了死亡，死了的赛麦台依被仙女送回山洞，用仙药医治复活。

彝族史诗《吱嘎阿鲁王》中，阿鲁没有真正死亡的描述，但是在他去完成"移山填海"的任务中，触怒了山神鲁依岩，而被捆绑在山洞里，后来在鹰的帮助之下回到地面。虽然这并不是对英雄死亡的描述，但是在传统的民间故事中，"山洞"是"母体"的隐喻，英雄阿鲁被送入山洞，实际是被遣回母体养精蓄锐，而鹰的出现则是挽救英雄生命或者是为英雄注入生命活力的隐喻。英雄被鹰驮回地面之后，继续之前的英勇，将"移山填海"的任务完成。这一现象，从其引申意义来说，是英雄死而复生的描述。

总的来说，大部分的史诗都存在英雄死而复生的情节，据乌日古木勒认为，蒙古族的死而复生母题与萨满教的入巫仪式及成年礼仪式有关，在《江格尔》史诗中，英雄洪古尔死后被砍成很多块，这种情况被认为是萨满入巫仪式或者是死亡和复活的成年礼。主要原因是萨满教中的入巫仪式存在着损伤身体部位的行为，人们的身体部分被损伤意味着人的死亡，而所举行的让信徒入教的仪式则是让信徒再生的仪式，仪式举行完毕之后，信徒也就成为正式的教徒，也就是意义上的再生。

而彝族史诗中英雄的再生则没有像北方史诗写得那样直白，但是英雄被捆绑在地底下又被鹰驮上地面就是死而复生的隐喻，通常"地下"具有阴间的意义，也同样具有母体的隐喻意义。英雄被送入地下，或许是一种考验，是英雄成年的考验，鹰是彝族人民的图腾，而在史诗当中阿鲁是鹰的儿子，英雄被鹰驮回地面亦是被亲族拯救的象征。

在苗族史诗《亚鲁王》中，并没有出现英雄亚鲁死亡的描述，但是在这部史诗中有对其他英雄死亡情况的描述。通过对这6位英雄死亡的描述，我们可以看到，英雄在壮烈牺牲之后，并未有像北方三大史诗以及彝族史诗《吱嘎阿鲁王》一样得到重生的希望。他们在死亡之后，成了"惑"、"眉"，即成了生灵类的物种。

（一）关于灵魂不灭观念的异同认识

灵魂不灭广泛存在于原始先民的意识里，先民们认为人的灵魂是脱离人的肉体而存在的，所以在肉体死亡之后，人的灵魂依然存在于这个世界。而外部自然万物的循环与轮回，让先民联想到自身，他们开始思考自身与自然万物一样，会有新生－成长－衰老－离世－重生的循环历程。尽管麻山苗族也有灵魂不灭的观念，但是却不同于其他民族，在史诗中，英雄死亡后并未重生，而是变成了其他生灵，"旷野不能铺满赛杜尸体，大地没法掩埋赛杜尸身。他被削为好多片肉撒在山丘，他被砍成许多断肢撒在山岭。他变成十二簇惑，他变为十二簇眉"[①]。

在麻山，这些生灵是不能被任意伤害的，相反他们还要保护这些生灵。同时，麻山当地人认为这些生灵是麻山人民生病的病因，是一种很奇特的解释，他们认为人身体不舒服，是因为生灵们借助他们的身体在表达自己的需求，只要帮助生灵完成这样的诉求，那么他们的病就能不治而愈。所以，麻山广泛存在宝目举行仪式的现象，宝目会通过这样的仪式将生灵送走，免去对人们的烦扰。

麻山苗族来到贵州是在元朝之前，据《元史》记载，那时期麻山苗族统称为"桑州生苗"。他们历经了无数次大大小小的战役，对长期处于战争的人民来

---

① 紫云苗族布依族自治县《亚鲁王》工作室：《苗族英雄史诗〈亚鲁王〉》，杨正江译，贵州省文化厅、贵州非物质文化遗产保护中心内部资料，2011，第21页。

说，那些有关于灵魂不灭的观念其实就是一种对生命的幻想和对生活的幻想。据东郎们讲述："人在死后他们的灵魂还存在于人间，他们的生活方式与人类无异"，此种意识正是《亚鲁王》不同于其他几部史诗中灵魂不灭观念的核心。

（二）独特的祖地向往意识

具体而言，麻山苗族的灵魂不灭观念是他们祖地向往意识的潜在表现。在麻山苗族的感知中，死亡对他们来说是一件让人兴奋的事情，甚至他们平时相见打招呼的习惯中就带有这种强烈的情感，东郎陈兴华曾经告诉我们："我们这里觉得死是一件很高兴的事情，平时见面的时候打招呼都是说'你死了没有？'如果不这样问的话，人家就会不高兴。"这种对于死亡的向往让他们不会像其他民族那样惧怕死亡，他们甚至不会萌发出要继续获得重生的机会，反而是向往死后与祖先团聚的生活。

麻山苗族不是土著民族，他们从遥远的平原富庶之地迁徙而来，在这里定居生活。这种没有归属感的生活让他们时刻都想念曾经的家乡；再加之麻山是典型的脆弱生态地区，石漠化、封闭化的麻山让他们的生活资料十分短缺，过着极端贫困的生活，这些原因造成了麻山苗族独特的祖地向往意识。

这种祖地向往意识在他们的葬礼仪式上表现得十分完整且强烈。传统的葬礼仪式中，丧家会邀请东郎（唱诵史诗的人）来主持仪式，东郎在整个葬礼中承担着十分重要的任务，就是为亡者唱诵史诗，而这里史诗所承载的意义就是为亡者指路和对后代苗族的教育和警示。其中，为亡者指路是整个葬礼仪式的核心，东郎在亡者棺木面前唱诵史诗，唱诵时间为七八天，在这期间，东郎就会告诉亡者他的祖先是怎样迁徙到麻山的，并告诉他迁徙来所途经的地名，目的就是让亡者沿着这条路返回到祖先故地。在葬礼中，东郎都会身着传统的苗族服饰，人们都会吃传统的食物。

这种独特的祖地向往意识促使他们形成了英雄死而复生母题缺失的现象，他们不要求肉体上的重生，他们更看重的是是否能够回到祖先生活的地方去。

（三）具有现代性意义的史诗观念

《亚鲁王》史诗神话色彩较淡，几乎只是存在于前部分的描述当中，对于亚鲁祖先的描述，说他们是开天辟地的始祖，是射日射月的功臣，是具有很多超人能力的人。从亚鲁这一代的描述开始，史诗中的神话色彩几乎没有，就连英雄亚鲁的出生都与常人无异，无非就是他在出生的那一刻，出现了很多自然异象，这点我们可以看作劳动人民对英雄所赋予的异于常人的能力，也是他们对于英雄为何成为英雄的简单且直观的解释。

史诗中所描述的英雄的战斗，都是与人的征战，都是有关于对私有财产的争夺，而在其他民族史诗当中，英雄不仅与人征战还与恶魔征战，其征战的性质为正义而战、为自身而战。史诗《亚鲁王》中的征战讲述的都是为部族而战，这样的战争是带有现代性意义特征的，因为私有财产出现于父系氏族社会时期，人类社会发展到这一时期，其认识水平也有了一定程度的提高，史诗在其叙述向前发展的过程中也充分反映了这一客观事实。

基于此，我们可以认为，在这样的认知观念下和社会背景下，麻山苗族史诗《亚鲁王》缺失英雄死而复生母题是因为其具有现代性意义的史诗观念。

三 小结与思考

郎樱教授曾经说过："英雄死而复生母题是一个世界性的母题，是广泛存在并且古老的母题。"这一母题在中国北方史诗中存在的痕迹十分明显，在南方彝族史诗《吱嘎阿鲁王》中也有隐喻式的描述，但是在苗族史诗《亚鲁王》中，却没有任何一位英雄获得了死而复生的机会。

对于这样一种广泛并且稳定存在于史诗中的母题，在苗族英雄史诗《亚鲁王》中的缺失是值得思考的。因此，文章以逆向思维的分析方法，通过分析死而复生母题的缺失，深入探讨其缺失的背景及原因，认为史诗缺失英雄死而复生母题主要有三个方面的背景及原因：一是关于灵魂不灭观念的异同认识。正是因为此观念的不同，才会促使麻山苗族史诗英雄死而复生母题的缺失，灵魂不灭的异同认识是这一母题缺失的背景性因素。二是独特的祖地向往意识，独特的文化环境和历史境遇使麻山苗族具有十分强烈的归祖意识，这是造成英雄死而再生母题缺失的决定性因素。三是具有现代性意义的史诗观念，因为史诗是随着麻山苗族的发展而发展的，它不仅是横向的发展，其独特性更在于它纵向发展的特点，正是这一特点造成了史诗的现代性意义的特征，从而导致了史诗英雄死而复生母题的缺失，这是母题缺失的前提性因素。

B.11
少数民族口头遗产的价值评定和传承路径
——以畲族小说歌为例

崔 磊*

摘　要：	小说歌是畲族文学最主要、最丰富、最完美的文学载体，可谓一部完整的小说歌集，就是一部畲族的民族历史记忆。以系统论为理论视角，在内外界阈范围对"畲族小说歌"流传地区保护非遗实践的分形性征，运用横向与纵向、正面与反面的综合比较方法进行分析与思考。从个案中窥见政府角色在非物质文化遗产"畲族小说歌"保护利用中的一般规律和特点，分多个层面系统归纳与阐述分析政府在保护利用及传承"畲族小说歌"实践中多位一体的角色定位与方法策略。
关键词：	口头遗产　非物质文化遗产　畲族小说歌　文化传承

存在于世界上的万事万物的相似性从来就是人们关注的一个重大问题。对客观世界普遍具有的相似性的主观反映，铸就了人们的一种深层的关于世间万事万物之间、至大之物与至小之物间存在一定相似性的认知。广义上的相似性一般既包括系统存在状态的空间相似，也包括演化历程时态的时间相似，还包括诸如外在形态相似、关系结构相似、静动态相似、功能效用相似等。系统关系结构的相似、相对静止的几何位置相似性，体现的是系统的存在状态上的相

---

* 崔磊，博士，铜陵学院科研处副教授，研究方向：口头文化遗产保护。

似性。而系统、事物过程的相似性，运动节律的、显著变动之中的相似性，体现的就是系统演化上的相似性，即重演性。古民族的循环世界观念，反映的是古人相信世界在时间演化上具有相似性，这就是重演。古民族的天人一体、天人相通观念，则体现古人相信世界在空间（也可包括时间）上具有相似性。①对于系统科学来说，系统具有某种相似性是一般系统理论成立与发展的基础。系统相似特性的缺失将直接导致普遍系统理论的不成立或者消亡。鉴于此，一般系统理论都注意了系统的相似性问题。哈肯宣称："在这个太阳下没有任何新东西。的确，我们发现，这种类似性在很多现象（和理论处理）中都存在，只是明显程度不同而已。"②

给定一个系统，组分之间的价值关系、部分与整体之间的价值关系、系统与环境之间的价值关系、不同系统之间的关系等，都是需要认真考虑的问题。把系统论的整体性原理应用于价值问题，同样强调从整体上衡量事物的价值，局部有价值并不等于整体有价值，局部价值高不等于整体价值高，整体价值不等于局部价值之和。总之，系统价值是一种整体涌现性。但局部与整体的关系是辩证的，搞不好，扩大规模、更换组分、改变结构可能降低系统的价值品位。同时，只考虑整体的价值需求而不顾及局部的价值需求，则是一种机械论的系统价值观。

因此，一方面，借鉴国内外局部地区非遗保护与传承系统的经验教训，应考察其对于整体性非遗保护与传承系统所带来的综合价值、其对于其他非遗保护与传承行为实践的指导价值与适用性，确定并甄选局部系统的具有普遍应用价值的真理性经验；另一方面，也应全面深入分析个案系统经验的地域性与条件性，特定的环境变量或控制参量部分地或全部地制约着某些经验真理与方法技术的应用对象与规模范围。整体服从部分，整体为部分的生存发展提供适宜的内环境，是建构、管理、使用系统必需的价值取向之一。

一般地说，客体引起的主体变化都属于客体给主体产生的价值。故价值有正负之分，有利于价值主体生存发展的是正价值，不利于主体生存发展的是负价值。在价值主客体的相互作用中，一方给另一方一般都同时提供正负两种价

---

① 曾国屏：《自组织的自然观》，北京大学出版社，1996，第158页。
② 哈肯：《协同学自然成功的奥秘》，上海科学普及出版社，1988，第57页。

值。管理现有系统、设计新系统，都应同时注意对象系统的正负两种价值，尽力发挥正价值，抑制负价值。

一 畲族小说歌概况

畲族为中国南方游牧民族，南宋以前被泛称为"蛮"、"蛮僚"、"峒蛮"或"峒僚"，南宋末年始出现"畲民"、"畲人"和"畲客"的称呼，1956年正式确认为具有独特特点的少数民族。畲族具有本民族语言——畲语，但无本民族文字，习用汉文，颂唱畲歌。

畲族小说歌是以畲语进行咏唱、诵念的长篇故事叙事歌，是东南文化特色和畲族民族特色的鲜明体现。换言之，它是畲族民族文化传承的重要载体和媒介，更是历史上不同民族地区民族文化交流的见证和记录。可谓一部完整的小说歌集，就是一部畲族的民族历史记忆。小说歌是畲族文学上最主要、最丰富、最完美的文学载体，因此，2006年6月20日，经国务院批准列入第一批国家级非物质文化遗产名录。这正是对"畲族小说歌"历史意义、文化意义和文学意义最大的肯定和认可。

畲族并没有形成本民族特有的文字，所以关于畲族的始祖传说、迁徙路线、自然灾害、战争纷争、宗教信仰、民俗习惯等内容都完整地浓缩于畲族民歌里。"歌以咏志，诗以传情"，畲族歌谣是其民族民间文化传承的载体，是民族口头遗产的典型代表，是口头传统的主要表达方式，是畲族民族记忆的背景体现，是畲族文化传承和延续的文化基因和永恒母题。这也和我们研究畲族小说歌的目的是一致的，借助对"畲族小说歌"的分析，我们可以深刻认识和理解畲族文化。

"小说歌"作为畲族歌谣中的长篇故事歌，又称"全连本"或"戏出"，畲民俗称"大段"，已流传百余年。畲族歌谣，以口传心授为传承方式，清末出现以汉字记音的手抄唱本，大量使用土语俗字，母题多来自汉族民间神话故事、传说、章回小说、评话唱本等。[1] 由此可见，"畲族小说歌"是畲族人民集体智慧的结晶，是畲汉两族互动交流的显证，是畲族人民在没有本民族文字

---

① 俞郁田：《霞浦县畲族志》，福建人民出版社，1993，第359~365页。

的前提下借用汉字记录保存、传承表述畲族民族文化的集中体现。

"畲族小说歌"最早源自福建省霞浦县白露坑村一带，已有百年历史，留存有大量畲族山歌口头唱本和手抄唱本。这些唱本后来逐渐在流传的英雄人物事迹基础上，采用畲族民族生活、心理、语言、民俗喜以接受的形式创作。白露坑村产生过许多杰出歌手，清末民初是小说歌全盛时期，产生了钟学吉、雷德朵、钟学算等可谓第一代说唱歌手。

钟学吉（1856－1924）是白露坑人引以为傲的第一代歌王，幼年时喜好歌谣，伯父钟廷吉对其影响很大，后担任福宁府三明会馆董事期间，挖掘整理和创作了许多畲族民歌。① 他改编或编写的"畲歌"内容多样、题材丰富，既包括如《花名歌》、《十贤歌》、《起书堂》等杂歌，又包括具有畲族浓郁民族特色的"畲族小说歌"；有汉族章回小说、评歌剧本改编而成的《孟姜女》、《唐伯虎》、《长连正歌》等长篇小说歌，也有畲族特色的小说歌《高辛氏》、《末朝纲》、《钟良弼》。因此，在畲族内有"有山哈人②的所在，就有钟学吉的歌"之说，福建、浙江一带的畲族人民尊称其为畲族"歌王"。

叙事小说歌《高辛氏》由畲族民间传说改编而成，独具史诗性质，畲族人民视其为"祖公歌"，叙述畲族的民族迁徙史，甚至不少场合用以替代《盘瓠王歌》。《末朝纲》为长篇小说歌，作于1921年，由300多首歌组成，是其晚年代表作。特别值得指出的是小说歌《钟良弼》改编自嘉庆年间"畲民童生钟良弼争取入学权利"的真实历史故事。1802年，福宁府③举行府试时县书串通生监，诬指畲民皆盘瓠遗种，不准参加考试，福鼎畲族童生钟良弼④愤然呈控上诉，众人竞相赠银资助，经福建巡抚李殿图申明，饬令畲民"例准一体应试"，钟良弼翌年复考取贡生。《钟良弼》展示了畲族人反抗传统世俗和民族歧视的决心，歌颂了钟良弼的勇敢、果断和才华，表达了畲族人民文化上求取进步的愿望。

---

① 蓝运全、缪品枚主编《闽东畲族志》，民族出版社，2000，第252页。
② 畲族自称"山哈"或"山达"，意为"山里的客人"。
③ 元置福宁州，明废为县，复升为州，清雍正十二年，福宁州升为福宁府，以原本州地设霞浦县，以境内有霞浦山得名。领宁德、福安、寿宁、霞浦4县，隶属福建省闽浙总督府。1913年，废福宁府入霞浦县。治所为今福建霞浦县。
④ 钟良弼（1780－1842），又名鸣云，字宸嵩，畲族，福鼎佳洋人。好学博闻，为人刚直，长于诗歌和小说，有《凌云斋稿》行世。

历史给予了公正的评价，经钟学吉改编、改写，具有浓郁畲族特色的文学体裁和丰富的演唱形式被创造出来。"畲族小说歌"正由于其浓郁的民族特色和深厚的历史积淀，入选第一批国家级"非物质文化遗产名录"。霞浦县白露坑、畲族"歌王"钟学吉及其小说歌是畲族文化的象征，是畲族历史记忆和文化因子的代表。

此外，提及钟学吉和畲族小说歌，就不能忘记"福宁山民会馆"，又称三民会馆、三明会馆，始建于清光绪二十四年，民国8年迁至新馆，兼具公所、祠堂、旅舍、活动中心等多种功能和联谊、接待、集会、祭祀、议事、讼诉、咨询、救济等多种职能，影响遍及闽浙赣。钟学吉于民国2年被推举为会馆的董事之一。① 正是在山民会馆，钟学吉收集、整理和改编了大量的畲族民间歌谣，其中包括数量庞大的手抄唱本长连正歌，即"小说歌"。因此，福宁山民会馆也成为"畲族小说歌"传承和传播的重要场所。现在霞浦县松城镇尚存"福宁山民会馆"旧址，原有陈设的木雕神牌"敕封盘瓠忠勇王神位""文革"时已被焚毁，金字漆板楹联"功建前朝帝誉高辛亲敕赐名垂后裔皇孙王子免差徭"也已流失。虽繁华逝去，但对于闽东、浙南畲族人民而言，此处已成为承载其祖辈畲民互助、交流的历史记忆符号，是小说歌沟通与传播的重要场所。

二 口头传统的延续——畲族歌会

畲歌具有独特的传承空间和文化空间，主要依赖家庭和社会，通过口头表达或手抄歌本（如小说歌、礼俗歌）等方式传承延续，历久发展，已深深植入畲民生活中。以歌代言、以歌会友、以歌论事、以歌传史已成为畲族民众之间交流情感的重要方式。演唱的方式亦灵活多样，既有"拦路截唱"，也有"落寮②诵唱"，即在室内或室外搭建的歌寮等固定场所，族人聚集，一起盘歌对唱。

白露坑村作为闽东畲族村落的历史文化品牌，是拥有畲族古迹最多的村

---

① 俞郁田：《福宁山民会馆调查报告》，畲族三明会馆研讨会资料，2007年10月19日。
② 寮意为小屋、小窗。

庄。二百余年来，该村举办的传统歌会一直是畲歌这一非物质文化遗产永葆青春、传承流传的主要渠道。然而，在全球化、信息化、城镇化、工业化、市场化深入发展、突飞猛进的当下，畲歌这一古老传统却日渐式微。畲歌传承人也出现断层，诵唱畲歌的畲民呈现缩减化、老龄化的趋势。盘歌、对歌的形式也发生了巨大变化，"拦路截唱"已然少见，"落寮诵唱"已成为主流形式。下文试以霞浦县举办的"三月三"畲族文化节为例，介绍畲歌歌会的概况，展示畲歌将传统与现代结合，逐步转型的衍变过程。

白露坑村的"三月三"畲族文化节从农历三月初二就已开始，畲民开始准备乌饭①，至三月初三，则结队登高、举行歌会。白露坑村传统歌会因"文革"中断30多年，近年来当地政府主导，复兴、抢救畲族文化，进一步打造畲族旅游文化，发展畲族文化产业，振兴畲族村落经济。畲族歌会也得到了重生、振兴。歌会"歌寮"的建设促进了"三月三"畲族传统歌会的举行，但舞台的搭建已将少数的歌者和众多的观者隔离开来，完全打破了传统歌会的空间形态。演唱地点除舞台外，还有一些索性自由组合，到旁边的地点对歌。②歌者及诵唱的歌曲都细心挑选、慎重抉择、精心排练，融入现代元素。歌者演唱的畲歌包括平调和即将失传的"噜－呜－哎"调，内容包括祖公歌、神话歌、情歌和采茶歌等。同时，"歌寮"舞台饰以浓郁的畲族服饰图案为背景，民族特色得到了彰显。从上可见，传统的复兴是基于对"过去"的想象以及记忆的选择，并糅入"现在"的元素而建构起来的。③这一点从畲族歌会中融入大量现代元素即可窥见一斑。

三 地方政府保护非物质文化遗产的关系相图：政府与社会的协同参与

地方政府在非物质文化遗产保护中承担主要任务，主导着政策制定、实

---

① 乌饭又称黑饭，是用乌稔树（也叫乌饭树）的绿色树叶泡制而成。
② 彭兆荣、龚坚：《口头遗产与文化传承——以非物质文化遗产"畲族小说歌"为例》，《民族文学研究》2009年第2期。
③ 彭兆荣、龚坚：《从"他者保护"到"家园遗产"——以"畲族小说歌"为例》，《贵州民族研究》2008年第4期。

施、监督、反馈的环节。地方政府在其中所扮演的角色是非物质文化遗产保护的关键节点，要做地方保护政策的制定者、倡导者、实施者、鉴定者。同时，需要全社会参与其中，这也是非物质文化遗产项目存在的必要性之所在。真正使非物质文化遗产活在现实的立体世界里，而非"无根之木"的"盆景"。

（一）地方政府保护传承非遗的做法与经验：正价值分析

1. 领导重视是做好保护工作的关键

随着宣传力度的加大和社会各界保护认识的提高，"畲族小说歌"文化遗产保护工作日益受到各级党委政府的高度重视和大力支持，不少市县分管文化的副县（市、区）长亲自挂帅，担任"畲族小说歌"普查领导小组组长，组织领导保护工作。保护工作列入了当地政府重要议事日程，有关保护工作的重大事项由政府发文公布。各级领导关心并视察当地"畲族小说歌"文化遗产的保护与普查工作，带头参加多种保护活动，如参加民间文化艺术团体。

2. 部门协作是做好保护工作的条件

不少省份颁行《关于加强非物质文化遗产保护工作的意见》，标志着保护工作由部门行为转变为全社会的行为，保护工作步入规范和有序的发展轨道。省和多数市县先后建立了"畲族小说歌"保护部门联席会议制度，部门联席会议成员单位密切协作，积极配合，认真履行职责。民族宗教局重视并关心所管辖少数民族区域的"畲族小说歌"普查工作，支持"畲族小说歌"及相关活动的申报工作。

在普查与保护工作的推动下，高等院校积极协作，发挥自身人才与科研优势，与文化部门联合打造一条"畲族小说歌"文化遗产保护与传承的新路子，一批艺术研究中心与艺术团体相继成立。由政府出资培养"畲族小说歌"后备人才，积极开展与省内外、高等院校及文化团体的业务协作与交流。这些做法有利于"畲族小说歌"文化遗产在广度与深度上得到保护和传承。

3. 专家指导是做好保护工作的保障

要做好保护这一新工作、新任务，必须充分发挥各级专家作用。各地区市县文化部门分别建立健全了"畲族小说歌"非物质文化遗产保护专家库。文化部门通过召开座谈会、研讨会、评审会、讲座、检查等多种方式，与专家们保持紧密联系，尊重专家们的意见和建议。专家们结合多年研究成果，以高度的责任感与使命感，不遗余力地提出对"畲族小说歌"文化遗产保护与普查工作的宝贵意见。为配合各地普查培训，省市专家应邀到各地轮流讲课，帮助解答疑难问题。各地在普查与项目保护中遇到难题多数以电话方式请教专家，专家们有求必应，尽心帮助。

4. 传承人的保护是保护工作的根本

很多"畲族小说歌"文化遗产宝贵资源面临消亡，主要体现在项目传承后继无人。传承人就是活着的遗产，人类生存形态的活化石。保护好传承人，就是保护好珍贵的活态文化遗产，要制订"畲族小说歌"传承保护计划，出台切实可行的保护措施。各地建立了代表性传承人档案，记录、整理有关传承人的技艺资料。对传承人给予了一定的优惠条件，如提供必要的传习活动场所，适当资助代表性传承人授徒传艺以及教育培训活动，对传承人生活有困难的，政府将给予一定补贴，创造条件保证传承人能够有效地实施传承活动。

5. 抓整体性保护，推进文化生态保护实验区建设

建立文化生态保护区，实行原生地保护，可以较好地实现文化、生态的多样性保护和可持续发展。[①] 文化同化使弱势民族的传统文化不得不面临着被边缘化、消亡的危机。在这种形势下，畲族的文化传承遭遇前所未有的危机。由于语言传承的断裂、师承礼仪的断裂、歌场环境的破坏，依靠口传心授和行为传承的"畲族小说歌"正在不断消失，民族或区域文化特色也在不断消退。为了更好地对"畲族小说歌"及其保存、生存的环境进行整体性保护，政府应划定特定区域，设立文化生态保护区，对历史文化积淀丰厚、存续状态良好、具有重要价值和鲜明特色的"畲族小说歌"文化形态进行整体性保护。

6. 抓合理利用，推动开展生产性保护

在有效保护和传承"畲族小说歌"的前提下，大力鼓励扶持"畲族小说歌"项目的生产性保护，尤其是扶持群众基础好、有市场前景的"畲族小说歌"非遗项目的生产性保护，突出地域特色，申报国家级非遗生产性保护基地。

7. 抓教育传播，增强全社会的"畲族小说歌"文化遗产保护意识

为发挥非物质文化遗产提升国民素质、弘扬优秀传统文化的作用，积极推

---

① 王希辉、余平：《土家族的生态观及其当代意义》，《前沿》2009年第8期。

进"畲族小说歌"文化遗产进校园、进课堂、进教材活动,使"畲族小说歌"成为对青少年进行传统文化教育和爱国主义教育的重要载体。为及时整理总结普查成果,目前各地"畲族小说歌"普查研究成果的整理出版工作正在紧锣密鼓地进行之中。为让广大群众了解各地区丰富的"畲族小说歌"资源,各地利用报纸杂志、广播电台、电视台、网络等媒体,集中、全面、深入地报道宣传"畲族小说歌"普查成果。

(二)地方政府保护传承中存在的主要问题:负价值分析

第一,对"畲族小说歌"文化遗产保护工作的整体认识不高,代表性传承人保护工作进展不大。在实际工作中,诸多地方不能正确明晰非遗保护和管理的重要性和紧迫性,一些当地党政领导说得多,实际支持的少,为保护工作所做的实事不多。"重申报、轻保护"的思想在一些地方还普遍存在,申报畲族民歌项目成了当地党政领导追求政绩观的主要内容,申报成功,则高枕无忧。保护工作是在多次催办与推动下草率完成的,工作质量不尽如人意。没钱,不办事或少办事,突出地表现在普查工作中。一些县文化局为能控制少量的保护经费,干脆把保护中心设在局里,人员由局内调剂,保护单位的确定成了十分棘手的事。

第二,"畲族小说歌"文化遗产保障机制建设滞后,严重影响了名录项目与代表性传承人保护工作的及时有效开展。"畲族小说歌"招收传承人培养对象时,培养后能否留在剧团工作,文化部门却不能保证,培养后继人才难度不小。"畲族小说歌"本身技艺难度大,真正从今后事业着想去学习的人不多。保障机制建设滞后突出地表现在经费投入上。多数市县财力有限,基本的工作经费没有保障,更不用说对项目和代表性传承人给予投入了。

第三,人才队伍状况不甚合理。这主要表现在文化行政部门和保护中心专职人员少,多数是1人,而且工作量大。有时要求工作及时反馈,有的干脆说:我们不报总可以吧。一些县区文化局在本局抽调人员组织保护中心,有工作时,就临时集中完成,这些人成为兼职工作者。省市县文化部门基本上每年举办业务培训班,但培训人员培训后,经常变动,导致保护工作缺乏连续性和稳定性,使整个保护工作难度加大。

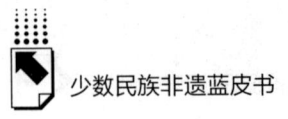
少数民族非遗蓝皮书

四 政府保护与传承非物质文化遗产的混沌有序式发展路径

系统结构功能混沌有序的直接目的是通过优化创新和整合方式实现整体涌现性。优化创新是在一定条件下对系统的组织、结构和功能的改进，从而实现耗散最小而效率最高、效益最大的过程。优化创新和整合运作的结果是实现系统的整体涌现性，即若干事物按照某种方式相互联系而形成系统，就会产生它的组分及组分总和所没有的新性质，称为系统质或整体质。政府通过优化创新和有效整合就可以实现功能的增强，有利于非物质文化遗产的保护。

（一）大力开展"畲族小说歌"保护和传承的普法教育，增强全社会保护意识

《非物质文化遗产法》是继1982年国家颁布实施《文物保护法》之后，我国颁布的第二部文化建设的重要法规。要通过举办丰富多彩的展示展演活动，提高广大民众对"畲族小说歌"保护的自觉性；利用宣传栏、宣传板报、悬挂张贴宣传横幅和标语，以及报刊、广播电视、网络等新闻媒体，大力宣传"畲族小说歌"相关知识；充分利用图书馆、文化馆（站）、博物馆等公共文化设施和场所，举办"畲族小说歌"文化遗产的展览、讲座、知识竞赛、咨询等活动，营造浓厚氛围，做到家喻户晓、人人皆知、深入人心，使"畲族小说歌"文化遗产保护变成全体公民的自觉行动。同时，由于《非物质文化遗产法》对非遗保护多为原则性规定，可借鉴其他省市的经验制定出台具体的"畲族小说歌"文化遗产条例。

利用民族传统节日和"文化遗产日"，开展丰富多彩的"畲族小说歌"非物质文化遗产展览、演出、讲座、论坛以及咨询服务等。在传统节日文化活动中，与农村文化三项活动有机结合，大力开展文化节庆活动，扩大知名度，提高影响力；结合"文化遗产日"活动主题，组织开展示范性的"畲族小说歌"文化遗产系列展示、展演活动，让群众共享保护成果。要大力实施"'畲族小说歌'进校园工程"，积极推进"畲族小说歌"文化遗产进校园、进课堂、进教材、进社区、进乡村、进家庭。鼓励各地在各层次教育培养单位开设相关课

程，创设诸多"畲族小说歌"培育推广基地，发挥非物质文化遗产提升国民素质、弘扬民族优秀传统文化的作用。

（二）注重"畲族小说歌"普查资料的整理研究，完善四级名录体系及保护机制

注重系统全面地整理归档和存储记录普查材料，并按照相关规定和实际保护需要开展多种形式的"畲族小说歌"保护利用和传承方面的研讨会和专家咨询会议，充分利用高等院校和相关科研组织机构强化"畲族小说歌"的理论研究，同时积极宣传具有重要历史文化、艺术鉴赏及科学研究价值的非物质文化遗产，开展专项调查并制订实施进一步保护和研究计划。

继续推进国家、省、市、县四级"畲族小说歌"文化遗产名录体系的建设，逐步完善以市县级名录为基础、以省级名录为主体、以国家级名录为重点的梯次结构名录体系。同时，加强国家和省级非物质文化遗产名录项目保护和管理工作，根据项目的不同特点和具体情况，依据"一项一策，分类保护"的原则，实施"保护计划、专家咨询、组织机构、传承展示设施基地、图书档案多维一体"的保护措施，对不同地区"畲族小说歌"分轻重缓急地有针对性地予以保护。

（三）强化"畲族小说歌"文化遗产保护传承机制及基础设施建设

应大力完善"畲族小说歌"文化遗产传承人队伍体系建设，科学合理地规制各层级"畲族小说歌"代表性传承人的认定工作。通过政策优惠、资金支持、权力赋予等多种措施提高代表性传承人的生活与传承教育条件和水平，继续鼓励和扶持代表性传承人提高技艺和开展传习活动。非物质文化遗产保护基础设施是收集、保存、传承、传播、展示、宣传、利用非物质文化遗产的公共文化设施，应包括传承培训区、展示区、藏品保管区、产品销售或表演活动区、管理区等功能区域。① 应视具体情况有针对性地指导一些"畲族小说歌"文化遗产资源较集中、群众有需求并具备一定基础的地方的基础设施建设，增

---

① 姚伟钧、王胜鹏：《完善中国非物质文化遗产名录的思考》，《浙江学刊》2013年第1期。

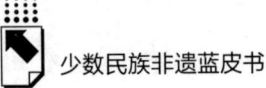

强基础设施资源的共享程度以及综合利用程度。积极探索创新机制，促进非遗基础设施的长效管理和持续利用。

（四）推动"畲族小说歌"文化遗产的合理利用

应尽力系统地发掘"畲族小说歌"的多重价值，充分发挥地区"畲族小说歌"在传承文化、提高国民素质、活跃人民群众精神文化生活、构建社会主义核心价值体系和维护民族团结与社会稳定方面的重要作用。要鼓励各地依托各具特色的"畲族小说歌"文化遗产资源，建设民间文化艺术之乡，形成特色群众文化活动品牌，要积极培育传统表演艺术精品项目，全面提升"畲族小说歌"与社会公众生产生活方式的融合度，促进非遗与社会的和谐有序发展。应始终遵循以人为本、适度利用、重点保护的理念原则，积极采用多种市场化和产业化等经济策略增强文化市场活力，促进相关"畲族小说歌"产业发展。依据各地方实际条件和民族特色建立部分"'畲族小说歌'生产性保护示范基地"，以推动非遗的保护式利用以及不断总结推广实践经验。

（五）加强"畲族小说歌"文化遗产理论研究成果出版

应根据各地方民族文化特色以及内容丰富度等实际条件，切实开展多种形式、不同规模的"畲族小说歌"保护传承的研讨会、咨询会、经验交流会等活动，不断推进"畲族小说歌"的学术研究，加强学术交流，力争推出一批有分量的研究成果。选择具备一定条件的高等院校或科研院所开展"畲族小说歌"的课题研究与学术报告专著的写作，并选择其中较为优秀且具重大历史文化和理论价值的研究成果以教科书、专著、报告、统计或畅销书等不同形式出版发行，以促进畲族优秀民族文化的弘扬传承和未来理论研究的深化发展。

（六）加快"畲族小说歌"文化遗产保护数字化建设

运用现代信息技术手段，加快"畲族小说歌"保护工作数字化建设步伐，对"畲族小说歌"进行数字化记录、保存，建立完善的适应经济社会和文化发展、满足工作研究需要、兼顾各地特色实际、提供公众服务的"畲族小说歌"信息数据库建设。要积极鼓励和支持各地加强"畲族小说歌"网站建设，联合各"畲族小说歌"网络资源,形成各具特色、独立运作又相互协调的"畲族小说歌"网站群。

(七)切实推进县域基层"畲族小说歌"保护工作

县级非物质文化遗产保护工作处于承上启下的重要位置。省、市各部门应加强对县域"畲族小说歌"保护规划的指导,培育一批有竞争力的"畲族小说歌"项目品牌,同时不断促进基层"畲族小说歌"产业化发展水平的提升,注重基层"畲族小说歌"专业人才队伍和组织机构的建设完善,拓展适应各地方背景条件的"畲族小说歌"保护管理的有效方法举措,加大县域基层财政投入力度,开拓多元化资源资金筹措渠道,推动基层"畲族小说歌"保护管理工作的快速发展。

案例篇

Reports of Case Studies

B.12
土家族非物质文化遗产传承和保护发展报告＊

王燕妮 赵尔文达＊＊

摘 要： 土家族非物质文化遗产是我国重要的少数民族文化遗产，传承和保护土家族非物质文化遗产具有重要的历史意义和现实意义。本文对湘、鄂、黔、渝四省（市）的各级土家族非物质文化遗产项目和传承人的现状进行梳理，结合土家族非物质文化遗产传承和保护涉及的相关政策法规和研究情况，旨在分析土家族非物质文化遗产传承和保护的发展现状、特点和不足，并提出相关意见和建议。

＊ 贵州民族大学人才引进项目"武陵山区土家族节日文化研究"（项目编号：校引人才科研〔2014〕06号）、国家民委人文社科重点研究基地"南方少数民族非物质文化遗产研究基地建设项目"（民委发〔2014〕37号）的阶段性研究成果。
＊＊ 王燕妮，土家族，博士，贵州民族大学民族文化产业发展研究中心副教授，研究方向：民俗学；赵尔文达，苗族，贵州民族大学民族学与社会学学院在读硕士研究生，研究方向：西南少数民族发展史。

关键词： 土家族　非物质文化遗产　传承与保护

　　土家族是我国南方历史悠久的少数民族之一，族称虽然出现较晚，但其先民很早便在我国南方繁衍生息了。"仅就土家族的先民巴人中的一支在这里披荆斩棘的生活经历来说，起码也有两千多年的历史了。"① 土家族现主要分布在湖北、湖南、贵州、重庆四省（市）接壤的武陵山区，尤以湖北恩施、五峰、长阳，湖南湘西，重庆黔江、石柱、酉阳、秀山、彭水以及贵州沿河、沿江的2州1区8县为主要聚居区。根据全国第六次人口普查的结果，土家族人口为835.39万人，占全国少数民族总人口的7.46%，是我国少数民族的重要组成部分，为我国少数民族非物质文化遗产（下文简称"非遗"）的传承和保护提供了宝贵的资源和实践探索经验。

一　土家族非物质文化遗产的分布现状

　　非遗作为一个专有名词，是所有以非物质形态表现出的文化遗产的总称。一个民族长期的发展变迁，使其非物质文化遗产具有丰富性、多样性，以及多民族文化的共享性和融合性。因此，为使本文的研究更具有指向性和针对性，文内所涉及土家族非遗的基本范畴，一方面是以我国官方公布的四批四级非遗名录为研究对象，另一方面，借鉴了谭志国在《土家族非物质文化遗产研究》中提出的土家族非遗分类标准②，以下述四个要素梳理各级名录中的土家族非遗项目。第一，项目以"土家族"命名，是该民族独有的传统文化，比如"土家族哭嫁歌"、"土家族梯玛歌"等。第二，项目由土家族主要聚居地区申报，是当地土家族民众与其他民族共享的，具有地域性特点的传统文化，项目的代表性传承人是土家族，比如"都镇湾故事"由湖北省长阳土家族自治县申报，代

---

① 刘孝瑜：《土家族》，民族出版社，1989，第13页。
② 谭志国将土家族非遗简单地分为四类：土生土长型，土苗、土侗少数民族共生型，汉化衍生型，融合共生型。谭志国：《土家族非物质文化遗产研究》，世界图书出版广东有限公司，2013，第6~9页。

表性传承人是孙家香（土家族）①。第三，项目是土家族民族史的再现，比如反映土家族早期民族神话或英雄传说的"廪君传说"（湖北省）、"巴将军传说"（重庆市）。第四，一些汉族传统文化形式在传入土家族地区后，被土家族民众广泛接受，并融合了本民族的传统文化形式传承下来，比如"桑植民歌"就集中了土家族花灯、薅草锣鼓调、哭嫁歌等传统文化形式②。

在公布的国家级非遗四批名录中，按以上要素标准可计入土家族非遗的项目共42项（见表1），分别为第一批14项、第二批含扩展13项、第三批含扩

表1　国家级四批非物质文化遗产名录中土家族非遗统计

类型	项目数	编号	项目名称
民间文学	5	Ⅰ—16	下堡坪民间故事（第一批，湖北省宜昌市夷陵区）
		Ⅰ—56	都镇湾故事（第二批，湖北省长阳土家族自治县）
		Ⅰ—80	土家族梯玛歌（第二批，湖南省龙山县）
		Ⅰ—112	土家族哭嫁歌（第三批，湖南省永顺县、古丈县）
		Ⅰ—124	酉阳古歌（第三批，重庆市酉阳土家族苗族自治县）
传统音乐	12	Ⅱ—10	桑植民歌（第一批，湖南省桑植县）
		Ⅱ—15	石柱土家啰儿调（第一批，重庆市石柱土家族自治县）
		Ⅱ—24	川江号子（第一批，重庆市）
		Ⅱ—25	南溪号子（第一批，重庆市黔江区）
		Ⅱ—27	薅草锣鼓（五峰土家族薅草锣鼓、宣恩薅草锣鼓、长阳山歌、川东土家族薅草锣鼓）（第一批扩展，湖北省五峰土家族自治县、宣恩县、长阳土家族自治县、四川省宣汉县）
		Ⅱ—54	土家族打溜子（第一批，湖南省湘西土家族苗族自治州，湖北省五峰土家族自治县、鹤峰县）
		Ⅱ—84	秀山民歌（第二批，重庆市秀山土家族苗族自治县）
		Ⅱ—85	酉阳民歌（第二批，重庆市酉阳土家族自治县）
		Ⅱ—98	江河号子（长江峡江号子、酉水船工号子）（第二批，湖北省巴东县、湖南省保靖县）
		Ⅱ—125	土家族咚咚喹（第二批，湖南省龙山县）
		Ⅱ—142	利川灯歌（第三批，湖北省利川市）
		Ⅱ—156	土家族民歌（第四批，湖南省湘西土家族苗族自治州、贵州省沿河土家族自治县）

---

① 第三批国家级非物质文化遗产项目代表性传承人，编号：03-0791。
② 因土家族历史上与汉、苗、侗、白等多民族聚居，其文化在多民族的交流和融合中实现了高度共享，故本文所列的四要素和统计的项目中，除确以"土家族"命名的项目外，其余难免有疏漏和不足之处。比如秀山花灯（Ⅹ-51）国家级代表性传承人石化明是苗族，凤凰蓝印花布印染技艺（Ⅷ-24）代表性传承人刘大炮是汉族。

续表

类型	项目数	编号	项目名称
传统舞蹈	7	Ⅲ—4	地龙灯(第二批扩展,湖北省来凤县)
		Ⅲ—5	高台舞狮(第二批扩展,重庆市彭水苗族土家族自治县)
		Ⅲ—17	土家族摆手舞(第一批,湖南省湘西土家族苗族自治州、湖北省来凤县、重庆市酉阳土家族苗族自治县)
		Ⅲ—18	土家族撒叶儿嗬(第一批,湖北省长阳土家族自治县、五峰土家族自治县、巴东县,湖南省桑植县)
		Ⅲ—31	湘西土家族毛古斯舞(第一批,湖南省湘西土家族苗族自治州)
		Ⅲ—51	肉连响(第二批,湖北省利川市)
		Ⅲ—121	玩牛(第四批,重庆市石柱土家族自治县)
传统戏剧	6	Ⅳ—7	辰河高腔(第一批,湖南省泸溪县)
		Ⅳ—77	灯戏(第一批扩展,湖北省恩施市)
		Ⅳ—78	思南花灯戏(第一批,贵州省思南县)
		Ⅳ—89	傩戏(德江傩堂戏、鹤峰傩戏、恩施傩戏)(第一批,贵州德江县,湖北省鹤峰县、恩施市)
		Ⅳ—125	南剧(第二批,湖北省来凤县、咸丰县)
		Ⅳ—157	张家界阳戏(第三批,湖南省张家界市永定区)
曲艺	4	Ⅴ—71	南曲(第二批,湖北省五峰土家族自治县)
		Ⅴ—74	恩施扬琴(第二批,湖北省恩施市)
		Ⅴ—106	三棒鼓(第三批,湖北省宣恩县)
		Ⅴ—123	跳三鼓(第四批,湖北省石首市)
传统体育、游艺与杂技	1	Ⅵ—65	赛龙舟(第三批,湖南省沅陵县、贵州省铜仁市)
传统美术	1	Ⅶ—66	凤凰纸扎(第二批,湖南省凤凰县)
传统技艺	4	Ⅷ—18	土家族织锦技艺(第一批,湖南省湘西土家族苗族自治州)
		Ⅷ—24	蓝印花布印染技艺(第一批扩展,湖南省凤凰县)
		Ⅷ—148	恩施玉露制作技艺(第三批扩展,湖北省恩施市)
		Ⅷ—211	土家族吊脚楼营造技艺(第三批,湖北省咸丰县、湖南省永顺县、重庆市石柱土家族自治县)
传统医药	0	—	—
民俗	2	Ⅹ—51	秀山花灯(第一批,重庆市秀山土家族苗族自治县)
		Ⅹ—128	土家年(第三批,湖南省永顺县)

展9项、第四批含扩展3项。其中,湖北省19项、重庆市12项、湖南省18项、贵州省4项、四川省1项①,尤其是湖北、湖南两省在第一、二批申报项

---

① 考虑到文化共享性导致同一项目多地共同申报,此统计数据按照申报地区数量统计。

目最为集中。在项目类型上,传统音乐、传统舞蹈、传统戏剧、民间文学四类占很大比重,传统体育、游艺与杂技,传统美术,民俗类比重很小,传统医药类项目则缺失。

按照上述统计方法,湘、鄂、黔、渝四省(市)级非遗名录中可列入土家族非遗项目的总数达到了222项(见表2)。其中,湖北省70项、重庆市70项、湖南省43项、贵州省39项。

表2 湘、鄂、黔、渝四省(市)土家族非遗项目统计

类型	项目数	申报地	项目名称
民间文学 (19项)	5	湖北省	都镇湾故事、寇准的故事、廪君传说、土家族哭嫁歌、三峡传说
	6	湖南省	土家族梯玛神歌、土家族山歌、土家族哭嫁歌、土家族挖土锣鼓歌、土家族摆手歌、酉水船歌
	0	贵州省	—
	8	重庆市	酉阳古歌、吴幺姑传说、巴文化传说、巴将军传说、男女石柱神话、巫傩诗文、石柱酒令、石宝寨的传说
传统音乐 (45项)	18	湖北省	薅草锣鼓、喜花鼓、利川灯歌、长阳山歌、建始丝弦锣鼓、长江峡江号子、五峰打溜子、十姊妹歌、长阳吹打乐、鹤峰围鼓、星岩坪山歌、恩施五句子山歌、石工号子、高腔山歌、穿句子山歌、民间吹打乐、长阳道教科仪音乐、太阳河民歌
	4	湖南省	土家族咚咚喹、酉水船工号子、湘西土家族民歌、石门土家山歌
	5	贵州省	土家族高腔山歌、土家族打镏子、龙灯钹、船工号子、瓦寨锣鼓
	18	重庆市	石柱土家啰儿调、南溪号子、秀山民歌、薅草锣鼓、酉阳民歌、后坝山歌、土家斗锣、彭水道场音乐、诸佛盘歌、彭水耍锣鼓、马喇号子、帅氏莽号、木叶吹奏、三棒鼓、梅子山歌、石城情歌、石柱土家断头锣鼓、酉阳耍锣鼓
传统舞蹈 (33项)	14	湖北省	土家族撒叶儿嗬、建始闹灵歌、耍耍、地盘子、土家族摆手舞、宣恩土家族八宝铜铃舞、肉连响、地龙灯、板凳龙、滚龙连厢、地花鼓、鹤峰花鼓灯、绕棺、草把龙灯
	6	湖南省	板板龙灯、张家界高花灯、土家族跳丧舞、文武茶灯、湘西土家族铜铃舞、桑植跳丧舞
	4	贵州省	土家族摆手、金钱杆、莲花十八响、思州金钱棍
	9	重庆市	摆手舞、夔州竹枝歌舞、普子铁炮火龙、高台狮舞、庙池甩手揖、玩牛、打绕棺、忠州矮人舞、石柱板凳龙

续表

类型	项目数	申报地	项目名称
传统戏剧 （29项）	6	湖北省	傩戏、南剧、恩施灯戏、鹤峰柳子戏、巴东堂戏、三棒鼓
	4	湖南省	阳戏、桑植傩戏、龙山木偶戏、桑植花灯戏
	9	贵州省	思南花灯、沿河花灯戏、思州傩戏傩技、德江傩堂戏、思州喜傩神、镇远土家族傩戏、印江土家族傩戏、丝弦灯、阳戏
	10	重庆市	面具阳戏、阳戏、余家傩戏、石柱土戏、辰河戏、保安灯儿戏、木蜡庄傩戏、濯水后河戏、酉阳花灯、踩堂戏
曲艺 （7项）	6	湖北省	南曲、恩施扬琴、利川小曲、满堂音、三棒鼓、恩施三才板
	1	湖南省	湘西三棒鼓
	0	贵州省	—
	0	重庆市	—
传统体育、 游艺与杂技 （8项）	1	湖北省	咸丰县板凳拳
	1	湖南省	张家界鬼谷神功
	3	贵州省	德江土家舞龙、土家族高台狮子灯、赛龙舟
	3	重庆市	中塘向氏武术、三六福字牌、上刀山
传统美术 （7项）	2	湖北省	咸丰何氏根雕、土家族苗族绣花鞋垫
	5	湖南省	土家族转角楼建筑艺术、塔卧石雕、湘西木雕、土家族竹雕、泸溪傩面具
	0	贵州省	—
	0	重庆市	—
传统技艺 （45项）	12	湖北省	土家织锦"西兰卡普"、五峰采花毛尖茶制作技艺、干栏吊脚楼建造技艺、建始花坪桃片糕制作技艺、恩施玉露制作技艺、宣恩伍家台贡茶制作技艺、利川柏杨豆干制作技艺、巴东五香豆干制作技艺、油茶汤制作技艺、漆筷制作技艺、凤头姜制作技艺、三峡老窖酒传统酿造技艺
	8	湖南省	凤凰蓝印花布、凤凰纸扎、湘西土陶制作技艺、湘西竹编技艺、酒鬼酒酿制技艺、保靖松花皮蛋制作技艺、凤凰扎染技艺、水冲石砚
	9	贵州省	焰火架制作技艺、印染工艺、思州石砚制作工艺、傩面具制作工艺、印染工艺、皮纸制作技艺、德江土家熬熬茶、花烛制作技艺、砂陶制作技艺
	16	重庆市	龙凤花烛、彭水青瓦烧制技艺、彭水灰豆腐制作技艺、重庆吊脚楼营造技艺、郁山鸡豆花制作技艺、郁山擀酥饼制作技艺、秀山竹编制作技艺、朗溪竹板桥造纸、濯水绿豆粉制作技艺、黔江珍珠兰茶罐窨手工制作技艺、黔江斑鸠蛋树叶绿豆腐制作技艺、石柱黄连传统生产技艺、西兰卡普传统制作技艺、宜居乡传统制茶技艺、彭水普子火药制作技艺、乌杨白酒传统酿造技艺

续表

类型	项目数	申报地	项目名称
传统医药 （2项）	1	湖北省	严氏眼科中医疗法
	1	湖南省	小儿提风疗法
	0	贵州省	—
	0	重庆市	
民俗 （27项）	5	湖北省	五峰土家族告祖礼仪、恩施社节、恩施土家女儿会、巴东土家族民间历法、土家族牛王节
	7	湖南省	土家族过赶年、乾州春会、土家族舍巴日、八部大王祭、古丈跳马节、张家界泼水龙习俗、土家糊仓习俗
	9	贵州省	注溪娃娃场、古思州"登鼓锣"、思南上元沙洲节、土家族过赶年、下洞祭风神、土家族婚庆夜筵、土家族"八月八"唢呐节、凤冈茶饮习俗、赶社
	6	重庆市	秀山花灯、角角调、盐运民俗、薅草仪式、哭嫁、郁山孝歌

综合表1和表2可看出，土家族非遗在分布现状上具有以下三个方面的特点。

其一，总量丰富，类型多样，优势项目突出。国家级项目中，土家族非遗占项目总量的3.06%①，这在少数民族非遗项目中具有一定的数量优势，除传统医药类空缺外，其他九种类型均有多个项目支撑。而民间文学、传统音乐、传统舞蹈、传统戏剧类更是内容丰富，形式多样，优势项目突出，集中反映了土家族在民间艺术上形成的突出成果。重庆市的优势项目集中在民间文学、传统音乐、传统戏剧和传统技艺类，湖北省在传统音乐、传统舞蹈和曲艺类上优势明显，湖南省集中在传统技艺和民俗类，贵州省则是传统戏剧和民俗类项目突出。

其二，分布均衡，文化共享，民族特色鲜明。绝大多数土家族非遗项目在湘、鄂、黔、渝等地均有分布，比如土家族摆手舞、土家族吊脚楼营造技艺在国家级名录中就由湖北、湖南、重庆三处共享，哭嫁、花灯戏、傩戏、摆手舞等项目也都进入了各省级名录，由此形成了土家族非遗在武陵山区多地共享传承的文化格局。此外，以薅草锣鼓、民歌、号子、摆手舞、傩戏为代表的传统

---

① 根据文化部公布的四批国家级非遗名录统计，国家级非遗总量现已达1372项。

艺术表演形式，也充分展现了武陵山区土家族具有的山地农耕文化特色的民族民间传统文化品格。

其三，工作稳健，体系健全，非遗基础厚实。在国家级非遗名录指导下，湘、鄂、黔、渝四省（市）也相应建立起了四级非遗名录体系。因此，国家级名录中传统技艺和民俗两类土家族非遗项目并不突出，传统医药类更是欠缺，但各省级名录中却突显了非常良好的基础，传统技艺类和传统音乐类的省级项目均多达45项，民俗类有27项，且大多数是以"土家族"命名，具有强烈的民族特色，这为进一步申报和充实国家级名录奠定了坚实的基础。而以恩施土家族苗族自治州、长阳土家族自治县为代表的市县，也在不断完善和充实各省级名录体系，并通过各项政策活动，不断推出土家族非遗文化精品，扩大土家族非遗的文化影响力。以湖北省为例，2010年第六次人口普查统计，全省共有少数民族人口246.85万人，其中土家族210.0万人[①]，可以说湖北省少数民族非遗主要就是土家族非遗，且集中在恩施土家族苗族自治州、长阳和五峰土家族自治县。《湖北省非物质文化遗产条例》中明确提出了"省、市（州）人民政府应当在项目、资金、基础设施建设等方面对少数民族地区、贫困地区非物质文化遗产保护、保存工作给予扶持"。湖北省13个文化生态保护实验区中有8个在土家族聚居区内，包括了长阳土家族自治县文化生态保护实验区、恩施市文化生态保护实验区、五峰土家族自治县渔洋关镇文化生态保护实验区等[②]。在恩施土家族苗族自治州公布的四批102项州级非遗名录中，几乎都是土家族非遗项目。长阳土家族自治县2006年颁布的《长阳土家族自治县民族民间传统文化保护条例》，是全国首个少数民族自治州（县）的非遗保护单行条例。此外，湖北省还通过CCTV青年歌手大奖赛等活动，推出了以"土苗兄妹组合"、"比兹卡组合"、"撒叶儿嗬组合"、巴山舞等为代表的土家族非遗文化精品。探索形成了以都镇湾故事、土家族撒叶儿嗬等项目保护为代表的"长阳非遗保护模式"。集中省内16所高校和科研单位成立了首批16个非遗研究中心[③]。

---

① 湖北百科信息网，http：//hb.zwbk.org/MyLemmaShow.aspx? lid=272。
② 《省文化厅关于公示湖北省文化生态保护试验区推荐名单的公告》，湖北群众艺术馆网站，http：//www.hbqyg.com/News/2012-06/newsInfo_22_575.html。
③ 《湖北设立首批省级非遗研究中心》，《中国文化报》2013年11月15日，第1版。

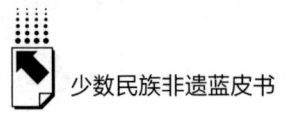

二 土家族非物质文化遗产传承人保护现状

土家族非遗传承和保护的核心是传承人,尤其是依托于国家级、省级非遗项目获得命名的代表性传承人。目前,土家族非遗国家级项目代表性传承人共43人(见表3),占已公布的四批国家级代表性传承人总量的2.17%。

表3 土家族非遗国家级项目代表性传承人统计

项目类型	项目名称	编号	传承人	性别	年龄	申报地区或单位
民间文学	下堡坪民间故事	—	刘德方	男	76	湖北省宜昌市
	都镇湾故事	03-0791	孙家香	女	95	湖北省长阳土家族自治县
		04-1497	李国新	男	81	
	土家族梯玛歌	03-0801	彭继龙	男	65	湖南省龙山县
	土家族哭嫁歌	04-1503	彭祖秀	女	83	湖南省古丈县
传统音乐	桑植民歌	—	尚生武	男	63	湖南省桑植县
	石柱土家啰儿调	—	刘永斌	男	73	重庆市石柱土家族自治县
		03-0815	黄代书	男	70	
	川江号子	—	陈邦贵	男	96	重庆市
	南溪号子	—	吴秀兰	女	71	重庆市
	薅草锣鼓	—	杨正泽	男	64	重庆市黔江区
	土家族打溜子	03-0825	王爱民	男	43	湖北省长阳土家族自治县
		—	罗仕碧	男	82	湖南省湘西土家族苗族自治州
		—	田隆信	男	72	
	土家族咚咚喹	03-0846	简伯元	男	70	湖北省五峰土家族自治县
		03-0883	严三秀	女	60	湖南省龙山县
传统舞蹈	地龙灯	04-1545	邓斌	男	82	湖北省来凤县
	高台舞狮	—	唐守义	男	72	重庆市彭水苗族土家族自治县
	土家族摆手舞	—	田仁信	男	80	湖南省湘西土家族苗族自治州
		—	张明光	男	75	
		04-1564	田景仁	男	71	重庆市酉阳土家族苗族自治县
		03-0918	田景民	男	71	
	土家族撒叶儿嗬	—	覃自友	男	72	湖北省长阳土家族自治县
		—	张言科	男	66	
	湘西土家族毛古斯舞	—	彭英威	男	80	湖南省湘西土家族苗族自治州
		04-1569	彭南京	男	72	
	肉连响	03-0935	吴修富	男	86	湖北省利川市

续表

项目类型	项目名称	编号	传承人	性别	年龄	申报地区或单位
传统戏剧	辰河高腔	—	陈刚	男	56	湖南省辰溪县
		—	向荣	男	78	湖南省泸溪县
	灯戏(恩施灯戏)	03-1070	孟永香	女	69	湖北省恩施市
	花灯戏(思南花灯戏)	—	秦治凤	女	52	贵州省思南县
		—	刘芳	女	51	
		04-1657	刘胜杨	男	78	
	傩戏	03-1074	蒋品三	男	89	湖北省恩施市
		—	张月福	男	63	贵州省德江县
传统美术	凤凰纸扎	03-1284	聂方俊	男	81	湖南省凤凰县
传统技艺	土家族织锦技艺	—	叶水云	女	47	湖南省湘西土家族苗族自治州
		—	刘代娥	女	59	
	蓝印花布印染技艺	03-1312	刘大炮	男	78	湖南省凤凰县
	土家族吊脚楼营造技艺	04-1933	万桃元	男	58	湖北省咸丰县
		04-1934	彭善尧	男	74	湖南省永顺县
民俗	秀山花灯	03-1468	石化明	男	82	重庆市秀山土家族苗族自治县
		03-1469	彭兴茂	男	—	

资料来源：年龄统计以官方公布为准，截至2014年12月31日。

湘、鄂、黔、渝四省（市）已公布的土家族省级非遗项目代表性传承人共计289人（见表4）。从各省（市）的总量和分布结构上看，湖北省土家族非遗省级代表性传承人最多，集中在传统音乐、传统舞蹈等优势项目上，且十大类均有代表性传承人，布局完整，覆盖全面；湖南省虽然总量不占优势，但其代表性传承人在十大类中分布均衡，尤其是传统体育、传统美术、传统医药和民俗在四省（市）中有代表性；重庆市在传统音乐和传统戏剧上有优势，但曲艺、传统美术、传统医药因缺少省级项目的支撑，其代表性传承人也相应欠缺；而贵州省不仅总量最少，还有6类非遗缺少省级代表性传承人。

根据表3和表4，结合我国当前对非遗传承人的相关政策，土家族非遗代表性传承人的发展现状具有以下三个特点。

其一，政府主导下的多级命名体系互为补充。各省（市）级代表性传承人对国家级名录起到了有效的补充和完善的作用。一方面，弥补了16个土家族非遗国家级项目缺少代表性传承人的缺憾。比如：南曲虽然是国家级项目，

表4 四省（市）土家族非遗省级项目代表性传承人统计

	总数(人)					122				
湖北省	第一批(人)	54		第二批(人)	27		第三批(人)		31	
	第四批(人)	10								
	民间文学	传统音乐	传统舞蹈	传统戏剧	曲艺	传统体育	传统美术	传统技艺	传统医药	民俗
	6	41	29	15	13	1	3	11	1	2
	总数(人)					56				
湖南省	第一批(人)	19		第二批(人)	17		第三批(人)		20	
	民间文学	传统音乐	传统舞蹈	传统戏剧	曲艺	传统体育	传统美术	传统技艺	传统医药	民俗
	11	12	8	4	2	2	5	9	1	2
	总数(人)					30				
贵州省	第一批(人)	8		第二批(人)	14		第三批(人)		8	
	民间文学	传统音乐	传统舞蹈	传统戏剧	曲艺	传统体育	传统美术	传统技艺	传统医药	民俗
	0	4	1	18	0	0	0	7	0	0
	总数(人)					81				
重庆市	第一批(人)	41		第二批(人)	26		第三批(人)		14	
	民间文学	传统音乐	传统舞蹈	传统戏剧	曲艺	传统体育	传统美术	传统技艺	传统医药	民俗
	5	34	10	15	0	2	0	10	0	5

资料来源：四省（市）公布的各批次代表性传承人名录，根据表2土家族省级非遗项目进行的统计。其中，部分省份公布了国家级项目的省级代表性传承人，一并统计到总数中。如：湖北省含下堡坪民间故事代表性传承人2人；重庆市含川江号子代表性传承人5人；湖南省含桑植民歌代表性传承人5人，土家族打溜子代表性传承人1人，土家族毛古斯代表性传承人3人，土家族织锦技艺代表性传承人3人。

但还没有命名代表性传承人，而湖北省已经命名了6名南曲的代表性传承人，很好地为南曲的保护发挥作用。另一方面，"截至2012年6月，此前公布的三批共1488位国家级非遗传承人中有133人已经去世"[①]。目前，已命名的土家族非遗国家级代表性传承人陈邦贵、蒋品三、石化明3人已相继去世。在世的40位传承人中70岁以上的25人，60岁以下的仅有6人，其中，都镇湾故事的代表性传承人孙家香已经95岁高龄，而最年轻的代表性传承人王爱民也已经43

---

① 《第四批国家级非遗项目代表性传承人名单公布》，《光明日报》2013年1月16日，第15版。

岁。而且，有13个国家级项目都只有1名国家级代表性传承人，且都年事已高。省级代表性传承人正好加强了土家族非遗代表性传承人年龄差异化和梯队发展建设。比如：湖南已命名桑植民歌省级代表性传承人5人；湖北、湖南、重庆命名的土家族吊脚楼营造技艺省级代表性传承人7人。

其二，探索建立多种形式的发展保护方式。除国家级和省级代表性传承人名录体系外，各土家族自治州（县）也通过命名、津贴补助等多种形式，探索推动土家族非遗传承人保护和发展的新方式。比如：恩施土家族苗族自治州持续开展了5次州级民间艺术大师寻访命名活动，共命名恩施州民间艺术大师48人，每人给予年补助津贴1200元；长阳县建立了县级领导联系文化人和优秀民间文化传承人制度，为县内40名优秀传承人建立个人档案，开展优秀民间艺人评选表彰活动，并通过拨出专款建立传习和传承基地，或下达事业编制解决后顾之忧等方式，鼓励传承人收徒授艺；贵州省制定了《贵州省非物质文化遗产保护发展规划》（2014～2020）、《贵州省推进职业院校民族民间文化传承创新工作实施办法》等，旨在通过鼓励传承人进学校等推动非遗教育和传承；重庆市印发了《重庆市非物质文化遗产代表性传承人扶助办法》；等等。

其三，传承人社会地位和文化自觉性不断提高。随着少数民族非遗文化受到越来越高的重视，土家族非遗代表性传承人也充分发挥了土家族文化传承的作用，通过参加艺术展演、旅游产品推介、创意产品研发等方式，获得了物质和精神的双重鼓励，也不断提高着自身的社会地位和文化自觉。比如：土家族国家级非遗土家族撒叶儿嗬省级代表性传承人谭学聪，参加央视青歌赛获原生态唱法金奖，被多次授予湖北优秀民族歌手、湖北省先进个人等荣誉称号，多次代表湖北省赴境内外开展文化交流和调演，作为年轻的土家族非遗传承人，他还开通了QQ、微博，积极对外开展土家族非遗文化的宣传。又如：土家族国家级非遗薅草锣鼓省级代表性传承人王爱民，由宜昌市解决其事业编制后，实现了从农民到一名专职民间艺术工作人员身份的转变，在2012年获得了第十届"山花奖"，担任了宜昌市政协委员，其两会提案就是关注非遗的传承与保护。

三 土家族非物质文化遗产传承和保护发展现状的不足

结合前述诸表，以及土家族非遗传承与保护的相关政策及研究情况，土家族非遗在传承和保护中还存在一些不足，主要表现为以下三个方面。

其一，非遗申报种类还不够齐全。土家族非遗虽然数量不少，但申报种类还不够齐全。一方面，与国家级非遗中苗医药、藏医药、瑶医药、蒙医药等具有鲜明的民族特色，并形成了一套民族医疗体系的项目相比，土家族在非遗传统医药类的代表性项目的确乏善可陈。首先，缺少传统医药类的国家级代表性非遗项目；其次，各省级非遗名录中传统医药类项目也仅有湖北、湖南各有1项，且民族性并不突出。甚至可以说，申报土家族非遗传统医药类国家级项目在一定时期内是难以实现的。另一方面，在统计的土家族国家级非遗（见表1）中明确以"土家族"命名的仅有10项，集中在民间文学、传统音乐、传统舞蹈和传统技艺类，其他项目均存在多民族共享的特质，尤其是传统体育游艺与杂技类的赛龙舟（Ⅵ—65）和传统美术类的凤凰纸扎（Ⅶ—66），是在民族文化交融中形成的多民族聚居区共享的非遗，赛龙舟更是汉族传统民俗在土家族地区的传播和变迁。严格意义上来说，它们不是土家族专有的文化遗产，就不能很好地反映土家族的民族特性。如果统计更为严格的话，可以说土家族非遗在传统体育、游艺与杂技类和传统美术类是没有国家级代表性项目的。

其二，区域文化发展还有一定差异。上述各表统计显示，土家族非遗在四省（市）区域文化发展中还存在一定的差异。一方面，行政区划及相关政策使土家族非遗产生差异。非遗传承与保护虽然有国家政策的指导，但具体的落实还是由各地方政府主导。因此，地方文化发展以及与之密切相关的教育、科研、经济等，都关系着土家族非遗的传承和保护。比如：湖北省是文化、教育和科研大省，作为其最重要的少数民族文化资源的土家族非遗，在数量、项目种类、科学研究和保护开发上，就明显走在了四省（市）的前列，形成了"长阳模式"，涌现了华中师范大学、中南民族大学、三峡大学、湖北民族学院等土家族文化研究中心，推出了土苗兄妹组合、撒叶儿嗬组合，打造了《龙船调》《巴山舞》等土家族非遗文化品牌。另一方面，对区域资源优势认知的不同使土家族非遗产生差异。以贵州省为例，省内世居少数民族就有17个之多，以苗、侗、彝、布依为代表的少数民族非遗资源丰富、特质突出、种类齐全，与此相比，土家族的资源优势的确并不突出。故而，该省土家族非遗的数量、种类、传承人等统计数据在四省（市）中始终处在较低水平。当然，这种早期工作重心的偏向，是受经济社会发展的影响，也是我国少数民族非遗抢救性保护的必然，正如梳理苗、侗、彝、布依等少数民族非遗发展现状时，贵州省的成果必然是十分丰硕和有代表性的。

其三，资源联动协调还不够强劲。从土家族非遗资源分布来看，既横跨了武陵山区和长江流域，又承接了中西部发展至关重要的四省（市），可以说土家族非遗的传承、保护和发展是中西部文化、经济、社会发展的重要资源，是历史赋予土家族地区和人民的文化财富。然而，"由于联动协调机制不健全，特别是在申报国家级非物质文化遗产名录的过程中，容易出现'撞车'、重复现象，导致资源浪费"[①] 这一情况在省级名录中依然十分明显。比如：同是土家族过舍巴日跳摆手，在湖南省非遗名录中归入民间文学类，命名为"土家族摆手歌"，湖北省、贵州省、重庆市将其归入传统舞蹈类，命名各不相同，分别为"土家族摆手舞"、"摆手舞"、"土家族摆手"，又如：土家族山歌、土家族吊脚楼制造技艺等等。这种情况不仅使土家族非遗文化受到人为的阻隔，也阻碍了地区间文化的交流和合作。

四 结语

目前，随着"武陵山区"和跨省协作创新等概念的提出，以及我国非遗保护工作对少数民族文化遗产的愈加重视，土家族非遗的传承和保护必将迎来新的机遇和挑战，也势必成为土家族地区全面建设小康社会和构建和谐社会的重要资源红利，甚至转换为文化创新红利。因此，在现有土家族非遗资源优势基础上，一方面，应继续加强非遗申报工作，齐全非遗种类建设，建设土家族非遗文化资源库；另一方面，应构建武陵山区土家族非遗文化发展联动协调机制，整合区域土家族非遗资源优势，化零为整；加强区域文化、教育和科研交流与合作，强强联合，强弱互助，促进土家族非遗文化的整体协调平衡发展。

---

① 石亚洲：《土家族非物质文化遗产保护的思考》，《中南民族大学学报》（人文社会科学版）2008年第3期。

B.13
侗族大歌生成新探*

龙昭宝**

摘　要： 大歌是流传于侗族南部地区一种古老的支声复调音乐艺术。其生成与侗族独特的社会历史生活密切关联，款组织提供了地域空间，才智竞争提供了精神动力，文化创新是内在机制，多声部的产生与偶然性有关。历史表明，文化创新是侗族大歌得以生成的关键所在，传承后世也需如此。

关键词： 侗族大歌　款组织　才智竞争　文化创新

"嘎老"是侗族南部地区对流传当地古老的多声部合唱艺术的民间称谓，学界根据字面意思直译成"大歌"。从薛良1953年在《人民音乐》上发表的《侗族民间音乐的简要介绍》算起，至今学界对侗族大歌的关注研究已经走过了60个年头。现在侗族大歌已成了世界级的非物质文化遗产，如今重新追溯该音乐艺术的发展历史，薛良的"大歌"直译影响深远，《人民音乐》的对外宣传功不可没，二者对侗族大歌逐渐闻名于世起到了基础性作用。60年间，侗族大歌如何生成一直是学者们长期关注的焦点，归纳起来有四种代表性观点：一是"模拟自然声响说"（张勇[①]、杨昌国[②]、吴浩及张泽忠[③]）；二是

---

* 本文为国家社科基金重大招标项目"黔湘桂边区汉字记录少数民族语言文献分类搜集整理研究"（项目编号：12&ZD181）阶段性成果。
** 龙昭宝，侗族，贵州民族大学民族文化艺术研究院副研究员，贵州民族大学侗学研究中心主任，研究方向：侗族文化及文学。
① 张勇：《嘎老——侗族大歌简介》，《贵州民族研究》1982年第1期。
② 杨昌国：《侗族大歌浅议》，《贵州民族研究》1988年第1期。
③ 吴浩、张泽忠：《侗族歌谣研究》，广西人民出版社，1991，第14页。

"语言、风情习俗及民族器乐影响说"（王承祖）①；三是"源于原始耶及古歌说"（石家国②、杨方刚③）；四是"自然及人文环境影响说"（赵媛④、刘亚虎⑤）。这些观点可谓见仁见智，因为在中国古代的典籍中没有关于侗族大歌确切的记载，无法认定它产生的具体年代，所以学界关于这一民间艺术的形成研究只能依靠侗族的生存环境进行假设和推断。那么，除了上述的相关因素之外，还有其他因素吗？本文结合侗族的社会历史以及大歌的流传区域，尝试对此问题进行新的探索，希望能起到他山之石可以攻玉之效。

一　侗族大歌与款组织

从地理空间来看，侗族大歌流传的中心区为今黎平、从江两县毗邻的六洞、九洞、十洞、千七、千五、千三、千二、二千九、四脚牛等地，边缘区是广西三江侗族自治县的溶江河沿岸和榕江县的苗兰、宰荡、加所等地。⑥ 前文提到的"六洞"、"九洞""十洞"直至"四脚牛"是什么意思呢？这些地名指的是侗族古代款组织辐射到的区域。"款"在侗语中读作"Kuan"，最初有"一片"、"一带"、"一起的"、"连片的"、"联盟的"等含义。⑦ "洞"与"款"同义，而"六"、"九"、"十"、"千七"等数字表示数量，如"六洞"则表示六个较小的款组织联合在一起，"千七"表示有一千七百户构成一个款组织。明代刘钦的《渠阳边防考》对侗族古代的合款情形有简要描述："其曰峒蛮者……皆从古无大豪长，或千人团哗，百人合款，纷纷籍籍，不相兼统……徒以盟诅要约，终无法制相縻。"清代徐家干的《苗疆闻见录》对"四脚牛"解释道："地名四脚牛，初不知何义，即执苗人问之。凡地方有事，须

---

① 王承祖：《试论侗族大歌复调的形成与发展》，《贵州民族研究》1984 年第 2 期。
② 石家国：《侗族大歌来源新探》，《贵州民族学院学报》2000 年第 2 期。
③ 杨方刚：《文化基因与社会条件——侗族大歌多声成因一说》，《贵州民族学院学报》2001年第 1 期。
④ 赵媛：《侗族大歌生态研究》，《贵州民族大学学报》2000 年第 2 期。
⑤ 刘亚虎主编《天籁之音侗族大歌》，黑龙江人民出版社，2005，第 24 页。
⑥ 张勇：《侗族艺苑探寻》，贵州民族出版社，2010，第 50 页。
⑦ 石开忠：《侗族款组织及其变迁研究》，民族出版社，2009，第 47 页。

合众会议者,则屠牛分四脚传之以为约,因即以四脚牛名。曰水口,曰南江,曰古帮,曰高岩,号称四脚首寨,余各随所近者附之。主其寨也皆称曰'公头',而首寨公头尤见尊大。牛传毕至,相应如响。"侗族款组织的形成与发展与历代中央王朝对侗族地区的统治政策有关。侗族的款组织形成于原始社会时期部落联盟的基础上,因远离国家政治、经济及文化中心,为了生存以及种族的延续,先祖们以村寨为单位相互结盟,对外协同防御自然灾害以及外敌入侵,对内制定规约共同遵守规范人伦和生活秩序。中国历代中央王朝对这一区域的羁縻政策为侗族款组织的发展延续提供了较为宽松的政治环境。

图1 侗寨中的鼓楼是大歌的展演空间,摄于从江县高增乡岜扒村

那么侗族大歌的生成与款有何关系?上文讲明,"款"是侗人在历史进程中自然形成的一种民主自治组织,民间根据处罚程度的重轻将款约称为"阴规"、"阳规"和"威规"。"阴规"指处以极刑的条规,处罚范围涉及掘祖坟、偷盗、抢劫、乱伦、拐骗、敲诈六个方面。"阳规"指极刑以外的各种条规,处罚范围涉及行为不轨、未婚先孕而悔婚、背地私通、小偷小摸、偷放田水等方面。"威规"指以劝诫教育为主的条规,涉及造谣、找碴、举止粗鲁、家庭不团结、窝藏罪犯、违反条规等方面。① 为了及时地向广大民众传达各种规约,款首或者寨老们多在春秋两季,即"二月约青"、"八月约黄"集会讲款,②与此同时还举行斗牛、唱歌、吹芦笙等其他娱乐活动(见图1)。比较而言,侗族款组织的形成早于大歌,前者以及聚众讲款、娱乐活动为后者的集体歌唱以及传播提供了契机。可以说,侗款是大歌得以生成的社会基础,后者是前者的产物之一,大歌流传区域与侗款结盟区域的重合说明了这一点。

---

① 吴浩、梁杏云主编《侗族款词》(下),广西民族出版社,2009,第191~338页。
② 吴浩、梁杏云主编《侗族款词》(下),广西民族出版社,2009,第444~466页。

二 侗族大歌与才智竞争

  侗族村寨之间结成联盟关系之后须经常进行交流才能增加了解与互信，因此彼此间的你来我往也就催生出了盛行于南部方言区的集体交往习俗，侗语称为"月也"，汉译为"吃相思"，主要有唱歌、跳芦笙、唱戏、踩歌堂等活动，有的村寨甚至通过"月也"活动形成了固定的婚姻圈。总的说来，"月也"习俗中的各种文艺活动表层上是以娱乐为主，实质上是主、客寨之间的才智竞争，是村寨文化传统的比较。就以唱歌为例，传统社会里，鼓楼对唱大歌表面看来是在娱乐，但实质上是主客队的赛歌行为和才艺展示，比的是双方曲库的丰富程度。因为歌队代表的是村寨的形象与荣誉，从某种程度而言，鼓楼里的大歌展示从开始至结束都暗含竞争性质，尤其是拟音歌、叙事歌、劝诫歌、时政歌的展演，更能体现歌队的歌唱素养以及文化传统。和其他歌类不同的是，大歌是集体合唱，而且是多声部，不仅要求每位成员熟练掌握曲调及歌词，还要彼此配合默契，谁领头、谁唱高音部、谁唱低音部都须分工明确。对歌的双方和围观的听众长期处于此种文化熏陶中，孰优孰劣通过歌声亦能分得清楚，现场观众的反应程度以及社会评价的高低会使歌手们在每一次鼓楼对歌的时候精心准备，从容应对，力争在相互答唱中以优异的表现博得满堂喝彩。同时，"月也"活动也为侗族青年男女提供了择偶的又一机会，对那些待婚青年而言，不仅是来对歌，也是来会友，表现是否优劣都能在对方的心里留下印象，而旁听观众的品评更能促使表现突出的歌手在爱情跑道上处于领先位置。这种在公共领域里的择偶行为对侗族女性而言尤其重要，因为在此场合她们不仅可以通过歌声来展示自己的才智，也可以通过服饰来展现自己的贤惠，希望获得舆论支持以摆脱"女还舅门"的传统婚姻制度，从而找到婚姻幸福。这也使不同村寨间的联姻成为可能，能够加深彼此的盟友关系，促使两地"月也"活动世代沿袭。

  冰冻三尺，非一日之寒。歌队若想在鼓楼对歌中有优异表现，平日里的辛苦练习必不可少。这一重任也就落在了歌师的肩上，他（她）们不仅要负责组建和训练不同年龄阶段的男女歌队，还要创作出许多不同主题的歌词教会歌手以备不时之需。鼓楼对歌主要以青年歌队为主，而这也是歌师们需重点培养

图2 鼓楼里的大歌展演场景（摄于榕江县宰麻乡宰荡上寨）

的对象。歌队组成后，歌师们就要在队员中培养1~3个声音好、记性好、悟性高的固定唱高声部的歌手，其他人都唱低声部。歌师训练时，先教歌词，让队员把需在鼓楼里对唱的歌曲烂熟于心；然后教曲调，先教低声部，让大家掌握轮流换气以及保持声音平稳的技巧，之后是教唱高声部的队员如何在低声部的基础上唱高声部；最后是教两个声部合唱，让歌手们熟悉自己的职责以及熟练配合。比较而言，男歌队的组建相对女歌队要容易些，他们一旦组成便是一个固定的团体，从小至老不易变动；但女孩面临出嫁组建家庭的问题，婚后自然解散使得青年女歌队需重新组织和训练，这一任务也就落在了少年女歌队的身上。不同年龄阶段歌队的接班与训练，体现了大歌符合规律的培养人才机制。因此鼓楼对歌，不仅是两个村寨的荣誉问题，也是歌师之间的一种较量。以今证古，集体交往中赛歌展艺的竞争性质为大歌的生成提供了精神动力（见图2）。

三 侗族大歌与文化创新

侗族大歌的艺术魅力主要在于"支声复调"的音乐特征，学界对此所开展的相关研究另一兴趣点在于为什么只有200多万人的侗族，在穷乡僻壤中能够创造出如此杰出的音乐艺术，并能打破西方关于"中国没有复调音乐"的偏见。许多学者从侗族的生活环境入手，认为自然及文化生态起了推动作用。但是，与侗族大杂居的苗族以及其他少数民族同是稻耕民族，生活在相似的生活环境中，为什么没有自己的复调音乐呢？从更为广阔的范围而言，壮族、布依族及仫佬族也存在多声部民歌。[1] 这些民族都有自己相对集中的生存空间以及生活范围，彼此间并没有交叉重叠。那么，这些多声部民歌是如何形成的？樊祖荫认为这些存在多声部的民族在族源历史上存在渊源联系（同属于一个

---

[1] 樊祖荫：《论壮侗语族诸民族的多声部民歌》，《中央音乐学院学报》1994年第1期。

语系),如集体社交活动和礼俗活动,以及共同的歌唱习俗。① 此种解释只是涉及了多声部民歌的文化生态,即把相似的文化模式放置于相似的文化生态中进行考虑,未能解释文化差异性的真正原因。本文认为这与文化创新有关,而文化创新中的偶然因素不容忽视。

在人类学家看来,没有哪一种文化是一成不变的,只是在一个稳定的社会里,文化变迁的速度相对缓慢些。美国著名的人类学家哈维兰指出:"所有变迁的终极来源都是创新,创新是指在一个群体内部得到广泛接受的任何新的做法、工具或原理。我们把那些涉及对一个新原理的偶然发现的活动叫作首次创新(primary innovations),而把那些由对已知原理的有意应用而产生的事物

图3 舞台上的大歌展演(2014年7月5日摄于贵阳国际会议中心)

叫作二次创新(secondary innovations)。"② "带来首次创新的那些偶发事件,并不是环境变化或某些其他'需要'导致的,它们也并非总是以调适方向为优先取向的。它们是文化脉络赋予的既定结构。"③ 对侗族大歌而言,多声部的产生源于文化变迁的首次创新,而这深深植根于侗族历史悠久的歌谣文化。在无文字的社会里,侗族依靠歌谣来传播族源历史、生存手段、生活经验、情感需求,故而形成了丰富多样的歌谣文化。也许在某一次集体歌唱的时候声音并不统一,有高有低,但这个被认为是失误的地方反而带来了新的听觉效果,于是被富有音乐感的民间精英迅速捕捉,并有意识地反复实践,继而被其他团体广泛接受,多声部民歌也就产生了(见图3)。马克思曾精辟地指出"偶然性"在社会发展中的作用:"如果'偶然性'不起任何作用的话,那么世界历史就会带有非常神秘的性质。这些偶然性本身自然纳入总的发展过程中,并且

---

① 樊祖荫:《论壮侗语族诸民族的多声部民歌》,《中央音乐学院学报》1994年第1期。
② 〔美〕威廉·A. 哈维兰著,瞿铁鹏、张钰译:《文化人类学》(第十版),上海社会科学院出版社,2006,第457页。
③ 〔美〕威廉·A. 哈维兰著,瞿铁鹏、张钰译:《文化人类学》(第十版),上海社会科学院出版社,2006,第458页。

为其他偶然性所补偿。但发展的加速和延缓在很大程度上是取决于这些'偶然性'的,其中也包括一开始就站在运动最前面的那些人物的性格这样一种'偶然情况'。"① 在民间,侗族大歌只有两个声部,有着较为统一的唱法,这说明偶然性不是时常发生的,有着具体的刺激点。现在舞台上展演的侗族大歌有男女混声唱以及2~3个声部,这都是音乐工作者在新中国成立之后的一种"二次创新"。侗族大歌多声部的产生虽然源于偶然性,但也意味着是一种必然,这种必然就是文化创新。

四 结语

侗族大歌在历史长河中如何生成至今仍是一个谜,本文对此展开的研究只能是一种假设,但可以肯定的是,作为一种杰出的民间合唱艺术,大歌的生成与侗族的社会历史生活密切关联,多声部的音乐特征之产生虽然源于偶然性,但文化创新却是一种必然。进入21世纪以来,随着文化生态的急剧变化,谁来唱大歌、谁来听大歌成了一种普遍的文化传承焦虑。鉴古知今,在现代化的语境中,侗族大歌在歌词内容、语言形式、传承方式等方面也要进行创新,让它走进寻常百姓之家,这样此种世界级的非物质文化遗产在未来方能获得更多的群众基础以及文化认同。

---

① 高哲编《马克思恩格斯要论精选》,中央编译出版社,2000,第73~74页。

B.14
苗族蜡染的梯度开发研究
——兼论工艺美术类非遗的生产性保护

张 池*

摘　要： 苗族蜡染是具有苗族文化特色的非物质文化遗产。它源于田野，将麻布、棉布、蜂蜡等原料手工绘制成图。随着时代的发展，苗族人尝试让历史悠久的蜡染技艺走向市场，宁航公司是这一领域的先行者。本文通过对该公司的蜡染生产方式、传承形式和开发模式等内容的调查，试图深入探讨传统工艺美术类非遗的保护和开发。因此，传统工艺美术类非遗的发展必须以生产性保护为核心，以梯度开发为手段，才能合理而有效地解决传承保护和商业开发之间的矛盾。

关键词： 传统工艺美术　非物质文化遗产　生产性保护　梯度开发

　　长期以来，我国政府对非物质文化遗产（以下简称"非遗"）的传承工作都十分重视，提出了"保护为主、抢救第一，合理利用、传承发展"的方针，大力实行保护与开发并重的策略。在国家的支持下，非遗的一个门类——传统工艺美术类非遗，也得到了较大发展。但在现代化浪潮的冲击下，一些地方对这一门类非遗的保护与开发工作应对不足，或过于强调创新而脱离了传统特色，或过于保守而未能充分实现其市场价值。如何更好地使传统工艺美术类非遗的保护和开发协调发展呢？面对这一问题，学术界尝试寻找新的理论来指导

---

* 张池，贵州省黔南布依族苗族自治州州委党校讲师，研究方向：民族文化遗产与文化产业。

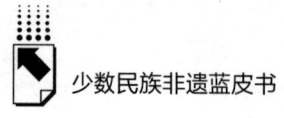

当前的工作,"生产性保护"与"梯度开发"这两个概念应运而生。

传统工艺美术技艺的保护与开发本身就是一种矛盾,而怎样处理这个矛盾成了学术界探索的课题。关于保护,学者们总结出了各具特色的保护方式,王英杰认为:"目前我国在非物质文化遗产保护领域主要有三种保护方式,即'抢救性保护'、'整体性保护'和'生产性保护'。"其中非遗的"生产性保护"是指在具有生产性质的实践过程中,以保护非遗的真实性、整体性和传承性为核心,以传承非物质文化遗产为前提,借助生产、流通、销售等手段,将非物质文化遗产资源转化成文化产品的保护方式。黄永林站在传承人的角度提出:"从静态到活态,再到生产性保护是传承人保护的发展趋势。"而关于开发,学术界也有较多元的看法,梯度开发是其中较新的思路。苑利对工艺美术类遗产开发路径做了深刻的研究,他表明:"家庭作坊式的传统经营对产品开发的力度往往十分有限,一旦进入规模化经营各种压力势必会迫使企业加大开发力度……一个产品一旦立项经营,以下五个梯度的开发是不能不考虑的。"他进一步确定梯度开发的概念为:"一度开发,是指按照产品原有的样子进行的原汁原味的复制过程。二度开发,是指在使用原料不变的情况下,根据旅游以及现代审美需求对产品体量所实施的变量开发。三度开发,是指在保留物件原有形态的基础上,对产品实施的质(材质)与量(体积)的同步改造。四度开发,是指根据'去粗取精'原则,在保留原物精华部分的基础上,对原物品所实施的选择性开发。五度开发,是对文化遗产所进行的更深程度的开发。"

尽管学术界对这两个概念分别做了较为深入的探讨并确立了相应的原则,但似乎并没有系统地将其联系起来。这两个概念能否有机结合?这种结合能否指导我们传统工艺美术类非遗的保护和开发工作?笔者尝试用丹寨县宁航公司的苗族蜡染技艺开发来论证。

一 宁航蜡染技艺的生产模式

丹寨县位于贵州省黔东南苗族侗族自治州,其北靠凯里市,东接雷山县;南抵三都水族自治县,西交都匀市和麻江县。苗族为该县主体民族,占总人口的85.57%。因为历史上交通不便,所以这里至今较好地保存着浓郁的民族文化。当地的皮纸制作技艺、苗族贾里、苗族蜡染技艺等非遗已经入选各批次国家级非遗名录，更有不少非遗入选省、州和县级非遗名录。随着改革开放的不断深入，丹寨县的一些传统技艺试图走上市场化的道路，由此出现了与自然传承不同的发展局面，其中当地的苗族蜡染技艺就具有一定的代表性。

丹寨县蜡染工艺分布广泛、历史悠久，许多村子都保存有各具特色的制作流程，在众多场合，当地人都使用蜡染制品。"据《贵州通志》记载，历史上包括苗族在内的各族人民都有'用蜡绘花于布而染之，既去蜡，则花纹如绣'的工艺。"在村落里，蜡染的制作基本上以家庭（或家族）为单位，女性家庭成员为主要生产者。她们从小就在母亲和女性亲属的传授下习得该技艺，生产出来的产品既自家使用又在集市出售。同时，在婚丧嫁娶、岁时节庆等特殊场合丹寨人都会使用各种蜡染制品。可以说，蜡染技艺已经深深地影响了当地人的生活。

虽然蜡染技艺在丹寨的许多村落还有传承，但是随着市场经济的发展，当地出现了"蜡染公司"这种新鲜事物。在丹寨县城就有一家宁航蜡染公司，它试图将传统的生产技艺与市场化的发展方式结合起来。

宁航公司全称是"贵州丹寨宁航蜡染有限公司"，在当地较有名气。总经理NJ来自安徽省池州市，2009年初她到西江旅游时见识到丹寨蜡染的魅力，从此喜欢上了这一传统技艺并很快独自来到丹寨县开办了宁航蜡染公司。虽然公司开办之初处于亏损状态，但随着经营的不断完善和市场渠道的开拓，目前它已经收支平衡并将很快盈利。笔者了解到公司现有三种销售渠道：政府和单位的礼品采购、网络销售和实体店销售。第一种渠道是NJ通过几年努力加强与政府联系而建立起来的稳定的市场合作关系，蜡染成了政府部门馈赠来宾的地方特色产品；第二种渠道指在某些大型网络营销平台建立的"网店"式营销模式；第三种渠道则依赖于公司现有和未来要开设的实体店。这三种营销渠道构成了宁航蜡染公司多元化的市场营销路径。

宁航公司采用的蜡染技艺基本上还是古法。在材料选择上：布料多采用麻布、棉布和蚕丝等，目标人群不同，材质档次也不同；制作工具包括铜刀、小火炉、油漆罐、染缸等；而消耗品包括蓝靛（板蓝根）和蜂蜡之类。从制作技艺看，NJ介绍主要有两种蜡染方式：一种是蜡画，即用铜刀直接蘸热蜡在布匹上作画，不经过染色等程序。这种生产技艺方便、快捷，是简单的蜡染方式;另一种是纯蜡染法,制作者首先在画布上构好图,然后用黑色蜂蜡填满图案。接下来她将画布放入蓝靛染缸里染色和自然风干。染色次数越多,画布颜色越深,而不同的部分也可采用不同的染色方式。最后,制作者将蜡布风干后放到清水锅里煮,这时先前涂好的黑蜡就脱落溶入水中,呈现蓝底白纹的艺术效果。因工序和耗费工时的差别,蜡染的成品会体现不同的价格。蜡画相对较便宜,一张 1 平方米的蜡画桌布约合人民币 50 元,而蜡染制品则有数百元甚至上万元。

笔者在调查时注意到宁航公司正尝试用原生态的方式实现蜡染的商业化。在制作车间,外来者进门就能看到 10 多个身着民族服装的中老年妇女认真地进行创作。她们的创作完全处于一种真实而随意的状态:有的人背着熟睡的孩子作画,有的人为了让自己舒服尽可能地选择慵懒的坐姿,有的人则边闲聊边作画。这种状态使创作者全身心地创作,享受着工作的乐趣而忘却了养家糊口的压力。据 NJ 介绍,公司专门聘请了两名国家级蜡染非遗传承人及若干名各级非遗传承人现场创作。这些人成长在田野,深受当地民族文化的熏陶,熟练地掌握了蜡染技艺。公司将她们请来制作蜡染,让她们充分发挥特长。同时,公司免费提供食宿,以基本工资加绩效的方式发放薪酬。NJ 认为,只有满足她们的心理价位,让她们不用担心收入,才可创作出真正体现自己内心想法的创意之作。除了完善的收入机制,宁航还实行民主的管理方式,即公司不干涉制作者的创作,后者完全能按照自己的意图随意发挥。她们做简单的蜡画,也经常合伙设计复杂的蜡染。制作者的创作思维犹如天马行空,艺术作品造型夸张而活泼,极具民族文化内涵。作品既有反映洪水故事、蝴蝶妈妈等苗族神话的创作;也有苗龙、花朵、苗人等纯粹的艺术形象;还有外来文化如凤凰、汉字等。自由地创作保证了作品的质量,为梯度开发提供了可能,也间接提高了制作者的收入:因为绩效提成由手工艺的复杂程度、件数和作画的范围决定。

值得注意的是,宁航公司还以提供食宿的方式邀请传承人的子女参与创作,这些孩子们利用寒暑假的空闲向母亲学习蜡染技艺。列维·斯特劳斯曾写道:"把共同体的所有传统和哲学烙到头脑里去。"通过技艺的传承,后代接受了祖先的文化。他们学习到蜡染图案的符号象征意义、民族的文化特征,并强化了民族认同。另外,因为宁航公司在网络上有一定名气,所以吸引了不少外来者前来学习,笔者在调查期间注意到学习者中有大学生、上班族甚至还有外国人。当笔者询问NJ是否担心外国人把丹寨苗族蜡染技艺带出国使用的问题，她的回答是："不怕，欢迎大家来学，不分国界。"

二 宁航蜡染技艺的梯度开发

从以上描述我们可以发现，宁航基本坚持了传统的制作技艺，同时给予传承人极大的自由发挥空间。在此基础上，公司努力让有兴趣者和传承人后代参与学习，保持蜡染技艺传承的连续性。相对于很多村落里遇到的传承难的问题，这无疑是一种创新。这一现象紧密契合生产性保护的核心：传承与转化，完全符合其解释。由此可见，传统工艺美术类遗产如果实施产业化经营，生产性保护无疑是保持非遗传承的一种有效路径。由于聘请的传承人在生产实践过程中运用着相对原生态的工艺，并进行了有意识的传承活动，宁航的蜡染技艺才较好地保持了真实性、整体性和传承性，并能有效地生产富含苗族文化气质的蜡染制品。所以，如果在保持传统技艺的基础上进行梯度开发，能很大程度地保存艺术品的原有属性并带有创新性，这就是生产性保护在工艺美术类非遗技艺中的实践。借用苑利的梯度开发理念，从公司产品的角度进行分析，能看到传承人在现代生产理念的影响下已经具备对传统技艺实施梯度开发的意识，无论是蜡染产品的材质、尺寸，还是艺术形象、产品造型等都各有特点，多维度开发层次分明。

（一）传统工艺美术类遗产的浅开发

浅开发是传统工艺美术类遗产最基本、最常见的一种开发模式。在宁航，用传统蜡染工艺制作的桌布、手帕、头巾等既可以日常使用，也可以做收藏、观赏。如生产一块桌布，手艺人首先要按需求决定蜡画和蜡染的选择，接着进行传统技艺流程的制作，最后将做好的蜡染成品按照客户需求用缝纫机裁剪、修边（见图1）。在浅开发中，除了最后的修饰工序使用现代机

图1 小型蜡染餐桌布

械外，其余工序均遵循古法。不过与流传乡野的蜡染制作不同，这里的人们进行着批量生产，追求数量和质量优势。这些工艺品确保了制作工艺、风格式样和选料等内容的原汁原味，但同时以市场需求为导向，实现了从家庭式生产向规模化的公司（工厂）经营的转变。简言之，传统工艺美术类产品的浅开发是在现代规模化生产理念指导下的传统工艺生产过程，这种过程既追求产品的原真性，也通过集约化生产追求数量和质量上的提高。

（二）传统工艺美术类遗产的次级变量开发

次级开发是此类遗产的二度进阶变量开发模式。制作者尝试将蜡染制品的大小进行调整，产品规格不一。较常见的有长度超过三米、宽度超过一米的大型蜡染条幅（鼓藏幡），这种制品体积较大，可以挂在家中做装饰（见图2）。更大的还有蜡染制成的地毯，很好地满足了现代人在家居装潢方面返璞归真的心理需求。为了制作这些产品，公司需要提前定制大小确定的布料，然后若干人协力制成产品。再如，公司的展览厅内也有将蜡染体积缩小制成的手帕、披肩和头巾，这种产品对现代人有一定的吸引力。这类产品虽然体积不大，但也让匠人费尽心思于其上，力求精致、美观，非很短时间内就能完成。在西江、凤凰和镇远等周边旅游区，蜡染的手帕和头巾深受游客特别是年轻女性的欢迎，她们喜欢在旅游时披上头巾和披肩，以显示自己风姿绰约。宁航深知这一点，规模化生产这一系列产品并力图销往各大旅游景点。相对传统的蜡染需求，这一级的开发既追求数量，也强调规格的变化，可大可小；更能调动数量可观的杰出匠人集体创作，以制出世所罕见的壮丽工艺品。次级变量开发，已经是传统工艺美术类遗产的较高水平的开发，与民间制成品的差异较大，凝聚了众多或单个匠人的心血。

图2 小型鼓藏幡

（三）传统工艺美术类遗产的中级开发

这是较为常见的开发。在这一级的开发中，生产者已经开始改造产品的质与量。如前面提到的条幅，制作者可以运用传统装裱技艺将其加工成蜡染画；也能制作不同规格的木质蜡染屏风；小型的蜡染，则被装裱成小型的蜡染家居挂画，这些都是简单的中级开发。在宁航公司的展厅里，笔者注意到一些复杂的中级开发产品，有枕头、伞、蜡染服饰、鸟笼罩等，笔者认为有必要对这一级的产品做一个简单描述（见图3、图4和图5）。

以蜡染服饰为例，这是宁航产量较大、种类较多的一类产品，包括内衣、外衣、旗袍和肚兜等。旗袍长短有别，有立领、圆领之分，领子会缝上珍珠串（有的用塑料珠子代替），领口的开胸度也有差别。而衣服纹路以凤凰、花、蜈蚣苗龙和蝴蝶为主，蜡染纹路随意，富有苗族特色。男、女式上衫造型基本一致。值得注意的是，上衫的扣子出现了两种款式：一种是直排古式绳盘扣；一种是左衽式盘扣，领口从右肩开到左腋窝处，扣子为绳扣或塑料扣。历史上，汉族人的服装多为右衽（寿衣和某些女式服装除外），少数民族服装则为左衽，左右衽之别在过去是"夷夏之别"的典型象征。从这一细节来看，蜡染师很好地保持了少数民族服饰的文化象征。肚兜之类则以蜡染布料为主，周围用红绳之类串接而成。总体来看，蜡染服饰既强调保留传统文化的特征，也力求渗透现代审美造型艺术。

此外，展厅里还有大小不一、材质不同的伞，以及结合当地养鸟习俗而设计的鸟笼罩。由于运用了不同的制作技艺和材料，这些物品观赏价值是大于实用价值的。此即传统工艺美术类遗产中级（三度）开发的典型代表：传统材料与新材料的创意结合，既传统又现代。同时，材质不同，体积也各有不同。另外，制作这些产品不仅用到传统蜡染技艺，还要求制作者熟练掌握现代电动缝纫机技术。因为传统的缝纫裁剪费时费力，不符合大规模生产的数量要求，而且还可能对产品的尺寸、造型等要素造成偏差，所以宁航公司大量使用缝纫机对蜡染品进行深加工。蜡染工匠在自己生活的村落里很少使用缝纫机，到了宁航后都学会了这一现代加工技艺。不过，缝纫的工作很多时候改由其他专职工匠来完成。

（四）传统工艺美术类遗产的深层次开发

相对于前三种开发，这一级的开发已经开始尝试艺术化的加工，秉承的是"去粗取精"的原则。笔者认为，深层次开发的本质即取原来的艺术造型和技

图 3　蜡染伞

图 4　蜡染鸟笼罩

图 5　装框的蜡染凤凰

艺的一部分重新加工。以宁航公司展厅的凤凰图为例，该蜡染图采用了传统的蜡染技法，不做底色，类似于蜡画。工匠预先在布料上凭感觉打好底图——凤凰与云纹。展翅的凤凰身体在下，尾翼在上，整个身体盘成圆形。这张图还是采用丹寨传统蜡染技法——工匠不依靠工具而凭感觉勾勒出凤凰和云纹。但是，凤凰的形象却与传统中国画里的凤凰形象一致，云纹也是如此。凤凰图完成后，艺术家们也不是用传统的装裱技术将图裱起来，而是使用了西式木质相框。这一切都说明来自田野的艺术家们逐渐与汉文化和其他外来文化交流，这种交流影响了他们的创作风格并使他们有意识地创新。蜡染创作者可以画凤凰图，同样也可以画米老鼠、火影忍者或者喜羊羊，抑或其他现代的艺术形象。这一级开发保留了传统蜡染的精华，其精华可以是一部分技艺，也可以是以往的一部分艺术形象，从而在此基础上做适当的选择性开发。

（五）传统工艺美术类遗产的变体开发

苑利以"钧窑开片声做成唱片销售，以满足听众对悦耳声音的追求"的案例来说明五度开发的内涵。在宁航，一些外来客前来学习蜡染技艺，而蜡染产品的价值对他们却没多大吸引力。此时，蜡染技艺成了商品，他们追求的不只是学到这门技艺，还有学习的乐趣。笔者注意到，有的人能连续几天在染坊里染色，有的人喜欢从早到晚作画，这说明他们陶醉于此。他们吃住在丹寨，也在一定程度上带动当地的市场经济。当他们离开时，也会随心意给公司支付费用，甚至有时还会给手艺人一些小费。一般来说，外来客们在丹寨时各种开销比单纯买卖蜡染制品的利润高得多。从产品到技艺的体验，实现从物质制作到精神享受的再开发，此即最终极的开发（见图6）。

以上所述可以看出，宁航的梯度开发有着从物质生产向非物质生产转化的趋势。如果说前四级的开发还依靠传承人的手艺来实现的话，那么随着开发的深入，到第五级开发时，材料、传承人的技艺等因素已经不那么重要了。这个时候的生产有了文化产业的特征：以知识技能为卖点，在消

图6　外籍蜡染学习者

耗最小自然资源的基础上实现最大化的文化财富效应。本雅明在评价"机器时代"时认为："艺术作品在原则上总是可复制的，人所制作的东西总是可被仿造的。"与工业时代的"机器复制"模式不同的是：梯度开发是一种创意产业，创新思维的体现越多，独特性就越强，最终实现互动性和虚拟性。这也是一种难以被仿造、能保持知识的独占性的开发模式。以梯度开发来实现非遗的保护，正符合"将非物质文化遗产资源转化成文化产品"的生产性保护理念。

三　基于生产性保护的梯度开发设想

佟玉权认为："非物质文化遗产的生产性保护是将非物质文化遗产引入市场，通过文化产品的开发，满足社会需要，以达到传承文化与发展经济双重目的的文化遗产保护与利用形式。""生产性保护"这个概念最初由王文章先生于2006年提出，2009年2月在"非物质文化遗产生产性方式保护论坛"上成形，其相对新颖。文化部在《关于加强非物质文化遗产生产性保护的指导意见》中明确指出："目前，这一保护方式主要是在传统技艺、传统美术和传统医药药物炮制类非物质文化遗产领域实施。"这三个类别中传统美术即传统工艺美术类遗产，说明生产性保护的对象都是带有生产性质的。而"梯度开发"是一个由苑利提出的新概念，现阶段也主要应用于传统工艺美术类遗产。从定

义来看梯度开发和生产性保护的对象有着一致性,所以基于生产性保护的梯度开发主要指传统工艺美术类非遗的开发。因此,笔者认为将生产性保护和梯度开发有机结合能更好地处理传统工艺美术类非遗的保护和开发之间的矛盾。

(一)以生产性保护三原则为核心的梯度开发

不管是传统的家族型产业模式还是现代化的企业流水线生产模式,工艺美术类非遗的价值都要通过不断的生产实践去体现。随着现代化进程的加快和市场化的影响,有些家族作坊的产品或质量参差不齐,或产量不高,或偏离传统风格;而有些企业"机器复制"的产品保质保量,却风格雷同。这一系列问题影响了传统工艺美术的良性发展和审美价值的保存。如果这一类非遗要很好地发展,就必须要实现与生产性保护的"真实性、整体性和传承性"三原则相结合的梯度开发。

图7 百苗图

真实性也叫原真性,即"要保护原生的、本来的、真实的历史原物,保护它所遗存的全部历史文化信息"。不管哪一级的梯度开发,都需遵循真实性原则。宁航蜡染的前三个梯度的开发通过艺术设计、制作技艺和原料选用等生产要素的灵活运用来原汁原味地表现苗族传统文化。如公司曾组织10多名非遗传承人历时7个多月绘制了一幅《百苗图》,该图生动而真实地表现了众多苗族支系的日常生活、婚丧嫁娶和岁时节庆等场景,人物形象也千姿百态(见图7)。工匠们在绘制时采用了传统技法,没有进行背景色上色处理,却实现了浅开发——使画卷长达60米,让人叹为观止。这种处理使创新和保守巧妙地融合,提升了艺术品的审美情趣和收藏价值,吸引了不少收藏者的目光。同样,四度开发在保存传统精华的基础上强调了选择性创新;五度开发让参与者体味到了传统文化的魅力,也都很好地遵循了真实性这一原则。

整体性的保护指保护工艺美术类遗产自身及其文化生存的背景环境。梯度开发既必须顾及所有必要的技艺与工序,又要让传承人来自田野,在生产中不脱离田野。以宁航的蜡染生产为例,管理者有意识地对传承人的生产采取

"放养"的态度：基本不干涉她们的工作思路和生产技艺，不强迫她们放弃或强化某种程序，工匠也能凭兴趣自主选择全套或部分的生产流程。文化生存的背景环境的保护，其深层意思是对传承人原生环境的保护。非遗传承人不能脱离她原来密切联系的自然环境、人际关系、文化背景等原生环境。一旦脱离，她们的传承就可能遇到困难，掌握的地方性知识也会变味。如傩戏被搬上舞台，脱离了宗教仪式，脱离了田野，其就是一种应景表演且完整性大打折扣。同样，如果让蜡染工匠整天工作，与原来的环境联系不多，久而久之她们的创作源泉会枯竭。这既影响了蜡染作品的创新，也影响了技艺的传承。从调查情况来看，她们现在基本能很好地与以前生活的环境保持着密切联系，没有脱离家族与家庭的生活，也可以在工作之余参与原有的事务、岁时节庆。

传承性的保护，笔者认为工艺美术类遗产的传承必须在生产过程中才能实现。这需要传承人有意愿将自己掌握的生产技艺和相关文化原原本本地传授给合适的人。蜡染工匠要确保自己能有时间将儿女带到身边学习，这是一种传承人的初步确立。由于蜡染技艺传习不是一朝一夕的事，新的传承人确立后还需要其以后能长期地学习。儿女们基本还是学生，虽只有寒暑假才有闲暇跟随母亲去了解蜡染技艺和其中的传统文化，但也算是对有序传承的一种保证。此外，蜡染历史上多为家族式传承，外人接触不多，可是公司里的传承人对来自外来学习者的态度是欢迎的。不管是学生、上班人士，还是外籍人士，均能接触完整的技艺和背景文化，这种开放式的传授不能不说是一种进步。

（二）保护与开发相协调的实践

如果说一种理论想要实现，仅有核心的理念和原则是不够的，还需要人们按照实际情况去实践。梯度开发也是如此，既要遵循已有的"三原则"，也要完善生产、流通和销售的过程。努力将工艺美术类非遗转化为文化产品，以期实现"在开发中保护，在保护中开发"。按照生产性保护的要求在开发中促进保护手段的提升，这是梯度开发的另一核心理念。

工艺美术类遗产历史上多以"走市场"的方式来促成自身的传承，泥人、年画、雕刻和刺绣等均是如此。这些非遗与市场联系密切，可以通过贴合消费者需求来创新以实现自身发展。但丹寨苗族蜡染和这些走市场的非遗不同，带有较强的保守性。自古以来，交通不便、山地阻隔等因素，导致当地苗族社会商品经济不太发达。丹寨蜡染多以家族为生产单位，产品数量相对较少，自产自用成了蜡染生产的主要特点。这一特点决定了蜡染技艺的家族封闭传承特性和较低的市场化程度。但是随着改革开放的不断深入，传统蜡染技艺开始逐渐与市场接轨。选择市场化的路径可以很好地转移农村剩余劳动力，提高传承人收入，促进传承人的收入构成多元化。不过，像丹寨蜡染技艺这类的工艺美术类非遗要想在市场化的过程中保持有效的传承，需要在生产、流通和销售等环节上不断地完善。

以宁航的蜡染技艺的梯度开发为例，其体现了两个特点：一是在生产上商人和传承人各司其职，相互干扰性不强。商人（NJ）给了传承人很大的自由空间去选择自己的创作思路，不干涉创意的选择，这保证了两者在思维上的相互隔离。同时，传承人基本聚集在大厅里安心从事创作，工作时基本与外界和老板接触不多。即使有人前去询问，她们也不会将手头事务停下来，这又保证了传承人与外界在空间上的隔离。如此，形成了一个封闭的"圈子"，交流仅仅发生在"圈内人"之间。由此可见，生产过程中思维与空间的隔离，是梯度开发中实行生产性保护所要注意的事项。二是在流通和销售环节，商人占据主导地位。宁航将这两个环节的主导权掌握在自己手中，以基本工资加绩效的方式给予传承人较好的待遇，消除了后者对生存和公司发展的顾虑，使其不会参与运营并全身心地投入生产。传统家族式工艺美术类遗产的开发不仅需要家族负责生产，还需要相关人员去进行流通和销售方面的操作，这样无形中分散了传承人的精力，降低了整体效率。因此，公司制中商人全权处理流通和销售，传承人全身心创作，也是生产性保护的有效实践。

综上所述，传统工艺美术类非遗的梯度开发必须基于生产性保护的三原则：真实性、整体性和传承性。苗族蜡染如此，其他类似非遗也应如此。只有这样，非遗的发展才不会走样。而在生产性保护与梯度开发相结合的具体操作实践（尤其是大规模的公司生产）中，应尽量在生产、销售和流通三个环节让传承人与外界和商人处于适当的隔离状态。有条件的话最好让传承人在以前的生存环境里生活和生产，商人只负责到场收购和销售，实行"公司加农户"模式。这便是操作层面上符合生产性保护核心理念的梯度开发的最佳状态。

四　总结

　　文化部前部长蔡武指出："在保护工作中，根据非物质文化遗产的自身规律、特性和生存状况，我们逐渐探索出了多种非物质文化遗产保护方式……与人民大众生产生活息息相关的，决定了我们要尽可能运用生产性保护等积极保护的方式。"可见，生产性保护是一种专门针对传统生产技能类非遗和传统生活类非遗的保护手段，在理论和操作层面都具备极其重要的作用。而梯度开发现在主要应用于传统工艺美术类遗产，能很好地为这类遗产的现代化生产和分类提供指导。梯度开发程度越高，创新性越强。笔者认为：从宁航公司的苗族蜡染技艺开发状况来看，梯度开发是可以生产性保护的理念为指导的。生产性保护是梯度开发的核心，后者的实践理念必须遵循前者的"真实性、整体性和传承性"的原则，同时在生产、流通和销售等操作层面不断完善，这样才能保存传统工艺美术非遗的历史价值和艺术价值。几年来的保护工作实践证明，对传统手工技艺类的非遗项目进行生产性保护已见成效。这一类的例子正在不断涌现，如朵云轩，其在坚持传统道路上积极创新，这和宁航蜡染的积极探索有点类似。保护是目的，生产是方式，只有坚持生产性保护和梯度开发相结合才能较好地解决传统技艺的传承问题，维系好保护和开发的平衡性，这也是宁航公司的努力带给我们的启示。

B.15

浅探甘肃少数民族非物质文化遗产保护

——以临夏砖雕为例

刘春艳*

摘　要： 临夏砖雕作为甘肃少数民族非物质文化遗产的代表，文化内涵丰富，却面临着政府支持力度不够、保护传承链条濒于断裂等生存窘境。为扩展临夏砖雕的宣传展示渠道，提升砖雕艺人的自信心与自豪感，达到良好的保护效果，笔者认为非物质文化遗产保护应与物质文化遗产保护积极结合，利用物质文化遗产的本体加强临夏砖雕的宣传与展示，并借鉴"敦煌经验"等物质文化遗产保护的成功范例，将数字化技术应用到非物质文化遗产的保护与传承中。

关键词： 甘肃　临夏砖雕　物质文化遗产　非物质文化遗产

甘肃省简称甘或陇，位于黄河上游，东西蜿蜒1600多公里，历史跨越8000余年，全省面积42.59万平方公里，是中华民族和华夏文明的主要发祥地之一。作为一个自古就多民族聚居的地区，甘肃省的少数民族人口约占全省总人口1/10，世居甘肃的少数民族主要有回、藏、东乡、土、裕固、保安、蒙古、撒拉、哈萨克、满等16个。

在漫长的历史进程中，多民族聚居、交流、融合的大环境孕育出了甘肃灿烂独特的文化，特别是少数民族文化因其多样的形式和丰富的内容成为甘

---

* 刘春艳，硕士，甘肃省文物资料信息中心文博助理馆员，研究方向：少数民族非物质文化遗产。

肃文化的重要组成部分。新中国成立以来，甘肃省有一批优秀的少数民族文化被列入国家非物质文化遗产名录，除了众所周知的"花儿"、格萨尔等之外，临夏砖雕也由于其精美的雕刻技艺、丰富的文化内涵成为人们关注的对象。

一 临夏砖雕的生存现状

临夏砖雕又叫河州砖雕，是甘肃省临夏回族自治州临夏县一种传统的建筑装饰雕刻，主要为回族人民所使用、传承。临夏砖雕是民间木雕技艺的延伸，源于秦汉，兴盛于明清，后曾一度衰落，近些年又逐渐得以复兴，分捏雕、刻雕两种工艺。砖雕成品主要用于装饰寺、庙、观、庵及民居中的深宅大院，一般用于天井、山墙、影壁、廊心壁、屋脊等处。由于临夏砖雕的雕刻者大多为回族，囿于伊斯兰教义的规定，其雕刻题材主要集中在自然景物、社会生活及富有民族特色的装饰纹样等，并无人物出现。

因民族特色浓郁、艺术魅力非凡、表现手法出众，临夏砖雕成为河湟文化的代表之一，并于2006年被国务院列入第一批国家非物质文化遗产名录。自此，沉寂已久的临夏砖雕迈向了复兴之路，其传承与发展得到越来越多的关注，人们致力于寻求一条以临夏砖雕为代表的少数民族非物质文化遗产保护途径。

虽然非物质文化遗产保护热潮迭起，不少有识之士也对临夏砖雕的保护与传承进行了不遗余力的研究与探索，但由于种种原因，临夏砖雕的生存现状依旧堪忧，存在不少的问题，主要表现在以下方面。

第一，政府部门对临夏砖雕的保护与传承重视欠缺，主导作用发挥并不显著，功利性和政绩观趋向较为明显，基本只限于表面化和形式化的保护，人员、资金投入严重欠缺，对以临夏砖雕为代表的少数民族非物质文化遗产的宣传弘扬远远不够，导致临夏砖雕的保护与传承先天不足，在社会上影响力较弱。

第二，自2006年被列入国家非物质文化遗产名录以来，临夏砖雕技艺虽受到了一定程度的重视，但保护与展示工作欠佳，其大多数受众仍为回族同胞，社会大众缺乏整体了解临夏砖雕的渠道。到目前为止，以展示临夏砖雕为主题的博物馆或展览十分稀少，笔者所知的只有两处，其一是甘肃省兰州市非物质文化遗产博物馆场景复原区内，临夏砖雕有小小的方寸之地得以落脚；其二是2014年在临夏县神韵砖雕公司建成的临夏砖雕博物馆，是目前所知唯一一处展示临夏砖雕艺术的专题场所（见图1）。

图1　临夏砖雕的场景复原展示

第三，非物质文化有其特定的传承关系，依赖于一代代的言传身教。历史上，非物质文化遗产，尤其是公益类的非物质文化遗产与传承人的关系颇为密切，绝大部分是传承者的职业或赖以生存的谋生方式。受经济社会的影响，临夏砖雕的装饰功能正在逐渐被现代材料所替代，生存语境缺失，传统工艺传承纽带也趋于断裂，由于砖雕制作工艺繁杂、工作辛苦，年轻人宁可去餐馆打工端盘子，也不愿到砖雕工厂学习砖雕技术。另外，由于从事砖雕环境恶劣、体力消耗大、收入低，一些著名匠工艺人的后代不再从事这一祖传的技艺而另谋他业，致使一些优秀的砖雕技艺濒临失传。

二　物质文化遗产保护带给临夏砖雕的弘扬机会

（一）非物质文化遗产是物质文化遗产的精神内核

物质文化遗产又称"有形文化遗产"，即传统意义上的"文化遗产"，根据《保护世界文化和自然遗产公约》，主要包括历史文物、历史建筑和人类文化遗址。

物质文化遗产属于"有形"也即有实体存在的文化遗产，是非物质文化遗产的组成部分和具象展现，不论是文物还是建筑群，抑或是人类文化遗址，它们均是一定时期内人们生产、生活方式的体现，承载着一定时期的民族记忆，传达着本民族的文化认同感及历史感。可以说，非物质文化遗产就是物质文化遗产的内核，物质文化能成为遗产，正是由于非物质文化遗产赋予它的文化内涵。

物质文化遗产保护与非物质文化遗产保护不应彻底割离,两者相互依存,缺一不可。目前,随着科技的进步,我国物质文化遗产的保护成果较为显著,保护模式与保护技术较之非物质文化遗产成熟,利用物质文化遗产本身所具有的"有形"特征等便利条件,对非物质文化遗产进行宣传和展示,可以达到事半功倍的良好效果。

(二)物质文化遗产是非物质文化遗产的绝佳展示渠道

正如孟姜女传说之于长城、白蛇传说之于杭州西湖,临夏砖雕也有其承载体和代言人——临夏东公馆和蝴蝶楼。

临夏东公馆和蝴蝶楼是国务院公布的第七批全国重点文物保护单位,为原国民党军第四十集团军副司令马步青的私人住宅,建于1938～1947年,代表了民国时期临夏最高的建筑艺术成就。其中东公馆的砖雕尤为著名,总共有189幅砖雕作品,是临夏著名砖雕大师绽成元及其徒弟用当地黏土烧制的青砖,经打磨、设计、雕刻、衬砌而成,为古建筑不可分割的有机组成部分,其中的影壁、花瓶门至今被建筑学界和艺术界誉为砖雕精品。

近年来,临夏砖雕产业发展迅速,也对外界开展了不少的宣传活动,但由于企业自身的文化内涵不足,品牌建立存在难度,作为非物质文化遗产的临夏砖雕急需一个良好的宣传与展示平台。反之,由于国家扶持力度较大,资金申请较为便利,物质文化遗产的保护进入了良好态势,人们对作为全国重点文物保护单位的临夏东公馆和蝴蝶楼的社会关注逐年增长,前来参观游览的人不断增多,东公馆众多精湛的砖雕艺术作品也受到了越来越多的褒赞,成为临夏砖雕绝佳的宣传窗口。利用物质文化遗产本体——临夏东公馆和蝴蝶楼对非物质文化遗产——临夏砖雕进行宣传与展示,既可以给观众直观感受,又能够利用建筑本身提升砖雕技艺的文化与历史内涵,效果必将优于单纯的口头宣传(见图2至图6)。

图2　临夏东公馆正门

图3 临夏东公馆江山图

图4 临夏东公馆双品牡丹门局部

图5 临夏东公馆百子图

图6 临夏东公馆百子图局部

三 "敦煌经验"带给临夏砖雕传承的学习空间

（一）数字化技术在物质文化遗产保护领域的运用

近年来，数字化技术已广泛运用于物质文化遗产保护工作，特别是石窟寺、石刻中的彩塑壁画保护，利用三维激光扫描等技术对保护对象进行全方位的数字采集，达到保护年限长、效果好、易于展示的效果，其中敦煌莫高窟就是数字化技术运用的佼佼者。

由于极高的观赏性和研究性，每年都有不计其数的游客慕名前往莫高窟，但是石窟本身的脆弱程度及其狭小的洞窟空间与迅速发展的旅游开放所形成的矛盾日益突出。

为了永久保存、永续利用敦煌石窟的珍贵文物，敦煌研究院实施了以敦煌石窟数字化、数字资源库、藏经洞出土敦煌文献的文物"数字回归"计划为内容的"数字敦煌项目"建设,并于2014年推出了莫高窟数字展示中心,展映世界首部展现文化遗产的8K高分辨率的球幕电影《梦幻佛宫》和表现敦煌莫高窟历史文化背景的超高清主题电影《千年莫高》,做到了利用科技手段将洞窟文物搬到洞外展示,不仅丰富了游客体验,而且使莫高窟单日游客最高承载量由3000人次增加到6000人次,极大地缓解了旅游开放对莫高窟洞窟的压力,达到了文物保护与旅游开放双赢的效果。

(二)将"敦煌经验"注入临夏砖雕的保护与传承

莫高窟的成功经验表明,利用现代数字化技术既可以达到保护物质文化遗产的目的,也能够将全新的体验方式带给人们。此类成功经验亦可借鉴于少数民族非物质文化遗产保护,为少数民族非物质文化遗产的保护与传承开启一个新的时代。

非物质文化遗产数字化就是采用数字采集、数字储存、数字处理、数字展示、数字传播等技术将非物质文化遗产转换、再现、复原成可共享、可再生的数字形态,并以新的视角加以解读,以新的方式加以保存,以新的需求加以利用。我国现在的非物质文化遗产的保护基本上还停留在拍照、采访、记录、物品收藏等简单的工作层面上,但存在保存时间不长、信息失真等缺陷。数字化技术为非物质文化遗产的保护提供了许多全新的采集记录手段,包括图文扫描、立体扫描、全息拍摄、数字摄影、运动捕捉等。

以临夏砖雕为例,首先,数字化技术可以真实、全面、系统地记录其基本信息,对临夏现存的砖雕精品进行全方位的数据采集,建立完善的数字档案及数据库,形成资源共享平台,将其作为临夏砖雕保护与展示的基础资料,保存其历史原貌及价值。其次,借鉴莫高窟所采用的覆盖式拍摄技术,获得高分辨率的砖雕图像,通过拼接技术组成高清晰、高精度的图像资料,为临夏砖雕的美术、临摹及研究工作提供技术支持。再次,将数字化技术用于对非物质文化遗产传承人的采访与记录中,全面记述其生产生活,复原和再现临夏砖雕的制作过程及工艺,提升砖雕艺人的行业自信心与社会地位,缓解临夏砖雕传承断代、工艺无法继承的压力。最后,利用数字化虚拟展示技术,创建非物质文化遗产数字博物馆,制作临夏砖雕历史、工艺展示短片,扩展临夏砖雕的宣传与展示新渠道,创造临夏砖雕的保护与传承新模式,以一种活态、直观的方式展示其内容与精髓。

B.16 苗族"祭祖仪式"的符号蕴含
——以"敲巴郎"仪式为例

金潇骁*

摘　要： "敲巴郎"是苗族社会一种"杀牛祭祖"的仪式，主要流行于黔中地区。它是追求祖先庇佑、宗族和睦的一种手段。在仪式中，不仅"牺牲"之"牛"具有符号文化内蕴，而且整个仪式充满苗族百姓对祖先的敬畏，希望通过此仪式得到祖先回报的符号意蕴；同时"敲巴郎"作为宗族仪式，是一种分离社会群体的区隔形式，同宗族的人通过仪式上的互动而加强凝聚。

关键词： 苗族　敲巴郎　祭祖仪式　符号

"杀牛祭祖"是苗族普遍存在的祭祀方式，但因苗族分布广阔，支系繁多，各地的祭祖仪式有所区别，湘西的"敲棒棒猪"、"椎牛祭祖"，黔东南的"吃牯脏"（吃鼓藏），黔西北、滇东北的"打老牛"，黔中苗族地区就流行"敲巴郎"。"巴郎"是牛的苗语，所以"敲巴郎"直译成汉语就是"杀牛祭祖"之意。本文对"敲巴郎"仪式符号展开初步分析，旨在揭示苗族文化中"牛"的符号内涵，以及苗族百姓期盼祖宗庇佑与同宗交好的信仰与信念。

---

* 金潇骁，贵州民族大学民族文化产业发展研究中心副教授，厦门大学在读博士研究生，研究方向：民族学、人类学。

一 "敲巴郎"仪式描述

举行"敲巴郎"仪式,通常有规模等级区别:三年称为"小祭",杀一头雄性黄牛;七年称为"中祭",杀一头雄性水牛;十五年称为"大祭",需杀两头雄性水牛。但时间上没有硬性规定,牛的品种也可根据家庭实力购买。不过家庭一旦举行了该仪式,就必须按照三年、七年、十五年的规矩进行。

如果打算在秋收后"敲巴郎",人们在开年就要准备,其一,"买巴郎"。买什么样的牛虽由各家自行决定,但评价好牛的标准是统一的,好牛的头、角、毛色等均有标准。因此在这一环节,人们不惜重金四处寻购好牛。其二,请"巴郎酒"。人们购得好牛之后,亲戚朋友要前来祝贺,主人要用"巴郎酒"进行招待,大家热闹地谈牛聊天。其三,"牛踩场"。每年农历六月,家家户户就会把购的牛牵出来亮相,这就是所谓"牛踩场"。在"牛踩场"中,亲朋好友要来送礼,他们一般都是喝过"巴郎酒"的。牛踩场一圈,亲友就给牛披挂上一件礼物,比如,毯子、床单等。牛绕圈次数视亲友数量而定。其四,"牛打场"。"牛打场"其实就是苗族民间寻常的"斗牛"游戏。"牛打场"的时间同样依据生肖顺序来定。一般从农历六月第一个"狗"日开始进行,以此类推,逢"狗"之日都要进行此活动。在场上被打败的牛,被用于秋后九月间的"敲巴郎"仪式。"牛踩场"、"牛打场"等活动完成后,秋收后的"虎"日正式举行"敲巴郎"仪式。整个仪式共七天,时间按照"虎"后生肖排序,但必须排除在"猪"日和"牛"日进行活动。祭祖活动之所以安排在秋收后九月间,其目的是让主人家可以获取新的牛的来源,以便能够帮助其承担活动期间的开销,也可以让祖先品尝丰收的喜悦。

根据生肖顺序,通常要选择"虎日"为第一天,然后按照"兔"、"龙"、"蛇"、"马"、"羊"、"猴"排列七天。第一、二天主要做一些前期准备,比如,检查牛的情况、编结牛索、挂鼓、尝酒等,第三天才是祭祖仪式的核心——杀牛。杀牛中有一项重要的仪式——"请祖先"。在该仪式中,鬼师将整个家族已故祖宗的名字按辈分先后依次念两遍,一遍是请男性祖宗,二遍是请女性祖宗,意在请祖宗的魂灵前来参加盛典,享用后代祭献的贡物,鬼师一边念祷词:"今天是某某给老祖公杀牛,虽然这头牛很小,但请老祖公还是要保佑，今天杀一头牛给老祖公，老祖公就赏赐子孙更多更肥的牛"，同时一边卜卦。当两块卦都扑在地上时，就表示祖先们都满意后代供奉的酒和饭。祷词之后，还要念咒词，诅咒那些夺人田地、不讲道德的人，将会受到老祖宗的惩罚。待咒词完毕，便由技术娴熟的杀牛人在众人的配合下将牛杀死。之后几天活动更为丰富，唱歌跳舞，感谢鬼师，同时主人家要将所有杀牛工具收好，将部分牛身上的"部件"作为装饰品悬挂在自己家的房屋内，以此表示纪念。最后一天还要再次设宴招待众亲友，答谢其参与和支持主人家的重大祭祖活动。这样"敲巴郎"整个仪式才算结束。

可见，"敲巴郎"作为一种仪式，是苗族社会的一个叙事文本，它把日常生活中的一些事物，比如牛、酒、鬼师等组合起来，但它又并非机械地展示这些事物，而是重新建造了一个特殊的组织形式，置身其中的这些事物变成了一堆符号。在"敲巴郎"的特定"语境"中，这些符号脱离了平时的意义而实现了一种再创造。因此，"敲巴郎"仪式本身也就是一个民族文化符号，它通过象征和隐喻手段来展示当地社会的信仰、权威、控制以及宗族关系等，它充当了一种公正、见证的角色，甚至产生某种法律性和制度化的约束力。"敲巴郎"仪式实质上是把无形、抽象的一系列社会关系和社会秩序转变为可见的物化形式，它是一种社会性的表述。要读懂"敲巴郎"这样一个社会性的文本，必须注意"社会整体"的概念，即必须立足于该仪式发生的整体社会背景对其进行解释和理解，这是笔者分析该仪式的基础。

二 "巴郎"符号的文化内涵

"巴郎"是"牛"在苗语中的表达，是"敲巴郎"的主要符号。苗族会选择"牛"作为祭祖的牺牲同样具有符号内蕴。有苗家传说，古时候蝴蝶妈妈生了十个蛋，抱（孵）出了十二个崽，其中有一个蛋孵出了构耶（苗族男祖先），一个蛋孵出了妮耶（苗族女祖先），有一个蛋因蛋壳太厚，蝴蝶妈妈抱了三年没抱出来，于是只好求暴风雨帮助。暴风雨把这个蛋吹下岩坎去，碰破了蛋壳，才钻出一头水牯牛崽来。但水牯牛不认蝴蝶是自己的妈妈，所以把蝴蝶妈妈气死了。后来，构耶和妮耶兄妹俩连续三年种谷不得谷，种棉不得棉，兄妹俩为这事很着急，只有请巫师看。巫师说，只因你家水牯兄弟不认娘，你娘死了不甘心，所以你们种谷不得吃，种棉不得收，只有把水牯杀来祭她老人家，你们才得吃，才得穿。兄妹俩把水牯杀来祭了娘，第二年，兄妹俩种谷得谷，种棉得棉。

当然，神话传说的版本有很多，比如还有的说，因为苗族经过长距离的迁徙，人们逐渐忘却了故乡的归途，而牛一直忠实陪伴着苗族人走南闯北，它们极有灵性，能记住回家之路。所以，牺牲牛以祭奠祖宗，会让祖先欣慰。

无论如何，我们都可以认为"杀牛祭祖"便是对这些传说的展演，而这些传说也成了此类仪式发生的母体。但是，神话作为一种叙事，其意义并不在于神话描述本身，而必须追问的是神话背后所蕴含的内容。

彭兆荣认为，祭祀活动中的"椎牛"体现了苗族对牛的复杂的认知体系。牛作为牺牲，具有特殊的意义，例如，在鼓藏节中，它具有三种意义：近距离的关系——作为单纯的肉类食物；中距离的关系——作为重要的仪式牺牲；远距离的关系——作为祖先的象征符号。因此，牛是仪式中最为重要、其他动物不可替代的牺牲。"敲巴郎"活动与其他不少宗教仪式有所区别的是并不设置规定性的"祖先"符号（注入神龛、牌位、神像等），"牛"本身就包含着苗族"祖先"的指喻。所以，苗族在祭祀活动中以牛为牺牲，所反映的是苗族社会对动物的一种分类和认知，这当中不乏"洁净与危险"的内涵，之所以选择牛是因为牛是"上好"的、是"圣洁"的。当然，这种认知体系的背后应该存在着某种生态因素作为来源。比如，有生态学家在解释以色列人的认知体系时认为，之所以牛、绵羊和山羊这类偶蹄反刍的动物是"洁净"的，那是因为它们的生活习性与当地的生态环境相适应，不会和人形成竞争，相反，猪需要较多精细食物，这会与人的生活形成竞争，故猪是"肮脏"的，是"危险"的。对于苗族在选取牛作为圣物的问题上，有学者认为，牛比较适合苗族生活的环境，容易喂养，且体大肉多，既能满足祭祀又能让人饱餐。也有学者提出了质疑，认为恰恰是牛在古苗族社会不容易饲养，所以才显得珍贵，正因为这种珍贵，才成为祭祀祖先的佳品和人们只有在特定时间才能享用的东西。无论这两种说法孰对孰错，牛在苗族的祭祀仪式中作为礼物是苗族认知体系的反映。人们通过杀牛对祖先进行献祭，目的是获得祖先的庇护和回报，人们与祖先分享牛肉，是实现了和祖先的交流和沟通，所以，牛是一个重要的交通媒介，它的象征和隐喻意义远远超出了作为动物的牛本身。

另外,"敲巴郎"中的杀牛、斗牛等围绕牛而进行的暴力行为,无疑也是人性的一种刻画,是人类天性的一种释放。它是人们内心某些不可名状的恐惧和焦虑的体现以及社会冲突的转嫁方式,将暴力转嫁于牺牲身上,避免自身受到暴力的侵害。在这里,作为牺牲的牛便带上一种"替罪"的味道。暴力通过在它身上的展演,使人类社会中现实的暴力得以约束,从而强化了群体内部的和睦。从另一个角度看,苗族在历史上是一个迁徙的民族,在迁徙过程中,经常伴随着抗争和战斗,所以,待他们定居以后,仪式中的暴力也是对他们战斗历史的延续和述说。

三 "敲巴郎"符号中的"祖先庇佑"与"同宗和睦"意蕴

(一)"祖宗庇佑"信仰表述

任何仪式,必然需要信仰和意识形态方面的内容支撑。信仰虽然无法"看见",但却是具有特定的个体而又超越个体的社会化"存在",它必须借助由符号组成的仪式来实现其"有形",才能被人们所感知,所以信仰是仪式发生的重要来源,而仪式是信仰的实现形式。

"敲巴郎"仪式表述的信仰是"祖先崇拜"。祖先崇拜在苗族社会当中十分盛行,有学者认为,苗族的祖先崇拜经历了从动植物再到人这样一个过程,正如苗族《焚巾曲》唱道:"混沌的太初,朦胧的岁月,蝶妈生老人,生远祖央公。央公生我们的妈妈,妈妈才生我们大家。"具体说来,苗族最先崇拜枫木、蝴蝶(苗族人称为"蝴蝶妈妈"),然后崇拜姜央,认为姜央是自己的始祖,再后来就具体崇拜到各代祖宗。就"敲巴郎"来说,其祭祀的对象已经是较为明确的祖宗。受"万物有灵"的影响,苗族对自己的祖宗十分虔诚,认为祖宗"虽死犹生",灵魂永存。虽然在现实生活中历经了多种苦难,但死后灵魂回归祖先的发源地,那就圆满了。对苗族而言,魂归故里的祖先就是他们的最高神,所以一定时节对他们的祭祀十分必要。这实际上就是一个权威确定的过程,所表达的是祖先在上、祖先为大的等级观念,通过仪式,人们对祖先的敬畏之情得到强化,这是一种社会伦理的表达。当然,我们需要特别注意,在仪式中所表达的这种"敬畏"实际具有两个层面的含义,一是通过仪式的献祭，来恭维和讨好祖先，从而保护自身免受惩罚，这是一个基础层面；二是"馈赠"，即赠予是一种义务，回报也属当然，这在鬼师的祷词中已经得以体现。所以第二个层面是为了得到祖先的庇护和反赠作为回报，是一个递进层面，往往这种现实意义似乎显得更为重要。

"敲巴郎"是一种体现祖宗崇拜的仪式符号，它所搭建的是一个与祖宗交流的平台，在这个平台上，并不单纯是以实物为基础的普通交换，而是包含了符号、隐喻、器物和程序的一种交流和交换形式，通过这种交换，实现在"讨好"祖先的前提下，得到祖先对自身的回报。

（二）"同宗和睦"信念传递

"敲巴郎"的举行，发端于对某一家庭中过世之人进行祭祀，仿佛仅仅属于小家庭中的仪式，但事实上，"敲巴郎"却属于一个宗族的仪式。我们可以发现，"敲巴郎"仪式是由一系列分支仪式组成，这些分支仪式就像"棘轮"上的凹凸，围绕着宗族这一主干转动，因而形成了一个在主题引导下的"仪式群"。比如请"巴郎酒"，必须邀请直系和旁支的整个宗族成员参加；"请祖先"，必须将整个宗族共同的各代祖先列为祭祀对象；"牛踩场"实际上在于显现家族的兴旺发达与和睦关系，因为参加"牛踩场"的都是同宗族亲友，牛背上披挂的礼物数量，代表家族的兴衰荣辱以及主人的人缘关系，完全是各宗族间的"贺礼"比赛。这一切实际上都意味着把仪式的范围扩展到了整个宗族。

"敲巴郎"仪式的主持者称为"鬼师"，他们必须是本宗族的人，只有本宗族的鬼师才能和本宗族的祖先灵魂沟通。虽然这些鬼师在平时也只是普通的宗族成员，但是一旦进入仪式场景，他们便成了那一个时间和空间的"当权者"和"话事人"，具有无上的权威。也只有在这一限定的时段和场合他的权威和神圣才能得以凸显，他们的身份因此实现了分隔和转换。在祭祖期间，鬼师要将该家族的来源、迁徙路线等内容予以详细讲述，并对家族中所有先人进行念唱，这些过程的实现要求鬼师必须充分了解与掌握苗族历史与文化。鬼师的培养大都通过拜师学习而成。

"敲巴郎"作为宗族的仪式首先划分出了"我群"与"他群"的边界，它是一种分离社会群体的区隔形式，仪式具有规则，裁定了什么人可以参加，什么人不参加，毫无疑问，它构筑了一条族群边界，表现和强调了族群的认同。

"区分"与"排斥"的原则贯穿其中,彰显了"同宗"与"非同宗"的二元对峙关系。更为重要的是,在祭祖的神圣性之下,"敲巴郎"也是促进共时"同宗"群体成员之间和谐的方式,也是维护彼此交好关系的一种世俗化手段。它像一只"看不见的手",对内部具有控制力,这种控制力虽然不是一种专政、行政或法律的手段,却感召着宗族成员,无论意愿如何,都必须通过参加仪式来使自我身份得以确定,获取进入"我群"的门票,这种控制力的根本目的在于保证同宗群体认同的延续。

(三)"同宗"血缘认同的"嬗变"

对于同宗群体的认同,我认为可从两个方面来看。一方面,这种族群认同包含着以血缘为基础的原生情感;另一方面,这种族群认同包含着一定的策略诉求。"历史"和"集体记忆"通常被认为是族群认同的起源,但是"历史"和"记忆"往往不是真实的"历史"和"记忆",它们只是被筛选和被选择的"历史"和"记忆",比如在"敲巴郎"中,所要祭祀的众多祖先中,其实就存在建构出来的"假血缘",它往往只是创造出一种"人们相信的血缘关系",这种建构本身就是一种策略,即通过这种建构,为"我群"找到一些英雄的先辈或是将"有用之人"纳入"我群",为"我群"在与"他群"的并存和竞争中创建优势。正是这种策略性建构自古普遍存在,导致了其实族群边界是活动的并非是建立在严格的血缘关系之上。所以,有的"敲巴郎"仪式,也会邀请一些明显没有血缘关系的"外人"来参加,其目的就是通过与对方构建一种"拟似血缘"的关系,将"外人"转换成"自家人",构建彼此的和睦,以求在日常社会中的各种"关照"。"自家人"可以包罗任何要拉入自己的圈子、表示亲热的人物。自家人的范围是因时因地可伸缩的,大到数不清,真是无不可成一家。站在群体的边界往里看,活动于群体内的人们,也非常乐意参加这种仪式,在仪式中通过请酒、送礼、分享牛肉这样的情感交流强化彼此的人际关系,为今后生活中的互惠互利做铺垫。

四 结语

在"敲巴郎"仪式中,苗族人深切融入了自身对民族文化的表述,这一仪式符号是对苗族社会中的某些秩序、权威和关系的叙事文本和展演形式，神圣与世俗的价值均体现于其中。"敲巴郎"发端于对祖先灵魂的崇拜，渴求祖宗庇佑以及同宗和睦的信仰。可见"敲巴郎"仪式符号的深层意蕴实际上从搭建后人与祖宗沟通的平台，转变成了共时群体成员之间人际互动的场合，参与其中的人们从祭祖的神圣，转向了对自身利益的世俗化关怀，而整个群体也因此加强了内部的凝聚力，群体的边界也可能会因为存在利益上的追求而发生变动，神圣与世俗的二分在这里得到很好的过渡和融合。李亦园认为人际关系的和谐包括两个方面的内容，一个是追求现时家庭成员之间的和谐，另一个则是超时限的和谐，这就是追求活着的人与过世的人之间的和谐。两者为一体，只有都得到和谐才能实现真正的均衡。所以，"敲巴郎"很好地实现了这种和谐。

"敲巴郎"这样的宗族仪式，有时也能够起到控制群体内部矛盾的作用，成为化解冲突的"润滑剂"。例如，某些宗族成员的冲突经过在"敲巴郎"中的吃酒、送礼等方式而逐步化解，没有产生更大的矛盾。当然，这种矛盾的化解一方面靠祖先权威的信仰，同时也靠现实物质的交换。

不过，随着时间推移，"敲巴郎"仪式延伸至今已经逐渐注入了"娱乐"的滋味。当然，许多庄重而盛大的仪式通常都是以"娱神"为目的，仪式的初衷是"娱神"，但随着社会的发展，世俗化味道越来越普遍，"娱神"的含义越来越淡，甚至已经消失；转而成为"自娱"活动或单一性目标的活动了。所以从这个意义上看，当前在"敲巴郎"仪式中，特别是年轻人很多已经不相信所谓祖先的灵魂，他们把参加"敲巴郎"看成重要的活动，主要在于追求吃酒、观看斗牛等场合的放松身心、获取快乐。不过，他们依然希望通过参加"敲巴郎"仪式，获得同宗身份认同，促进与他人的关系，从而为自身有可能的利益诉求做铺垫，于是，被转化的符号世俗意义更加凸显。

非遗经济篇

Intangible Cultural Heritage Economy

B.17
西江非物质文化遗产传播研究*

王燕妮 龚 翔**

摘 要: 中华民族的文化源远流长,而传统的民族文化资源更是非常丰厚。贵州西江千户苗寨作为我国苗族的最大集聚地,自古以来就承载着传承发展苗族文化的使命。对西江千户苗寨这一非物质文化遗产的传播类型、传播模式、传播效果、传播困境进行研究,以及对其在科技与文化融合背景下的创新型传播的探索,有利于维护融合汉族及少数民族文化的多元一体化的文化格局。

关键词: 西江 千户苗寨 非物质文化遗产

---

* 国家民委人文社科重点研究基地"南方少数民族非物质文化遗产研究基地建设项目"(民委发〔2014〕37号)的阶段性研究成果。
** 王燕妮,土家族,博士,贵州民族大学南方少数民族非物质文化遗产研究基地副教授,研究方向:民俗学;龚翔,苗族,华中师范大学新闻传播学院硕士研究生,研究方向:非物质文化遗产保护。

地理环境为人类的生存、生产和生活提供了必不可少的空间和资源，人类行为又"改变了自然界能量的流动和物质的循环，自然环境与人文环境相互作用形成了统一的综合体"。地理环境是人类赖以生存和发展的基本要素，而人类改造世界的行为会逐渐形成当地所特有的人文环境，它又反作用于地理环境，并且必然在其中留下痕迹。地理环境与人口基数是影响非遗传播的主要因素，因此应该对西江的自然环境、人文环境了然于胸（见图1）。

西江苗寨所在的雷山县位于贵州省黔东南苗寨侗族自治州西南部，因境内苗岭所有山脉中的最高峰雷公山而命名，苗岭山脉自西南向东北贯穿全县，境内山峦起伏、森林密布，自然风光极其秀美，自然资源与原生态文化资源都保护得相对较好，有"天然绿色聚宝盆"和"物种基因库"之

图1 西江千户苗寨一角

称。至2013年底，西江千户苗寨所在的雷山县全县人口达158782（户籍）人，世居与当地的少数民族主要有苗族、汉族、水族、侗族、瑶族、彝族，而苗族人口占总人口的85.2%。而西江千户苗寨位于贵州省黔东南自治州雷山县东北部，北邻台江县，西接凯里市，南靠丹江镇，东临雷公山，辖24个行政村、1个居委会，目前共有1442户、9360人、3236亩耕地，世居的苗族同胞则达到总人口的94.8%。

人口的分布与地理环境的因素对当地的非遗传播起到了非常重要的作用，西江千户苗寨是苗族先民历经三次大迁徙后在公元前64年由"赏"氏与"西"氏共同组建而成的，之后几千年陆续又有其他的苗族分支迁来，并形成了以"西"氏为主体的苗族，并延续至今。千年以来交通的险阻、生活空间的闭塞、相对稳定的人口以及亘古不变的社会结构，孕育了最为原生态的苗族非物质文化遗产，全国第一批非遗中就有5项来自西江千户苗寨。2000年以来旅游行业的蓬勃发展，也让西江千户苗寨这个拥有悠久文化习俗、原生态环境的少数民族村落将其魅力开始真正展示给世人。

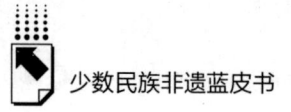
少数民族非遗蓝皮书

一 西江千户苗寨非遗传播类型及模式

贵州西江千户苗寨是一个民族文化浓郁、至今仍然保持古朴特色的村寨，其中以民俗节庆、歌舞、服饰、建筑为主，是我们研究苗族历史文化的一个重要参照，对这些非遗传播的属性进行研究有利于我们更好地认识、了解这些弥足珍贵的人类精神文明财富。

"鼓藏节"在苗语中也被称为"农将略"或"农富呐"，"鼓藏节"是以同宗族或血缘关系为纽带由一个或者好几个寨子共同举办的大型祭祖节庆。"鼓藏节"的周期很特别，每13年过一次，而每次则连续过3年，每年连续过7或13天（取单数表示吉利）。"鼓藏节"是苗族众多节庆中最具有代表性的民俗节庆，在其过程中所展示的歌舞、服饰以及祭祀程序都是研究苗族传统历史的重要起点，在2006年贵州省雷山县所申报的"苗族鼓藏节"也被收录进国务院公布的第一批国家级非遗名录之中。

纵观苗族各类传统节日庆典，"鼓藏节"是最为原生态的节日，因此在整个节庆过程中无时无刻不透露出一股神秘。在祭祀正式开启前一天会由"鼓藏头"、"长老"和"巫师"共同杀一只雄性野鸭，并时刻念着外人听不懂的咒语以告知先祖祭祀活动即将开始，希望他们能够回到生前住过的地方来看望后人。这些人都是所在村落或血缘宗族中德高望重的长辈，在祭祀活动过程中分工明确，但是有一个共同点就是必须都为男性。西江千户苗寨的"鼓藏头"一直是由西江羊排村唐氏一家世袭承担，传男不传女、传幼不传长，他们被挑选出来以后要承担整个节庆的组织、协调工作，扮演了一个非常重要的组织者角色。从这一点来看，西江千户苗寨"鼓藏节"的传播和传播学中解释的组织传播有一定的联系，但又不完全相同，如果我们将西江千户苗寨"鼓藏节"中那特定的角色看成该节庆传播活动的主要核心人员，那其他的苗寨村民就是这次活动的直接参与者，他们构成了一个庞大的以血缘关系为纽带的组织，而传播类型更偏向于群体传播。

对传播过程模式的研究是传播学领域的一个重要理论成果，专家学者们的研究活动通常都是在传播模式的基础上展开的，从本质上来说，模式是人类象征性的设想，是我们研究传播过程的一个重要参考。到目前为止，前人在传播模式的研究上已经有了很高的成就，例如：拉斯韦尔的"5W"模式、香农－韦弗的"数学模式"、施拉姆的"循环模式"以及"大众传播过程模式"，等等，这也为笔者在西江千户苗寨非遗传播模式的研究提供了坚实的理论基础（见图2）。

图2　拉斯韦尔的传播过程模式

以拉斯韦尔的"5W"模式为理论基础，以贵州西江千户苗寨"鼓藏节"为具体案例来对其传播过程的模式进行研究，可以让我们在当前时代背景下重新认识这一传承千年的苗族历史活化石。前文已经说到"鼓藏节"每13年举办一次，每次连续过3年，每年将持续7~13天的祭祀活动，通常第一天在"鼓藏头"、"长老"的带领下进行"请鼓"、"召龙"等祭祀，结束后就开始迎接客人入寨，第二天清晨（4点左右）的祭祀活动结束以后就开始请亲戚、客人到家里来喝酒、吃肉一直持续到第五天的踩铜鼓，并根据具体过节的时长在最后一日进行"跳芦笙"和"藏木鼓"，在此期间还会举办斗牛、斗鸡、赛马等传统比赛，整个过程当中都会有芦笙舞蹈和苗族古歌的相伴。雷山苗年暨西江鼓藏节以前几乎是不让同宗族或有血缘关系以外的人参加的，可以理解为这是一种族群认同的结果，这也直接造成了外面的民众对这古老而又神秘的节庆几乎毫无了解。笔者试着按照拉斯韦尔的"5W"传播模式来对2012年以前西江"鼓藏节"的传播过程进行分析，如图3所示。

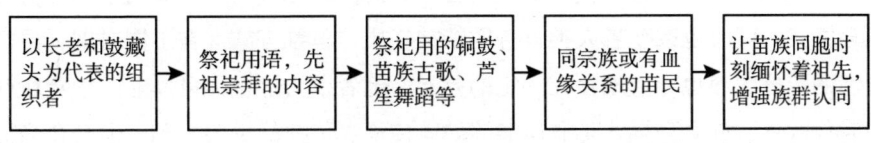

图3　2012年以前西江"鼓藏节"的传播过程模式

2008年第三届贵州省旅游发展大会在雷山西江千户苗寨召开，2012年西江"鼓藏节"借着旅游发展的东风向全世界人民展示了苗族文化中一颗灿烂的文化珍宝。正是因为这样，大量的电视媒体、网络媒体甚至是每一个慕名而来的游客都直接或间接参与到了西江"鼓藏节"的传播过程之中,这也直接导致了其传播过程产生了一定的变异性。由于政府的引导、大众媒体的宣传,"鼓藏节"这一苗族盛会得以进入到人们的视野,其传播过程也变成了一种新型的大众传播模式。所谓大众传播就是专业化的媒介组织运用先进的传播技术和产业化手段,以社会上一般大众为对象而进行的大规模的信息生产和传播活动。在整个节日过程中,从第一天起媒介就进行了全程的记录与直播,不仅如此,游客借助手机移动终端设备通过微信、微博、论坛等新媒体也对这一盛典进行了直播或评论,使原本的受众参与到了传播的过程之中,成为信息的接收者和传播者(见图4)。

图4 大众媒体在对西江"鼓藏节"仪式进行现场直播

2012年西江千户苗寨"鼓藏节"与上一届(13年前)相比较,由于第二媒介(报纸)、第三媒介(电视)和新媒介(网络媒介)的全方位配合传播,使更多的普通大众开始认识、了解这个神秘的苗族村寨,就其传播的效果而言,西江千户苗寨的非遗在大众眼里的认知度达到了一个前所未有的高度。新媒介的兴起更为非遗传播注入了新鲜的活力,其不仅仅带来了全新的传播技术和手段,也带来了全新的传播理念,网络、手机、移动电视等新媒介已经远远超过了工具的意义,它们在传统与现代之间搭建起平台,将地方性的文化纳入到国家现代化语境中,广泛而深刻地改变了人类的生存环境与生存方式,同时也改变着人类自身的精神气质与思维方式。在不同时期,西江非遗的传播内容也相应地存在一定的差异,笔者以为这本无可厚非,毕竟所在的时代背景、社会环境才是非遗能够健康传承、传播的重要基础,但是在当前全球经济一体化、外来文化入侵严重的情况之下,我们在对本民族非遗传播的同时,应该尽力保持其原有的"生态模式",这对于非遗的保护也是重中之重。

综上所述,西江"鼓藏节"传统传播模式在政府的引导和大众媒体的介入之下都发生翻天覆地的变化,这种传播模式的改变在当今社会背景之下更有利于我们对这些弥足珍贵的非遗进行传播、保护。但是，我们也应该清楚地认识到目前传播现状的不足，以及在商业利益的诱惑下我们更应该坚持其"原生态"的传播，不能一味地去追求经济利益而放弃了这些非遗根本的文化内涵。

二 西江千户苗寨非遗传播效果研究

（一）传播效果的潜在性与显在性

对西江"鼓藏节"的传播效果而言，显性的效果对应认识层面，而隐性的效果主要对应意识层面。例如，普通大众只有对西江"鼓藏节"传播的信息有一个较为全面的认识与了解，才有可能对西江"鼓藏节"进行二次传播，受众面也会因此变大，这便是显性效果；同样，只有西江当地村民亲身参与到"鼓藏节"的传播过程中，看到当地社会的发展随着当地非遗的传播越来越好才有可能对本民族、社区的认同达到一个新的高度，更加热衷于投入非遗的传承与保护之中。相比较而言，其传播效果的显在性更容易通过大众传播达到目标，然而潜在性的效果不足将直接导致西江村民对自身文化、社区认同的流失，这对非遗的传播非常不利。

（二）传播效果的长期性与短期性

西江旅游发展大会的隆重召开，使西江千户苗寨成了更多游客选择的旅游观光地，大众媒体也都将"工作重点"落于此处，西江千户苗寨更是成了大多数人的关注点。短期来看，这样的盛会会导致西江非遗的广泛传播，甚至是"非遗热"、"民俗热"，可以为当地带来更旺的人气与经济利益。但是从长期来看，遗产的开发、民俗旅游的可持续发展难以获得长久的支撑，由于利益分配问题，当地民俗民风必不可免地会遭到一定的破坏。最为关键的是大众传播媒介在对其旅游景点进行宣传的同时，非遗的传承人并没有得到真正的实惠，这样下去，传承人的匮乏情况将会更加明显，更多的年轻人看到了旅游产业为他们带来的商机，将"鼓藏节"当成一次可以获得更多利益的旅游盛会，为了迎合旅客口味制造了许多"伪民俗"，忘记了"鼓藏节"真正的文化内涵，

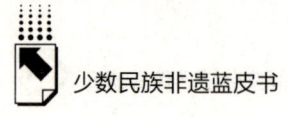

这无异于杀鸡取卵,只有兼顾其传播的长期效果与短期效果,在其中找到一个平衡的支点才有利于西江非遗的传播。

(三)传播效果的直接性与间接性

传播效果的直接性和间接性决定了非遗是否能够长久传承。非遗的记录、保护、开发、文化多样性获得维护和认同是其传播效果的直接性。而通过非遗的传播,政府、学术界、商业界以及民众之间可以加强文化交流的互动,这对民族自信心、凝聚力会有很大的提升,这是非遗传播效果的间接性。但是西江千户苗寨"鼓藏节"属于一种小众文化,在中华几千年的灿烂文化历史中只是沧海一粟。只是近两年,借着旅游发展的东风,以政府为主导,当地苗族同胞才开始意识到苗族传统民俗文化的魅力所在,但借助大众传播媒介提升其传播效果的工作还处于起步阶段,其传播效果的不足也影响了西江非遗的传播。

以上三点是从传播效果形态的角度来对西江"鼓藏节"的传播效果进行阐述,西江千户苗寨非遗传承超过千年,在当今时代背景下不仅涉及了人际传播、群体传播、组织传播,还包括大众传播在内的多种传播媒介,这是一种新型而又复杂的传播系统。在我国,随着"非遗热"和"民俗旅游热"的快速发展,各类大众传播媒体都曾对这一系列的事件进行过声势浩大的报道、传播,但是它们对传播的效果关心却明显不足。这也是我们全社会媒体所共同面临的一个困惑,就是报道、传播了以后有多少受众真正将收到的关于非遗的信息进行梳理,更多的受众是以满足自己对未知事物的好奇心来进行接收的,真正非遗的文化内涵反而变得无足轻重。

三 西江非遗传播困境

首先,乡村文化的变迁、城镇化的加快造成西江传统非遗的生态环境发生巨大改变是其传播的主要困境。西江千户苗寨是苗族历史上第三次大迁徙的聚集地,千百年来寨中村民都是靠着共同信仰、习俗以及血缘、宗族的关系为纽带和睦相处,而以农耕为主的农业文明所滋生出来的文化内涵也一直贯穿于这座少数民族村落的发展历程之中。如今,由于市场经济所带来的影响已经开始威胁到西江千户苗寨的传统民俗文化,旅游开发、经济发展、城乡一体化表面上看为西江千户苗寨带来了更多的机遇,但是这一切都是建立在传统民俗文化影响力越来越低的基础之上的。

其次,血缘亲族关系的淡化使西江传统非遗面临传承人后继无人的困境。中国传统的乡村文化是基于血缘和地缘关系的文化。费孝通先生在《乡土中国·生育制度》中指出:"血缘是稳定的力量。在稳定的社会中,地缘不过是血缘的投影,不分离的。'生于斯、死于斯'把人和地的因缘固定了。"西江千户苗寨也不例外,在西江千户苗寨的非遗名录之中大多非遗都是靠着血缘关系来选择传承人口传心授进行传播,这也是一种最为典型的人际传播模式,例如吊脚楼营造工艺、苗族古歌、芦笙制造工艺等。人际传播在过程中不受任何制度化因素的影响,同时人际传播也是一种社会关系的体现,例如父子关系、师徒关系、长幼关系等,毫无疑问在传承人的选择上都是以同宗族有血缘关系的年轻一代优先考虑。但是,随着我国20世纪90年代以来社会进入了快速转型期,数以万计的农民工涌入城市务工,由于他们长期在城市中生活,受到了城市文明潜移默化的影响,同宗族的亲戚之间除了传统的民俗节庆时还会聚在一起进行沟通、交流,其余的时间都在忙着自己的事情,真正留在农村里的只剩下老人和留守儿童,这种现象使血缘关系失去了联系的纽带,长期发展下去势必造成越来越多的西江年轻人走向城市,而传统的非遗也将后继无人。

再次,西江非遗的传播面临大众传播的剧烈冲击。受我国城乡二元体制的影响,大众传播的主动权一直掌握在城市居民手中,所以大众传播的主要内容也大多是围绕城市文化进行的。在我国不同的地区由于经济水平的差异,大众传播的资源分配也存在着不可逾越的鸿沟,即使在当今社会背景下,大众传播媒介普及,各阶层之间对于媒介的利用程度差距在逐渐减小,报纸、电视以及网络都开始进入人们的生活,但是这些大众媒介更愿意将主要受众群体定位在城市,对乡村文化的报道少之又少。根据诺依曼提出的"沉默的螺旋"理论,我国农村居民置身于庞大的关于城市文化的信息海洋之中,无时无刻不面对着城市文化对传统民俗的文化冲击,但是为了避免自己陷入孤立的状态,不成为那"少数"或"劣势"的群体,他们趋于社会环境的压力选择了"沉默"或是"附和"。长期发展下去,受城市文明潜移默化的影响,农村居民将慢慢失去其本应坚持、传播的传统文化内涵，非遗的传播以及传承将出现断层。而这些因素也直接导致了如西江千户苗寨这样的乡村民族文化聚居地在物质、行为以及精神层面发生了文化的变异，其结果就是使当地非遗的传播遇到了艰难的困境。

四 文化与科技融合视阈下的创新传播

（一）充分重视西江非遗的数字化保护

非遗数字化就是采用数字采集、数字存储、数字处理、数字展示、数字传播等技术，将非遗转换、再现、复原成可共享、可再生的数字形态，并以新的视角加以解读、以新的方式加以保存、以新的需求加以利用。非遗的数字化保护对于保存中华民族文化中的优秀基因、保持中华民族文化的多样性有着重要意义。

受旅游开发和城镇化的刺激与影响，西江非遗的生态环境在不断变化，传统的传承方式面临着传承人后继无人、保护方式单一等多种外在因素的威胁。而数字化技术可以为我们对西江非遗的保护与传承提供一种全新的思路，将传统民族文化与科技相融合，再利用高科技手段对其进行有效的保护与传播将是未来非遗保护的大趋势。

（二）充分利用互联网等新媒体技术的传播优势

以互联网为主体的传播平台，利用网络技术，以互联网、无限通信网等渠道以及电脑、手机、数字电视为终端，向用户提供信息和娱乐服务的传播形态。传播媒体是传播过程中承载信息的物质实体，是"插入传播过程之中，用以扩大并延伸信息传送的工具"。随着21世纪科技信息时代的到来，互联网作为一种新媒体的传播媒介，其广泛的受众群体和便捷快速的传播速率为我国的非物质文化遗产的传播带来了活力。互联网数字化平台运用于非物质文化遗传传播中，有效突破了时空限制，拓展了传播对象，增强了传播效果，同时拓宽了传播平台，可见互联网的传播方式是现代信息科技高速发展时代中非物质文化遗产传播的一个不错选择。

首先，利用互联网对西江非遗进行传播可以突破时间与空间的限制，可以使受众对非遗中所蕴含的信息符号随时随地加以解读。相对于传统传播方式受制于交通、自然环境、经济条件而言，互联网可以轻而易举地完成非遗的传播。对西江非遗的传承与保护以及传播来说，传统媒体的传播局限性很强，往往只能停留在表面，受众除了去当地旅游以外很难通过其他的渠道真正体会到传统文化的魅力。然而，新媒体给传统文化的传播提供了一个非常广阔的平台，更多的受众可以通过日常中的新媒体形式接触到西江传统文化的各种表现形式（例如微博、微信等），从而起到了很好的传承与保护的作用。因为新媒体与传统媒体相比，具有更强的互动性，社会大众乐于接受并且可以参与其中，身临其境的新媒体时代给大众带来了前所未有的体验。

其次，互联网诞生至今虽然时间不长，却已成了现代人生活中必不可少的媒介之一，根据中国互联网络信息中心的统计显示，截至2013年底我国网民基数已达到约6.2亿人，互联网的普及率已超过45%。由此可见，利用互联网媒介传播非遗拓展传播受众的方法是大有可为的。随着新媒体技术的发展、现代传播手段的多样化以及传播速度的加快，新媒体技术为受众接收信息提供了全新的平台与方式。中华五千年，每个民族都有着自己的传统文化资源，如何利用新媒体技术来为传统的民族文化传承、发展、添砖加瓦已经成了迫在眉睫的问题。西江苗寨非遗的传播也应该顺应时代与社会环境的需要，借助新媒体的力量运用科技与文化融合的优势为其传播开创更多的路径。互联网媒介作为一种新媒体传播媒介，在弘扬和传播我国非遗方面发挥了不可忽视的作用，它能够使更多的民众认识到非遗的重要性，也让更多的受众对中华民族优秀的文化基因有着更强的认同感与归属感。

（三）生产性保护中寻求全新传播机遇

近年来，随着全球经济一体化、国内乡镇城市化的逐步加强，我国一些专家学者从非遗的动态传承出发，提出了非遗生产性保护的概念。生产性保护的核心就是研究保护与发展之间的辩证关系。2011年6月1日，《中华人民共和国非物质文化遗产法》开始实施，正式将"生产性保护"写入其中，真正意义上将我国非遗的保护纳入宪法保护范围之中。

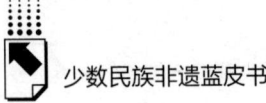

　　非遗的传播无论是过去、现在还是将来都会依附"人"这个主体的存在而存在。但是放眼全国，我们的非遗大多数都集中在经济欠发达、欠开发的省份和地区，这也直接导致了这些弥足珍贵的民族文化资源处于一种比较原始的生态环境之中。近年来各地政府为了经济发展的需要，开始大肆地开发民族文化资源以发展当地的旅游业，这样的方法虽然在短期内或许能够达到较好的传播效果并获得较大的经济效益，可是从长远来看，这样的模式最终只会破坏当地的生态环境，对非遗的可持续发展比较不利。无论采取什么形式的保护、开发或者是利用、生产，我们都应当将传承与发展中华民族优秀文化基因、弘扬与传播我国璀璨文化作为我们的首要任务。对非遗实施行之有效的合理保护与科学开发能够为我国文化事业与文化产业的发展提供重要的民族文化资源，更能够保持我国民族文化的多样性、稳定性，提高民族自信心、认同感。

B.18
地方性动力在非物质文化遗产传承与保护过程中的功用探析

申满秀 王 文*

摘 要： 文化产品具有双重属性（经济属性和文化属性），就非物质文化遗产而言，一旦作为文化产品抑或文化服务开发，自然也先天地具有这两个属性。当前对文化遗产的保护与开发较多集中于其经济属性，力主在经济效益产生的背景下思考非物质文化遗产开发的动力。同时，从非遗文化属性出发进行的保护开发明显着力不足，而从非物质文化遗产的动力和产生传承渊源来看，文化属性方面的保护恰恰是不可或缺的。这就涉及一个根源性的问题，即任何一项非物质文化遗产都诞生在一个或少数几个特定的地区，根植于这一地区的传统民俗、人文风貌抑或地形地质。正是地方性的不同，造就了多姿多彩的非物质文化遗产，非物质文化遗产的不同来源于地方性不同，其保护传承及开发利用也应该更多地关注其地方性的特征。

关键词： 地方性动力 非物质文化遗产 传承和保护

当前文化产业发展的背景下，对非物质文化遗产的关注点，愈发由"保护"、"传承"向"开发"、"利用"转变，对于这一点，大多是从文化产业的经济属性出发的。非物质文化遗产的开发在全国和全世界范围内都存在很多经

---

* 申满秀，教授，贵州师范学院历史与社会学学院院长，研究方向：文化资源与文化产业；王文，硕士，贵州师范学院历史文化学院讲师，研究方向：文化资源与文化产业。

典案例，这为地方性非物质文化遗产的开发提供了借鉴，而借鉴过程中也存在很多问题，即部分遗产的同质化。从民俗学的角度考虑，非物质文化遗产都有其本真性，作为世代传承的非物质文化遗产具有独特的地方性，是产生并建构在特定的历史传统和人文语境之下的特有文化。那么，世界性的经典案例是否可以拿来套用就成为一个值得商榷的问题。

某项非物质文化遗产之所以值得开发，其最大的价值在于其文化属性，来源于其所能代表和反映的文化元素及文化特质。除此之外，在全球化的背景之下，文化遗产的产业化价值的体现也不在于与国际的接轨合流，而在于该遗产民族性、地方性特征的体现，正所谓"越是民族的，越是世界的"，而且民族性也是建构在地方性背景之上的。同时，非物质文化遗产包括非文字的、口传心授的文化，保护非物质文化遗产的意旨在于倡导文化平等，强调文化的多样性，强调全球化背景下的地方文化的认同价值。

由此也应该重视两个问题：第一个是非物质文化遗产开发的过程中不可缺少对该遗产的保护以及传承，第二个则是开发过程中注意地方性文化特质的体现。从这两点出发，非物质文化遗产的保护与传承亟须地方性资源的借鉴，非物质文化遗产的开发也必须给予地方性文化更多的关注。从非物质文化遗产的本真性及其内在价值出发，推动非物质文化遗产的保护、传承以及开发，应该将更多的注意力关注到地方性动力上来。

就非物质文化遗产本身来看，关注其保护与传承或者开发，其动力来源无外乎外部动力和内部动力两种。外部动力可以包含社会资本的注入、政策法规的支持、国家专项资金的投入、成熟完善的借鉴模式，但这些无一例外地建立在非物质文化遗产本身有其合理的传承体系，并有运作为文化产品的空间基础之上的。就内部动力而言，非物质文化遗产具有活态性的基本特征，是人类在历史演进过程中创造的文化成果，它依附于特定的国家民族、族群、地区或者个人而存在和发展，因此其首要的内部动力的源泉即为其赖以生存的文化环境。同时，传承人自身的荣誉感归属感、当地认同度以及地方市场都属于内部动力的范畴。

一 地方性动力及地方性动力的构成

对地方的定义，心理学、地理学、社会学都有其不同的论述，随着时代的进步、人口流动性的增强,"地方"这一名词的内涵也在不断扩充。在空间概念之外,地方意识也应是构成地方的重要元素。可以将地方的概念定义为,有关系的一群人,这群人的关系建立在本地域的基础上,并在日常生活中有不同程度、模式的社会互动,进行共同的社会生活。由此出发,地方性的概念是相对于都市化和全球化的空间范畴。从非物质文化遗产语境出发,地方性动力的产生,需经过社会驱动力、地方资源、社会互动力的交互作用,形成认同感,产生实质的行动力量,投入地方经济建设。经济建设之外,文化建设更应是如此,地方所具有的自然以及人文特质是文化的来源,非物质文化遗产亦然。总体来说,地方性动力应包含以下几点:地方文化认知,当地人对非物质文化遗产的归属感、认同感、荣誉感,非遗传承人的自我认知及情感归属,地方政府的支持,当地市场与地方性消费能力、消费喜好。

地方文化认知是指社会成员经由文化活动的参与过程中,对文化活动的目标与价值内化于个人心中的现象,不但能体会文化活动与个人生活的关系,并自然而然地发生良好的情感与认知,而成为个人人格的一部分。非物质文化遗产有其特有的文化标志,如信仰、风俗习惯、行为规范、传统工艺、语言文字等,生活在特定地域内的群体风俗习惯、行为规范等方面形成习惯时自然会产生对这些文化标志的内心的看法,内化为自己的意识之后,即产生对这些标志的认知,而生于斯、长于斯的群体往往对其世居地的风俗习惯是认同的。地方文化认知属于一种意识,是对他人生活意义能够给予尊重的多元、包容态度,并经由口语、文字、符号、图像、动作、表情等形式表现。尊重地方文化认知,也即认可非物质文化遗产的地域性、民族性、多样性以及异质性,对当地非物质文化遗产的认知无疑会利于保证其本身固有的特色。

当地人对非物质文化遗产的归属感、认同感、荣誉感同样是地方性动力中的重要组成部分。此处的归属感和认同感、荣誉感是指地方居民对居住地非物质文化遗产的心理认可程度,将其发展与自己的荣辱感结合在一起,将其成就视为自己的荣誉。本地本民族对特色非物质文化遗产具有更深的理解,人类学的研究从未失掉田野调查这一基本方法论,这其实即来源于特定地域特定人群所具有的文化必须融入其中才能发觉发现。对非物质文化遗产的关注也应该立足于此,脱离于原始文化环境下的考虑都难免空有其表。无论是传统的以地域来划分还是因共同特质而形成的地方，都必须在居民拥有认同感的前提下形成，否则只徒具形式而已。归属感、认同感、荣誉感会激发地方居民对非物质文化遗产保护和关注的自觉性，作为一种地方的文化标志、文化形象，非物质文化遗产需要一定的社会力量的关注与支持，这对于非物质文化遗产的传承有着重要意义。

非物质文化遗产传承人是非遗传承和开发的关键一环，非物质文化遗产具有传承性。一种文化形式，只有经过时间的考证，承载一定的精神寄托，并反映和负载一部分文化内涵，才能成为非物质文化遗产。这一特性决定了非物质文化遗产保护一定要为其传承创造合理的氛围，这其中传承人自身的认知和情感归属极为重要。当下很多人评价非物质文化遗产项目的表现形式空有其形而乏其神，这内在的根源就是传承人也大多从经济利益出发，较少对该遗产真心维护。传承人是传承的主体，这是无所取代的，非物质文化遗产能否有效传承，而且是否可以在原有基础上有所增益创新，很大程度上取决于传承人的态度。故有的非物质文化遗产传承主要是父子师徒式的传教，一些节庆民俗类的遗产也大体由本土本地子弟作为传承的主力。这都涉及传承人的地方认同性问题，很多少数民族的非物质文化遗产的逐步消亡都源于本地年轻人的外流，同时，一部分非物质文化遗产暂时无法产生经济效益，其展现形式也很乏味，以致难以吸引年轻人。后继乏人成为很多非物质文化遗产面临的最大危机，如何唤起青年人的关注、激发青年人的热情，将会成为地方性动力中需要着重考虑的方面。

地方文化传统也是可以发挥地方性动力的一个来源，它是特定地区特定群体共享的精神生存与物质生活的传统。长久地在特定的地域生活，人与地方易于形成有机的互动关系，并逐渐养成特有的地方趣味与地方感觉，这种趣味与感觉构成了地方文化传统的深层内涵；同时地方文化传统更明显地体现在地方生活方式、地方历史记忆、地方风物传说中。地方文化是维系地方文化生态的重要力量，是地方社会良性运行的精神保障。同时也意味着，地方文化传统是非物质文化遗产赖以存在的基础以及内容来源。

地方政府是地方性动力发挥的重要支持，以黔东南地区极具民族特色的非物质文化遗产侗族大歌来说，其民族特有的语言语调造成了其消费市场受众扩展的局限，单纯靠其市场化的运作很难实现自力更生，更难以进一步讨论形成产业。在这种背景下,地方政府的支持显然格外重要,地方政府对当地非物质文化遗产都有一定的掌握了解,除物质的支持之外,对侗族大歌在校园传承、社会传承、口碑影响等方面都可发挥较大作用。借地方政府之精力投入到非物质文化遗产的保护传承当中,效果自然是显著的。因此,一项旨在推动侗族大歌传承、保护和发展的"多彩贵州·侗族大歌传承保护行动计划"于2014年春出炉。根据这项计划,之后的5年,贵州省财政每年将安排约1000万元专项资金,开展侗族大歌保护传承工作,通过校园传承、社会传承等方式,让更多人传唱侗族大歌。

当地市场与地方性消费能力关系着所在地非物质文化遗产的保护与开发。就地方剧种而言,限于口音及故事取材,很多传承只能由当地人来完成,同时,受众也多为当地人,以豫剧而论,流行地区主要是河南以及安徽北部、山东西部等,就粤剧而言,显然要局限于两广一带了,北方人难以听懂遑论喜欢。这些地方剧无论是传承演唱还是消费展演,当地市场都是起决定作用的。由此可知,进一步刺激当地市场的消费潜力和活力成为非物质文化遗产传承和开发的重要途径。而且植根并立足于当地市场的发展,可以形成一个良性循环,市场反补文化,而文化遗产的繁盛吸引更多的当地人参与进来,对该遗产进行有效的创新。

语言是人们交流思想、传递情感的媒介,也是思维形成的载体。侗族大歌依助于侗语传承,决定了该遗产在黔东南地区的推广所具有的深远意义,该州为侗族重要聚居地,语言、民俗自有其传统的传承体系,侗族大歌在中老年群体中仍然占据重要的位置,对于青年及学生群体显然就仅限于有所熟悉了。地方性教育部门在学校教育开展的地方特色文化教育可以起到良好的作用,这也应该是在非物质文化遗产保护和传承过程中应着力关注的一种方式,遗产传承开发的同时,唤醒青少年群体对本民族本地区文化的热爱在当下来看也是大有必要的。

二 地方性视域下非物质文化遗产保护开发出现的问题

非物质文化遗产诞生之初极少是在经济利益的驱使下完成的,其传承的内在动力也非经济动力而主要归结于其存活的环境和境遇。每一项非物质文化遗产都诞生在一个或少数几个特定的地理单元,亦可理解为特定的文化空间。当地人对某项非物质文化遗产的情感归属是其最初传承的动力源泉。真正的认知和归属大多来源于精神上、文化上的情感归属。以经济利益的追逐作为传承动力的诉求,显然不切实际,而且极容易消逝原有的文化特质。在经济利益目标诉求下,诸多非物质文化遗产展现形式容易趋同,遗产性质跟随市场和消费者的喜好在变,而最终失掉的是原本最应有价值且可以保持其特色的文化。

(一)社会资本开发过程中的"开发性破坏"

当前一部分足以对非物质文化遗产传承与开发构成影响的社会力量诸如地方政府、商业资本都在试图打造一种地方性的文化形象,而这付出的代价则是将某些具有悠久历史传统,直至今日仍存活于日常生活中的民俗文化"遗产化"。这种脱离于日常语境中的文化遗产神圣化的同时,逐渐丧失其本真性,与日常民生也渐行渐远,从而真正地成为死物,缺少了精神来源,没有了创新。与自然的消亡不同,目前房地产和旅游这类商业资本的开发是非物质文化遗产被破坏的重要原因,许多具有深厚历史积淀和文化价值的古民居被破坏殆尽,随之一起消亡的即是传统民俗与生活方式等非物质文化。

(二)外部经验对非物质文化遗产保护开发的不足

当今国内外都有诸多非物质文化遗产开发的经典案例以及一套相对成熟的开发模式。但一味地照搬外地模式又难免产生水土不服的问题,模式的套用很容易忽略本应该重视的文化精髓。当下,非物质文化开发过程中遇到的风险,一部分来自全球化背景下强势西方文化的冲击,另一部分则来自民间资本的开发。过分强调以盈利为目的,毫无节制地复制过往的成功案例,这样带来的千篇一律反而是最大危机。大量社会资本涌入之后,将对非物质文化遗产的传承和保护造成不可控的巨大影响。外来资本可以而且也亟须成为助力,但不应该就此主导。政府、学界、商界的关注都可以成为保护的主体,但传承的主体必然是传承人本身。各级政府在保护非物质文化遗产过程中,弄乱了保护主体与传承主体的关系。作为保护主体的政府放着自己的重要工作不做,反而以自己的强势地位,取代了非物质文化遗产传承人。

这里需要明确的一个问题就是：套用的只是展现形式、开发模式，不同地区非物质文化遗产所拥有的文化内涵应该成为关注的重点。如今，许多地方兴起了各种祭典的热潮，祭黄大典、祭孔大典、祭水大典等，然而，这类活动争相举办，并积极寻求申报非物质文化遗产，但许多祭典空有其形，单纯模仿一套仪式，甚至出现祭黄大典的配乐与祭祀关公的配乐雷同，缺乏文化内涵和异质性，最终会毁掉整个祭典活动。

（三）非物质文化遗产的传承后继乏人

非物质文化遗产的传承技艺很多较为复杂，现有传承人年岁偏大，囿于经济因素及掌握技艺的难度等，年轻人对传承非物质文化遗产热情不高，许多技艺存在收徒难、传承难的问题。随着一些国家级传承人的离世，人走歌息、人亡艺绝的现象仍然存在。源于农耕文明、主要靠口传心授方式传承的非物质文化遗产的生存土壤及其生态环境都受到了严重冲击，面临巨大的生存危机。

文化部非物质文化遗产司司长马文辉曾提到非物质文化遗产代表性项目保护工作不够扎实、深入；基层保护工作人员素质亟待提高等也是一些非物质文化遗产项目后继乏人、生存濒危的境况还没有得到解决的原因之一。从传承的主体角度考虑，传承人的断层已经成为困扰非物质文化遗产留存的巨大挑战。

三 地方性动力在非物质文化遗产保护开发过程中的价值与意义

单就文化的地方性特征而言，非物质文化遗产传承保护过程中依然存在着诸多弊病，这些弊病源于对地方性动力的利用不足或者忽略了地方性的文化特质、文化特色。由此观之，针对这些问题的解决，地方性动力在非物质文化遗产保护开发过程中的价值和意义的探讨就显得尤为重要。非物质文化遗产的诞生源于地方性的文化特质，其彼此的差异正来源于此；同样，非物质文化遗产的传承也需要借助当地的人文风貌、民俗民风、传统节俗来维系和进行，失去原有的文化背景，任何遗产的传承都难免成为无本之木、无源之水；非物质文化遗产的开发也同样不可遗缺地方性动力的支持，当地民众的参与、地区性文化特有消费市场的培育都需要地方性动力的支持。

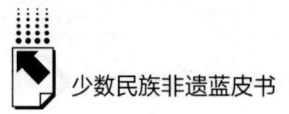

（一）非物质文化遗产的诞生源于地方性动力

非物质文化遗产诞生有其特定的历史背景和历史条件，根植于当地特有的文化。民俗、传统手工艺、传统医药都是如此，都是特定自然和人文环境综合影响下形成的产物。在关注保护开发的同时不能忽略的就是本源，如何在原有特色的基础上进行开发是至关重要的。地方文化、民族文化是非物质文化遗产的初始动力，是各地区非物质文化遗产诞生的摇篮。保持非物质文化遗产本真性的重要原则是不能忽略本源，基于此，地方传统文化成为地方性动力需要关注的首要环节。

（二）非物质文化遗产的传承创新根植于地方性动力

过度的开发之后出现了越来越多的伪遗产，如今登上演艺舞台的部分所谓原生态展演也难免沦为伪遗产。文化全球化背景下，真正成功的开发反而是最具有民族特质的东西。"越是民族的，越是世界的"，巴西的桑巴舞即是最具有巴西风情的舞蹈，表达了巴西人无尽的奔放与活力。只有置身于巴西桑巴舞会之中时，才会真切地感触到巴西特有的异域风情。热情和活力是至关重要的，源于非物质文化遗产的产生，所在地的文化生态环境成为其得以有效传承的摇篮，最初父子师徒间的传承即能说明一定问题。一定程度上来说，非物质文化遗产都是地方文化的外在表现形式和具体体现。透过遗产看文化，更好地发掘遗产，对于当地文化的了解自然是不可或缺的。非物质文化遗产在传承之外还应该有所创新，这源于其活态性的特点。而创新的动力很大一部分应该来自原住民的热情。一个活态且与日常生活息息相关的文化活动才能得到有效的传承并生成开发的空间。"四十八寨歌会"曾经是湘黔一带民间活动的文化中心，在天柱县有6个寨子的村民至今还保存着这种习俗。但近年来一些地方出现萎缩，蓝田镇新寨村已经有30多年没有开展此项活动，年轻人对歌会已不再重视，很重要的原因即是歌会依然停留在过去的样式，参与的主要是老年人，歌会愈来愈缺少观赏性，歌会形式变得暮气沉沉，遇到了很大的危机。

任何一项非物质文化遗产的传承都离不开青年人的热情，源源不断的传承人才能在时代发展中不断融入新的元素，从而激发该遗产的活力。原住民尤其是原住的年轻人生活在当地的文化系统中，对于原住地的风俗、节庆活动有一定的了解,这一群体应该成为非物质文化遗产传承和创新的主力。

(三)非物质文化遗产的开发需要地方性动力

正如前文所述,对非物质文化遗产的保护与开发已经吸引了大量社会与商业资本的注意力,这是重视非物质文化遗产领域里出现的可喜的一面,越来越多的人认识到了非物质文化遗产的价值,这为一些即将消失的非物质文化遗产带来了曙光,但同时也带来了严重的危机。

地方性动力恰好可以弥补这个问题,源于对当地非物质文化遗产的认同感、归属感、荣誉感,当地民众的参与,可以有效地规避同质化的问题,同时,诸多非物质文化遗产因其特有的地方性、民族性特征,其消费市场主要集中在当地,而地方性市场的活跃以及地方性消费能力的提高,无疑会大大促进非物质文化遗产的开发。同时,非物质文化遗产源于对当地文化的反映,反过来也能促进人们对地方文化的认知和关注,人们对能够反映地方文化的非物质文化遗产认同度越高,非物质文化遗产开发过程中遇到的阻力也必然会减少。

B.19
让非物质文化遗产进入当代经济生活
——以西兰卡普为例

莫叠*

摘　要：本文通过分析西兰卡普具有走市场的传统，结合西兰卡普在当今社会发展的困境，提出西兰卡普的市场化发展应以消费者为中心，利用广告手段刺激消费者的购买欲望，以创新为发展动力，通过合理处理西兰卡普开发与传承的关系，使西兰卡普进入当代经济生活中。西兰卡普的传承人具有自己的目标市场，从而使西兰卡普的传承不单纯依靠外界输血，而具备自身造血功能。

关键词：西兰卡普　非物质文化遗产　经济生活

"西兰卡普"是土家族极具特色的非物质文化遗产，在土家语里"西兰"是铺盖，"卡普"是花，连在一起即为花铺盖。"西兰卡普"是土家族特有的织锦艺术，长期以来是由该民族妇女主要担任的家庭副业。清人顾彩在《容美记游》载："峒被如锦，土丝所织，贵者与缎同价。龙凤金碧，堪为被褥。峒巾白麻为之，轻纫如鲛绡，皆珍币也。"① 就用料而言，西兰卡普采用大武陵山民族居住区域所生产的各种原材料；就工艺而言，西兰卡普是土家族所创制、迄今仍以手工生产为主的传统工艺；就使用范围而言，主要用于四个方面，其一是女性的民族服饰，其二是土家族祭祀用的壁挂，其三是土家族少女

---

* 莫叠，博士，黄冈师范学院文学院讲师，研究方向：少数民族文化遗产。
① （清）顾彩著，吴柏森校注《容美记游》，湖北人民出版社，1998，第157页。

们赠送给情人的定情之物,其四是土家人婚礼洞房中陈设的被面。祭祀性用品要求有图案的寓意性和色彩的庄重性,少女的服饰要求色彩的丰富性和对比性,定情之物要求制作的精巧性和情谊的表达性,婚礼中的陈设则要求在富丽堂皇中显示其独特的民风民俗。这些要求通过土家人对自然的观察、对生活中美的撷取,通过对其他民族寓意图案的选取、继承和发展,通过从其他民间传说和宗教传说情节中的提炼选择性继承,西兰卡普表现出土家族独特的审美观念。这种观念既囊括了大山子女对自然的领悟,也显示了千百年来土家人对生活的领悟和蓄积的热情。艺术来源于生活,但这种来自生活的底蕴被土家姑娘在制作过程中,找到了艺术的表现形式。这种表现形式具有原始图案的仿真性、几何纹样的简化性、图案组合中的丰富性及多重寓意性。对美的追求在制作方法上形成了工艺上的创新,因形依式使用了不同的钩法、提花法,又通过色彩的过度和对比,将斑斓的色彩包装在以黑白色为主体色彩的画图之中。一幅幅各具形态的图案因制作者的领悟和传承各异,差异中所呈现的共同风韵则显示了土家族的民族心态和民族精神。

新中国成立以来,专家学者们对西兰卡普的图案、题材进行了分类,对西兰卡普的纹样进行了追本溯源的分析和研究,在此基础上,对图案、题材、纹样的文化内涵进行了深刻的探讨。辛艺华从社会学的视角分析了西兰卡普发生变迁的三个原因:一是土家族地区传统的社会基础彻底发生了变化,二是如今土家织锦艺术的生产者与设计者、生产者和消费者之间的群体错位,三是土家人价值观念的变迁。最后一点更是造成这一民间艺术传承变异的根本原因。城市化进程在土家人价值观的变迁上起到巨大的推动作用。农耕生活所形成的价值观、审美观,已被不少土家族青年人所摒弃,包含土家人价值观、审美观的西兰卡普工艺在当今市场经济条件下,其传承与发展都面临挑战。

这些系统而全面的研究,使人们对西兰卡普作为优秀的非物质文化遗产有了更深刻的认识。如何让这一优秀的非物质文化遗产适应现代经济社会的发展,要求我们从三方面进行考虑。其一,该项非物质文化遗产在现实生活中是否具有实用性;其二,该项非物质文化遗产是否能适应现代消费者的心理需求;其三,该项非物质文化遗产是否能在今天的市场竞争中显示独特的竞争能力。李珂、邓昭立足于当今市场经济条件,立足于传统工艺适应当今市场要求,在《当今市场经济条件下西兰卡普的市场传播》一文中提出西兰卡普应进行市场运作，形成产业链，改变重继承、少创新，缺乏行业组织的现状，在市场开拓、产品开发、管理行业等方面进行调整，让西兰卡普由单纯的游产品、收藏珍品等小装饰向大装饰转变，得到真正的突破。

一 西兰卡普有走市场的传统

让非物质文化遗产适应现代社会的经济发展，不仅要对非物质文化遗产进行静态保护，更需要对非物质文化遗产进行"活态"保护。笔者认为最好的"活态"保护是让非物质文化遗产中的产品进入再生产领域，让其进入今天的商品目录，这方面不乏成功的范例。藏医药作为非物质文化遗产，现在已成为西藏特色支柱产业之一，藏药生产已从手工作坊发展到工业化生产，藏医药产业体系基本形成。目前，全区藏药生产企业发展到18家，均通过国家GMP认证，能够生产360多个藏药品种，其中获得国药准字号的有298个品种。[①] 同仁堂中医药文化被列入首批国家级非物质文化遗产名录以来，同仁堂找到两个立足点，立足于文化载体，加强了对同仁堂文化的研究和宣传，并作了有益的归纳和总结。在医药文化的创新与传承上屡有突破，把握住市场经济的脉搏，做强做大经济实体，采取引进来和走出去的开放方式，在传统工艺的基础上，主动扬长避短，以市场需求和消费者的心理需求为导向，在产品的种类和生产方式上都进行了创新。[②] 藏医药的发展和同仁堂在文化传承上和经济效益上的成就，可以证明让非物质文化遗产进入再生产领域，成为具备市场竞争力的商品是可行的。藏药和同仁堂的中药是因市场需要而产生，依托市场、适应市场而生存发展的非物质文化遗产所具有的市场属性是在现代经济社会进入再生产领域的重要前提，这表明在历史上走市场的非物质文化遗产都可以进入再生产领域，并在其市场活动中维持其传承，进而发扬光大。形形色色的传统手工技艺本身就是市场经济的一部分，既具备依靠市场生存的能力，也可为市场带来更大的活力。让这些走市场的非物质文化遗产项目走向市

[①] 《我国将实施九项发展藏医药重点任务》，新华网，2011年6月14日，http://news.xinhuanet.com/politics/2011-06/14/c_121534453.htm。

[②] 《同仁堂介绍》，同仁堂官网，http://www.tongrentang.com/about/aboutus.php。

场，不仅不会给其传承和发展带来负面影响，反而会在经济利益的驱动下，为项目本身获得更大的发展空间，为项目所需人才的培养及项目商品化生产所需要的资金取得来源。西兰卡普就属于历史上走市场的非物质文化遗产项目。西兰卡普的生产最初是农家的副业，当产品有盈余时，剩余产品进入市场，市场对西兰卡普的需求，促使某些家庭开始进行专业化生产，从而提高了其生产技艺，扩大了西兰卡普的销路。市场提供了西兰卡普生存与发展的条件，尽管古代未对西兰卡普进行保护，但西兰卡普从来不缺传人。现代纺织业、印染业因其产量大、价格廉，对西兰卡普产生巨大冲击，致使西兰卡普的传承受到威胁。

要对西兰卡普进行纯粹的保护非常困难，单纯地保护会因为资金的匮乏举步维艰，也会因为没有经济效益，无法培养技术传承人。将西兰卡普推向市场，让其传承与开发适应市场的需要，不仅不会影响西兰卡普的正常传承，而且可以拉动一方经济，为西兰卡普的传承与发展创造更好的物质基础。

二　西兰卡普今天的困境

西兰卡普依然拥有市场，例如一直在来凤从事民族研究工作的唐洪祥，于1998年成立了来凤县土家织锦村民族工艺有限责任公司（简称"来凤县土家织锦村"），这是湖北省首家生产销售土家族传统手工织锦的专业厂家，采取将织锦机、生产材料提供给手工艺人，由艺人在家生产，企业回收产品进行销售的模式。恩施"80后"土家姑娘梁晓继承其母的技艺，2002年在距来凤县100多公里的恩施土司城开了一家专卖店。经过四五年的市场培育，随着当地旅游的日益火爆，梁晓的专卖店生意开始走旺。2009年，梁晓借势大胆创办起棉织公司，开始企业化经营之路。梁晓等人的经营活动是建立在消费者购买活动基础上的，消费者愿意购买西兰卡普证明了西兰卡普在现实生活中具有实用性，能适应部分消费者的心理审美需求。梁晓等人在经营中感觉到三个不利于西兰卡普技艺传承及其产业发展的困难。

其一，西兰卡普价格在市场竞争中不具优势。一幅西兰卡普原料价格在240元以上，一个熟练的织工需要5～6天才能完成一幅成品，原料价格加上

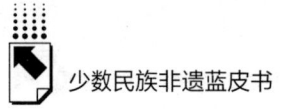

工人工资、销售费用，使西兰卡普的价格为一般消费者难以承受。

其二，拥有西兰卡普编织技能的工匠越来越少，青年人由于报酬低，不愿学习这一技能，其手工作业的特征使这门技艺面临失传。

其三，西兰卡普的独特之处，就在于它的纯手工，如果采用了机械化生产，就失去了其特有的市场价值；但如果继续沿用纯手工制作，工人的不断流失将会越来越限制这个产业的发展。传承人将此归结为西兰卡普困于手工，难以扩大和发展。

上述三个困难是从非物质文化遗产的传承和保护的角度提出的，并没有站在商品市场的角度进行分析。站在市场的角度来看待西兰卡普再生产的扩大和发展实质上只面临一个问题——未从市场营销的角度来讨论西兰卡普目前的生产状况，使其产品缺乏竞争力。

三 以消费者为中心的营销理念是西兰卡普走出困境的前提

作为商品的西兰卡普已失去原有的使用价值。在传统中，西兰卡普主要是用作铺盖。西兰卡普由女性织成，在出嫁时作为陪嫁，成为衡量女性能干的标志。由于替代产品的出现及替代产品的价格优势，西兰卡普使用价值已转化为装饰。面对更符合现代审美观念的、容易清洗和保洁的装饰品，人们不愿意为购买西兰卡普付出更高的价值，这就造成了生产成本和销售价格之间的背离，从而使生产无法保持连续，利润的降低又会使西兰卡普生产工厂工人的工资降低，工人会丧失劳动积极性，这种恶性循环将不利于西兰卡普的传承和发展。

要改变这种恶性循环，就需要密切注意消费者不断变化的需求，进而调整西兰卡普生产厂家的产品、服务方式及销售方式来满足市场需求。这样做就将以产品为中心转变为以消费者为中心。树立了以消费者为中心的营销理念，有助于西兰卡普的生产者和经销者对需要、欲望和需求加以区别。"人类的需要是指因某些基本的东西没有得到满足而产生的一种心理感受。为了生存，人们需要食物、衣服、住所、安全、归宿、受人尊重，以及其他一些东西。这些需要产生于人类自身的生理需要和心理需要，而不是由社会或营销者创造的。"

"欲望是指得到那些满足基本需要的特殊物品的愿望"①，人类的需要并不多，但人类的欲望却很多。诸如学校、家庭和商业公司之类的各种社会力量和社会机构，不断地刺激人们形成各种各样的欲望。

"需求指对某种产品有购买能力且有购买意愿的欲望。具备了购买能力，欲望便变成了需求。"② 根据上述概念，购买西兰卡普的消费者不是为了满足需要，是为了满足需求。这种需求产生欲望的原因是对西兰卡普文化内涵的认识和审美情趣的需要。当消费者对陈列的西兰卡普的样品产生了情感上的认同时，购买欲望随之产生，并且会根据自己的购买能力，将欲望转化为需求。因此，西兰卡普价格的高低是对消费者购买能力的挑战，而不是对消费者欲望的否定。

四 利用广告造就消费者的购买欲望

要培养和造就消费者购买西兰卡普的欲望，不仅要借助实物陈列，而且要善于利用广告。就广告的目标分类而言，可分为告知广告、游说广告和提醒广告。告知广告在西兰卡普产品的导入阶段具有重要作用。西兰卡普的告知广告，需要建立消费者对西兰卡普产品良好的第一印象，从而引发消费者对该产品的需求。因此，西兰卡普的告知广告应包含以下内容：西兰卡普的悠久生产历史，集实用美、艺术美和工艺美于一体的审美价值，独特的生产过程及西兰卡普与替代产品的比较。这样的广告有助于消费者不再过分重视替代产品的价格优势，从而产生购买欲望。

游说广告能针对某一特定的商品建立消费者的选择性需求。游说广告的最大特色是将同类商品进行比较，通过比较可以使西兰卡普在现代的十字绣及其他替代产品前，显示其品质优势，从而强化消费者的购买欲望。

提醒广告能使消费者对产品产生难以忘怀的印象。通过多次重复的提醒及多种形式广告造成的强烈印象，努力在消费者头脑中造成"购买西兰卡普是明智的选择"这一根深蒂固的思想。广告是召唤消费者的信息传播方式，也

---

① 甘华鸣主编《市场营销》，中国国际广播出版社，2002，第8页。
② 甘华鸣主编《市场营销》，中国国际广播出版社，2002，第8页。

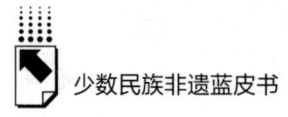

是激发消费者购买欲望的重要手段。目前消费者纠缠于价格问题的原因之一就是广告不到位。

五 西兰卡普发展的动力就是创新

消费者购买能力的差异是西兰卡普生产者确定目标市场的依据。购买能力有强有弱，且在不同的销售场合有相应的变化，西兰卡普生产者需要适应这种变化。这种变化是消费者对西兰卡普用途的新要求，即不再将西兰卡普只用来做铺盖、装饰挂件或民族服装，要求西兰卡普能在城镇化的生活中有新的用途。要适应这些变化，需要打破西兰卡普用途和工艺不能改变的固守观念。西兰卡普图案的发展历史也证明在不同的历史时期，通过对外来文化的接受、吸纳，西兰卡普图案设计的观念发生着改变，且其用途也从陪嫁的铺盖发展到装饰挂件。明清时期西兰卡普盛极一时，花色纹样达到两百余种，根据冉红芳的调查流传至今的西兰卡普传统图案有一百二十余种，如果包括现代设计的图案可达四百余种，这就证明西兰卡普图案的审美情趣是一直发展着的。正是这种审美情趣的发展使西兰卡普的发展获得了动力。审美情趣的发展反映了人们对图案提出了新的要求，要制作这些新的图案则是对传统工艺提出了挑战，这种挑战使传统工艺出现了改变和提升。工艺的发展在满足消费者新的欲望的同时，又为新图案的产生创造了条件。回溯历史不难发现，西兰卡普发展的动力就是创新。

西兰卡普在今天的创新可从以下三个方面着手，其一，要让西兰卡普从男耕女织的农耕社会市场进入今天的市场，即改变西兰卡普作为农家副业的生产方式。西兰卡普的生产应是传承与开发并重，通过传承让西兰卡普的生产工艺成为工艺中的活化石，永葆其厚重的历史韵味，通过开发让西兰卡普成为独立的产业，形成生产、销售、市场服务的现代化市场营运系统，使其能依托市场获得发展与创新的动力。

其二，西兰卡普的市场化需要进行多梯度开发，利用西兰卡普的某些元素来生产不同的产品，是西兰卡普产业化的必经之路。一度开发是指在产品风格式样、工艺流程、用料选料上不加任何改动，直接进行规模化生产，如我们在商店中所看到的流水线上生产出来的惠山泥人、剪纸、香包、风筝等。一度开发生产成本低、效益高，可以最大限度地满足低端消费群体需求，其存在具有合理性。但这种流水线生产会对传统手工技艺造成冲击，需要当地政府予以调控，以不损害当地非物质文化遗产传承为前提。二度开发指在原料、工艺不改变的前提下，根据旅游市场需求及现代审美需要，对产品体积和重量所实施的变量开发。如对惠山泥人可以通过放大、缩小等方式做成大小不同的产品，以适应消费者的不同需求。三度开发指在保留物件原有形态的基础上，对产品实施的质与量的同步改造。如韩国原有面具是用硬木雕刻而成，随着原材料锐减与手工制作成本提高，现在韩国采用树脂翻模技术制作，成本非常低廉。面具的文化内涵依然得以保存。四度开发是指根据去粗取精的原则，在保留原物品精华的基础上，对原物品实施选择性开发。如传统泥制老虎十分漂亮，但分量太重，不易携带摆放，通过去粗取精，将其最精华的前脸部分保留下来，做成独立的艺术品，供人观赏。① 对西兰卡普的多梯度开发应以市场为导向，根据消费者对不同梯度产品的需求，完成西兰卡普的目标市场构建。在这个意义上，梯度划分的标准就是目标市场的定位。

其三，西兰卡普应进入现代家用纺织品行列。谭淋心、陈出云提出西兰卡普在现代家用纺织品中的设计、开发策略：材料、工艺的改革与创新，与现代设计理念的重合使土家族传统工艺得到传承和发扬，也给现代家纺产品设计注入新的活力。谭、陈二人的观点有三个值得注意的地方，其一是重新对西兰卡普进行了实用定位，让西兰卡普进入现代家用纺织品中。其二是谭淋心、陈出云主张西兰卡普在材料和工艺上要进行改革与创新。对于材料，谭、陈二人认为传统的西兰卡普强调材料的厚、重，不适于进入服装领域，要使西兰卡普成为服装面料，需要在保持其工艺特点的前提下，采用薄、轻的新材料，同时对西兰卡普纯手工的工艺进行新的改造。只要能保持西兰卡普的民族特色，在制造工艺的某些环节中未尝不可以采用机械化。其三是土家族工艺得到传承和发扬，必须与现代设计理念重合。每一时代有其特殊的时代内涵，西兰卡普的独特魅力在于其通过艺术手法，将历史内涵表现出来。基于这一观点，与现代设计理念重合这一见解表现了我们继承了西兰卡普的传统工艺，同时在创造西兰

---

① 苑利、顾军：《非物质文化遗产保护干部必读》，社会科学文献出版社，2013，第310～311页。

卡普未来的历史。谭、陈二人的观点与当代紫砂壶的生产有相同之处。当代紫砂壶既继承了集雕刻、造型、书画的曼生壶艺术，也融入了不少新的时代元素，如现在生产的熊猫壶、卧牛壶等，既有顾景舟、蒋蓉、徐汉棠等大师手工制作的工艺精品，也有一大批保存了曼生壶风格的机制壶。"紫砂壶从商品档次的角度和制作的粗细去归类紫砂壶及其他紫砂产品，大致可分三类，即粗货、细货和特种工艺品（包括艺术品）。粗货是指面向群众的大路货产品，价格低廉、经济适用，但制作简单，易于机械化生产且成本较低，其造型多简练大方，并一型多产，适用对象多为江南茶馆和城乡一般群众家庭。这类产品在普及紫砂文化、扩大紫砂壶市场上具有极大作用，是紫砂壶'飞入寻常百姓家'的主要途径。"① 根据紫砂壶以粗货拓宽市场、扩大紫砂壶文化传播范围的状况，不妨做这样的设想：西兰卡普也可根据不同的用途进行分类。西兰卡普产品需要根据市场进行分类，其制作者也应进行分级，像紫砂壶行业一样，评选出工艺美术大师，这样既可以提升西兰卡普制造的工艺和设计水平，又有利于针对不同的目标市场实行优质优价。因此，西兰卡普可细分为第一是旅游纪念品、以机制为主体的小型壁挂或小型摆件，取其价格低廉、可以批量生产、与旅游地具有相同文化内涵的特点，在土家族旅游区进行销售。第二是轻薄型西兰卡普产品，直接进入服装制作领域。这类市场中的产品主体采用机器制造，用来制作服装、配饰件的那部分产品可用手工制作。第三是以收藏为主要销售目标，必须是手工生产，由生产该产品的工艺大师以藏品目录的形式标明产品的地位和价值的产品。这样的市场定位，就可以实现针对不同的消费者使其在购买能力允许的情况下实现自己的购买欲望。

六　合理处理西兰卡普开发与传承的关系

对西兰卡普的目标市场分类，可以解决生产者、销售者与消费者之间的矛盾，但无法解决开发与传承间的冲突，因此还需解决好谁来开发、何处开发和开发什么这三个问题。

谁来开发是强调西兰卡普的传承和开发不能混为一谈，传承者只能负责原

---

① 徐秀棠：《中国紫砂》，上海古籍出版社，1998，第107页。

汁原味的传承，开发者需由开发商担任，这样传承者能较好地保留西兰卡普的原真性特征。开发商在保存西兰卡普文化内涵的前提下，开发出新的产品，扩大了西兰卡普市场需求，创造经济效益，为西兰卡普传承与发展提供优越的物质基础，从而为西兰卡普的产业化生产创造新的文化生态，实现"活水养活鱼"的目标。文化生态是非物质文化遗产保护工作中具有关键意义的理论与实践问题。对西兰卡普的科学保护需要在文化生态的基础上落到实处。西兰卡普千余年的发展历史和土家人生产、生活的特殊条件与习俗相关联，这种文化生态是保护西兰卡普的核心。这种保护先要通过政府的努力，对外要为当地非物质文化遗产构建起一道有效阻挡和减缓外来文化冲击的制度性屏障，对内要通过对传统土家族民间文化生态的保护，为当地非物质文化遗产营造有利于其生长的文化空间。在这样的前提下，西兰卡普产业化生产创造的新的、有利于其生长活跃的文化生态，与原有的文化生态融合在一起，为西兰卡普的活态保护创造了良好的环境。西兰卡普产品的状态是物质层面的，其所蕴含的文化内涵是精神层面的。这表明非物质文化遗产不在于物与非物，而在于文化的传承。传承文化的是人，是现存的民间艺人。民间艺人是非物质文化遗产保护与传承的载体。这就要求我们尊重和保护民间艺人。如关注民间艺人的生存状态、提高他们的社会地位、健全他们的经济保障机制，来支持和保障民间艺人传承活动的开展。将开发者与传承者进行明确的角色定位，足以让传承者更好地将精力集中在传承之上，"原汁原味"才能得到保障。

何处开发表面上是一个生产用地选择问题，实质上涉及开发商如在原地开发，就会毁掉西兰卡普的原有生态，其后果是对西兰卡普造成毁灭性冲击，因此需要将保护与开发放在不同的平台上实施。如果在同一地既进行保护，又进行开发，开发商的开发会作为外来文化，对原汁原味的传承造成冲击，这就不利于文化生态的保护。如要求开发商到异地开发，开发商会失去当地市场的依托，并且会增加原材料运输、工人培训等费用。要解决这一问题，就需要对开发商和传承人进行职责界定。开发商通过开发，提供传承人需要的资金，传承人为开发商提供相应的技术指导，使保护与开发互不干扰。西兰卡普的保护与开发就像平行轨道上奔驰的车，近在咫尺，可以相互照应，但永远不会撞车。

开发什么是确保非物质文化遗产有序传承与科学开发不再冲突的关键环节。要开发非物质文化遗产需要以确保非物质文化遗产的安全为前提，确保非物质文化遗产安全传承的最有效、最直接方式，就是在开发过程中尽量避免生产出与传承人作品完全相同或相近的文化产品。即使是生产同类产品，也要以确保传统手工技艺的安全传承为前提。毫无疑问，纯手工制品具有更高的文化含金量，不允许也不应该让机械化生产的低端产品成为手工制品的市场攻击者，因此产业化开发西兰卡普应该是尽可能吸取西兰卡普中的某些元素，并根据市场要求开发出既适合当代消费者口味、情趣，又不会对传统手工技艺造成直接冲击的产品。例如，用轻薄型的面料，采用机械化生产，吸取西兰卡普图案的家用纺织产品，它会形成独有的销售渠道和消费群体，不会对原生态的西兰卡普造成冲击。开发商从这种面料可以赚到丰厚的利润，从而实现了开发与传承的双赢。

从西兰卡普的历史传承来看，一直是通过家庭生产进入市场，来实现有序传承的，今天这种有序传承需要适应市场变化。这就要求传承者和开发商一是要沿袭走市场这一传统，二是要进行市场定位，确定开发与传承的目标市场。通过市场这只无形的手来增加就业，满足市场需求，让西兰卡普传承人有自己的目标市场，不再靠输血和供氧就能有自己传承与发展的天地。

借 鉴 篇

Reports on Subjects for Reference

非物质文化遗产"善书"的发展和保护传承

——以索河善书为例

姚伟钧 李 任[*]

摘 要： "善书"作为一种民族民间文化，不仅体现了中华民族，特别是汉民族的文化现象，而且充分体现了中华民族几千年来文化道德的传承。其丰富的内容和悠久的历史，对整个说唱艺术史的发展和丰富产生了不小的推动作用。发展、保护、传承"善书"，对促进非物质文化遗产的保护、丰富人民群众的精神文化生活、促进新农村文化建设、构建社会主义核心价值体系、推动社会的全面发展，都有着非常

---

[*] 姚伟钧，华中师范大学历史文化学院教授、博士生导师，中国非物质文化遗产评委，研究方向：非物质文化遗产保护；李任，华中师范大学历史文化学院硕士研究生，研究方向：文化资源与文化产业。

重要的意义。

关键词： 索河　善书　非物质文化遗产　保护和传承

"善"是中华民族传统美德的重要内容。善书这种曾经在中华大地风靡一时的民间说唱曲艺形式，主要以劝导世人弃恶从善为目的。善书中推行的"善"是一种广义的善，包含了传统美德中的许多方面，可以说"仁义礼智信、温良恭俭让、忠孝勇恭廉"都在善书宣讲的范围内。在学校教育不发达的传统社会，它为弘扬中华传统美德、为教化民众做出了重要贡献。时至今日，善书已几近消失，但它所宣扬的"善"的思想仍有非常积极的意义。善书中宣讲的内容和国家提倡的"社会主义核心价值观"中的许多方面是一致的。如能剔除善书中封建糟粕的部分，对其精华重新挖掘、发展和传承，则一定能对民众文明素养的提升与和谐社会的构建起到重要的推动作用。笔者在下文中主要就善书及其目前的状况进行介绍，就如何对善书进行发展、保护和传承提出一些建议，希望能对我国的非遗保护工作起一些作用。

一　善书的定义和历史渊源

善书，顾名思义就是劝善之书，是民间对其的称谓，是一种面对听众，登台照本宣讲劝人为善故事的民间说唱曲艺形式。"未开言来，泪流满面"是善书艺人们常用的开场方式，所以民间又把善书戏称为"未开言"。[①] 善书既是民间文学的重要组成部分，也是最古老的民间曲艺形式之一。据四川天日镇古墓出土的"说书俑"所析，善书的形式在汉代就已萌芽。唐宋时期，说唱艺术逐渐繁荣，出现了"俗讲"、"变文"和"话本"等说唱艺术形式，善书的劝善思想往往融入其中。善书的宣讲形式也是和唐宋时期的"俗讲"、"变文"和"话本"等说唱形式一脉相承并发展变化的。明代永乐年间，朝廷印发

---

① 李丽丹：《源同形异说差别：汉川善书与宝卷之比较》，《湖北民族学院学报》（哲学社会科学版）2006年第6期。

"钦颁善书"《为善阴骘二卷》,以教化百姓。清代顺治年间,政府开始推行宣扬封建伦理道德的"宣讲圣谕"活动教化百姓。至光绪年间,"宣讲圣谕"被宣讲"十全大善"所代替,具体提出"孝敬父母,和睦家庭,友善邻里,救难救急,恤老怜贫,设立义学,设立义渡,修桥补路,施茶施药,施舍棺木"的十大善行。其主要内容一般围绕"赞扬和提倡正直善良、勤劳俭朴,反对和鄙弃奸盗邪恶、伤天害理"等主题。① 至此,善书由案头文学发展成讲唱文学。

由于善书以"广训先贤"为宗旨,它的思想可以概括为"劝善惩恶、因果报应"八个字②,含有极其分明的善恶观念。当时朝廷希望凭借其教化民众、稳定社会,因而加以扶持,所以善书逐渐在民间流行开来。后来南方的善书盛于北方,至清末民初,宣讲善书盛行于湖北、湖南、四川等地,并逐步与当地的民间文化相融合,形成自己的表演特色。在乡村中识字人不多的传统社会,善书对维持村落中民众的道德秩序起着重要作用。

至20世纪上半叶,湖北中东部的汉川、天门、沔阳、潜江、孝感、黄陂、云梦、安陆等地到处都有说善书的艺人,而其他地区的善书因其呆板的演出形式,加之不注重发展和壮大艺人队伍,到新中国成立后,逐渐消亡了。湖北汉川、蔡甸、仙桃一带的善书艺人对原有善书进行了大胆的改革和创新,使善书受到当地群众的极大欢迎,并得以传承和延续至今。

索河善书,是盛行于今武汉蔡甸区索河镇一带的善书。索河镇地处武汉市蔡甸区西北部,南临蔡甸区侏儒街,北与汉川市接壤。索河镇和汉川市地界相邻,两地的善书本是一脉相传,形式上并无很大区别。

二 善书的表演形式和艺术风格

善书的表演形式为:由一人掌案主讲,一至数人配合,分宣、讲、答、对四项。宣就是唱,唱词上下两句为一行,唱腔反复;讲指讲故事;答就是唱的过程中配合者针对唱词的插白;对就是上下场时演员的对白。不论哪一项,都

---

① 游子安:《从宣讲圣谕到说善书——近代劝善方式之传承》,《文化遗产》2008年第2期。
② 刘守华:《口头文学与民间文化》,中国文联出版公司,1989,第133页。

要做到"舌生花"、"口生香"、"脸生色"、"目生光",以表喜、怒、哀、乐之感,调观众内心之情。

说善书又称"宣讲善书"。由于"宣"字在前,"讲"字在后,往往有人认为宣词难于说词。其实不然,艺人们的说法是"外行听宣词,内行听说词,同行听答词"。可见说难于宣,答词则更难。善书所表现的大多是悲怨情感,大段的悲腔会使观众的精神负担沉重,高明的艺人就在答词上下功夫,用"包袱"来调节气氛。答词一般不写在书目中,靠临场发挥,这一任务由扶案完成。扶案主宣,亦叫"宣对",既是包袱的制造者,又是包袱的揭示者,他一会儿要你心酸流泪,一会儿却叫你捧腹大笑,这样有张有弛,有起有伏,答对自然,气氛活跃,艺人上下场也不僵了。

善书艺人说唱时,只拿一块醒木和折扇或手帕,并无乐器伴奏。善书的曲目称为"案传"。采用旧时官府判案和宣讲的材料,称为"案";采用民间传说故事编写的宣讲材料,称为"传"。传统的案传有300种左右,较具代表性的有《窦娥冤》、《乌金记》、《蜜蜂记》、《生死牌》、《四下河南》、《一江血》等。

"正派、雅致、动听、感人、完整"是人们对汉川、蔡甸索河一带善书艺术特色和风格的概括。其中"正派"指善书的内容不带丝毫低级下流;"雅致"指无表演幅度,轻谈慢叙,文雅有致,格外亲切;"动听"指唱腔朴实浑厚,婉转悠扬,吐字清晰,丝丝入扣,带有浓厚的江汉平原的地方色彩;"感人"指有人情味,使观众与剧中的人物心心相通,他悲人亦悲,他喜人亦喜,他怨人亦怨,他恨人亦恨,字字句句牵动情心,感人肺腑;"完整"指善书的情节要有头有尾,有因有果,如果一案书没交代结局,观众便会不满和抗议。

旧时,每逢冬春农闲季节,三乡五里,尽是听书之人,善书盛极一时。有乐善好施者,或搭台于村口,或设坛于门前,台前摆讲台,台中设案桌。讲台、案桌前均系有"龙凤呈祥"的方形红缎围布,俗称"围桌"。台口两侧的台柱上贴有"扬千秋德善;惩万代邪恶"之类的对联。当善书先生登台时,焚香燃烛,鼓乐齐奏,鞭炮齐鸣。善书一般讲夜场,也有讲日场的,长书一场一案,短案一场数段,无论长书短案,必有一个"忠、孝、节、义"的正面典型贯穿其中,主宰整个故事。善书一律方言宣讲,唱腔则为哭腔,极富地方特色,为群众所喜闻乐见。

索河等地的善书最初只在元宵节、中元节前后宣讲，后来逐渐发展成常规性的娱乐活动。根据宣讲的场所不同，善书可分为两类，一类是"场书"，即在固定的书场、茶馆中讲唱，这类善书常年都有表演；另一类是"台书"，即群众花钱请的搭台宣讲的善书。每年从春节到农历三月中下旬（做生祝寿、婚丧嫁娶等乡间大事时），是善书表演最集中时段，许多乡村都要搭台请善书艺人讲书，而且根据俗规，要连续讲三年，每年讲三场。善书在当时之盛，可见一斑。

三 善书的非物质文化遗产传承人

善书传承的主体是善书艺人，其中最具代表性的是善书的非物质文化遗产的传承人，他们为善书的发展和传承做出了重要贡献。索河善书的非遗传承人袁大昌就是很好的一个例子。袁大昌生于1928年，武汉蔡甸区索河镇新庄村人，其家与汉川仅几公里之遥。袁大昌6岁起在新庄村读私塾，至14岁时下学务农，共读了8年书。袁大昌从小就迷上了善书，尤其是善书中的孝文化让他深深地着迷。15岁时，他央求父母带他去向他的本家、善书艺人袁东初学说善书。当时，袁东初先生已逾花甲之年，说善书已远近闻名，袁大昌是他最小的一个徒弟。凭着对善书极其浓厚的兴趣，袁大昌勤学苦练，别人需要五六年练就的功夫，他一两个月就学会了。16岁不到，他就穿着长衫，光鲜亮丽地上台，经常赢得看善书群众的好评。在那个娱乐方式匮乏的年代，袁大昌师徒的善书班子受到了广泛欢迎，每年农历七月上旬都要连开15场，每次乡间的空地上都人山人海。

1947年秋，袁大昌跟随袁东初先生在索河与汉川著名善书艺人王海元老先生打过一次擂，袁大昌表现不凡，此后其知名度渐高。1959年，因某些历史原因，善书遭到禁演，袁大昌回村做了会计和业务员。改革开放后，时任汉阳县文化局局长的吴学超同志亲自到袁大昌家做思想工作，并给他办理了善书演出许可证，袁大昌又开始宣讲善书了。1987年，袁大昌参加"武汉之夏"会演，被评为先进工作者。

其后，袁大昌的善书表演活动越来越多。每次他登台，都会让观众落泪，他讲的善书，轻重缓急各种语气和场面把握得很好，总能让人有身临其境的感觉。20世纪80年代,他经常在蔡甸、玉贤、索河、侏儒、大集、永安等6个乡镇演出。除了在蔡甸本地演出,袁大昌还经常到汉川演出,而且很多人都点名让他到场,他成了家喻户晓的善书先生。1983年是袁大昌说善书最辉煌也是最忙碌的一年。那一年,他在家的时间仅有17天,其余时间都在外讲善书,没法回家,里里外外都靠他老伴在打理。

如今,袁大昌已80多岁了,仍在坚持善书的表演和创作。很多人喜欢听他讲的善书,不少人因此被感化。有一次袁大昌在蔡甸玉贤镇讲了一个《金玉满堂》的案本,主要内容是讲一个为婆婆尽孝心的媳妇的故事。第二天,袁大昌再去讲的时候,刚刚从台上下来,一个婆婆就把他拉到旁边硬要塞给他两包烟:"多谢你讲的善书,以前我的媳妇连个开水都不烧,铺盖都不整理,今天一大早不仅把我的被子洗了,还给我5块钱过早咧。我要是有钱,也请你讲3天。"袁大昌平时在讲善书之余,还坚持进行善书案本的创作。他将历史书、故事书和连环画里面的故事内容,经过自己的构思和语言组织,改编成一个个精彩的善书案本。以前的创作条件异常艰苦,夏天时,既要忍受炎热的天气,又要忍受蚊虫叮咬;冬季时,手冷得无法自由活动,他就拿着热水袋取暖,写一会儿暖一会儿手。所谓台上一分钟,台下十年功,经过数十年表演和创作的累积,袁大昌现在手头的善书唱本已经有500多本了。

2006年,袁大昌参加首届善书国际研讨会,被民间文学家、教授刘守华称为"湖北善书第一传人"。2012年,袁大昌同时被评为武汉市非遗名录项目代表性传承人(第一批)和湖北省非遗名录项目代表性传承人(第三批)。

四 善书发展和保护传承的现状

善书能发扬中华民族的传统美德,传播正能量。剔除封建糟粕后的善书多以劝导世人弃恶从善为内容,能教导民众树立正确的价值观和是非观。它寓教于说唱,不仅丰富了人们的精神文化生活,而且对塑造人们的道德良知、净化人们的心灵、构建社会主义核心价值体系、建设和谐社会有很大的帮助。[1] 另外,善书那些经过千年传承下来的曲本,有着很高的文学和史学价

---

[1] 肖志刚:《"汉川善书"探析》,硕士学位论文,华中师范大学,2007。

值。因而，保留和传承这一艺术形式对丰富和研究祖国的传统文化有极为重要的意义。

然而，善书这一传统的艺术形式如今却生存维艰，不仅缺乏市场和受众，还面临着后继无人的窘况，濒临失传。

随着时代的发展、经济条件的改善和生活水平的提高，传统的社会生活结构、风俗习惯和娱乐方式等都随之发生了变化，我们的传统文化正不断受到现代科技文明的挑战，这种现象在农村尤其明显。电视机、电脑等媒体在农村也日渐普及，艺术表演形式也越来越新潮化、多元化，群众的精神文化生活越来越丰富多彩，人们娱乐的内容和方式也发生了很大的变化。善书作为一种传统的艺术形式，已变得不能满足如今普通群众日益增长的精神文化需求。不得不面对的现实是，曾经的大众艺术，现在却备受冷落，变成了只是少数老年人还在捧场的小众艺术。

以索河善书为例，新中国成立前仅在索河境内就有石山和新庄堡两处固定的善书表演场所。如今，整个蔡甸区已没有固定演出场所了。每逢节庆、婚嫁等喜庆的日子，人们也很少请善书艺人讲善书了，善书被当今更为新潮的一些娱乐表演形式所代替。为了使善书重焕生机，善书艺人们也对善书做了一些改进和创新，但都收效甚微。

新中国成立前，索河有善书艺人近20人，现在只剩下四五人，还不足以撑起一场大的演出，而且年龄最小的也已60多岁了，索河善书面临后继无人的局面。袁大昌说善书这么多年，也带过10多个徒弟。但如今，他的徒弟也都年事已高，还有的已转行或因病去世，只有两个年过六旬的徒弟还在从事这一行。袁大昌自己一大家子四世同堂，子孙有40余人，却无一人继承其衣钵，这也使他感到颇为遗憾。

善书如今之所以面临着后继无人的局面，究其原因，除了与时代发展和社会生活需求相脱节，年轻人不感兴趣、不愿学外，还有善书演出的收益过低，且难学。说善书的收入不高，一场演出一个人也就只能挣到一两百元钱，而且不是每天都有演出，没有固定收入，不能赖以谋生，但要真正学会说善书却要几年的时间，下很大的功夫，因此，现在几乎无人愿学说善书。

为了保护和传扬善书这项传统艺术，近几年来，蔡甸区文化馆、蔡甸区非遗保护中心也做了不少努力，采取了一系列的宣传和保护措施。如当地政府出资资助善书艺人公益演出和创作,帮助善书艺人整理、出版善书案本作品,借助媒体宣传、普及、推广索河善书,申请省市级非遗等。

2010年,为了将善书文化流传下去,蔡甸区政府资助袁大昌编撰出版了《索河善书选》,由武汉出版社出版。这也是我国首部善书正式出版物,里面收录27篇善书故事,一部分是古代戏曲和通俗小说的"移植"案本,如《铡美案》、《清风亭》等;另一部分是袁大昌新编的故事,如《戒牌》、《打碗记》等。①所选善书作品具有很高的艺术价值和历史价值,出版善书选编对挽救濒危民间曲艺物种有很积极的意义。

2010年,索河善书入选武汉市第三批非物质文化遗产名录。2011年,入选湖北省第三批省级非物质文化遗产名录。汉川善书已于2006年被列入首批国家级非物质文化遗产名录。善书作为一项文化遗产,其价值和意义已经被充分地认可。但是,善书是需要口耳相传的,若是无人可传,无人会说,即使评上了国家级非遗又能如何呢?所谓"民间文化",其生存发展的空间当是"民间",离开了这个空间,便无从谈及对其的保护和传承。如今,老百姓的生活方式变了,善书的生存发展空间也随之变了。所以,如何改进善书,使之重新适应新的生存环境,让其在当地的舞台上重现昔日的辉煌,如何制定出科学、有效的策略对其进行保护和传承,以使其为新农村文化建设服务②,为丰富人民群众精神文化生活服务,为构建社会主义和谐社会服务,是当务之急。

五 善书发展中存在的主要问题和困难

善书的没落和衰微,究其原因,主要和自身、和时代有关,但政府相关职能部门也有一些责任。归纳起来,善书发展、传承和保护中遇到的主要问题和困难大致有以下几点。

一是善书本身的内容和形式陈旧。随着时代的发展和民众兴趣的转移,善书的题材内容和表演形式都已落伍,缺乏吸引力和感染力。同为说唱形式的相

---

① 孙滨:《善书老艺人出书抢救性保护濒危民间曲艺》,《湖北日报》2010年12月10日。
② 侯姝慧:《传统曲艺与新农村文化建设——以"汉川善书"为例》,《文化遗产》2008年第1期。

声和小品为何比较流行,这值得思考。

二是娱乐方式多元化减少了善书的受众。电视、网络等媒体等对善书的冲击,使善书的表演市场更加狭小。

三是分管部门对善书的重视程度不够,未能从政策和机制上给予善书充分的重视,未能施行有效的保护措施。

四是善书的知名度不高,有关部门宣传力度不够,对善书比较了解的人很少。善书不像京剧、昆曲一样拥有广泛的受众,它属于地方曲艺,艺术感染力不够,知名度不高。加之有关部门不够重视,宣传力度不够,更使得善书难以广为人知。

五是善书传承难以继续。一些善书艺人和传承人因去世、年龄大、说善书收入低等原因,中断了对善书的表演和传承;个别善书艺人虽然还健在,但很少有演出机会;找不到年轻的接班人,这些因素都使善书的传承濒临中断。

六是对善书保护和传承的经费投入不足。经费投入不足制约了对善书的研究、宣传和保护以及对善书艺人的帮扶等工作的有效开展。

六 对善书发展和保护传承的建议

非物质文化遗产的发展、保护和传承工作实非易事。由于善书这种非遗物种的表现形式主要是口头宣讲,学习传承主要靠勤学苦练,且如今受众极少,这就更加大了其发展和传承的难度。针对以上善书发展、保护和传承中所遇到的困难和问题,笔者提出以下几条不成熟的建议,以供参考。

第一,善书艺人和传承人应结合现实需要,紧贴时代、紧贴民间、与时俱进,大胆创新改良,去其糟粕,取其精华,并引入新的表演形式、题材和内容,把传统的善书文化与现代舞台效果、现代艺术手段相结合,真正做到融"劝善"和娱乐为一体。

第二,完善善书的发展和保护机制。相关部门要设立专门机构、人员、经费,制定出科学合理的具体的发展保护政策和措施,把善书同其他非物质文化遗产一起进行切实的管理和保护,并逐步加大善书的申遗力度,获取国家更多支持。

第三,加大对善书保护的经费投入。对为传承发展善书做出突出贡献的民

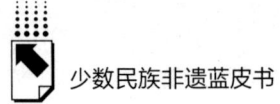

间艺人给予奖励和补贴;对民间善书艺人的创作、表演、传承学习活动给予政策和经费上的扶持,并保证经费的及时到位;通过政策引导等措施,鼓励民间个人和团体对善书保护和传承工作进行资助。

第四,加大对善书的宣传力度。非遗保护中心、群众艺术馆和善书的具体地方负责机构要起主导的作用,利用电视、新闻出版、互联网等媒体和其他有效途径进行广泛的宣传和普及;学校、图书馆、文化馆等公共文化机构可以定期开展一些善书表演和善书知识讲座,配合对善书的传播和展示[①],以加强民众,尤其是青年人对善书的了解和保护意识。

第五,拓展善书的表演渠道和方式。利用说唱团、剧院或固定的善书演出场所进行演出,或者借庙会、节日活动等契机进行演出,也可以走进校园针对青少年学生进行演出,还应该大力开发善书的网络媒体视频演出形式。

第六,制定合理的继承人吸引和培养制度。针对善书后继无人的状况,政府要提供优惠条件和政策,提高善书艺人的社会地位和荣誉感,提高师带徒的工资待遇和补贴标准;创造更多的演出机会,提高善书艺人收入,激发更多年轻人参与善书传承的动力;与艺术学校合作培养、培训专门的善书人才,使善书的传承后继有人并发扬光大。

第七,开展对善书的研究工作。组织专家学者对善书进行学术研究,从文本方面对善书进行保护,从理论方面为善书的发展和保护传承找突破口。以召开学术研讨会的形式扩大善书的影响力,引起更广泛的关注。

第八,对善书进行合理的产业化开发。合理的开发不失为一种好的发展手段。如能对善书及其相关艺术进行研究,然后制成影像影碟出版,或者成立、培训专业的表演团队进行商业演出,[②] 使善书在保护和传承的基础上与产业发展挂钩,这些措施都值得尝试。

善书的发展、保护和传承不仅有助于我国传统曲艺的繁荣,有助于中华传统美德的弘扬,而且有着非常积极的现实意义。因此,政府和社会应共同努力,使善书这项重要的艺术形式重现辉煌。

[①] 国务院办公厅:《国务院办公厅关于加强我国非物质文化遗产保护工作的意见》(国办发〔2005〕18号),2005年3月26日。

[②] 谭敏芬、李静:《汉川善书的保护、开发策略及其在和谐社会建设中的意义》,《知识经济》2008年第10期。

B.21 新媒介的应用与香纸沟古法造纸品牌推广研究

王明 肖炜*

摘　要： 香纸沟作为贵州古法造纸的代表地之一，分布着大量原生态古法造纸作坊群落，但这些作坊群落近十年来日渐没落，甚至直接面临消亡的威胁。当今社会是一个信息大扩散的时代，新媒介的应用作为文化产品品牌推广的一种有效手段，其影响力是巨大的、效果是明显的，利用好新媒介的宣传广度、影响张力，或许能极大地提高香纸沟古法造纸技艺这一文化品牌的知名度、美誉度和忠诚度，使其长久的活态传承下去，永葆生命力。

关键词： 香纸沟　古法造纸　新媒介　品牌推广

一　新媒介应用效果的可行性分析

新媒介（New Media）是一个相对的概念，新媒介的"新"指的是它与传统媒介的区别。"除了因新技术所带来的'数字化'、'大容量'、'易检索性'、高交互性'等显而易见的特征外，还具有传播主体的多元化，传播内容和形式的多样化，传播行为的主动性、异步性以及新的传播效力等实际意义上的特征"[①]。

---

* 王明，贵州师范学院历史与社会学院讲师，研究方向：文化资源开发与保护；肖炜，彝族，中央民族大学文学与新闻传播学院2011级本科生，研究方向：民俗传播学。

[①] 魏加晓：《论新媒介发展对广告主体的影响》，《新闻爱好者》2010年第11期。

它是在报刊、广播、电视等传统媒体之后发展起来的新媒体形态，主要包括网络媒体、手机媒体、数字电视、微信、微博等媒介，由于其对各类新闻、时事的报道和传播要比传统的媒介传播速度快，让公众能够第一时间获知世界各地的最新信息，其影响力几乎涵盖了社会上的各个环节，目前正逐步取代大众媒体，成为"消除大众恐慌和不满情绪的解压阀"①，王瑶在《新媒体对当代社会的影响》一文中形象地将其称之为"社会的排气阀"②。

新媒介的应用不仅在商业模式上改变了人类的生活状态，而且对原有的品牌推广模式产生了很大的影响，尤其是在各种文化产品的品牌宣传与推广上发挥了更为明显的作用，特别是在网络、数字电视、手机等大型新媒介平台上，成功地塑造了一大批典型的文化产品知名品牌。一是网络媒体的应用。网络媒体与传统的电视、报纸、广播等媒体一样都是传播的渠道，是交流、传播信息的工具、载体，也叫第四媒体，它具有"传播范围最广（全球性）、保留时间长（全天候）、信息数据庞大（全面性）、开放性强（全方位）"③ 四大优势，且操作简单快捷。因互联网的广泛应用而为其创造的巨大传播平台成功地塑造了众多的知名交互网络平台（如新浪网、网易网、搜狐网等知名网站）。二是手机媒体的应用。手机媒体是以手机为视听终端、手机上网为平台的个性化信息传播载体，它是"以分众为传播目标、以定向为传播效果、以互动为传播应用"④ 的大众传播媒介，被公认为继报刊、广播、电视、网络媒体之后的"第五媒体"⑤。其最大的优势是"携带和使用方便、互动性强、信息获取快、传播快、更新快、跨地域传播"⑥。"短信的出现使手机有了报纸的功能；彩信使手机有了广播的功能；手机电视的出现使手机有了电视的功能；WAP 和宽

---

① 刘家梅：《关于加强新媒体舆论管理的思考》，《城市建设理论研究》2012 年第 31 期。
② 王瑶：《新媒体对当代社会的影响》，《中国传媒科技》2012 年第 6 期。
③ 康长华：《关于现代网络媒体特点、优势及其社会责任探析》，《东西南北（教育观察）》2009 年第 9 期。
④ 李艺多：《关于手机媒体若干问题的研究——论手机媒体的性质、其与传统媒体的区别及发展趋势》，硕士学位论文，东北师范大学，2006。
⑤ 李艺多：《关于手机媒体若干问题的研究——论手机媒体的性质、其与传统媒体的区别及发展趋势》，硕士学位论文，东北师范大学，2006。
⑥ 孔鹏：《手机媒体对文化发展的影响和作用》，《青年记者》2012 年第 27 期。

带网络使手机有了互联网的功能"①。特别是智能手机,更是极大地扩充了手机的综合功能,深受现代人的喜爱。以手机应用中最广泛的一大媒介——微信为例,小米手机可以说是近两年国产手机中的标杆品牌,其品牌的成功主要依赖于它的各种宣传方式,其中微信营销在小米手机的成功中更是发挥了不可代替的作用。三是电子商务平台的应用。互联网已成为人们生活不可缺少的一部分,商务活动也随之发生了巨大变化,B2B、B2C、C2C等网络媒体衍生的电子商务平台发展异常迅猛,利用网络进行品牌营销也逐渐成为商家们实现其营销目标最重要的手段之一。以天猫商城为例,目前,天猫商城拥有4亿多买家,5万多家商户和7万多个品牌,在我国B2C市场中排名首位,以天猫为商务销售平台的商家们正是看中了网络营销传播广、速度快、成本低等诸多优势才聚集在一起。四是微博的应用。由于微博"具有及时性、微博空间的个人信息发布和分享性、社区论坛的话题讨论性以及SNS社区的人际关系纽带性,使其更像一个天然的口碑传播平台,对文化品牌的推广具有广泛的影响力"②。以凡客诚品为例,凡客以网络媒体发布商品的方式起步,自建门户网站,借助新浪微博、腾讯微博等媒介开始品牌扩张,借此很快就赢得了大量客户,迅速成功地在电子商务平台网站中占据一席之地。

二 当前香纸沟古法造纸品牌推广的困境解析

作为贵州省皮纸制作最具代表性的作坊集群之一,香纸沟的皮纸制作技艺早在2006年就被列为我国首批国家级非物质文化遗产项目之一。千百年来,一座座古老悠远的造纸坊,以及流水冲刷声、木头敲击声构成了当地永恒的文化传承,具有极大的历史文化价值(见图1

图1 香纸沟古法造纸传承人演示造纸过程

---

① 王颖:《浅论手机媒体的现状与发展前景》,《佳木斯大学社会科学学报》2010年第2期。
② 倪琳:《微博的传播特性及影响力研究》,《上海商学院学报》2011年第2期。

图 2 香纸沟古法造纸传承人演示造纸过程

和图 2）。受众多因素影响，目前正面临着后继乏力、日益消亡的困境。

民众的文化传承意识较弱，导致传承人断层。通过项目组成员实地调查发现，今天的香纸沟还在进行造纸的人家只有 10 户左右，与 2003 年洪灾之前相比减少了近 10 倍，面对如此惊人的数据，我们不得不承认这是由于当地民众的文化传承意识不够强烈所造成的。且目前还在进行皮纸制作的大多数都是中老年人，平均年龄在 53.8 岁。由于皮纸制作的工序繁杂、耗时长、生产劳动成本高、销售利润低，所以年轻人不愿意待在家乡从事皮纸制作，多选择外出打工，再加上"传男不传女"的传统观念的影响，古法造纸技艺的传承人更少了，造纸技艺的传承受到了极大的威胁。

整体设施简陋，使其品牌形象不高。通过实地采访村民得知，自从 2003 年的洪灾之后，香纸沟大多数造纸作坊遭到破坏，因缺乏修葺资金，相当一部分被洪水损坏的造纸作坊处于无人修葺的尴尬处境。香纸沟的基础设施简陋，导致其在对外宣传中并不能将香纸沟的古法造纸技艺完全呈现在游客的视线中，使游客真切地感受到香纸沟古法造纸的魅力。

科技的融入力度不够，使其缺乏核心竞争力。当今社会是一个科技为王的时代，尽管香纸沟的古法造纸是一种传统的技艺，不过伴随着现代人生活方式的改变，科学技术的运用已经深入人心，而传统技艺更应该考虑如何与科技更好地融合，从而保持其长久的生命力。目前，香纸沟的古法造纸技艺并没有与科技很好地融合，从文化资源的开发角度来说，要遵循保护与开发并重的原则，所以说香纸沟的古法造纸技艺更应该在保护的前提下融入科技元素来进行创新与开发。

产品类型单一守旧，使其市场影响力不够。香纸沟所产香纸有固定的顾客，每到香纸成品出来的时候，有批发商来拿货，但是仅靠这几家批发商的力量是不够的，应该在保持现有的销售渠道下扩大其销售市场。再加上香纸沟所产香纸的品种单一，导致可能流失现有顾客，同时也没有新的顾客走进来，处于一个十分尴尬的境地。

营销措施不当，导致受众的知晓度不高。香纸沟景区目前的形象定位比较混乱，在内生力上，景区管理制度不够完善，实地调研时景区售票处竟然存在乱收费，或者不收费的情况，总体印象十分混乱。景区内接待能力差，相关的导游或景区解说员都没有，而且现在景区内的人员大都是年龄较大的中老年人。在外张力上，目标消费市场狭窄，景区内的香纸都只是向固定客户批发，并未拓展新的消费市场，带来更多的社会经济、文化效益，这导致其知名度逐渐消减，仅限于乌当区有游客来游玩，而贵阳大多数人仍不知道香纸沟及其古法造纸的存在。但省内的竞争对手发展趋势良好，如黔东南州的丹寨县已成为贵州省古法造纸发展的风向标，形成了一条完整的古法造纸产业链，产品销售渠道广、销量大，一谈到古法造纸，大多数人首先想到的就是丹寨石桥村，很少有人能够想到贵阳香纸沟。

三　新媒介应用下的香纸沟古法造纸品牌推广策略探析

"人类从手工艺时代进入机器大生产时代，文化随之新陈代谢，但这并不意味着那些古老的非遗一定会消失殆尽，真正的源头活水在基层、在民众，鲜活经验和创新智慧潜藏于社区街区。"[①] 传统的制作技艺与现代科技有效地融合，创新传承方法，古老的文化印记才能长存。

新媒介的应用作为文化产品品牌推广的一种有效手段，其影响力是巨大的、效果力是显现的，利用好新媒介的宣传广度、影响张力，在香纸沟古法造纸技艺这一文化品牌的知名度、美誉度和忠诚度提升上发挥作用，使其长久的活态传承下去，永葆生命力。

香纸沟古法造纸技艺作为一个文化品牌，将它放在一个品牌环境中用 CIS 战略来探讨其品牌推广的具体策略。CIS 又称"企业统一化系统"形象战略、"企业自我同一化系统"形象战略或"企业识别系统"形象战略，通常包括理念识别（MI）、行为识别（BI）、视觉识别（VI）三方面的内容，是品牌经营的宗旨与方针，对外它是品牌识别的尺度，对内是品牌内在的凝聚力。

---

① 王福州：《让非遗讲述中国故事》，《人民日报》2015年1月13日，第12版。

（一）依据CIS形象战略的理念识别系统，构建香纸沟核心竞争力，提升香纸沟古法造纸技艺文化品牌知名度

理念识别系统（Mind Identity System，MI），是品牌识别系统的核心与原动力，通过由内向外扩散，经由这种内蕴动力的贯彻，最后达成认知识别的效果，塑造独特的品牌形象。香纸沟古法造纸技艺作为贵州古法造纸技艺的典型代表，要想塑造其独特的品牌形象，提升其核心竞争力，还是要从自身寻找突破口。一是企业内部形成自觉，带动村民一起保护。聘请相关专家让员工和村民意识到古法造纸的文化价值所在，从而形成自觉保护意识。二是全方位宣传，提高知名度。为香纸沟古法造纸技艺编写一句响亮的标语，如"魅力香纸沟，千年造纸术"，再通过自建宣传网站扩大其品牌知名度。香纸沟本身知名度不够高，可以通过相关技术人员为其建立一个网站，这样网民在上网时就可以进入该网站浏览古法造纸的详细过程以及当地独具特色的民风民俗。三是通过新媒介的各种宣传手段将其标语宣传出去，让人们能下意识地选择香纸沟作为参观古法造纸技艺的首选地。众所周知，微博是一个有效的现代社交平台，在这样一个信息爆炸的时代运用微博这样一个平台，本身就是一种竞争优势。针对香纸沟古法造纸宣传这一问题，可以先为其申请一个微博账号，将其造纸相关内容以资讯的形式每日定时发布到微博的平台上，让使用微博的人都前来欣赏，从而达到宣传的目的；手机QQ也是一个很好的新媒介品牌推广平台，具体做法是先申请一个QQ号，拥有香纸沟专属QQ空间，将香纸沟自然风光与古法造纸相结合放置于QQ空间背景中，令其QQ好友能够观看它的整体画面，形成较好的初步印象，从而产生想要实地参观的欲望。此外，微信这种快速的即时通信工具同样效果显著，微信有零资费、跨平台沟通、显示实时输入状态等功能，与传统的短信沟通方式相比，更灵活、智能，且节省资费。为香纸沟建一个微信公众号，并且每日定时发布香纸沟古法造纸的最新情况，以便在朋友圈内广泛宣传。

（二）依据CIS形象战略的行为识别系统，全方位树立香纸沟形象，强化香纸沟古法造纸技艺文化品牌美誉度

行为识别系统（Behavior Identity System，BI），主要作用是能反映出品牌的经营理念和价值取向。在具体应用上，可以做到以下几点。一是与旅游公司合作，聚集人气。可以请贵阳相关旅游企业为香纸沟古法造纸技艺量身打造一份完整的方案，并通过这些企业的社会影响力来为香纸沟吸引更多的游客。二

是树立良好的企业文化品牌形象。可以以香纸沟的名义来开展公益活动，从而树立其在社会公众心目中的良好形象。三是创新传承模式，以新时代大家喜闻乐见的方式方法来推广，让其在各阶层、各年龄段的群体中都能"活起来"。如采用微电影等方式来宣传香纸沟古法造纸就是一个很好的尝试。微电影作为一种广受欢迎的情感叙事方式，可以以香纸沟古法造纸技艺为题材拍摄一部20分钟左右的微电影，在电影中可以加入一些励志感人的故事、美丽的传说来吸引人们的眼球，比如可以从一位老人寻找造纸技艺传承人的故事来展开等，香纸沟独特的文化魅力自然而然地就展现给了众多的观众。

（三）依据 CIS 形象战略的视觉识别系统，优化香纸沟发展环境，坚实香纸沟古法造纸技艺文化品牌的忠诚度

视觉识别（Visual Identity，VI）是指将品牌理念与价值观通过静态的具体的视觉传播形式，有组织、有计划地传达给社会大众，树立品牌统一性的识别形象。在具体应用上，可以做到以下几点：一是投入大量资金打造一个游客体验区，让游客能够亲身体验古法造纸的制作过程；二是和当地邮局合作制作邮票、明信片等定时限量发行，注重提高其收藏价值和观赏价值；三是设计一个图标，作为香纸沟的象征，让人们一看到这个标志就能想到香纸沟；四是提亮其宣传海报等户外广告的色彩，占据人们的视线。

此外，在香纸沟古法造纸技艺文化品牌的忠诚度提升方法上还可以与网络游戏开发相结合，网络游戏在现今备受青少年的喜爱，拥有众多忠实的粉丝，利用这样的技术资源，为香纸沟古法造纸量身打造一个网络游戏社区或网络体验游戏，以此来吸引更多的注意力与目光，能有效地提升其品牌的忠诚度。

新媒介的应用作为品牌推广的一种有效手段，其影响力是巨大的，效果力是显现的，利用好新媒介的宣传广度、影响张力，在香纸沟古法造纸技艺文化品牌的知名度、美誉度和忠诚度的提升上发挥应有的作用，使其能够以长久的活态传承下去，永葆生命力，成为"培养民族心灵的清泉、培育民族精神的沃土"[1]，在"增强文化自觉、树立文化自信、走向文化自强"[2] 中"育民、乐民、富民、惠民"。

---

[1] 王福州：《让非遗讲述中国故事》，《人民日报》2015年1月13日，第12版。
[2] 王福州：《让非遗讲述中国故事》，《人民日报》2015年1月13日，第12版。

B.22
女书吟诵的传承与女书的保护

何 研 蒋明智*

摘 要： 女书文学在吟诵的基础上创作，吟诵是女书的创作方式。女书吟诵在新中国成立后基本消逝。20世纪80年代后，专家学者介入，女书的歌唱开始多于吟诵，因为吟诵难学，很难表达出韵味，而歌唱的音乐性强，容易被接受。随着吟诵的没落，女书的创作也如一潭死水，女书创作失去了其赖以生存的基础。如何保护和传承女书吟诵成为女书保护的当务之急。

关键词： 女书吟诵 女书歌唱 传承与保护

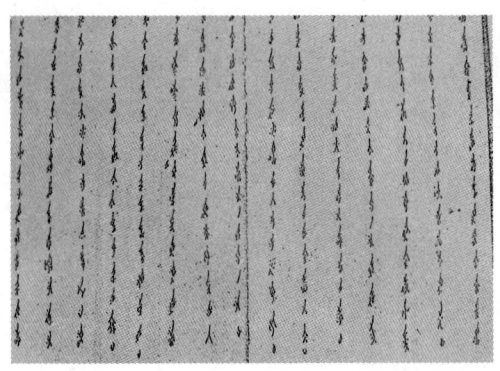

图1 用女书写成的文本

女书的口头流传，在当地具有很广泛的受众范围。当地年龄在50岁以上的妇女都会唱不同数量的女歌。现在学者搜集的女书作品（见图1），很多是这种女歌的歌词。女书作品在当地妇女之间是以"唱女歌"的方式交流传播的，但是这种交流传播的方式是否是单一的呢？经笔者调查发现，"唱女歌"主要有两种形式，

---

* 何研，中山大学新华学院讲师，硕士，研究方向：区域民俗；蒋明智，中山大学中国非物质文化遗产研究中心教授、博士、硕士生导师，研究方向：区域民俗。

一种是歌堂歌,是在当地婚嫁的时候妇女唱的表现当地一系列婚嫁习俗的歌曲,其中以"哭嫁"风俗的哭歌最为著名;另一种在当地被称为"读纸读扇"的特殊读法,声调舒长,音调低沉,有停顿,有回环往复的"读唱"。笔者将"读纸读扇"的方式称之为女书吟诵。它遵循"平长仄短、依字行腔"的吟诵规律,对女书的创作有着极大的意义。

在女书盛行时期,女书吟诵是活在人们口头上的一种普遍的日常"读唱"方式。如今,由于现代人对吟诵这种音乐性不强的口头语言越来越陌生,而较多关注女书歌谣,尤其是20世纪80年代以来,对歌堂歌的研究渐多,但这种女书口头流传最为普遍的形式却越来越受到冷落。女书吟诵的语言在当地依然是一种交际工具,男女老少皆用之,方言不存在断层。然而,女书的吟诵出现了"后继乏人"的断层现象。

一 女书吟诵的始今

新中国成立前,吟诵在江永县当地的妇女中很普遍,女人读纸读扇的时候,闲暇之时长辈教晚辈读唱,或是做女红时随口哼上几句都是用吟诵来读唱的。女性几乎人人都会吟诵,但不是人人都会写女书。吟诵在当时男女都会,只有女书文字才是女人自己的专利。

吟诵之外,女书的口头传承形式尚有歌堂歌的歌唱调。历来吟诵的使用范围比女书的歌唱调都更为广泛,歌唱调仅仅局限于婚嫁中的坐歌堂,吟诵却广泛使用于人们的日常生活中。就是在一些特有的女性节日习俗中,女子聚集在一起读唱的女书基本都是吟诵调,只是偶尔会在兴奋之余高声唱几句唱调,这应该也与女子受到的家庭教育有关。尤其是婚后的家庭妇女更是钟爱吟诵,她们常常几个姊妹聚在一起,互相倾诉各自的生活琐事和在生活中遇到的痛苦,忧伤低沉的吟诵符合这一感情基调。

吟诵用的是方言,男人也能听懂,但是男人很少有吟诵女书的,只有少数几个人会吟诵女书,因为他们都会被其他的男人耻笑,觉得这是女人的事情,男人做了有损尊严,所以女书吟诵基本上是在女性之间流传。新中国成立后,由于政府不允许闹歌堂,也不允许人们过传统的节日,这些被认为是封建迷信而被封杀,所以人们不再唱女歌,不再读纸读扇了。

图2 笔者采访何静华，右为何静华

图3 笔者采访胡美月，右为胡美月

在江永县域历来是没有"吟诵"这一概念的，当地人传统上称之为"读唱"，或者是"读纸读扇"，而把在婚嫁中的歌唱调称为"闹歌堂"。从当地人对这两种不同唱法的称呼，我们也可以看出吟诵是一种读唱艺术，是介于读和唱之间的一种表达形式。而"闹歌堂"的音乐性比吟诵强烈，是一种"歌"的形式，只有音乐性强的曲调才适于在结婚的欢乐气氛中尽显喜悦之情。"吟诵"这一概念在当地的使用，据何静华、胡美月（见图2、图3）等女书传人讲，是大约10年前江永政府的文化官员提出来的，他们也是在采纳了一些外来专家学者的意见后命名的。

传统上，女书吟诵多于女书的歌唱调，长辈教的、平时交流的都是吟诵。但在20世纪80年代，专家学者发现江永女书后，从现今社会的普遍接受力考虑，觉得唱调更富有音乐性，更符合现在大众的审美需求，容易被接受，因此他们就要求当地人将很多女书的吟诵都改成了唱调的形式。从这时起，女书的唱调多于吟诵而存在了。从女书的衰落到引起官方的重视，女书的抢救和传承有些偏离了传统的传承方式，更多的是遵循官方的意愿和现代人的审美要求，导致吟诵被大众的"音乐耳膜"所排斥。

从古至今，学习女书都是从读唱女书开始的，为了培养更多的人掌握女书，现今仍旧沿用过去家庭式的那种教育传承方式，从教读唱女书入门。不过现在的培养已经不是家庭长幼辈的传承方式了，而是进行成批的学堂教育。在女书之乡普美村建有女书学堂，2010年暑假，上江圩小学就有50多名女学生到女书学堂学唱女书。现在很多到外面宣传女书的展演活动都是以做女红和读唱女书为主，这也表明读唱是女书存在的根本。

据胡美月介绍，现在江永县域，50岁以上的人都还会吟诵，但认识女书文字的人很少。何静华说，现在60岁以上的人还有会吟诵的，但是人数不多，而且那些会吟诵的人中也只有少数一些能吟诵到位，即能把女书所表达的韵味吟诵出来。三四十岁的人群中也有屈指可数的一些学过吟诵的，但是这一年龄段的人几乎都不能吟诵"到位"，即缺乏吟诵的韵味。近20年经政府抢救之后，现在会吟诵的人还是要比新中国成立到20世纪80年代这一没落时期会吟诵的人要多一些。

二 女书吟诵的传承现状

吟诵是女书传承的基础和外部条件，但女书的传承还依赖于当地的习俗文化，这是女书的传承和吟诵发展的外部条件。新中国成立后，特别是"文化大革命"之后，对当地的文化冲击很大，像坐歌堂、斗牛节、结拜姊妹等很多当地的习俗在逐渐消亡。改革开放的浪潮更是冲击了当地的文化，很多年轻人都外出打工，这些节日习俗也随之没落。女书失去了其赖以发展的外部环境，学习和使用女书的人越来越少，到20世纪80年代时只有极少数七八十岁的老妪会女书。此外，外部环境变迁的影响也使吟诵失去了生存的土壤，人们闲暇之余不再围坐一团读纸读扇，女书吟诵也就慢慢地少了。当吟诵难以为继时，女书的创作也受到限制。

笔者在采访何静华时了解到，江永本地在新中国成立后就已经鲜有人吟诵女书，也无人坐歌堂。但庆幸的是还有高银仙、胡慈珠、义年华、唐宝珍、阳焕宜等几位高龄老人认识女书文字。星星之火可以燎原，有了这几位识女字的老人，也就有了薪火相传的可能性，20世纪80年代之后，涌现了何静华、胡美月、何艳新、蒲丽娟等新生代的女书传人，不过她们都是在政府关注女书之后才开始学习写女书和传承女书的。女书文字可以说只要多花点儿时间和精力都能学会，但女书吟诵却是需要一定的语感能力和语言环境的，除了何静华有较高的天赋和语感能力外，其他的人不愿意去学习吟诵，而且也很难吟诵出韵味。20世纪80年代之后，女书热掀起，随着女书学堂的开办,也开始教授女书的歌堂歌,歌堂歌和吟诵还是有一定区别的,歌堂歌容易学,音乐性强,有音阶旋律。虽然何静华也教授一些女书吟诵,但因为吟诵音乐性比较弱,在多数人看来不好听,更是不容易学,要求平长仄短依字行腔地吟出韵味来,少有人能够做到,所以女书吟诵的传人非常少,除了何静华和何艳新两位传人之外,其他人几乎不能很好地把握吟诵,吟诵的传承令人担忧。

因为吟诵不像音乐那样有稳定的唱调,吟诵是用每个人自己的理解来表达的,不同的人有不同的理解,也就会有不同的吟诵惯式,因此对吟诵本人的要求很高,他们必须要有很强的语音感悟能力,起、承、转、合、停顿、拖音等。吟诵基本不靠理论支撑,凭自己的感觉和领悟,因此对于没有语言天赋和敏感力的人来说非常难。据笔者了解,到现在为止,江永县区域内的女书传人中仅何静华一人有很强的语言感悟能力,可以很好地吟诵出女书的韵味,她可以凭语感进行押韵,并且靠语感正确地判断是出句还是对句。正因为她懂得吟诵,所以她可以轻而易举地进行女书文本的创作,也创作出了很多有较高水平的女书作品,在当地广为流传。笔者从何静华口中了解到,作为国家级传承人,何静华对此也非常担忧,她不无忧虑地说吟诵后继无人。她收了好些学生,但因学生们都学不会吟诵而最终放弃,她们学得更多的还是坐歌堂时唱的歌堂歌。当地有些妇女有意识地模仿前人的女书作品来进行再创作,但创作出来的作品却内容粗糙,音韵不和谐,因为她们不懂吟诵,领悟不到女书文本真正的内涵。笔者通过在江永县一带的调查以及对女书传人何静华、胡美月等人的采录,大略理清了女书吟诵在当地由妇女普遍使用到零落无闻的过程(见表1)。

表1 女书吟诵使用情况

时间 \ 人数	使用女书吟诵的女性	会写女书的女性	使用吟诵的男性	会吟诵女书的男性
新中国成立以前	普遍使用女书吟诵	不超过一半的人会写书	读书人都会吟诵	只有极个别会
新中国成立后到20世纪80年代	基本上没有人吟诵女书	除了以前学过的人还会之外没有人新学习女书	基本上没有	没有

续表

时间＼人数	使用女书吟诵的女性	会写女书的女性	使用吟诵的男性	会吟诵女书的男性
20世纪80年代至今	五六十岁的人还有的会吟诵女书，但使用群体局限在一些女书传人中	20世纪80年代还有高银仙等几位高龄老人会写女书，女书热掀起后她们的后代和一些女书爱好者重新学习女书	基本上没有人使用，但在七八十岁的老人中还有人会吟诵。笔者在2009年采录到了当地的蒋经老人*的汉诗吟诵调	没有

注：＊具有较高汉语文学素养的读书人，男性，82岁，小时候上私塾时学过吟诵。

吟诵对女书的传承和发展有着积极的促进作用，它使女书得以根深叶茂地传承发展。水落鱼梁浅，吟诵逐渐式微最终到今天断层的地步，女书的原生态环境已经渐渐失去，女书研究成为一个对逝去的繁荣的追忆。吟诵所面临的困境，在于理论上不够重视、实践中与世俗审美要求相左，所以有极大的推广难度。反过来，吟诵面临的困境又极大地制约着女书的生命力，影响女书的传承。只有重视吟诵，让女书吟诵发挥其理应拥有的主导地位，女书传承才能走出如缕如丝的现状，赢得重生的焕然光彩。

三 女书吟诵濒危的原因

吟诵传承后继无人主要是因为人们没有认识到女书吟诵在女书传承中的重要性，单纯地认为学写、学认女书文字就可以有效地传承女书，因此吟诵始终没有确立重要地位，导致女书传承出现危机。

首先，女书吟诵在女书被发现至今都处于被"忽视"、"轻视"的状况。

吟诵在江永县称之为"读纸读扇"，20世纪80年代外界学者介入之后用吟诵取代了"读纸读扇"的称呼，但无论是女书传人还是本土学者，抑或是地方官员都没有意识到吟诵的重要性，不了解吟诵在女书中扮演的角色。一些学者和官员，尤其是学者，将吟诵和歌堂歌混为一谈，用音乐理论共同支撑吟诵和歌堂歌，这是一个误区。在这种情形下，吟诵的地位可想而知，吟诵的研究更是少之又少,从官方到民间都没有重视女书吟诵,甚至将传统吟诵改变成富有强烈乐感的歌谣,以获得更多的受众。笔者认为造成这种现象的原因主要是学术界长期的文本研究倾向。民俗学视角的口头传承得到重视之后,吟诵被附会于受众范围较广的女书歌谣,但对吟诵本身的规律和特征却关注较少,"吟诵既然得不到独立的认识,进而被等同于歌唱而以音乐的理论分析,产生龃龉之后,音乐研究者就以吟诵的音乐性差,吟诵被当作音乐来研究而'研究不起来',从而轻视、忽视吟诵。"①

其次,现在大多数人不喜欢吟诵,因为吟诵没有歌曲那么富有强烈的乐感,而且也很难学,所以鲜有人来学习并传承。

今天人们不懂吟诵,原因很多,归结起来笔者认为最重要的是,在大众文化中吟诵已经退出了历史舞台,多数人对吟诵感到陌生,并且不愿去接触。女书吟诵的断层可以说来源于世俗大众的"审美断层",或者说"审美隔阂"。在当地,只有为数不多的一两个人有很强的语言感悟能力,凭着语感能很好地吟诵和创作,但不能很好地将吟诵传授给后人,因为年轻人不愿意学习,觉得不好听,而且难学,知难而退。此外,他们觉得这对谋生没有任何用处,所以他们也不愿意把时间花在这上面,这同时也是女书传承所面临的问题。②

由此可见,意识到吟诵的重要性在女书的传承中至关重要,因为吟诵不仅仅是一种传承方式,同时也是一种创作方式,懂得了吟诵才能更多地创作出新的优秀的女书作品,否则女书的发展将处于静止状态。女书吟诵是汉语文化传统中独有的曼声长吟的口头表达方式,这种方式既适合吟诵旧的女书作品,同时也能即兴创作和吟诵新的女书作品。虽然学术界保护传承女书的呼声日益高涨,但笔者不无担忧,因为笔者通过丰富的田野调查资料分析得出:女书的传承脱离了吟诵的口头表达方式,那就像空中楼阁一样没有发展的根基,因为没法再进行新的创作,也就没法去领悟其内在的深刻意义。

女书发展面临着困境,也与女书文化环境受到现代文化的冲击有关。女书被扣上旧社会的帽子曾经被遗弃、破坏,改革开放以后新的文化渗入,传统文化的风俗习惯已经在民间失去了舞台。最近几十年虽然女书的保护得到地方政

---

① 蒋明智、何研:《女书的吟诵及其传承》,《广西民族大学学报》2011年第5期。
② 蒋明智、何研:《女书的吟诵及其传承》,《广西民族大学学报》2011年第5期。

府的重视，但是不得不承认的一个事实是，女书生存的文化生态环境遭受严重的破坏，尤其是女书吟诵的生存环境更是毁灭殆尽，当地也没有人再去"读纸读扇"，更别说是女书创作了。文化生态环境已不可恢复，现在的传人们重新去学习女书，也只能静态地去临摹女书文字，但口头表达方式却局限于朗朗上口的歌堂歌，而对吟诵充耳不闻，因为失去了应有的文化生态环境也很难耳濡目染、感同身受地去领悟吟诵的韵味和语感。所以吟诵不到位，吟诵不出作品想要表达的韵味，不能很好地把握吟诵中的音长和音顿的现象比比皆是。解决女书面临的困境，先要解决吟诵面临的困境。因为方言没有断层，在当地是每个人日常使用的生活语言，这便是恢复吟诵的基础，笔者认为吟诵的恢复对女书传承和发展是很重要的。

四 从吟诵视角看女书的保护

笔者通过实地调查，多方面、多层次了解到以往当地政府、学者和热心人士对女书所做的保护工作，但笔者也在现实中见到女书的保护现状令人担忧。笔者通过对女书本质的分析，认为吟诵是创作和传承女书的重要途径，进而探索保护女书生存和发展的方式。

（一）以往女书的保护重心

笔者就女书的保护问题采访了当地政府官员、学者和热心人士，得到了各方面与女书保护相关的信息。江永县政府在女书的保护问题上，有一个逐步深化的认识过程，"2001年以前，政府对女书不够重视，本地人也不知道其价值，政府对女书的认识是从学者的身上得到的。"[①] 2001年以来，政府在女书的保护中也做了相当积极的工作。2002年在女书流传的中心地带上江圩村建设了女书园。"将旅游和保护相结合，政府只起到一个引导带动的作用。在女书的旅游开发中，使当地村民获得经济效益，产生积极性，自发地进行（女书的保护）。县里举办民俗活动，带动村民参加民俗活动。对内，每年定期对

[①] 访谈对象：杨仁里；访谈人：何研；访谈时间：2011年3月12日；访谈地点：湖南省永州市江永县杨仁里家中。

女书传人进行考核，要求女书传人一个人每年至少带一个学生。①"江永县女书的传承和保护需要恢复大的自然、文化环境，江永县政府将女书生态保护区列为县里的"十二五"规划中，它的保护范围是整个江永县，申请建设国家级的"女书生态保护区"。每年开设女书兴趣班，教授对象是中小学生，并准备把女书教学纳入第二课堂，让女书传人给她们授课。在江永县宣传部成立了女书文化研究中心，其职责是对本县女书进行保护和管理，组织当地有文化功底且对女书有兴趣的人进行女书研讨，使本地研究和外界的研究吻合，不至于引起外热内冷的现象。同时，对外地来考察研究女书的学人进行管理，跟踪外界的研究成果，丰富本县的女书研究资料。对外，加大女书的推广力度，举办国际女书研讨会。近十年来，政府对女书的保护工作越来越重视，除了开设女书学堂，培养女书新传人外，还选派当地一些人到中南民族大学、武汉大学、清华大学等高校深造，从而加强了本地女书学术科研队伍建设。政府引导组织女书流传地的民间妇女参加学习女书，提供笔墨和开展民俗活动的经费。拍摄有关女书的专题纪录片，派遣当地女书形象大使参加上海世博会，2010年7月下旬派出了女书展演团在上海世博湖南馆展演女书。在经济利益的带动下，当地人自己制作女书工艺品，绣带、扇子、葫芦等女书工艺品被推向了市场。

　　在民间也有很多有责任感的当地人自发地搜集整理女书的原始文本材料，努力还原女书的原生态。保存女书的原始资料，为后人的学术研究提供便利。女书传承人在女书园上班，向外来游人展示女书文化，培养更多的女书传人，同时也不断地提高自身的文化修养水平。也有少量新创作的作品，现在创作的作品全部都是吟诵的，有《锦绣文章》、《女书之歌》等，何静华自己就创作了13首吟诵的女书作品。

　　女书民俗保护目前正在开展实施的是将女书与歌堂文化相结合打造当地婚嫁习俗的品牌。但是歌堂文化对保护女书也有其局限性，上面的文字已经论述颇多。除此之外，应该重视农历四月初八的女儿节（斗牛节），以及女子做女红、结拜姊妹、读纸读扇、创作苦情歌等习俗。这些都是与保护女书相联系的大的文化背景。

---

① 访谈对象：江永县宣传部副部长肖萍；访谈人：何研；访谈时间：2011年3月13日；访谈地点：湖南省永州市江永县宣传部办公室。

江永县女书的保护，目前主要还是以政府牵头为动力，政府相应的机构部门继续在进行女书资料的搜集和现代媒体的宣传，继续跟踪联系学术动态，申报文化遗产，为多方面地保护女书做服务工作。而真正全方面的互动保护的效应尚未形成。

首先，将文化旅游与女书保护相结合应该更加得到重视，迅速完成文化旅游的整合，并进行广泛的宣传，打造打响江永女书文化旅游品牌，继续进行市场经济方面的尝试，提高当地妇女的收入，带动当地女书工艺品的生产，求得旅游业与当地民俗活动的互动，促进当地形成较为浓郁的女书文化氛围，当然，女书保护存在的难度就在于政府"将旅游文化开发与女书保护结合"的设想受到各方面因素的制约，尤其是政府关于把女书歌谣推向市场的设想就一直没有实现。把女书吟诵或是某首有曲调旋律的女书坐堂歌歌曲唱响，就像一提到阿炳就想到《二泉映月》，一提到葫芦丝名曲就想到《月光下的凤尾竹》一样，希望将来能够让外界一提到某首女歌就知道女书，一提女书就能随口哼上这首有代表性的女歌来。这方面要做的工作很多，与理想尚有很大差距。女书的口头流传中，吟诵的推广和研究难度较大，笔者认为首要的就是加强对女书吟诵认识。近年来，很多音乐学家来调查女书歌谣，但因女书吟诵的音域不广，没有人能把女书吟诵曲做出来。2011年4月9日，美籍华人谭盾来到江永，聚集了所有女书传人，让她们吟诵和歌唱自己最为拿手的女书作品进行采录，他预备做一个有关女书的音乐剧，这是从音乐方面来诠释女书的最新动态。

政府以外的方面，学者应当以实事求是的态度继续进行女书钻研。从女书传人自身来讲，应该像何静华所说，"女书传人就是要把女书传下去，这是我们不可推卸的责任"，以女书传承为己任，尽心尽力做好自己的工作。

打响品牌。在女书的保护过程中，女书的方方面面都受到了关注，但对各方面施行齐头并重的保护措施只能是一厢情愿的事情，实施起来有很大的难度。所以目前来说，女书的保护依然是侧重相对较为容易的博物馆建设、与旅游相结合的硬件设施建设、传承人管理等方面。据笔者多方调查，女书的口头表达以吟诵为主，吟诵远远多于歌唱。但因现在吟诵的受众不广，也很难学，所以在女书口头形式中更多的是注重歌唱形式的歌堂歌。吟诵才是女书传承的土壤，在保护的过程中由易入手，距其实质性的东西还有一段距离，目前女书的保护仍然处在边缘地带。

（二）吟诵是保护女书的有效途径

研究方面，虽然对女书研究的人很多，掀起了一拨又一拨的女书研究热，也出了一些有关女书的专著和许多论文，但是从严格的学术角度来看，目前对女书的研究仍然太薄弱，没有几篇较有深度的女书研究文章。很多人都是为了私人利益做论文或是调查，之后对女书也不再过问。本着传承女书文化、脚踏实地研究女书的很少，黄雪贞也说："某些专家学者都拿着女书做工具。"[1] 至今，女书研究并没有其自身一套成熟的理论，专家学者们研究女书都是套用外来的成熟理论来进行女书研究，"最为典型的就是将自梳女中的'不落夫家'的习俗套用在女书女人的婚嫁习俗中。"[2] 民俗活动方面，保护当地的民俗文化环境，恢复当地民俗活动也存在着一定困难，因为现在的年轻人大部分出去打工，民俗文化在年轻一代身上逐渐退化掉，参加民俗活动的人群在逐渐地老年化。政府方面，对女书尚不够重视，像冷热病一样对女书的保护和传承工作忽冷忽热，没有进行持续平稳的保护工作。在问及政府工作人员有关一些女书生态保护区的具体措施时，他们只是说目前在申请阶段，具体的实施方案还有待以后制订。由此来看，政府的工作虽然有一些长远的规划，但是其实施的步伐似乎没有积极跟上。女书文字本身也存在破坏的现象。女书的常用字只有600个，加上不常用的字500个，总共是1100个。但当地有些学人为了满足外来专家学者的需要，对女书文字进行臆造，自行创作了一些女书文字，还有些有一定汉文化基础的女书传人在进行女书创作的过程中，增加了女书一音多字的现象，这样也使女书文字增加了。

由此看来，笔者赞同这样一个观点：女书不一定有传承下去的可能性。我们现在能做的工作就是将其作为文物，从中来看当时的民风民俗和女性社会，以及女书文字的艺术性，但它已经失去了传承下去的土壤了。虽然这一观点看似有些偏激，但也是我们不得不直面的一个事实。女书在当时之所以能够传承是因为女书是主流文化，具有较强的社会功能，它代表着妇女的社会地位。在

---

[1] 访谈对象：何祥禄；访谈人：何研；访谈时间：2011年3月16日；访谈地点：湖南省永州市江永县何祥禄家中。

[2] 访谈对象：何祥禄；访谈人：何研；访谈时间：2011年3月16日；访谈地点：湖南省永州市江永县何祥禄家中。

人与人的交往中，尤其三朝礼节，如果妇女收到的女书三朝书越多，表明她的社会地位就越高，越能得到他人的尊重。女书还是老年人的精神寄托，是老年人用来诉苦的，她们用女书书写自传（当地称为"一条纸"），倾诉苦情。现代社会，汉文化成了主角，女书基本上被边缘化了。而且现在的女书传人基本没有什么创作能力了，现代社会诉苦的渠道很多，有网络、电话等多种方式，已经没有人拿女书来诉苦了。杨仁里先生也认为现在的人都接受汉文化教育，即使没有上过大学的人，也要读完九年义务教育，所以在汉文化的冲击下基本没有人接触女书，女书离我们的生活越来越远。

归根结底，女书的创作方式——吟诵已远离了我们的生活。吟诵濒临灭绝的状态，使女书失去了其再创作的生命力。在何祥禄看来，女书很难传承下去，女书吟诵也没有推广的空间。苦情文学具有很强的时代性，它反映出当地妇女在旧社会时的苦难生活。现在妇女们生活很幸福，虽也有苦难，但跟旧社会相比还是有着本质区别的，所以也就几乎没有人去学习吟诵了，快节奏的现代社会也破坏了妇女们悠闲地聚拢来读纸读扇的文化环境。现今没有人学习吟诵，他们都觉得很难听，提不起兴趣，政府每年都花不小的力气办女书培训班，教一批人学习女书和女书吟诵、唱歌堂歌，但这些人都是"三天打鱼，两天晒网"，学习后过一段时间又忘光了。要想像旧社会的妇女一样，把女书吟诵融为自己生活的一部分是不可能的了。文化世界大同的趋势越来越明显，外部文化信息量大，受外界文化的冲击，我们很多民族文化都逐渐地边缘化了。不仅女书受边缘文化冲击非常大，就是我们的汉文化也难以抵挡被世界文化同化的危险。

女书创作的土壤受到了破坏，随之也影响了女书文本的传承。从女书吟诵文本分析中，我们得知女书文本中有很多程式化的语句，这些程式化语言都是江永土话中的高频词汇，它是适应了当时的文化环境而出现的产物，具有时代性。在妇女社会地位低下的旧社会中，频繁使用程式化语句可以引起人们的共鸣，所以它有传承延续的条件，但在现代社会中程式化的东西多了会引起社会的反感，女书文本也就失去了传承的条件。

所以，保护和传承女书必须要从根本上进行，抓住主要矛盾。要使女书获得新的生命力，就要从吟诵入手，拓宽吟诵的受众范围，否则，女书就真的只能作为文物在博物馆中陈列了。

结 论

女书研究有着多学科、多角度的视角,但与吟诵相结合来研究目前还是一片空白。吟诵是女书传承的生命,所以对吟诵进行研究是女书研究不可忽视一个主要部分。

女书的口头性表现在女书的口头流传和口头创作两方面。吟诵是最主要的口头流传形式,并且直接参与女书创作中从口头到听觉的过程。相比之下,歌堂歌有很大的局限性——只是在婚嫁习俗的场合使用。吟诵在当地女性结交、诉苦、日常交流、自编自唱等活动中都有不可替代的作用。当地妇女从前学习女书是从教唱女歌开始的,并且是从教吟诵开始的。吟诵保证了女书的一个广泛的群众基础。女书并不能简单地理解为后代的案头文学,而是当地的很多妇女一起诉苦、劝慰的口头交流的方式。女书的文本有一定的"套语"存在,有同样的诉苦主题。女书作品是在口头吟诵中完成的,并且大多数是现场完成的。女书作品通过"口头—听觉"来完成创作,然后记录下来。记录下来的女书也会流向口头而进入听觉,不是用来简单地阅读。故而,吟诵是女书的土壤。

吟诵影响并制约着诗歌的创作,七言的诗歌体形式是在吟诵的限制下必然形成的一种文本格式。因为吟诵是诗歌创作的基础,所以女书创作采用七言的格式,正是受吟诵这一创作方式所影响形成的。

曾经在当地妇女中几乎"人人都会"的女书吟诵在新中国成立后就逐渐"后继乏人"了,至今,年龄在60岁以下的当地妇女已经基本不知道、不会吟诵了。

目前在女书的保护中,女书吟诵得不到足够的重视,没有从理论上界定女书吟诵,其地位尴尬。女书被发现至今,吟诵都处于被"忽视"、"轻视"的状况。女书吟诵的关注程度远远不及歌堂歌,仅仅是因为吟诵有难度而退却,致使女书的传承和保护失去了其赖以生存的土壤。因此,女书吟诵的保护也成为女书保护的当务之急。

B.23
论宗祠之制与宗谱之礼的当下功能及作用

——以高淳邢氏宗祠宗谱为例

朱莉莉*

摘　要： 在中国传统社会中，祠堂与族谱在维系整个宗族的绵延上起了举足轻重的作用。在当下城市化进程中，祠堂和族谱的命运越来越引起民众的关注。本文以高淳邢氏祠堂启后祠、光裕祠及邢氏宗谱为主要研究对象，论述当地民众的宗族观念，以及宗谱中的族规家训对当地民众的行为规范的辅助管理作用，以此诠释宗祠及族谱在当今社会仍具有不可抹灭的积极意义，可以通过对祠堂和族谱的借鉴更好地辅助管理当下社区，促使社区更好地发展。

关键词： 祠堂　宗谱　社区　管理

　　在科技发达、经济快速发展的中国，仍存在着很多以姓氏聚居的区域，他们不仅有着供奉自己祖先的祠堂，还有着代代相传续写下来的宗谱，这要从中国人根深蒂固的祖先崇拜开始说起。在中国漫长的社会发展过程中，人们普遍认为祖先为整个宗族的发展立下汗马功劳，祖先在世时为宗族发展出力，死后心仍维系着宗族，这样一来祖先也成为整个宗族的保护神。因此，无论在狂放的北方村落还是婉约的江南小镇，处处祠堂中都供奉着祖先的牌位。不仅如

---

* 朱莉莉，南京艺术学院人文学院硕士研究生，研究方向：文化遗产保护。

此，与祠堂相辅相成存在的还有宗谱，宗谱较为详细地记载了整个宗族延续的过程。祠堂是宗族记忆的历史遗留实物，宗谱则是宗族记忆的遗留文本形式。进而修祠堂是为宗族的祖先安定神灵，修族谱是为了明确自身从哪里来的本源问题。祠堂和宗谱世世代代规劝、记录、引领着整个宗族延续下来。①

一 邢氏祠堂

高淳区位于江苏省西南端，全区总面积802平方公里，辖1个省级经济开发区、8个镇、134个行政村，总人口42.5万。高淳区地形东高西低，分为圩区、半山半圩、山区三大类。淳溪镇总面积82.6平方公里，总人口111307人。高淳历史文化悠久，古城遗址比金陵石头城还要早200多年，伍子胥开凿的胥河是世界上最早并在当下仍发挥航运作用的人工运河，"吴头楚尾"的地理位置促成了高淳吴风楚韵，并成为江苏省的历史文化名城。此次研究的对象为高淳荣复村的启后祠及薛城村的光裕祠。②

高淳县僻处江南丘陵地带，古代称为蛮荒之地，历史上曾因政局动荡，西汉末年的王莽篡位，迫使一部分朝廷官员及地主等逃往高淳一带，后又因北宋末年金兵入侵，北方迁来一部分人口在高淳落户。这些外界原因使在高淳长期居住下来的人口中，不乏出身高贵的才人。他们在辛勤耕作劳动以保温饱之余为了缅怀先祖、光耀门楣，在村上建起祠堂，悬挂起祖宗画像，设列祖列宗牌位，按时进行祭祖活动。不仅如此，还在家族中修建宗谱，记载祖先的功绩、生平、族规家训、家族历史等。祠堂与宗谱的结合，能够对同祖的族内人进行规劝、团结。

祠堂是一个宗族统一供奉祖先的地方，平时族内有大事商定也在祠堂中集中进行。祠堂这种不成文的行政职能的重要性，使得祠堂建筑一般在村子的中

---

① 此次研究的对象锁定荣复村的启后祠及薛城村的光裕祠，是因为这两个祠堂在研究的范围内具有代表性，代表邢氏家族。另外，由于这两个祠堂正在进行第十三次大修，具研究意义。
② 赵火平：《江南圣地高淳》，中国文联出版社，2008，第3页、第139页；高淳县政协宣教文卫委员会：《高淳风俗》，高淳印刷有限公司，2005，第73页；张小军：《"文治复兴"与礼制变革——祠堂之制和祖先之礼的个案研究》，《清华大学学报》（哲学社会科学版）2012年第2期。

心地带。讲究的宗祠有大门、正堂、厢房等，大门横额多用砖刻或木刻"××宗祠"。正堂供祭祀祖先用，厢房供厨灶膳食和议事用。

1. 薛城邢氏光裕祠

光裕祠[①]又名"百间堂"，俗称邢家大祠堂。位于淳溪镇一村和二村交界的罗家段。据清《邢氏宗谱》记载：邢氏族祖于北宋元丰年间迁居古丹阳大泽东北畔，开垦滩涂，繁衍子孙，烟火相连数十里。为怀念祖籍山东薛城，邢氏聚居地仍称为薛城。明代开始修纂宗谱，建造宗祠——邢氏光裕祠。光裕祠相传系族祖邢仕征所建。邢仕征是邢继康之子。邢继康，字惟泰，号念野。以子仕际贵，诰赠奉直大夫。明万历三十年，邢仕征从母徐氏抚父继康灵柩归，后倡建肇倩邢氏宗祠，即光裕祠。

光裕祠为前、中、后三进。前为门厅，中是大殿，后为祭堂。祠堂占地十余亩，厅堂加两侧厢房计100间。楠木柱、柏木梁。正殿脊柱柱围2.2米，该祠大木作参照《宋营造法式》的形制建造。中进主殿三间，面宽20米，进深14.5米。建筑为硬山顶，五柱九檩、抬梁式，脊高10.6米。柱头做莲瓣座墩，以斗拱出挑，梁架用材较大。整体造型优美，布局合理。

邢氏宗祠在1883年和1923年曾做过两次重修。1942年8月9日被日寇焚毁后进，"文革"时期又遭拆毁厢房，加上历史上高淳圩区的水难不断，洪水的一再侵蚀、白蚁的无情吞噬，光裕祠于1987年4月21日4时5分突然倒塌。邢氏后人为了留住祖宗的光耀，光裕祠自2010年农历五月初六奠基，进行重建。2011年1月5日举行上梁大典，通过分布在溧水、安徽、湖阳以及海外邢世子孙及邢氏出嫁女子的慷慨捐款，第一期工程大殿的资金180万元全部到位，后经全族人的共同努力，使光裕祠重见辉煌。

重建的光裕祠坐北朝南。大厅的地基抬高了3.18尺，柱高增4.5尺，梁柱围均有增加。祠前是一个约100平方米的小型广场，地面为平滑的水泥地，在两边各有大大小小不等的整齐排放的8个正方形花坛。光裕祠外墙体为封火式垛墙，中国的传统建筑常见的墙体，能够很好地阻隔火势，避免连带灾难。正门两侧有两个石狮，墙正中为桥子门，正门上方刻有"邢氏宗祠"四个鎏金大字，在"邢氏宗祠"正上方有繁体"圣旨"二字匾额，此为万历年间皇帝恩赐，"邢

[①] 正文后附光裕祠、启后祠平面图。

图1 光裕祠整体

氏宗祠"是原中国版画美术协会副主席吴俊先生所题。门以黄漆为底,着一副对联"东鲁家声远,西岐世泽长"。整个外观看起来端庄大方,又不失灵活之气(见图1)。

入门正北面就是邢氏宗祠大厅,大厅正前方为天井,天井两侧为厢房。大厅楠木柱,柏木梁,建工独特,西面厢房现为光裕祠管理委员会的办公室,东面厢房现为中山薛城邢氏宗谱第十三次续修工作室。东西两面的墙体上都刻有记载历代重建、修葺宗祠和捐款的功德碑,时时刻刻提醒着族人,一路走来有多少族人为整个宗族奉献了一己之力。拾级而上来到大厅,正厅为落地窗门,门高丈余,上部分是镂空花格,下部分是平板浮雕花鸟画,中间部分是有名的"二十四孝图",做工精致,花鸟人物栩栩如生,抬眼望去,庄严浑厚,随即让人有一种落叶归根、心平气和的心境(见图2)。

图2 光裕祠局部

进入大厅仰望,梁上悬挂满红底金字"光裕祠",历代本族官员题书的红底金字牌匾在两侧,厅壁上挂着一尊尊巨幅祖宗画像,凝视着画像,仿佛祖宗在轻声细语地告诫后人要奋进,要品行兼优、光宗耀祖。厅壁正中有邢氏老大的徽标"鱼头"。并在厅内正中摆放祖宗牌位的"一字形"祭堂,紧接着设有供桌、香炉、烛台和一盏终年不息的油灯。族中有专门的看守祠堂的老人清扫打理祠堂。地上放着一排供祭拜的蒲团,供往来的族人祭拜。楠木大柱上贴着蓝底金字的木刻楹联,时刻警醒着族人。目前,邢氏宗祠已是县级保护单位[①](见图3、图4)。

---

① 参考光裕祠重建碑记。

邢光昌①:"别人家的祠堂没有这么高、这么粗。柱子是在原址上复建的。我们这个村是邢丰村。原来是六个村的,现在变成一个村。我们是个行政村。丰桥村、荣复村合起来叫邢丰村。那个祠堂60多岁到那儿吃一次酒。我们这里是修谱在这边。祠堂是1602年建,碑上有写。明万历的时候就有。40年代的时候,因为日本鬼子倒掉了。还有风吹雨打,还有白蚁,在80年代倒塌了,这个地方什么都没有了。姓邢的子孙后代就想对老祖宗一个交代,出钱,你一千他二百,2009年12月开始筹划复建。上面不拨款,全靠全民自发还款。碑记上有复建的领导班子。退休老干部、一般的人都不拿工资,

图3 光裕祠内部正面

图4 光裕祠内悬挂祖宗画像

不在这里吃饭、不在这里抽烟、不拿工资。2009年10月开始挖的,到2013年的下半年结束,将近四年才建好,以邢家为主。我们老祖宗有三个儿子,老大、老二、老三慢慢地分开来了。老大在薛城,周边的都来捐款。祠堂面积跟原来一样,就是高一点、柱子粗一点,地基高了1米,房子比原来高2米,整个高出3米。"从邢光昌老先生的描述中不难感觉到村中邢氏子孙对于祠堂的骄傲之情,并对祠堂的相关历史娓娓道来、如数家珍,而在当下的社区生活中这种发自内心的自豪感却是越来越少了。

---

① 访谈对象:邢光昌;访谈人:杜臻、朱莉莉、丁津津;访谈时间:2014年6月4日;访谈地点:南京市高淳区淳溪镇肇倩圩邢丰村邢家祠堂(光裕祠)。

2. 薛城邢氏启后祠

启后祠，俗称"老祠堂"，位于石臼湖南岸的薛城七村与八村交界处。始建于清代中期，曾在光绪年间和1934年维修。2009年，该词由邢氏筹资100多万元进行了维修。

启后祠也是坐北朝南。祠的西墙外，有元故邢氏先祖邢兆一与妻王氏合墓塚一座，系明崇祯年间修建，损毁后又复建（见图5）。

图5　启后祠旁邢氏坟茔

据孙三福①讲："邢氏宗祠旁边有个崇祯年间的坟茔，这个是迁过来的，墓不在这里，为了修这个祠堂，贴了很多钱给人家，才把这块地腾出来。也就是重新修了个坟，里面也没有什么东西，多少年了，也找不到了。现在原址的那些坟都修不回来了，那些石像石马啊都没了。祖上的墓也找不到，上次去找，连个石头片都没找到了。"该祠分前后两进。面宽5间，横长17.6米、纵深30.3米、高8米。整个祠堂运用砖木结构进行建造。外围两侧砌"马头"垛墙，屋顶采用蝴蝶瓦进行铺设，飞檐翘角，非常具有工艺之美。拾级而上入大门，祠堂大门楹联仍引宗谱中的旧联，旨为饮水思源、继序勿忘。其余厅内的楹联都是后来新创作的。东西两侧设有石鼓，前厅五楹，接着为四方天井，四方天井地面铺设青石板，纳天地之气，采日月之光。天井东西两侧各建厢房1间，为存谱、值事办事室（见图6）。

祠堂厢房两旁，分别书写"忠、孝、节、义"四字，书写此字的人为本

---

① 访谈对象：孙三福；访谈人：杜臻、朱莉莉、丁津津；访谈时间：2014年5月31日；访谈地点：南京市高淳区花奔村正茅庵。

族先贤邢祥凤,其真迹存放在县博物馆中。天井走廊四柱上方的柱状晶轴上雕刻着栩栩如生的传说人物或花虫鸟语图案,建筑在肃穆浑厚的气势下仍饱含着深厚的文化底蕴。祠堂的地基抬高近三尺,两进更换百余根柱梁。整个后厅五楹为祖宗祭堂,堂上正中梁上悬挂"启后祠"金字匾额一块,大厅靠后墙建有神台一座,上设梯档形排列着祖宗牌位。神台下方设有雕刻精致花纹的香几一张,据祠堂老人讲此香几由当时老建筑剩下来为数不多又材料巨大的一块木材裁作而成,不仅留住了老材料,还节省了运用新材料的费用。香几上设香炉、烛台、供品,香几下方有拜垫,拜垫上放有蒲团,供往来人进行祭拜。厅内地铺罗底砖。厅堂柏木梁上悬满匾额,四大看柱有蓝底金字的对联,整个厅内大而布局合理(见图7)。

图6 启后祠局部

图7 启后祠内部正面

东墙侧走廊镶清启后祠维修碑记四通,记载着邢氏的历史,因年数较久,碑上的字体只能依稀辨得,甚至有些直接不得内容为何。西墙侧立有启后祠重建捐款碑刻(见图8)。整个祠堂的形状轮廓非常流畅,既有流线型的美又不缺凝重端庄的气势。从厅内出祠堂大门口正对着,开辟了一处广场建起了"邢氏功德坊",有足足三丈高,据材料说是采用山东南部的石雕整体组装的,非常雄伟[①](见图9)。

---

① 参考重新修建启后祠碑记。

图 8　启后祠重建捐款碑记局部

图 9　启后祠门前的邢氏功德坊

邢华义①："这个祠堂俗称老祠堂，修建时间前面碑上有记载，是明朝万历时候，是后来人越来越多，他们都往肇倩片去了，那边另外修了一个大的祠堂，比这个还大，柱子很粗，也是姓邢的，那个是明朝修的。这个地方以前是80岁以上老人到这里吃酒，因为这个是老祠堂，叫启后祠，肇倩那个叫光裕祠，是60岁以上人在那边喝酒。但这两个祠堂是一家的，这个早一点，那个稍微迟一点。宗谱都在这边，湖阳那边有，他们是老二嘛，是通婚的，他们也有这个谱，没修，我也去过的，去跟他们核对了。祠堂最近一次维修是四年前，就是2010年3月开始到2010年10月结束。前面的牌坊是新增的，原来没有，是纪念邢精学，我们一个姓邢的捐了50万，才做了一个牌坊。平时来祠堂上香的都是村里人，目的主要是不忘老祖宗，比如为了小孩上学来拜祖先了。邢家历史上比较有影响的人物啊，比如说诗人、作诗的孟贞，县志上有记载。匡廷，也是我们姓邢的，作画，对联上有；祥凤是他儿子，一个画画好，一个书法写得好，这里面有个小故事。匡廷专门作过二十四孝画，这个我们保留了，那个时候兵荒马乱，讨伐剥削，什么都能丢，就是画不能丢，所以这幅画还保留在这边，他儿子为这幅画写了字。孟贞的诗比较有名的，他专门有一本诗集，叫《石臼辑》。"邢华义老先生对光裕祠、启后祠之间的相互关系做了解

---

① 访谈对象：邢华义；访谈人：杜臻、朱莉莉、丁津津；访谈时间：2014年6月3日；访谈地点：南京市高淳区淳熙镇薛城村邢家祠堂。

释，在田野调查期间能看出两个祠堂虽在处理各种事务上有些小摩擦，二者也有争先恐后之意，但在对待族内事务上仍是团结一心的。

祠堂既是祭祖又是处理族内事务的地方。供桌摆在房子的门厅或大厅里最显眼的地方，供桌上端放着历代祖先的牌位，他们分别代表不同的先祖。对于祖先的崇拜，死去的先辈们作为一种精神源泉继续激励着在世上活着的后人。这在一定程度上解释了在古代法制不健全的情况下，人们通过血缘关系及地域关系，实行不成文的约束力，依靠着一个村子或是邻村中心部位的祠堂，这座祠堂像祭祀圈一样延伸，有自己管护的范围，就是这样各个村子依靠着自己管护的范围进行辐射，保护族内人的人身财产安全和规劝着族内人的道德及行为。这种不成文的约束力在历史长河的磨炼中散发出当代法律无法比拟的优势。

当代的法律虽能禁止人犯法，但不像古代人们约定俗成的道德影响来得深入。当在过去的某一个时间族中某一人做过一件坏事，那此人会被叫入祠堂听训，这个犯错误的人不仅由自己家人负责管训，而且上升到了由一个姓氏宗族长辈们管训。族中德高望重、善于教导的老人就会对此人的行为做出相应的规劝和惩罚，并提出可行性措施。根据犯错的原因来提供相应的解决方案，若是家中有难，族人则齐心协力能帮则帮，这是一种大家族式的温暖和约束。当下的法律虽更为健全，但总有些治标不治本。当一个人犯偷窃罪，法律进行了制裁，却没有相应的后续手段。譬如盗窃是什么动机，家里有人重病看不起，他因孝而犯罪，那这个罪该制裁，但仍没有可以真正帮他改过自新的条件，应当有相应的措施与法理共施。在传统的宗族关系中，则会大家一起帮，犯罪人的心理可能由感恩而知错来更努力地报答宗族、社会。这就是一个宗族祠堂在地域上看得见的职责优势，这是当下社会的法律所不及的。

邢氏子孙在宗祠中进行祖先的祭祀，通常祭祀是在重大的节庆时进行。且在宗祠中进行全族的祭拜活动，在祭拜前准备好祭品，多以肉类、圆子、水果等作为祭品。后文宗谱部分会谈到祭品的规格。按照辈分老幼的顺序进行祭祖仪式，并在祠堂进行族人的聚餐，增进全族人的亲近关系。

邢华义[①]："祠堂里面是公祭，主次都是有讲究的，不是谁来都是能祭祀

---

① 访谈对象：邢华义；访谈人：杜臻、朱莉莉、丁津津；访谈时间：2014 年 6 月 3 日；访谈地点：南京市高淳区淳熙镇薛城村邢家祠堂。

的，要论资排辈。在祠堂里面有严格规定，谁在哪个地方不能乱坐，首先是以辈分来分，然后根据识字、做事，辈分再大，不识字的也不能坐在主位。祠堂坐北朝南，北1南2西3东4。桌子的缝摆法也有讲究，做丧和做喜的摆法不同，桌子的缝隙跟棺材摆放一样，是竖着摆的，喜事的话，是横着的。做丧的时候要喊老人去请人摆这些，也有红纸，从灵堂里面抬要八个人。祠堂里面的祖先牌位和画像顺序是按照朝代摆的，按照辈分，这些画像谱上都有。"邢华义老先生对祠堂内各项事务的描述，更能显示出在中国传统社会的专门性的地方，是严格按照中国传统血缘辈分进行行事的，在祭祀、婚嫁、做丧等事务上都是如此，在家谱中更有详尽的描述。

不仅如此，本族人还会组织薛城花台来娱神。自古以来，高淳就有一句俗语："出门山歌进门戏。"高淳的古戏台遍布城乡，高淳人民爱听戏。高淳在春节前后会在不同的地方搭建草台，邀请各种戏班前来唱戏。高淳薛城花台一般都搭建在薛城邢氏宗祠对面的空旷地上，现已建成邢氏功德坊，搭起的戏台在春节到农历三月间表演各种戏班的戏，过了这段时间将戏台拆掉，不影响平时日常生活用地。高淳人民搭起的戏台远近闻名，既好看又实用，又具有自己的特色。薛城花台始兴于清康熙年间，这里还有一个流传很久的民间传说：在康熙年间，山东聊城邢姓出了一位朝廷重臣，他的母亲想看金銮殿，但因为年迈体衰不能亲自到金銮殿目睹金銮殿的庄严神圣。康熙皇帝得知后，便命令能工巧匠仿照金銮殿做了个模型，送给这个朝廷重臣，以便达到其母亲的愿望。当时邢姓就仿照皇帝赐予的金銮殿的模型搭起了花台，称之为"花台会"，在每年的三月十八搭台唱戏，搭台用木料构制而成，便于安装拆卸；花台很大，栏杆上会根据历史人物原型塑造人像悬挂于栏杆之上。其间有人们所熟知的福禄寿三星的塑像，以表达人们美好的祈愿。花台搭建起的四边的柱子高大结实，以浮雕的艺术手段用金花盘绕于上。花台上方会有一些拥有美好祝愿的祈福图。花台的匾额别出心裁，从不同的角度看是不同的名称，薛城花台依次从左、中、右分别看去为"玉树春"、"玉堂春"、"玉楼春"。花台中后方由彩屏隔开，形成了实用的前后台，在彩屏两边分别有两个进出的彩门，上面书写着"出将"、"入相"的字样，薛城花台会造型独特，又凝聚了很多民间艺术的特色。每次薛城花台会都会吸引很多人去捧场，不仅丰富了高淳薛城人民的精神生活，也具有很高的社会价值。①

邢华义②："嗯，这是老规矩，这叫拜祖，这要看唱什么戏，唱花台戏不会来，这是在祠堂外面唱戏。其实是为了进奉，有给老祖宗看的意思。祠堂里面的香油、香烛的钱都是捐赠的，比如有外地邢氏的，祭祀的时候会来，登过一个谱的。外地有很多邢姓的名仕，作古的也不少。祭祖仪式和修谱由两个退休的县长支持我们，还有在薛城乡做党委书记、县档案局当局长的邢华谱，整体由他负责，具体的事我负责。老人会主要是花台啊、宣传啦、跟人家讲啦，由他们帮着搞，还有外地行政村派来的，有16个行政村，如东坝的、安徽的等，他们在家里搞，我们有事让他们过来也行，要登记信息，加入新的内容。将薛城花台放在祠堂的正对面演，这样可以让祖宗高兴，现在多是娱乐为主了。"从采访中得知以戏娱神已经转变成娱人，从族内修谱、修祠、祭祀等大事情上看，他们似是松散的组织群体，却由于种族的责任感反而较之紧密地组织在一起，更有办事效率及良好的分工。

邢光昌③："修好那年在这边唱戏了，我们请了80岁以上的老人来喝酒。四八三十二，喝了酒，唱了戏。请了越剧的人来唱，唱了十几万块钱，唱戏也都是捐款。2009年就开始筹集钱，老队长我们集在一起。一开始需要300万，但是三块钱都没有，后来到处跑，一万、两万、三万、两千、一千。能捐钱为了老祖宗，有家族的荣誉感，夏家、孙家都有祠堂，我们也要有。我们要比之前高一些、大一些。7000多户捐款，捐了241万，这个房子用了240万，现在要500万做起来。以前木匠100块钱一天，现在260块钱，翻了番。开支用了240万，余了一万块钱不到。上年挨家挨户，这边到安徽芜湖、宣城、上海、南京、溧水、弄了200万，你通过我，我通过他，请捐款，慢慢凑起来了，有个家族荣誉感。个别的没有捐钱，很少。我们祠堂主要是祭祖。我们也专门找了一个人打扫卫生，以前我们这儿前面建了一个三层楼的幼儿园，我们跟大队交涉觉得不能比祠堂高，后来换了地方建。"在邢氏宗祠原址复建这种大事中，全族人发扬团结精神，有钱出钱、有力出力，有效地完成了集资、筹建、

---

① 参考高淳薛城遗址展示馆的文字资料。
② 访谈对象：邢华义；访谈人：杜臻、朱莉莉、丁津津；访谈时间：2014年6月3日；访谈地点：南京市高淳区淳熙镇薛城村邢家祠堂。
③ 访谈对象：邢光昌；访谈人：杜臻、朱莉莉、丁津津；访谈时间：2014年6月4日；访谈地点：南京市高淳区淳溪镇肇倩圩邢丰村邢家祠堂（光裕祠）。

建造等一系列困难重重的环节。通过退休干部的指引,众宗族子孙的财力支持,政府的支持,使得内外部达成一致,完成了全族人民的愿望,这在经济越来越发达的今天也是很不容易完成的事情,邢氏宗族却做到了,这又从另一个侧面反映出宗祠对整个宗族的精神意义之大。

二 邢氏宗谱

宗谱是记载宗族世系及历代世系事迹的文本形式。清人刘云端:"谱者,世系之谓也。"建立宗谱,备求翔实。《江西同治九年刘氏重修族谱·家规》中对宗谱的认识是:"谱者,普也,普载名讳、字号、生卒、嫁娶、葬地山向以示后人之不忘也。谱者,布也,敷布流泽,别真赝,稽行实,表扬宗功以示后人之不谬也。"对于看重传统的中国人来讲,记载着家族的起源、发展等涵盖万千内容的宗谱是自己的根,宗谱的存在标志着对家族成员的资格认可,这种认可提供了个人与家族其他成员关系的依据。在中国传统社会发展中,家族规矩的道德约束力高于法律。一个人做错了事情不是怕受失去性命的惩罚,而是怕从宗谱上除籍,除籍就意味着自身不再拥有同族人的权利,没有宗族的庇佑等①(见图10)。

图10 薛城邢氏宗谱

1. 薛城邢氏宗谱谱序部分

主要从修谱的缘由、目的、意义、经过及家族的历史、家族迁徙的过程等方面进行介绍的。从邢氏续修宗谱序描述:家之有谱犹国之有史,其意一也。国有史则刑政稽而经义明,家有谱则祖属联而源流清,遂书之以告其世。邢氏统谱源流序:谱者,则知某为亲某为疏,某为大宗某为小宗,咸井井有条,秩

---

① 吴强华:《宗谱》,重庆出版社,2006。

论宗祠之制与宗谱之礼的当下功能及作用

然不紊,皆谱之力也。且先圣有言曰三十年不修谱是不孝也。宗谱谱序部分将宗谱放在极为重要的位置,并提出有宗谱的严谨记载才不会乱了整个家族的辈分,并严苛地向后代提出不续修谱视为不肖子孙。以此可窥宗谱建立之重要性。有序言介绍本宗族何时何地何原因迁居于此,然后按照定居人员以辈分排序记录其身世,进行续宗谱。

从邢华义①的采访中得知:宗谱最早的有据可查的记载在东晋,第一次正式修谱在唐朝会昌年间,他们的老祖先姓邢的叫子华公,被分到了湖北,建立了卫国,成了小国的国王。后来被灭掉了,做奴隶了,待不下去了,后来就迁到了山东。这么说来有可能他们来自山东。先祖最早是周文王的子孙。第十二次修谱在1945年。邢华义老先生虽然对历史并不是非常清楚,但大概向我们揭示了邢氏的变迁和分支。

宗谱具有延续性是有目共睹的。《薛城邢氏宗谱》前后修过十三次。类目仿照前谱,在内容上不但续修而且着重保留前谱的内容。一般宗谱30年一修,《渤海吴氏族谱》称:"谱法当间世一修,故以三十年为率。盖父子相继为一世,三十年内所当增益者必多,如此则世无失次,人无遗亡,辑而续之无难也。"30年时间,家族的人口会有很大的变化,应及时续修,才能避免失序及遗漏。也有的家族根据家族的经济状况选择60年一修。宗谱不及时修,对族人来说也会形成一定的心理压力及内疚感,这也是各个姓氏都会将续修宗谱放在一个非常重要的位置来办的原因(见图11)。

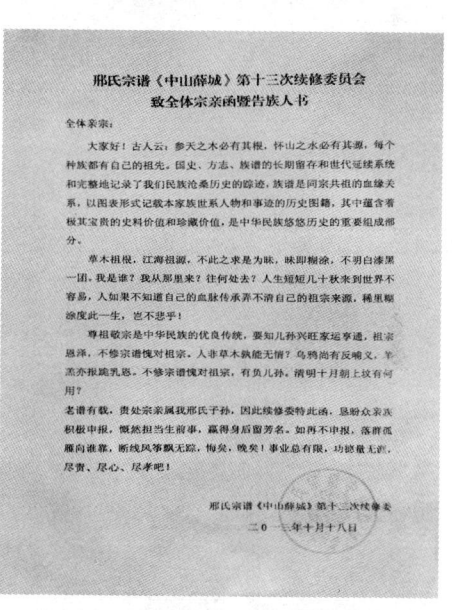

图11 邢氏宗谱《中山薛城》第十三次续修委员会至全体宗亲函暨告族人书

---

① 访谈对象:邢华义;访谈人:杜臻、朱莉莉、丁津津;访谈时间:2014年6月3日;访谈地点:南京市高淳区淳熙镇薛城村邢家祠堂

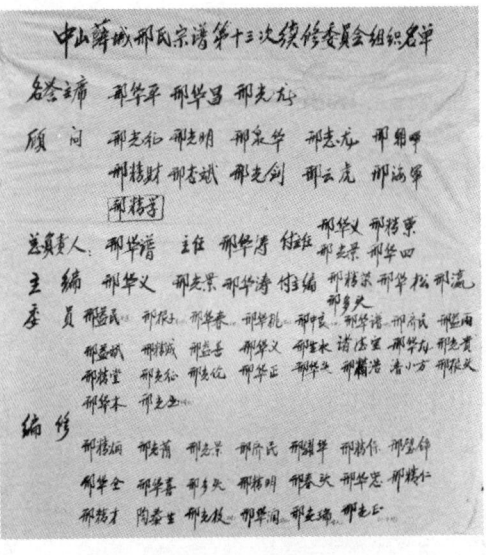

图12 中山薛城邢氏宗谱第十三次
续修委员会组织名单

成立的邢氏修谱编委会（见图12），有两件最重要的事情做：筹集经费及搜集资料。经费主要是摊派和劝捐，摊派是按照人口数进行的；还有一种是劝捐，这些或多或少地会影响每个族人，捐得多的在族谱中占的笔墨多些，捐赠的钱数目会张贴出来，谁家捐没捐，捐多少都是一目了然的。很多族谱中有立传的往往在捐钱这项上贡献得更多。筹集资金的同时，搜集资料也是同步进行的。搜集资料的工作量非常大，而且不能出错误，不仅要利用好旧谱，还要考虑续修部分依靠日常的积累和族人的提供、征集。在规定时间内将自家的详细情况报告登记，这个过程称作"上谱"。编修者在编纂的过程中要不断地充实、校对，并充分运用地方志、碑刻、契据等原始资料进行辅助性的核对。

2. 谱例部分

主要是修谱的章程、修谱的原则，其中也包含着宗谱的收录范围、可入谱及不可入谱的标准，以及如何写谱的格式规范等，如《薛城邢氏宗谱》凡例——昭详（见图13）。

图13 《薛城邢氏宗谱》凡例

由图13看出族谱在选择记录时的弃恶扬善。在中国宗谱中多写光宗耀祖的好事，并不提倡写负面的东西，这是中国宗谱大多固有的问题，认为书写负面、不积极的族人的事会侮辱门楣。另外，也透露出记录宗谱时的攀附权贵。宗谱一定要去攀附名人，认为只有从名人那儿传下来才是名正言顺，族中有大富大贵或是做官之人，族人会刻意去扩大此人的善及能力，这样或多或少地违背翔实记录的原则。有的族谱过分到将神话传说中的人物当作祖宗，以示荣耀，这是不足取的。宗谱一方面要求高准确性，不断核实，尽可能不漏掉族中之人；另一方面，为了宗谱的荣光，将族中的恶人自动抹去或是刻意回避。翻看宗谱，不难发现大奸大恶之人是不会书写上的，这种思想局限性导致宗谱的严谨性、可信性大打折扣。

3. 族规祖训部分

宗谱记载一家规程约，在宗谱中起着制约和教化族人的作用。各个宗谱中对此部分有不同的名称，如家戒、家法、家训、祠规、诫谕等。劝诫和规范内容大体包含婚姻、祭祖、忠孝、教育、习俗等各个领域。在族谱记载的礼仪中，冠礼、婚丧嫁娶、祭祀礼最为重要，记录非常详尽。

《邢氏宗谱》中：一孝父母，人子此身皆父母所遗，不毁伤身体，不忤逆。一友兄弟，兄弟一体，不重利欲而轻情，应长仁爱之风。强调敦孝悌，孝敬父母为大。不孝不义是要受到整个家族唾弃的。唯有孝顺尊上才是礼之首。崇节俭，告诫族人要勤俭节约，勤则必俭，俭则必富，衣食足礼义可兴。（祠规）本字四号：一则立宗纠，选正直言有德者一二人为宗纠，凡族中有不公不法事或恃强抗紊宗规者俱于祠内指面纠听候宗长惩处。劝族人相互之间要忍让，若族中有难平之事，可以通过族长出面，公平公正地处理问题，以此种方法来代替上公堂伤族人和气；禁赌博，族中一向认为赌博小则伤身，大则损害整个宗族的利益，一赌博倾家荡产，所以严格规定禁赌，并互为监督。敬长老，族规中明确指出凡在父兄行者皆是尊长，皆当恭敬，忌傲慢戏谑肆行无忌殴尊犯上，若不尊长，就是乱了常理，一定要谦和恭敬才是正道。族规奉劝族人勤于农耕，这样才能衣食无缺，保证温饱。整个宗族对孩子的教育相当地重视。若是谁家的孩子因个中缘由不能按时上学，那么整个族人会发动力量来帮助孩子上学，所以传统社会中有很多孩子求学是由同姓亲属资助的。远亲不如近邻在人们的日常生活中已经形成了共识，而当下社会中，这种凝聚力淡了很多。

宗谱在祭祖方面的笔墨甚多。一祭祖宗子孙追报祖先祭而要敬。二祭额有定例祭品祭仪务必精洁整肃。在宗谱中本字四号修规十六则记载详细："一定祭祀节候，冬至祭始祖立春祭先祖秋祭吾邢氏祠祭定于寒食；一定祭品，牲用羔不可随意增减丰俭各从其力，豕一、羊一、黏果五盘、斗糖、面点、祭馔二宴席、汤三碗、糕点三盘、酒三爵、饭三碗、茶三杯、献烛；一定启后祠祭仪，除夕设盒二架，元宵点茶设盒二架，元旦及春秋节先将炉饼熟肉奠于启后祠中，且鼓乐金声导引祭品祭器；一定仪注，与祭诸孙各就位，分献分长各就位，主祭孙就位，鞠躬、拜兴四次平身。主祭孙旨盥洗所，复位，鞠躬、拜兴两次平身。主祭孙旨神案前上香，跪上香，初上香、亚上香、三上香，奠帛，读祝文俯伏。"祭祖的整个流程全都包含在内，族人对祭祖的认真严谨性可见一斑。在祭祖的过程中无形地加强了族人精神上的凝聚力。

宗谱中不仅对忠孝、祭祖、教育方面加以规制，还要在婚丧嫁娶方面加以描述。图14中展示了丧礼和婚礼中的部分内容。

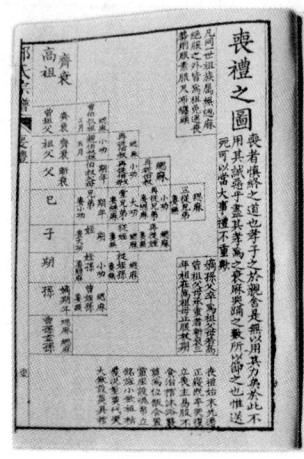 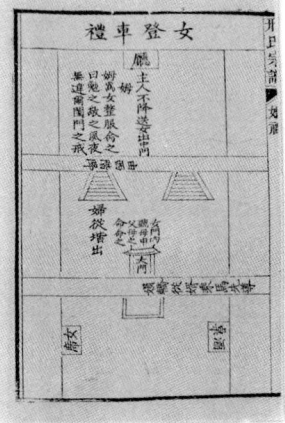

图14 邢氏宗谱中的丧礼和婚礼

4. 源流考部分
主要对宗族的源流、姓源、迁徙源流进行记录，以此来反映宗族的历史及各支派的关系（见图15）。

5. 遗像部分
宗谱中一般都会描绘出家族祖先及历代贤能的画像，常见的是得姓始祖、始迁祖和家族中名望很高的贤能人士，并对画像有非常详细的描述和生平的介绍。以示子孙了解祖先所做的丰功伟绩，起到激励的作用。宗谱中的画像大多为三五幅，排列有序，邢氏家族的稍多些。

6. 传记部分
记载家族中贤能者的不凡事迹的部分，将家族成员的突出事迹或丰功伟业记载在传记中，并按照事迹内容归类排列，如忠义、节孝、德行等进行记录（见图16）。

论宗祠之制与宗谱之礼的当下功能及作用

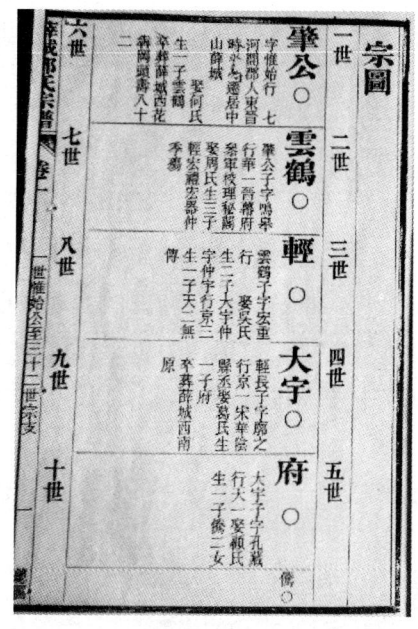

图15 薛城邢氏宗谱本字4号卷一宗图

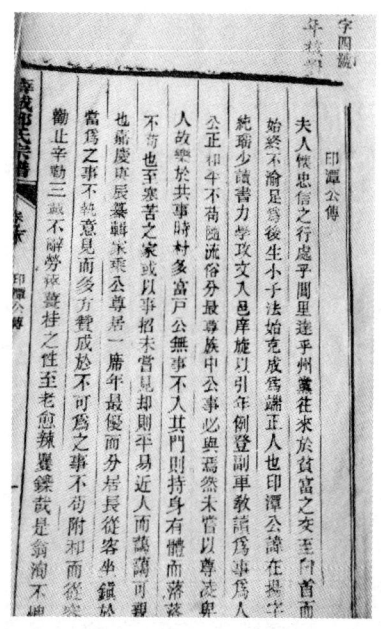

图16 薛城邢氏宗祠本字4号印潭公传

7. 排行部分

用来记载家族成员辈行的部分。同一辈的家庭成员都会事先统一用同一个字或是同一个偏旁，不同辈分的人用不同的字。这样一来如果遇到重大灾难或是大迁徙，可以以此为线索认祖归宗。晚辈的名字，应按照辈分起名，凡同辈名字，都必须惯连一个相同的字。例如第 x 世为"安"字辈，名字均贯以"安"字，如安详、安泰、安业、安国、安民等。

8. 祠堂部分

祠堂在宗族中占有很重要的地位，宗谱中就更不能忽视其重要性。宗谱中对祠堂的修建历史、过程、规模、位置、图式记载详细，不仅如此，连祭拜时的祭品样式及时辰规矩都一一详尽，后又附记祠堂的管理方式、方法等。

9. 恩荣录部分

在历代皇帝对家庭成员的褒扬进行封赐的敕书、赐字、诰命、赐匾、赐碑中会记载着皇帝为族中重要的官员、亲属等各种积极行为的赞扬。这一部分主要是通过朝廷对家族的褒扬来显示其在家族中的地位，彰显宗族的光荣

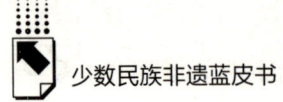

历史，也教育子孙后代要励精图治，因此此部分在族谱中占有非常重要的位置。①

三 宗祠与宗谱的功能与作用

在过去一个世纪的发展过程中，宗祠和宗谱代表着中国传统随着社会的动荡发生着变化。宗祠、宗谱成为传统中消极的部分，表现为五四运动中推翻宗法而对宗祠和宗谱的敌视行为，"文革"时处于政治压力下大规模地对"封建"的破坏，改革开放后对发展的过度追求而进行的破坏，再加上自然环境的损坏，祠堂与族谱的生存条件每况愈下。

值得欣慰的是，随着经济生活条件越来越好，人们愿意主动地回头看曾经属于自己的东西，在这种找回本我的社会大环境下，人们又开始重新重视祠堂与族谱对宗族的重要性，开始召集族人修缮祠堂、续修族谱等。

1. 祠堂是宗族意识的物质呈现，祠堂是整个宗族实践的场所

当一事象历经跌宕起伏的历史荡涤后仍然保存鲜活的生命力，那么这个事象就有它固然存在的内在缘由。前文也提过中华民族在祖先崇拜方面更甚于其他民族，显而易见当其他民族在走过原始社会之后，各自找到了各自神的取代，而中国一直延续着祖先崇拜。② 当看清这一点时，我们应能在当下浮躁的社会背景下、各种违法犯罪事件凸显的环境下，重新审视为何在法律越发健全的今天，治安的标准提高了，人的自制约束力却下降了。这不能只靠法制解决，要真正从传统的根上去找解决的途径。祠堂与族谱在当下的社会生活中仍具有存在的价值和意义。国家近几年非常提倡保护文化遗产，祠堂的建筑技艺、形制以及族谱所记载的关于民俗、政治、历史等信息，都是文化遗产中"有形的"及"无形的"遗产，对人们的精神、物质方面起着正面作用，我们应当依靠这种中国传承已久的祖先崇拜来更好地引导社会精神层面的发展。③

---

① 王鹤鸣：《中国宗谱体例概说》，《寻根》2009年第2期。
② 王玉芝：《祖先崇拜与中华文明的连续传承》，《红河学院学报》2006年第6期。
③ 曾诣：《浅析中国传统宗祠的发展及其现代影响》，《五邑大学学报》2012年第2期；邓河：《中国近代宗族组织探析》，《大同高等专科学校学报》1994年第3期。

首先，祠堂大多坐落在一村的中心，或多村重叠辐射的中心，地理位置非常好，再加上祠堂是一个宗族的脸面，建得大多壮观。这样一来族人遇见什么重大事项都可以以此为中心进行商榷或举办。例如，家中喜事、族中修谱，包括以一个宗族而兴的民俗事象，如高淳区的薛城花台会，在邢氏祠堂的对面广阔的平地上进行，等等。在此次举例的两个祠堂内均有方桌、长椅，不仅如此，祠堂后面都配有厨房。族中老人会经常在祠堂中进行益智项目，族中有事情时，能够第一时间进行商议。邢家祠堂就经常举办"老人酒"、祭祀活动及各种会。每隔几年办一次的薛城花台会，很多来自全国各地的朋友慕名参加，不仅宣扬了本族的知名度，还促进了当地的经济发展。这在当下是一个既保护传统民俗文化，又达到发展目标的双赢举措，应当提倡。

其次，笔者注意到，对修祠堂及修谱，大家是极为上心的。这些看似落后的地区，族人会有钱的出钱、有力的出力，因为同根同源，做事都为宗族集体利益，少了争执、自私。前文的采访中也提到，他们家庭贫困的少捐一点，富裕的多捐一点，有知识的无偿来修谱，一修修一两年都不埋怨，有劳力的前来修祠堂，搬砖添瓦，家里妇女来祠堂里为劳动的人们烧火做饭。捐来的钱一笔一笔用红纸写下来，公布于众。人们完全不会去担心这个钱会被贪掉，这就是传统的人与人之间的信任及最朴实的心朝一处想、劲往一处使。要充分地利用祠堂，不是把祠堂封锁起来，而是让族人仍像过去那样亲近它，其积极作用会发挥得更大。

再次，高淳是保护民俗比较好的地区之一，原因也在于祠堂在一定程度上凝聚了人心。传统的民间民俗活动，譬如出菩萨、薛城花台会、杨家抬龙等民间习俗活动，在祠堂这个平台上，虽遇到种种类似青壮劳力外出务工、时间分配不到位等挫折，但仍能完好地传承下来并还在如期举行着，是离不开祠堂与族谱的精神凝聚力的。拥有祠堂和宗谱的族人更知道如何去保护自己的遗产，古建筑保护中有"建设控制带"、"天际线"，虽然年过半百的老人不知道这些新鲜用语、专业名词，但是他们知道不能在宗祠的附近盖有比宗祠高的建筑物，会破坏了眼界，祠堂是这个区域的最高点，并且像一些工厂、小学都不允许建在离祠堂非常近的地方，问他们为什么会坚持这些原则，他们也说不出道理，但是就是能坚守原则。当下对非物质文化遗产保护提出的保护与发展之间的种种矛盾,如政府、企业占用地发展,个人占地盖私房等情况在宗祠这儿丝毫不存在问题。喊着保护某一种非物质文化遗产时,大多数民众会觉得跟自己没关系。祠堂却认人从心里认可:这是我的,这是全族的,不能破坏,想方设法地保护。以上几点都是现代城市合理规划中最为惨痛的现象和教训,非常值得反思。

在族中准备修缮祠堂、续修宗谱的时候,人们会经历两种双管齐下的约束。其一是非正式的,若是某人或某个家庭不参与族中的捐款,会受到其他族中人的指责,这种指责会在这个家庭的背后进行,如谁家也不知道捐钱,全族人都捐了,真不为整个集体着想,更有甚者可能当面就会指责其不同心协力;另外一种偏向于正式的,凡是捐钱捐物的人不管多少,都会贴红榜或是记于功德碑上,谁家捐了多少,谁家嫁出去的女儿娶进来的媳妇捐了多少都是一目了然的,无形之中给族人一种压力和激励。这种奖惩制度在传统的祠堂中非常常见,但凡祠堂都有功德碑,虽然这种行为略带有强制性的作用,但仍是建立在众人的道德约束力的基础之上的。若家庭真是困难,整个宗族不会放任不管。在当今已经没有祠堂的城市社区中,这种奖惩制度是非常值得借鉴的。通过以道德约束力为基础的奖惩制度能让社区的人心更趋向一致,能使社区人心聚,其乐融融。当然,祠堂的这种宗族意识在某些方面还是有劣势的,这个我们不需回避,当一个区域进行某些事务的选举时,尤其发生在两个或多个宗族共存的区域,由于族内的自我保护意识,选自己族内的人而导致评选结果不公正,至少不像社区,各姓都有,不存在一定数量的人评选时不按照公平、公正的原则。

祠堂对于传统生活中的人们来说是商议大事的场所,在当下祠堂类似于现在的社区中心。无论是当下被人们认可的社区还是传统祠堂的管理方式,都是为了让本区域保持最好的稳定、发展状态。那么,社区是否可以借鉴传统祠堂的管理方式,不是硬性地将传统祠堂割舍掉,虽现在提倡"法治",但可以这种管理方式来辅佐"法治",为当下所用。传统的祠堂有着强大的隐形力量来聚集族人,而且族人多自愿参加祠堂发起的活动,这种自愿的行为势必参与积极性较高,且有非常强的集体荣誉感。反观社区活动,人们不愿多去参与看起来跟自己不相干的事情,那么当代的社区在处理和解决矛盾及社区内事务时就很难得到群众的呼应和支持。①

2. 宗谱是宗族意识的文本呈现，宗谱是整个宗族关系的纽带

在中国的传统社会结构中，家族的兴亡牵动着每一个人。一个族内人飞黄腾达，其家族自然跟着风光无限。若一个族内人做了错事，整个族跟着蒙羞。所以在族人整个生命过程中会将家族的兴亡放在第一位，在宗谱中就多了很多条条框框来约束族内人以保证整个宗族的生存发展。对一个家族来说，生存并不足以保持宗族长远发展，而应该振兴宗族。于是宗谱中有严格的家训族规，来劝诫子孙要自力更生，继承祖业，并将祖业发扬光大。也正是族谱在方方面面的劝诫及约束，形成了一族人在精神及行动上的一致性。

在历史发展的进程中，社会一直在曲折地进步着，宗谱能随着社会的进步存活这么久，定有其优势。当下社会经济繁荣，血缘关系淡化较为明显，宗谱仍在不同的地区发挥着积极作用。宗谱中不仅记载了人物的世系辈分，还记载了族人生平、发生了什么大事、这个族姓氏的源流、为何迁徙、迁徙的路线如何、宗族经历了哪些变故等等，并从中能窥见当时社会的政治、经济、习俗等各个方面的状况。宗谱是中国传统文化中应当继承的一部分，在各个姓氏的宗谱中，涵盖了中国很多有价值的历史信息，聚集起来是中国历史的辅助性史料，有证史的作用。在内容上可靠、广泛，具有参考价值。这种由集体记载的方式不免有漏洞，但仍具有实际价值。在不间断的记载中，能直接或侧面地反映一族内或是一片区域内的人口、人际关系、社会现状、民俗活动演变等方面的发展变化，如当时人口所占的田量，个人的收益，整个家族在一定历史时期的经济状况，该家族在每个历史阶段受教育的程度、出现了哪些能人志士以及族群的规章制度等具有学术研究价值。

宗谱的纂修是以祠堂为活动中心进行的（见图17）。编委会的职能也在前

---

① 霍湛滔：《广府祠堂在传统观社区空间中的组织作用及其现代启示》，硕士学位论文，广州大学，2013；黄凤琼：《番禺祠堂文化的调查与研究》，硕士学位论文，中山大学，2010；肖明卉：《世俗化祠堂与适应型宗族：宗祠的结构与功能分析——基于对93个祠堂的调查研究》，硕士学位论文，西南政法大学，2011。

图17 启后祠修谱

文有所详述。邢华义[①]老先生谈到修谱的人都是村里派的,大部分都是退休的教师、当大队会计的,都是文化稍微好一点的。修谱工作没有收入,没有报酬,都是无偿的,中午只吃一份工作餐。上午七点半开始,到下午两点半结束,一个星期只有礼拜天休息。他认为修谱的意义在于国家有国史,地方有方志,那么家有宗谱,三个部分组成了一个文化链,有家族才有国家,它是基础。他举例说以前有好的家风家规,这是教育下一代的内容,要俭朴、要相让,不要违规,不要犯法,坏事情不要做,不然不给上谱,这是教育下一代的方法。现在有50多世,邢华义老先生是华字辈,华字辈是49世,光字辈是54世。第十三次修谱是从2012年10月10号开始的,他说尽量争取在2014年结束。在与邢华义老先生的谈话中能够切实地感觉到族谱对全族人的重要性。当下我们仍能借用族谱的积极方面服务于社会。将各个地区的族谱通过现代化数字储存的方式收录起来,是一笔珍贵的文化财富。

由本文所研究的邢氏宗祠及邢氏宗谱影射到中国传统的宗祠、族谱,大多按照一定的规制延续下来,对族人的影响都是大同小异的,因为在中国传统的社会生活中,人们需要的精神寄托十分相似,宗祠与宗谱对物质文化的继承及精神内涵的继承起着举足轻重的作用,对当代乡村及城市的自我治理有很大的借鉴作用。我们应当本着科学严谨、实事求是的态度来公正地对待从传统社会绵延下来的宗祠及宗谱,发掘其内涵,将其传承下去。

---

① 访谈对象:邢华义;访谈人:杜臻、朱莉莉、丁津津;访谈时间:2014年6月3日;访谈地点:南京市高淳区淳熙镇薛城村邢家祠堂。

附件

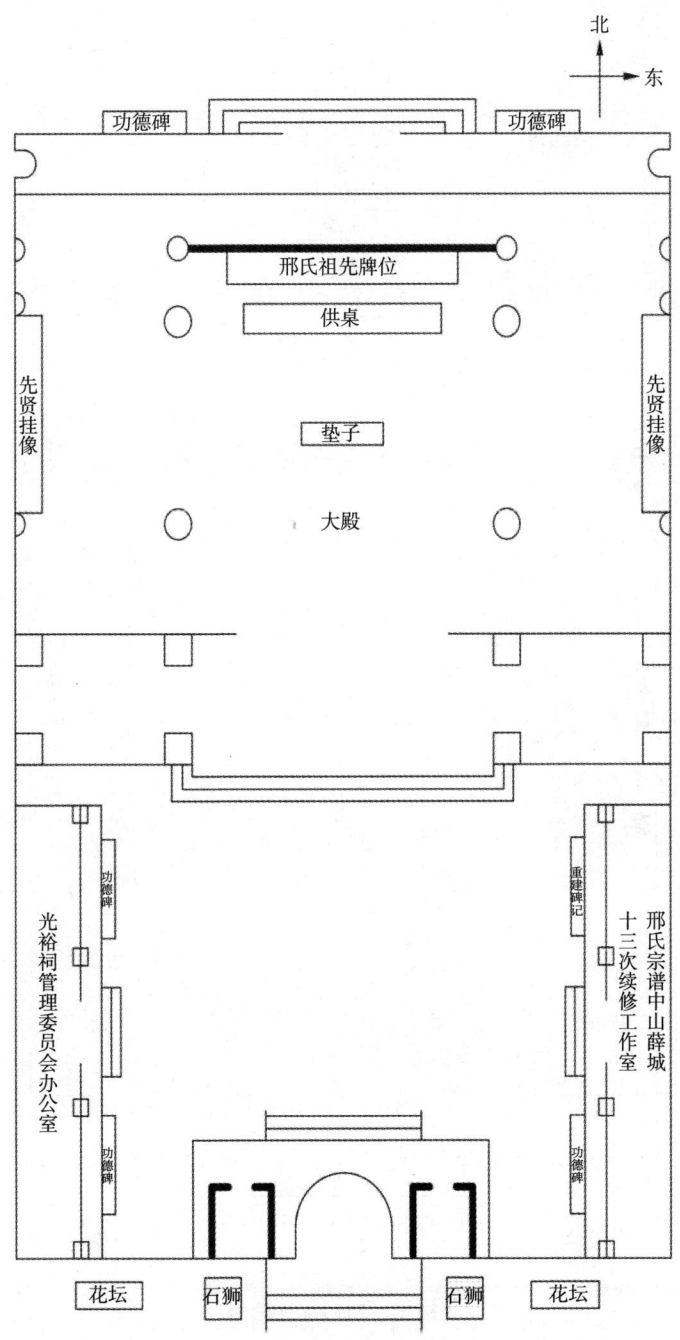

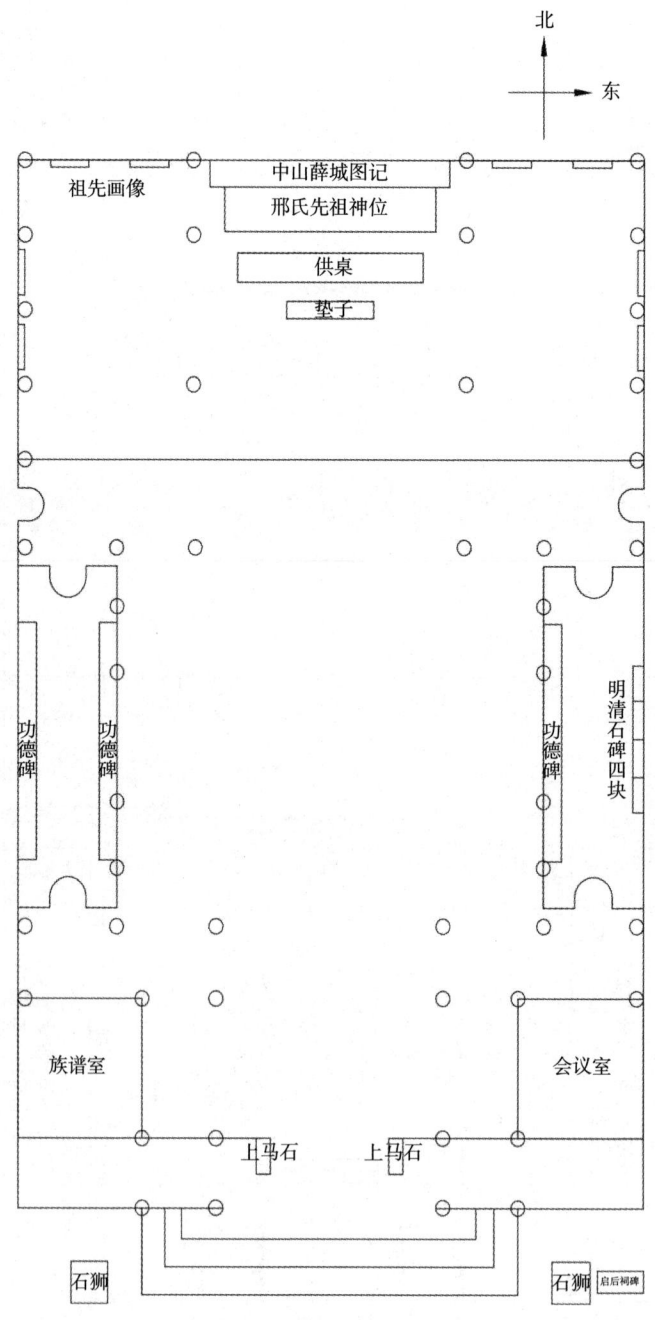

光裕祠、启后祠平面图

B.24
铜仁市汞文化遗产的保护机制探析

陈伟华　高雪春*

摘　要： 本文从遗产保护的视角对铜仁市的汞文化进行研究，分析汞文化保护的现状和存在的不足，探讨汞文化保护的内容、保护的模式和保护的主题，提出汞文化保护的建议，对提升铜仁市城市竞争力和文化魅力有着较高的理论价值。

关键词： 汞文化遗产　保护主题　保护模式　铜仁市

　　文化品牌是一个城市发展的名片，也是一个城市存在和发展的不竭动力。提高一个城市的文化品牌，提高一个城市的文化魅力，不仅需要对本地区的文化积淀进行挖掘，还需要使这些文化积淀转化成文化资源。贵州省铜仁市万山区的文化建设，在市委市政府的正确领导下，已经取得了很大的成就。但是，以万山区汞文化为主体的文化遗产保护还存在着不足之处，因而本文尝试从汞文化遗产保护的视角对万山的汞文化进行理论探讨。

一　铜仁市万山区汞文化的基本情况

　　铜仁市万山区曾因汞储量位居亚洲第一、世界第三，被誉为"中国汞都"，有关汞的开采和使用很早就渗透到当地民众的生产生活当中，人们的生产劳动、宗教信仰、艺术加工大都和汞保持着一定的联系，于是在日积月累的沉淀过程中，人们心目中便形成了以汞为中心的原生态的文化——汞文化。

---

* 陈伟华，铜仁学院社科部讲师，硕士，研究方向：文化资源与文化产业；高雪春，铜仁学院教育科学学院副教授，硕士。

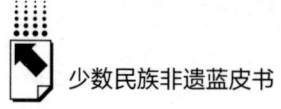

(一)汞文化的基本内涵

汞俗称水银,在自然界中通常以化合物的形式存在。自然的硫化汞又称为朱砂,由于它具有漂亮的色彩,因而很早就被人们用作颜料。考古发掘的甲骨文的文字色彩可以证明中国在有史以前就使用了天然的硫化汞。东汉时期,为寻求长生不老之术,一些道士开始用朱砂炼制仙丹祈求长生不老。朱砂也是一种工艺石,同寿山石、田黄石等并列享有中国"四大国石"的美称,它还具有医药功能,在古代的病理学中早已被用作外科用药治疗疥疮等疾病。那么在学术上该如何界定汞文化的内涵呢?到目前为止,还没发现相关的定义,不过根据万山汞的历史发展特征,"汞文化"可以定义为以汞作为一种特殊的文化载体,和当地的历史、文化、艺术的产生和发展形成密切的关联,在人们的生产生活中所形成的物质文化和精神文化的总称,既有汞自身的物质特征,也有万山区人民在开发利用汞中所形成的精神内涵。

(二)汞文化的多元化特点

探究分析万山汞文化的特征,对万山汞文化遗产的保护有重要意义。万山汞文化在发展过程中呈现的特点有:一是独特性。万山的汞文化以汞为核心,涉及汞矿的开采历史、汞的开发工艺、汞矿石的艺术加工,也牵涉和汞相关的历史传说和民众的生产生活。从某种意义上说,万山的成长与发展也和汞有着密切的联系,万山当地民众的生活方式和民族人口分布也和汞的开采密切相关。因为汞文化具有与众不同的"排他性",所以对这些静态的、精神的东西我们要认真地研究。二是宗教性。天下名山僧尼多,万山地区山高树茂、曲径幽深,历史上很多僧尼在矿洞或者坑道传法修行,"境内庙宇庵堂有中华寺、三星庵、朝阳庵、东华寺等多处寺院",[1] 除此之外,这里的道教在炼丹术的带动下也发展比较快,目前在干硐子景点和黑硐子遗址还保存着据说是秦汉时期的采矿遗址和炼丹场所。总之,当地汞矿的开采带动了宗教事业的发展,宗教的发展也给从事危险职业的挖矿民众以心灵的寄托和宽慰。三是综合性。万山的汞文化兼容并蓄,包含了其他的文化特点,傩文化的傩戏面具的制作需要汞做染料,道教的炼丹术也需

---

[1] 贵州省万山特区地方志编纂委员会编《万山特区志》,贵州人民出版社,1993,第522页。

要汞做原料炼制仙丹，汞矿在开采的过程中留下的洞天佛地也为佛教教徒的修炼提供了场所，汞矿的开采工艺和开采技术以及地上和地下的各种遗迹都表现了它的复杂性和多样性。从功能上看，汞文化有欣赏、艺术、历史、科学和教育等多种作用；从构成的元素上看，汞文化是戏曲、民俗等多种艺术表现形式的综合载体。

（三）多样化的汞文化遗产

万山是中国的"汞都"，当地的民众很早就把汞用到生产、生活当中，并且也留下了很多的文化遗产。我国著名的地质学家王日伦曾在文章中说"相传万山自秦汉以来盛产朱砂、水银而闻名"。在万山，文献记载的采矿方法有宋代的"烧爆火窿"法和明代的"火药爆破取矿技术"；保存的采矿遗迹有历代工人开凿的石梯、刻槽、标记、矿柱、巷道、火烧痕迹；流传下来的技艺有与朱砂相关的印章、吊坠、手镯等生产工艺；保留下来的文化形式有傩文化、道教文化、丹砂绘画等文化形式。不仅如此，被称为"'世界奇观'、'地下长城'，数千年汞矿开采、冶炼遗留下来的仙人洞、大小洞、黑洞子、云南梯等，层层叠叠长达970公里"① 的遗迹更是让人流连忘返。总之，以汞为核心的文化遗产主要包括有关汞文化的民间文学、民间美术、民间舞蹈、民间信仰、社会风俗和传统的手工技能等。

二 汞文化遗产保护的意义

一定的地域产生一定的文化，一定的文化又服务于一定的地域。在万山地区，经过长年的日积月累形成了以汞文化为核心的文化遗产，这种文化遗产对万山经济和社会的发展有重要的意义。

一是浓郁的文化价值。我国疆域辽阔、民族众多，文化不可能"同质化"、"均质化"，每一个地区、每一个民族都有不同的文化特征，这是文化多样性的表现，也是保存文化生命力的重要因素。万山特区的汞文化在发展过程中，受自身条件的限制，汞的开采技术、汞的艺术加工技艺等传承的实效性十分脆弱，所以我们要采取措施积极保护，防止开发性破坏，保护中华文化的多

---

① 刘辉：《看汞矿遗址的"世界奇观"》，《贵阳日报》2014年3月13日。

样性。万山区的汞文化遗产蕴含着社会发展的重要历史信息,通过对汞文化的系统研究,便于丰富它的内涵,繁荣当地的民族文化、社会文化和宗教文化,推动文化的多样性发展,这样不仅推动了当地汞文化的发展,也为民族地区文化的大繁荣提供了强大的动力。

二是独特的科学价值。万山曾经是中国的"汞都",汞的储量大、开采历史悠久,汞的开采牵涉物理、化学、机械制造等多个学科,汞的艺术加工涉及民间艺术、民间信仰、民间绘画等多个社会领域。汞文化对研究当地的历史变迁、社会发展和民族风情提供了很大的帮助,它另辟了一个社会学研究的途径,是万山历史和社会发展的真实见证。

三是重要的经济价值。汞矿的开采曾经为当地老百姓的生活带来了很多实惠,可是由于长期掠夺式开采和粗放式发展,现在万山成了一座资源枯竭型城市,但是依靠技术创新、利用品牌优势,"万山去年汞工业产值仍然达17.1亿元,汞都制造占据了国内市场八成份额"[1]。我们不仅要利用科技创造价值,而且还要利用文化优势创造生产价值,通过文化遗产保护,合理地对汞文化的资源优势加以科学地开发利用,利用特有的汞文化资源优势,把有条件的文化资源转化成现实的文化生产力,发展成优势的文化产业,在省内乃至全国形成良好的汞文化品牌效应,进一步带动当地社会经济的发展。

四是突出的社会价值。万山是一个多民族地区,经济相对落后,万山汞文化遗产的保护、万山汞文化生态园的开发,不仅带动了当地交通和旅游事业的发展,也提高了人民的生活水平,为"创建一个各美其美、美人之美、美美与共的文化社会"[2]创造了条件。总之,万山汞文化遗产的保护推动了当地生态环境的改善,带动了生产的发展和生活的富裕,有利于社会的和谐发展。

三 汞文化遗产的保护现状与不足

在万山地区,汞文化遗产的保护已经取得了明显的效果,但是还存在一定的问题,仍需要我们不断地去完善。

---

[1] 陈玉祥:《万山产业转型提速增量》,《贵州日报》2014年6月20日。
[2] 费孝通:《费孝通民族研究文集新编》,中央民族大学出版社,2006,第559页。

（一）汞文化遗产的保护现状

随着经济的发展和人们知识水平的提高，大家的文化保护意识也在逐步加强，在万山民众和相关部门的努力下，万山的汞文化保护也取得了一定的成效，具体表现为：一是现有的矿区遗址，按照"采矿遗迹体验区、冶矿遗迹观光区、文物遗迹考察区、汞都休闲娱乐区"①的原则，建立了一些汞文化景区。这些开发性措施的出台有利于汞文化遗产的保护，为汞文化的保护提供了行动指南。二是2012年启动工业遗址文物征集工作。征集文物工作的开展有利于文化资源的挖掘，也为汞文化资源的进一步发展奠定了基础。三是万山区围绕工业"遗产文化产业园建设，投入大量资金，努力编制完成了《中国汞都·万山国家矿山公园总体规划》等多个规划"②。这些纲领性文件的发布为万山汞文化遗产的保护指明了方向，推动了当地汞文化的繁荣和发展。

（二）汞文化遗产保护中存在的问题

在汞文化遗产的保护过程中，铜仁市政府和万山区政府已经启动了一些保护机制，但是目前的保护还存在一定的问题。一是保护意识的问题。对文化遗产的保护，思想认识不到位的现象还比较突出，民族地区一般经济发展比较滞后，一些部门和一些民众主观地认为，发展经济才是硬道理，只有经济发展了才有经济实力为文化的保护提供支撑。这些错误认识导致汞文化遗产的保护措施不足，保护力度不够。二是保护主体的问题。汞文化遗产的保护要权责明确，无论是政府部门还是社会团体和个人，都要分工细明。但是在现实的保护过程中，政府的文化部门、旅游部门、文物部门在工作实践中存在着相互推诿的现象，社会团体和个人在文化保护中因为缺乏相应的身份和经济地位被边缘化。由于汞文化遗产保护主体的不明确，各保护主体之间的责、权、利等关系未能给予明确，从而导致我们的保护工作没有组织保障，进而影响文化保护工作的开展。三是法规建设的问题。根据国务院颁布的《关于加强我国非物质文化遗产保护工作的意见》和《中国民族民间传统文化保护法》所提出的

---

① 刘秀鸾：《从"中国汞都"到国家矿山公园》，《贵州日报》2011年12月12日。
② 贺敏：《万山：从"国家汞都"到国家矿山公园的转身》，《铜仁日报》2014年1月7日。

"保护为主、抢救第一、合理利用、传承发展"①的文化遗产保护工作方针，文化保护要重在保护、合理开发。但是目前万山的汞文化在保护过程中，存在着滥排污水、盗用矿石的现象，还存在着汞文化遗产的保护陷入商业化误区的情况。为了规范对汞文化遗产的合理开发和利用，政府等部门应该加紧制定相关的法律法规、规章制度，以法律形式明确汞文化遗产保护的原则、途径和方法。四是保护经费的问题。万山区的财政经费有限，而需要保护的非物质文化遗产的种类繁多，不仅汞文化要保护，傩文化、万山鼟锣、民间工艺等同时也要保护，但是政府的资金不足，民间资本的投入也相对不足，这些条件时刻制约着保护工作的开展，甚至进一步影响万山地区其他文化遗产的搜集和整理，所以应该想尽一切办法拓宽保护经费的来源渠道，增加经费的投入。

四　汞文化遗产保护与发展的态势分析

为了更加清晰地对万山的汞文化遗产有一科学的认识，本文采用态势分析法（SWOT分析法）对汞文化进行解析。

（一）汞文化遗产保护的优势

一是万山汞的开采历史悠久。相传万山自秦汉以来就以盛产朱砂、水银而闻名；在唐代时即以"光明丹砂"为皇室贡品；宋人朱辅在《溪蛮丛笑》中记载"砂出万山之崖为最，以火攻取"，已经提到了"烧爆火窿"的开采方法；《明史》记载，太祖时"惟贵州大万山长官司有水银、朱砂场局"，从明初统治者在万山设朱砂场局进行规模开采算起，万山汞矿开采至今已有600多年的历史。二是万山汞的储量大、种类多。万山曾是国内最大的汞工业基地，汞储量世界第三、亚洲之首，目前万山正在逐步建立"全国汞化工循环经济示范区，相关产品市场份额占全国七成以上"②。万山汞矿的种类繁多，有朱砂、水红朱砂、假朱砂、乌砂、自然水银等。三是万山汞文化遗产丰富。在万

---

① 《中国将采取九措施落实非遗保护》，中国网，2009年10月20日，http://www.china.com.cn。
② 王成：《"汞都"万山转型之变：产业重建新城再建》，《贵州日报》2014年4月6日。

山汞文化里面，有汞矿石的艺术加工雕刻技艺，有万山汞矿独特的采矿、选矿和冶炼工艺，有开采时间最早、历史最长、规模最大的汞矿重要遗址，有汞矿工人世代开采汞矿的工具和反抗压迫的精神，有以汞做原料流传数百年的朱砂绘画艺术、医药技艺和炼丹传说。

（二）汞文化遗产发展的劣势

一是保护意识相对薄弱。在很长一段时间内，许多的汞文化遗产处在自生自灭的状态下，由于群众缺乏保护意识和法律意识，滥挖矿、滥开采致使一些文化遗产受到破坏，不科学地开采也对当地的文化保护造成了一定的压力。二是保护经费不足。万山目前是一个资源枯竭型城市，地方政府的财政收入有限，社会力量的投资相对不足，这在客观上也制约着汞文化遗产的保护。三是保护机制尚未完善。近年来，在市政府和文化部门的努力下，万山的文化遗产保护虽然取得了突破性进展，但从总体性来说还处于保护的初级阶段，主要是保护的基层机构不健全，人员编制不完善，没有形成规范的工作机制，对文化遗产的收集、整理、建档、展示的技术和方法也相对落后。

（三）汞文化遗产保护的机遇

一是国家的政策扶持和领导人的重视。《国务院办公厅关于加强我国非物质文化遗产保护工作的意见》等为非物质文化遗产的保护提供了行动的指南。"去年5月，习总书记对万山转型发展做出重要批示，今年全国两会期间，习近平总书记参加贵州代表团审议时，听取了万山转型的情况汇报，寄语万山用好国家扶持政策"[1]，加快推动经济转型，推动当地经济和文化的发展。二是地方政府的大力支持。"经过省、市有关部门的不懈努力，2012年11月17日，万山汞矿遗址被正式列入《中国世界文化遗产预备名单》。"[2] 2014年1月13日，万山汞矿遗址申报世界文化遗产工作会召开，铜仁市政府部署申遗相关工作，动员广大干部群众积极参与申遗工作，还发布了《中共铜仁市委办公室 铜仁市人民政府办公室印发万山汞矿遗址申报世界文化遗产工作方案的通知》。

---

[1] 王成：《"汞都"万山转型之变：产业重建新城再建》，《贵州日报》2014年4月6日。
[2] 贺敏：《万山：从"国家汞都"到国家矿山公园的转身》，《铜仁日报》2014年1月7日。

（四）汞文化遗产保护面临的挑战

一是汞矿开采污染对万山汞文化发展的挑战。"1950～1980年，万山进行了大规模的开采冶炼，共排放含汞废气202.4亿立方米、汞废水5192万立方米、废渣624.2万立方米，万山受汞污染的耕地土壤面积约10万亩，涉及人口10万人左右，土壤汞浓度0.207～255mg/kg，最大超标量572.3倍。"① 二是部门之间管理不畅、效率低下。文化遗产的开发、保护和提升牵涉多个部门，比如文化部门、旅游部门、文物办等，由于职责不明，这些部门之间存在着相互推诿和多头管理的现象，因而在汞文化遗产的管理环节要加大规章制度的制定力度，明确管理主体，提高管理效率，降低管理成本。

五　汞文化遗产保护的建议

目前，虽然汞文化保护已经取得了一定的成效，但是保护的方法和宣传的力度还不是很到位，保护的模式也相对比较单一，所以还需要采取多种方式加以完善。

（一）强化政府的主体角色

一是加大宣传，提高认识。在万山汞文化遗产保护中，区政府应当加强组织宣传工作，提高万山民众的文化保护意识，让他们了解保护汞文化的重要性，使其明白保护和传承汞文化对建设万山经济文化的重大意义，增加广大民众在文化遗产保护中的历史责任感和历史使命感。二是加大经费的投入力度。保护汞文化遗产政府责无旁贷，在目前财政经费紧张的情况下要继续增加对非遗保护的投入，对汞文化遗产保护资金，要加强管理，保证专款专用。同时，政府也要开辟新的渠道吸纳民间资金投入到汞文化遗产的保护当中，推动文化遗产保护资金和保护主体的多样化。三是完善工作机制。在组织上，区政府要利用政策和资金培养一支专业素质强的工作队伍；在监督上，充分发挥广大民

---

① 杜冉乐：《"汞都"万山转型之痛：10万亩耕地受汞污染》，《每日经济新闻》2014年2月28日。

众的主人翁意识，扩大他们的参与权和知情权，保障汞文化遗产保护工作的科学性和法制性。

（二）完善法律、法规、制度

实践证明，在文化遗产的保护方面，通过完善法律、法规、制度的途径是重要的保护方式之一。"法国在近百年的文化发展中，仅文化遗产法就先后颁布过100多部。"① 经过数年的酝酿，我国也颁布了《中华人民共和国非物质文化遗产法》，这标志着我国的文化遗产保护有了法律保障，根据万山汞文化遗产的特征和国内外的法律保护经验，市政府和区政府也要采取法律措施全方位保护万山的汞文化遗产。一是进一步制定汞文化遗产保护法律的实施细则。《贵州省民族民间文化保护条例》经九届人民代表大会常委会通过，《贵州省非物质文化遗产保护条例》经第十一届人民代表大会常务委员会第二十七次会议通过，但是保护的细则、保护的内容、保护的制度仍需进一步地明晰化。地方政府在文化遗产的保护方面，对地方性法规的制定要发挥积极的作用，加紧制定符合地方特色的规章制度，所以万山区政府要根据汞文化遗产的特点，结合万山地区经济文化的发展状况制定相应的汞文化保护规章制度。二是依法保障汞文化遗产的保护经费。万山特区政府的财政收入相对不足（2013年3.03亿），即使如此，政府在汞文化保护方面也投入了大量的经费，"2008年，万山特区投资2000余万元实施了'中国汞都·万山国家矿山公园'项目一期工程。"② "2014年投入资金260余万元，全面启动改扩建万山汞矿工业遗产博物馆"。③ 万山区政府在汞文化的保护方面已经做出了很大的努力，但是如何保障经费的快捷高效使用，如何防止经费的截留和挪用，如何保障文化工程的质量还需要进一步完善法制，所以区政府需要制定专门的规章制度保障文化保护专款专用，确保工程款项的公开透明。

---

① 于海广、王巨山：《中国文化遗产保护概论》，山东大学出版社，2008，第152页。
② 贺敏：《万山：从"国家汞都"到国家矿山公园的转身》，《铜仁日报》2014年1月7日。
③ 韩庚：《万山投资260余万元升级改造汞矿工业遗产博物馆》，铜仁网，2014年4月9日，http://www.tongren.gov.cn。

(三) 加强数字化保护建设

数字化保护模式就是利用现代信息技术和数字技术对文化遗产采取的一种新的文化保护方式。2012年,区政府启动"工业遗址文物征集工作,已征集到无偿捐赠的实物文物241个品种、各类历史图片900余幅、采录口述历史34人、各类人物简介61份。"① 目前在数字化利用方面,汞文化保护主要集中在前期普查工作中大量文字和音像资料的储存,今后应该把各种汞文化遗产的图片、影像等资料进行数据化处理,延展文化保存的途径,提高文化保存的质量。一是充分利用网络、媒体资源进行保护。网络技术加快了人们的沟通和联系,中国互联网络信息中心发布的《第26次中国互联网络发展状况统计报告》称中国网民规模冲破4亿人,通过互联网的宣传对汞文化进行保护也是文化遗产保护的一种途径。万山区政府门户网站应该着力做好汞文化遗产的专题链接,做好集视频、图片、资料于一体的综合性网页,并及时更新保护工作的最新进展。同时,相关部门也要加快建设万山汞文化遗产的专门网页。二是建立数字化图书馆保护。数字图书馆就是以数字形式对万山汞文化遗产的信息进行管理和存储。它"可以在虚拟空间中再现真实的历史地理信息,以一种直观的方式向大众展示,充分展现民族特色、地域特色、文化特色"②。数字化图书馆成本低廉、内容丰富,对处于西部不发达地区的文化遗产保护有着明显的优势,所以区政府要加快对现有的博物馆和图书馆的技术升级,以适应当前的汞文化保护需求。

(四) 加快文化生态园建设

"文化生态保护区是指在一个特定的区域中,通过采取有效的保护措施,修复一个非物质文化遗产和与之相关的物质文化遗产,形成一个与自然环境、经济环境、社会环境和谐共处的生态环境。"③ 并且"文化遗产的保护是一种整体性的保护,要保护其赖以存在的地域环境和民族特性,这样才能实现少数

---

① 贺敏:《万山:从"国家汞都"到国家矿山公园的转身》,《铜仁日报》2014年1月7日。
② 郭海明、邓灵斌:《数字图书馆信息服务模式研究》,《中国图书馆学报》2005年第2期。
③ 谭志国:《土家族非物质文化遗产保护与开发研究》,博士学位论文,中南民族大学,2011。

民族文化遗产动态的、真实的保护。"① 当前，以万山区的汞矿矿业遗迹为核心景区的汞矿公园文化生态园已经初具规模，主要景点有汞都博物馆、矿山公园、苏联专家楼、"地下迷宫"景区等。设立汞矿公园生态园区，将汞文化遗产以生态园的方式加以保护，不仅调动了当地民众文化保护的主动性和参与性，也有利于保障汞文化的完整性和历史性，实现动态的真实的保护。然而，目前的汞文化生态园保护方式相对单一，政府还要采取措施加强汞文化生态园中的制度文化、生态文化、社会文化建设，从而使汞文化生态园的建设从静态化向动态化和常态化发展。

---

① 高永久、朱军：《城市化进程中少数民族非物质文化遗产的法律保护研究》，《西北民族大学学报》2006年第6期。

大　事　记

Chronicle of Events

B.25
2006～2014年少数民族非物质文化遗产大事记

张雯雯　范　威*

2006年

7月15日　新疆首家非物质文化项目保护园区在吐鲁番火焰山葡萄谷景区正式挂牌，这标志着新疆非物质文化的保护已经搭乘上了旅游业的快车。在此次挂牌的项目保护园区里，新疆大漠土艺馆是新疆第一家以民间身份牵头整理，与吐鲁番地区文体局联合成功申报非物质文化遗产的民办非企业单位。其中有四项维吾尔族传统民间手工艺（土印花布、擀花毡、土陶、桑皮纸），于今年年初被收录进我国首批非物质文化遗产代表作名录。（天山网）

9月14日　中国非物质文化遗产保护中心在中国艺术研究院挂牌成立。

---

* 张雯雯，贵州民族大学文艺学硕士研究生，研究方向：民族民间文艺学；范威，贵州民族大学民俗学硕士研究生，研究方向：民俗与民间文学。

与此同时，文化部向全国 518 项第一批非物质文化遗产名录颁发了标牌。作为国家级非物质文化遗产保护的专业机构，该中心将承担全国非物质文化遗产保护的政策咨询、遗产普查、理论研究等职能。文化部部长孙家正出席挂牌仪式。（新浪新闻中心）

9月25～29日 首届新疆民间文化艺术节在新疆维吾尔自治区首府乌鲁木齐市举办。来自新疆 14 个地州的 300 多位民间艺人，进行了精彩的舞台演出。这些涉及各民族传统音乐、舞蹈、曲艺、戏剧的精彩表演，引起观众的强烈共鸣。此次民间文化节包括"新疆非物质文化遗产保护成果展"、"新疆农民画展"和优秀民间艺术会演等内容。在艺术节闭幕式和颁奖晚会上，还设有组织奖、贡献奖、金手鼓奖、优秀民间艺人奖，有 60% 的节目和 30% 的民间艺人受到奖励。（《新疆日报》）

10月14日 云南省首届非物质文化遗产保护学术研讨会在昆明召开，此次研讨会的任务是从理论层面、学术层面探讨破解非物质文化遗产保护工程面临的一系列难题的途径，以确保按照科学化、规范化和系统化的路径实施保护工程，确保非物质文化遗产保护实现远景目标。据了解，共计有 120 名代表出席本届研讨会，参会论文达 96 篇。（新华网）

10月25日 《国家级非物质文化遗产保护与管理暂行办法》在文化部部务会议审议通过，11月22日由文化部正式公布并宣布自 2006 年 12 月 1 日起施行。（人民网）

2007年

2月9日 第三届"东岳论坛"国际学术研讨会在北京举行，中国民俗学副理事长乌丙安（蒙古族）在会上强调，抢救民俗文化乃是中国非物质文化遗产保护的当务之急，并呼吁在第二批国家级非物质文化遗产代表名录的申报和审批中，要把关注和保护的重点向民俗文化遗产的项目转移或倾斜。（新华网）

4月13日 《第一批国家级非物质文化遗产名录图典》首发式在中国艺术研究院举行。《图典》是中国艺术研究院中国非物质文化遗产保护中心组织近 30 名专家学者历时 7 个月编纂而成的。该书以 60 余万字、3000 余幅图片，客观、系统地介绍了中国第一批国家级非物质文化遗产代表作518个项目的传承区域、历史渊源、表现形态、文化价值以及濒危状况，是迄今为止国内第一本完整、系统地介绍第一批国家级非物质文化遗产名录的典籍，兼具学术性、知识性与文献性，是中国非物质文化遗产保护工作，特别是四级名录体系（国家、省、市、县）建立工作阶段性成果的全面呈现。（国际在线）

4月16日 由文化部主办、中国艺术研究院·中国非物质文化遗产保护中心承办的"中国非物质文艺遗产节"在位于巴黎的联合国教科文组织总部开幕。遗产节包括主题展览和专场演出，其中展览由337幅画片拼成的120多块展板和80余件珍贵实物组成，展示了中国丰富的非物质文化遗产、政府保护政策和所取得的成果，唐卡（藏族）、云锦和剪纸艺术的传承人还进行了现场制作展示。晚会主要以先后三批入选联合国教科文组织"人类口头和非物质文化遗产代表作"的中国项目——昆曲、古琴艺术、新疆维吾尔卡姆艺术和蒙古族的长调民歌为主，并增加了部分入选中国"第一批国家级非物质文化遗产名录"的优秀代表作表演。（人民网）

5月 文化部开展第一批国家级非物质文化遗产项目代表性传承人的申报和评审工作。在个人申请、当地文化行政部门审核、省级文化行政部门审核评议推荐的基础上，按照国家级非物质文化遗产项目代表性传承人评审工作规则和文化部办公厅《关于推荐国家级非物质文化遗产项目代表性传承人的通知》（办社图函〔2007〕111号）要求，文化部组织有关专家对全国31个省、自治区、直辖市及相关部门推荐申报的十大类，共1138名国家级非物质文化遗产项目代表性传承人的材料，分门别类逐项进行审议。专家评审会和评审委员会根据其掌握技能情况、代表性、传承能力等进行认真评审和科学认定。通过两轮评审，产生了第一批国家级非物质文化遗产项目代表性传承人推荐名单。（新华网）

6月3日 由中国文联、中国民间艺术家协会于人民大会堂举行首批中国民间文化杰出传承人命名仪式，获得首批"中国民间文化杰出传承人"命名的共有166位民间艺人，他们所传承的文化遗产主要包括民间文学、民间表演艺术、手工技艺和民俗技能四大类。当代杰出的民间文化传承人大多年事已高，166位首批中国民间文化杰出传承人中，超过80岁的有18位，年纪最大的是93岁的纳西族东巴舞蹈传承人习阿牛。有两位老艺人在申报的过程中逝

世，也带走了他们精绝的技艺。(人民网)

6月8~20日 由文化部、中国艺术研究院·中国非物质文化遗产保护中心承办的"中国非物质文化遗产专题展"——"中国木版年画展"、"中国民间剪纸艺术展"、"中国皮影艺术展"、"中国木偶艺术展"、"中国传统染织技艺展"将在中华世纪坛世界艺术馆隆重开幕。2007年6月9日是我国的第二个"文化遗产日"，今年遗产日的主题是"保护文化遗产，构建和谐社会"，此次为期15天的大型展览是第二个"文化遗产日"系列活动中的一个重要组成部分。该展览以崭新的策展理念，充分利用中华世纪坛世界艺术馆的展览空间和展示条件，按照展品类别分馆陈列，采用展板、实物、现场制作表演等展示方式，多方位多角度地展示我国丰富的非物质文化遗产和保护成果。(中华人民共和国中央政府网站)

6月9日 新疆维吾尔自治区为四本新疆非物质文化遗产书籍举行了首发式，这四本书籍分别是《中国新疆维吾尔木卡姆艺术》、《第六届国际木卡姆研讨会论文集》、《"中国新疆维吾尔木卡姆艺术"乐器图像音响集萃》和《新疆少数民族传统体育项目汇编》。这四本书的出版是自治区保护新疆文化遗产系列活动的一项重要内容，对新疆非物质文化遗产的保护、传承具有重大意义。(《新疆经济报》)

6月16日 由中华民族文化促进会、中国非物质文化遗产网、内蒙古自治区文化厅联合主办，包头市文化局协办的"中国非物质文化遗产全国巡回展"走进内蒙古活动，在包头市阿尔丁广场启动。此次"中国非物质文化全国巡回展"走进内蒙古活动历时近一个月，将分别在包头市、鄂尔多斯市、呼和浩特市展出。该巡回展以大型图片、展板的形式集中介绍国务院公布的首批518项国家级非物质文化遗产，整个全国巡回展将历时3年。(中国广播网)

7月18日 由新疆社会科学院主办的"中国哈萨克族非物质文化遗产学术研讨会"在乌鲁木齐市召开。会议期间，与会专家学者就哈萨克族历史文化、语言文学民俗、阿依特斯（阿肯弹唱）展开了广泛而深入的讨论。(人民网)

8月 宁夏回族自治区举办了宁夏首届校园花儿歌手（教员）培训班，为宁夏各地培训了近50名能够教唱"花儿"的音乐老师。由武宇林主编的《简编花儿教程》也已下发到宁夏各农村中小学，将"花儿"纳入高校音乐课程推广的尝试也已开始进行。宁夏回族自治区教育、文化部门开始在南部山区的西吉、海原、盐池等地农村中小学课堂教唱"花儿"。(新华社)

8月2~13日 彝族人民一年一度最隆重的传统节日火把节将在云南省楚雄市激情开幕。为打造"彝族文化名都",充分展现被列为第一批国家级非物质文化遗产的"楚雄彝族火把节"的风采,从去年起,楚雄彝族自治州将云南民族民间文化博览会、中国彝族文化展演会与中国楚雄彝族火把节合并在一起举行。(人民网)

9月28日上午 在莎车木卡姆故乡园里,新疆喀什莎车2007年十二木卡姆文化艺术节拉开了帷幕。在艺术节期间,还将进行2007年维吾尔木卡姆学术研讨会、自治区非物质文化遗产保护图片展、"魅力莎车"摄影展等活动。来自和田、哈密、吐鲁番、伊犁等地的木卡姆表演团参加了活动。(天山网)

11月18~22日 首届中国乡村文化艺术节在云南省昆明市举办,景德镇手工制瓷、东北二人转、藏族唐卡、苏绣等国家级非物质文化遗产在艺术节上进行了展示。(华夏经纬网)

11月24日 "东航世博之夜——中国非物质文化遗产文艺演出"在法国巴黎举行,作为法国"上海周"的序幕,演出节目包括古琴演奏、昆曲选段、泉州提线木偶、贵州侗族大歌、云南海菜腔、蒙古长调等,展现了中国历史迷人的文化色彩。(上海新闻网)

11月25日 第九届中国瑶族盘王节"瑶族非物质文化遗产保护与传承"学术研讨会在广西恭城瑶族自治县举行,此次会议由广西瑶学会、广西民族大学瑶学研究中心、广西恭城瑶族自治县人民政府共同举办。会议对如何保护、抢救、传承和发展瑶族非物质文化遗产进行了深入而有益的探讨。(国家民委信息中心)

2008年

2月28日 国家级非物质文化遗产项目代表性传承人颁证仪式在京举行。第二批国家级非物质文化遗产项目代表性传承人中的88位代表在人民大会堂接受命名和证书。国务委员陈至立出席了颁证仪式,并为传承人颁发了证书。2月26~29日,部分传承人在北京进行了表演。(中国共产党新闻网)

3月1日 "天籁之音——中国非物质文化遗产音乐选萃"在北京国家大剧院举行,此次"天籁之音"音乐会包括佤族风俗歌舞、蒙古族长调和呼麦、侗族大歌、彝族民歌海菜腔、土家族、朝鲜族等数十种少数民族原生态歌曲,以及流传多年的民间器乐表演。这些音乐是劳动人民在生产生活实践中创造的,是各个历史时期人民生活的生动写照,它们未经过任何修饰,体现了自身独特的风俗和大众语言的精华,具有很高的艺术价值,也是传递中华民族古乐国魂的纽带。(《中国民族报》)

4月22日 内蒙古保护和开发少数民族非物质文化遗产研讨会,在呼和浩特市召开。研讨主题是结合内蒙古地区少数民族非物质文化遗产实际,为学术界和主管部门搭建民族历史文化研讨平台,加强国际国内文化交流,加强内蒙古非物质文化遗产保护和开发工作,促进内蒙古民族文化大区建设。(中国广播网)

5月21日 四川省人大常委会表决通过,批准了北川羌族自治县人大常委会报送的《北川羌族自治县非物质文化遗产保护条例》,为抢救和保护此次地震灾害中受难的北川县非物质文化遗产提供了法制保障。该《条例》要求有关部门"对即将消失的有重要价值的非物质文化遗产,及时组织抢救。运用文字、录音、录像、数字化多媒体等先进技术按专业标准进行真实、系统和全面的记录,并完整归档,妥善保存和管理"。(四川在线)

6月1日 中国民主促进会、中国民间文艺家协会、中华文化学院联合在人民大会堂召开"紧急保护羌族文化遗产座谈会"。全国政协常委、中国民间文艺家协会主席冯骥才,羌族文化研究专家李绍明等数十位与会专家学者向全国民间文化工作者发出《紧急保护羌族文化遗产倡议书》。会后"紧急保护羌族文化遗产工作委员会"和"紧急保护羌族文化遗产专家调研组"当即成立了。(中华人民共和国国家知识产权局网站)

6月 文化部、国家民委、国家文物局联合成立"羌族文化遗产保护工作协调小组",统一协调指导羌族文化遗产抢救、保护、规划和重建的各项工作。(新华网)

6月7日 国务院批准文化部确定的第二批国家级非物质文化遗产名录(共计510项)和第一批国家级非物质文化遗产扩展项目名录(共计147项)。(中华人民共和国中央人民政府网站)

6月14日　首届青海国际唐卡（藏族）艺术与文化遗产博览会暨第五届民族文化旅游节在西宁开幕，活动期间举办了文化产业项目推介、工艺美术品鉴赏、民间艺人技艺现场表演等多项活动。这是国内首次举办以藏族唐卡为主题的国际性艺术博览会。组委会还向2007年被文化部确定为青海省第一批非物质文化遗产项目责任保护单位的格萨尔艺术研究所等19家单位和青海省第一批国家非物质文化遗产项目代表性传承人才让旺堆、仁青加等颁发了牌证。（中国广播网、青海新闻网）

6月16~17日　由文化部主办、中国艺术研究院·中国非物质文化遗产保护中心承办的"地震灾区非物质文化遗产保护工作座谈会"在北京召开。会议主题为灾后非物质文化遗产设施修复、重建及传承恢复规划，羌族文化生态保护区的建立规划。与会专家还就灾区重建过程中的非物质文化遗产保护整体规划编制，人口（村落）迁徙与文化空间修复，羌族文化历史、文化结构、文化圈与羌族文化生态保护区的核心区域划定，文化系统工作的全面恢复等进行了深入的探讨。（新华网）

6月19日　中国民间艺术家协会在西南民族大学举行"紧急保护羌族文化遗产四川工作基地成立暨专家调研工作会"，"紧急保护羌族文化遗产四川工作基地"正式挂牌成立。（中国新闻网）

7月14日　柳州市非物质文化遗产展示中心正式成立，该中心是广西建设的第一个侗族非物质文化遗产展示中心，展示中心设立在三江县程阳八寨岩寨荣获国家级非物质文化遗产项目代表性传承人杨似玉的家中，在只有500多平方米的上下两层木楼里，共展出数百幅展板、150多件实物，以原生态的形式展示了侗族传统文化的魅力。（柳州市人民政府网站）

7月23日　中国非物质文化遗产保护中心举行"羌族文化数字博物馆"开通仪式。文化部副部长周和平，中国艺术研究院院长、中国非物质文化遗产保护中心主任王文章，文化部社会文化司（非物质文化遗产司）副司长屈盛瑞，中国艺术研究院副院长、中国非物质文化遗产保护中心常务副主任张庆善，中国艺术研究院院长助理贾磊磊以及中国艺术研究院和在京有关专家学者出席了开通仪式。（中国艺术研究院网站）

9月7日　由民进中央、中国民间文艺家协会、中华文化学院、冯骥才民间文化基金会、中华书局联合主办的《羌族文化学生读本》首发式暨向地震灾区学生捐书仪式在北京人民大会堂举行，全国人大、民进中央、中国文联、文化部、教育部、国家民委有关领导及来自灾区的北川中学、八一帐篷学校的羌族师生代表与在京的民间文艺界专家学者200余人出席。（中国网）

10月　由国家社科基金立项资助、贵州省学者提出并领衔承担的《中国苗族刺绣艺术数据库》，是我国首个运用现代数字技术，全面、系统、完整地采集收录全国范围内不同地域苗族支系刺绣工艺的国家数据库。项目于2008年10月启动，覆盖包括贵州在内的8个省（市、区），将于2011年底完成。（贵州文化网）

12月29日　"四川省非物质文化遗产保护中心"在成都正式挂牌成立，将率先在灾区启动一批非物质文化遗产保护项目，包括国家级羌族文化生态保护实验区建设等重点项目。据了解，四川省非物质文化遗产保护中心主要承担"非遗"保护的总体规划，并组织实施"非遗"资源的普查与申报，以及建立全省非物质文化遗产名录体系等重任。四川省文化厅有关负责人透露，"非遗"保护中心迫在眉睫的工作是抢救灾区的非物质文化遗产。（四川在线）

2009年

1月4日　广西非物质文化遗产研究中心在广西民族大学揭牌。该中心由广西壮族自治区文化厅与广西民族大学合作共建，设有"非物质文化遗产考察研究与保护对策"、"民族艺术与非物质文化遗产研究"、"非物质文化遗产与文化产业发展研究"和"中国—东盟非物质文化遗产比较研究"4个研究方向。（《中国民族报》）

2月21日　新疆蒙古族非物质文化遗产保护传承中心日前在博湖县建成，并将于今年国庆节正式对外开放。这是新疆建立的第三个非物质文化遗产保护传承机构。（新华网）

5月26日　文化部发布《关于公布第三批国家级非物质文化遗产项目代表性传承人的通知》。此次公布的国家级非遗传承人共计771人。（中国网）

6月9日　"天骄之声·唱响校园"蒙古族长调走进大学系列音乐文化活动在内蒙古艺术学院正式拉开帷幕。为促进蒙古族长调的普及和传承，内蒙古蒙牛乳业集团和内蒙古长调艺术交流研究会决定共同举办"天骄之声·唱响校园"蒙古族长调走进大学系列音乐文化活动。届时，来自不同区域的蒙古族长调民歌的代表性歌唱家和民间歌手将参加演出。（新华网）

6月11日 全国非物质文化遗产保护、古籍保护暨文博事业杰出人物表彰、颁证、授牌电视电话会议在北京召开。会议表彰了35名全国非物质文化遗产保护先进工作者、40个先进集体和120名先进个人，并向21位为新中国文物、博物馆事业发展做出历史贡献的老一辈文物、博物馆工作者授予"中国文物、博物馆事业杰出人物"荣誉称号。会上还公布了经国务院批准的第二批4478部国家珍贵古籍名录和第二批62家全国古籍重点保护单位，以及第三批711名国家级非物质文化遗产项目代表性传承人，并向代表颁证、授牌。（人民网）

6月13日 是我国第四个"文化遗产日"。为体现我国政府高度重视少数民族非物质文化遗产的抢救与保护，展示少数民族传统音乐舞蹈的丰富内涵和独特魅力，6月12～14日，文化部在北京举办中国非物质文化遗产展演——少数民族传统音乐舞蹈专场，羌族、藏族等13个少数民族的舞蹈展示了中华文化的丰富内涵及独特魅力。（中华人民共和国中央政府网站）

6月16日 "云南民族村"作为保护和传承云南各民族非物质文化遗产的重要场地，被云南省文化厅正式授牌，成为"云南省非物质文化遗产保护传承基地"。（新华网·云南频道）

6月25日 广西非物质文化遗产民歌研究展示中心揭牌仪式在广西艺术学院举行。该中心从师资队伍、课程体系、专业建设等方面，积极探索民族音乐教学体系建设，于2008年设立了"民族音乐表演"专业，并在区内招生22名。民歌研究展示中心以教育传承的方式，承担着研究和展示广西民族音乐文化的重任。（新华网、《南国早报》）

7月17日 文化部发布《关于申报第三批国家级非物质文化遗产名录项目有关事项的通知》，宣布于9月开展第三批国家级非物质文化遗产名录项目申报工作，申报截止日期为2009年9月30日。（文化部）

8月19～26日 作为第十一届亚洲艺术节一项重要内容，中国少数民族非物质文化遗产展在内蒙古自治区鄂尔多斯市举行。本次非物质文化遗产展主要展示了30个民族的传统服饰，21个民族的部分传统手工艺，15个民族的民间歌舞，11个民族的传统节日以及包括民族史诗在内的民间文学，国家级非

物质文化遗产传承人部分代表人物等。(新华网)

9月18~21日 由青海省人民政府主办的"第二届青海国际唐卡艺术与文化遗产博览会第六届民族文化旅游节"在西宁举行。本次文化遗产博览会暨民族文化旅游节以"走进精神家园，祝福祖国昌盛"为主题，在为期4天的活动中，集中推出了"唐卡艺术与文化遗产博览"、"非物质文化遗产保护论坛"、"喜迎新中国60华诞天天演文艺活动"等主题活动。(大通回族土族自治县人民政府网站、《青海日报》)

9月28日至10月2日 在阿布扎比举行了联合国教科文组织保护非物质文化遗产政府间委员会第四次会议，审议并批准了列入《人类非物质文化遗产代表作名录》的76个项目，其中包括中国申报的22个项目；审议并批准了列入《急需保护的非物质文化遗产名录》的12个项目，包括中国的3个项目。我国申报的端午节、中国书法、中国篆刻、中国剪纸、中国雕版印刷技艺、中国传统木结构营造技艺、中国传统桑蚕丝织技艺、龙泉青瓷传统烧制技艺、妈祖信俗、南音、南京云锦织造技艺、宣纸传统制作技艺、侗族大歌、粤剧、格萨(斯)尔、热贡艺术、藏戏、玛纳斯、花儿、西安鼓乐、中国朝鲜族农乐舞、呼麦等22个项目入选"人类非物质文化遗产代表作名录"，羌年、黎族传统纺染织绣技艺、中国木拱桥传统营造技艺等3个项目入选"急需保护的非物质文化遗产名录"(人民网)

10月13日 第61届法兰克福国际书展拉开帷幕，中国首次以主宾国身份亮相，在为期6天的书展期间，中国在法兰克福展览中心广场专门设立了中国非物质文化遗产帐篷展示区和露天舞台展区。中央编译出版社、中国艺术研究院和中国京剧院等单位通力合作，在法兰克福书展现场向观众展示了包括传统木版年画、布袋木偶雕刻、皮影雕刻、唐卡绘制(藏族)、风筝制作、传统药香香道、剪纸、精微绣、蜡绘苗绣和茶艺插花在内的10种中国非物质文化遗产代表性项目的代表作品。此外，代表中国传统文化精髓的舞狮、京剧等也在露天舞台展区上演。(中央政府门户网站、新浪网)

10月15日 2009年昆明国际民族民间工艺品暨旅游文化商品博览会开幕。本次博览会的参展范围包含雕刻、雕塑；编织刺绣；服饰、染织服装；民间陶瓷暨茶文化；民族民间器乐；旅游纪念品、礼品；民间收藏；奇石玉器；仿古家具(含中国明清家具、欧美仿古家具)；新型工艺品等11个门类。在展区设置上分为商品展销区和非物质文化遗产展示区两个区域。本次博览会的非物质文化遗产展示区以更大的规模和更加突出的特色向观众开放，其中包含民间工艺大师现场表演销售；民族民间原生态服装、服饰展演、民族歌舞表演、民间工艺品、收藏品展示拍卖、茶文化表演等。（云南网）

11月5~19日 "感动羌魂云影共生——羌族非物质文化遗产佳能数字化保护成果展"在国家大剧院展出。展览由中国非物质文化遗产保护中心指导，佳能（中国）有限公司主办，国家大剧院协办。该展览通过丰富的图片、视频资料以及独特的羌族表演、传承人现场互动等诸多形式，向公众完整诠释濒危的羌族文化。（天极网、《中国青年报》）

11月12~21日 中国文学艺术界联合会、中国民间文艺家协会将在北京民族文化宫展览馆隆重举办"中国民族民间服饰文化暨中国民间文化遗产抢救工程成果展"。此次展览囊括了我国56个民族最有代表性的服饰作品，并有中国民间文化杰出传承人的服饰制作技艺现场表演。此外，中国民间文艺家协会还将展示近些年来组织实施的"中国民间文化遗产抢救工程"所取得的多方面重要成果。（《光明日报》）

11月15日 "文化中国"非物质文化遗产系列活动之一"非物质文化遗产传承人娘本大师唐卡精品展"在欧美同学会总会会所拉开帷幕。11月15~21日展览期间将展出娘本大师涵盖藏传佛教等各类题材的22幅唐卡精品。（中国网）

11月23日 "范曾先生保护羌族非物质文化遗产捐赠仪式"在人民大会堂四川厅举行。著名书画家范曾当场向四川非物质文化遗产保护传承展示中心捐赠300万元，用来抢救、保护四川省羌族非物质文化遗产。（文化部）

12月15~23日 由宝马中国和华晨宝马携手中国艺术研究院·中国非物质文化遗产保护中心共同举办的"BMW中国文化旅"3年成果展在首都博物馆隆重开幕。该展览向社会公众免费开放。BMW中国文化之旅历时3年，行程近万里，足迹遍布10个省及直辖市，寻访各类物质及非物质文化遗产百余项，捐助物质文化和非物质文化遗产28项，累计捐资超过300万元。同时，文化之旅也完成了对我国四大文化生态保护实验区中国的徽州文化生态保护实验区、羌族文化生态保护实验区和热贡文化生态保护实验区的探访和捐助。与文化之旅的3年相呼应，展览分为"风——西北雄浑"、"雅——江南雅致"、

"颂——西南迤逦"3个主题。除了静态实物展品之外,部分非遗项目的传承人也到现场进行技艺表演。(新华网、人民网)

12月30日上午 由中国民间文艺家协会与广西文联共同举办的少数民族非物质文化遗产抢救与保护论坛在南宁举行。来自全国各省、市、自治区的100多名专家学者、民间文艺工作者,围绕少数民族非物质文化遗产的抢救和保护进行了深入探讨和交流。(新华网)

2010年

1月8日 由云南省文化厅主办,云南美术馆和云南画院承办的"非遗画忆——非物质文化遗产艺术作品展"在云南美术馆开幕。16位画家的36幅作品吸引了广大观众。以非物质文化遗产为创作主题的画展,是云南省首次用绘画艺术的形式,对非物质文化遗产进行保护、传承、表现的有益探索和实践。16位云南画院的画家,根据自己对非物质文化遗产的理解,创作出题材风格各异的优秀作品。彝族火把节、傣族泼水节、壮族跳纸马、傈僳族刀杆节、傣族慢轮制陶、哈尼农耕礼俗、拉祜族芦笙舞、格萨尔史诗、梯田,以及多个被评为国家级和省级非物质文化遗产的地方和文化,均被画家以中国画、油画、版画、油套木刻等绘画手法进行表现和展示。(《云南日报》)

1月8日 "人类非物质文化遗产《玛纳斯》保护和研究"全国学术研讨会在新疆师范大学召开。本次学术研讨会展示了国家和自治区的专家对《玛纳斯》方方面面的研究,研讨内容从《玛纳斯》传唱人研究、培养到在世界文化中的价值,从史诗中涉及的民俗学、马文化、民族乐器、选举制度到如何在中小学讲授《玛纳斯》。(《新疆都市报》)

2月5日 由新疆维吾尔自治区文化厅、乌鲁木齐市文化局主办,新疆艺术研究所、乌鲁木齐市文物保护管理所、乌鲁木齐市博物馆承办的新疆非物质文化遗产民族民俗展拉开序幕。新疆非物质文化遗产民族民俗展主要是赶在新春佳节来临之际,向中外游客展示新疆各民族多姿多彩的生活和西域风情的独特魅力,宣传展示新疆独特的民族风情和多元地域文化,加深各族群众对"伟大祖国、中华民族、中华文化、社会主义道路"的认同感,增强民族凝聚力。(天山网)

2月27日至3月30日 由文化部和国家民委主办,中国艺术研究院·中国非物质文化遗产保护中心承办的"中国少数民族非物质文化遗产调演活动"在北京举行。本次调演活动将汇聚全国20个省(自治区、直辖市),20余个少数民族,近20名"国家级非物质文化遗产项目代表性传承人"和近2000名少数民族同胞,向广大民众尽显少数民族独具韵味的"非遗"风情。由9台节目组成,分别是"北国风光——开幕式专场"、"高原奇葩——青海省专场"、"巴蜀羌魂——四川省专场"、"侗族大歌——贵州省专场"、"草原之夜——内蒙古自治区专场"、"湘江风情——湖南省专场"、"丹桂飘香——广西壮族自治区专场"、"多彩哈达——西藏自治区专场"和"灿烂中华——闭幕式专场"。9台专场演出近120个节目,共涉及2009年由我国向联合国教科文组织申报成功的"急需保护的非物质文化遗产名录"项目5个(朝鲜族农乐舞、呼麦、侗族大歌、花儿、玛纳斯),以及近80个入选"第一批、第二批国家级非物质文化遗产名录"的项目。(《中国民族报》、人民网)

4月1日晚 西藏各族各界群众近两千人观看了在拉萨举行的今年首场西藏非物质文化遗产会演,以庆祝西藏第二个百万农奴解放纪念日。文艺会演包括昌果卓(男子腰鼓舞)、昌都锅庄、嘎尔鲁(宫廷乐舞)、芒康弦子等歌舞。西藏自治区共有国家级非物质文化遗产代表作60项,自治区级非物质文化遗产代表作222项。(新华网)

4月11日 陕西省人民政府出台了《关于进一步繁荣发展少数民族文化事业的实施意见》。《意见》要求加强对少数民族文化遗产的保护和弘扬,扶持少数民族博物馆或民俗博物馆建设,鼓励社会力量兴办少数民族特色的博物馆。《意见》强调,支持少数民族非物质文化遗产申报国家级、省级名录,进一步加强对非物质文化遗产名录濒危项目代表性传承人的扶持,对为传承非物质文化遗产做出突出贡献的代表性传承人,按照有关规定予以表彰奖励。(中华人民共和国中央政府网站)

4月12日 浙江省财政厅、省民宗委联合制定了《浙江省畲族文化发展专项资金管理暂行办法》,《办法》规定,畲族文化发展专项资金重点用于畲族民间非物质文化遗产的抢救、保护、研究和展示等方面。(浙江在线)

4月17日 文化部在广西南宁市武鸣县举办中国非物质文化遗产保护论坛暨中国民族民间文化传承和保护论坛。本次论坛议题有四个,一是传统节日的保护与发展；二是民歌与节日；三是政府在文化保护中的作用；四是壮族历史文化（重点是骆越文化）。文化部中央新闻办五洲文化传媒中心主任梁越传达了中央领导及文化部对发掘研究骆越文化工作的批示精神。（广西新闻网）

4月19日 新疆维吾尔自治区文化厅召开非物质文化遗产普查工作会议，对全区历时3年多的"非遗"普查工作进行全面总结，并对普查工作14个先进文化部门、49个先进集体、102名先进个人进行表彰和奖励。新疆各民族非物质文化遗产体现了融合发展、和谐并存的特点，此次普查的"非遗"资源中少数民族项目占95%以上，其中民俗、传统音乐、舞蹈、技艺等类别项目占60%以上。（天山网）

4月28日 国家级热贡文化生态保护实验区总体规划论证会在北京举行，来自国内的10名国家非物质文化遗产保护专家、规划设计专家、地方文化生态保护专家及文化部非物质文化遗产司司长马文辉、副司长屈盛瑞，青海省文化新闻出版厅副厅长王建平、黄南州委书记李选生、黄南州政府副州长马金刚、同仁县常务副县长韩华出席会议。同时举行《热贡文化生态保护实验区总体规划》论证会，《总体规划》紧密结合当地实际，系统地梳理了非物质文化遗产资源，评估和分析了热贡文化生态环境，为热贡文化生态保护实验区建设打下了较好的基础，对于青海省的非物质文化遗产保护和我国少数民族地区的文化生态保护区建设，具有重要的带动作用。（中国民族宗教网）

5月5日 四川省文化厅在绵阳市召开了学习贯彻"四川省灾后恢复重建工作现场会"精神大会。会议要求全面推进灾区文化重建的第一工程——伏龙观工程已全面竣工，后期要重点抓好北川地震博物馆和三个纪念地的建设，继续保质保量地抓好灾区文物抢救保护工作。针对灾区的特点，健全和完善非物质文化遗产国家、省、市（州）、县四级传承人保护体系和名录，以传统民族书会、特色文化村寨、非物质文化遗产传习所、非物质文化遗产博物馆为支撑，构建非物质文化遗产展示平台。加强少数民族文化遗产和羌族文化生态区的保护，推进国家级羌族文化生态保护实验区的建设和发展。（四川省文化厅网站）

5月6日 2010年度文化部科技创新项目专家评审会在烟台市召开。文化部科技创新项目自2009年设立，每年评选一届，每届立项30个，涉及非物质文化遗产保护等八大领域，代表了我国文化科技创新研究工作的前沿方向和最高水平。在本次评选中,羌族非物质文化遗产地理信息系统、濒危鲁绣传统技艺保护研究、宁夏回族濒危非物质文化遗产传承保护方式研究、中原技艺——河南非物质文化遗产数字博物馆、中国传统戏曲服饰制作工艺数据库、舞蹈特色馆藏资源多媒体展示六大项目获得了文化部的立项许可及5万元补助。(文化部)

5月17日 文化部在官方网站上公示了第三批国家级非物质文化遗产名录推荐项目名单。推荐项目共计349项,其中新入选项目190项,扩展项目159项。(文化部)

5月20日 由佳能(中国)有限公司发起的"苗族非物质文化遗产数字化保护"项目组与国家文化部非物质文化遗产保护中心再次达成合作意向,在文化部非遗保护中心的指导下,通过影像数字技术对苗族的非物质文化进行保护。同日,项目组一行20人已从贵阳出发驶向黔东南地区16个县市,拉开了苗族非物质文化遗产保护项目的序幕。这是继去年对羌族非物质文化进行抢救和保护之后,佳能在文化保护方面的又一次探索。(天极网)

5月27日 西藏拉萨首家大型综合性文化旅游产业项目——吞米岭藏艺文博园,当日上午在拉萨市达孜县桑珠林村举行了隆重的奠基仪式,自治区区党委常委、市委书记秦宜智、自治区副主席、秘书长宫蒲光出席仪式并为项目奠基,这标志着"以集中展示西藏非物质文化遗产,促进西藏非物质文化遗产的保护、传承与发展"为核心理念的吞米岭藏艺文博园第一期建设进入全面施工阶段。(中国西藏信心中心)

从6月7日起 青海人民广播电台对安多藏语广播全面改版播出。青海藏语安多话广播立足青海,面向全藏区,针对藏语安多话广播的特殊受众群体的文化心理需求,抢救、整理、挖掘和传承了一大批濒临失传的藏族民间艺术作品。通过这次全面改版,青海人民广播电台本着开发具有竞争力的本土文化,集中精力培植民族精品节目的原则,进一步加强对获得世界非物质文化遗产保护名录的藏族英雄史诗《格萨尔》的录制播出工作。增加了60分钟的藏族原生态情歌节目《拉伊欣赏》;60分钟的藏族原生态民歌的直播节目《雪山之韵》等。还增加了介绍中华各民族优秀文艺节目的专题音乐《百花园》等。在原有娱乐性节目的基础上又增加了藏族受众喜爱的民族民间传统文艺节目,既突出了节目的民族特色又不乏时代特色,做到雅俗共赏,各有侧重。(人民

网）

6月12日 广西非物质文化遗产传统技艺大展开幕式在广西博物馆举行。广西各地少数民族传统技艺传承人和他们的学生一起展示了壮族、苗族、瑶族、侗族等广西世居少数民族的织锦、刺绣等各种工艺，还有制笔、贝壳作画、竹编以及传统美食等。（广西新闻网）

6月12日 新疆维吾尔自治区2010年"文化遗产日"系列活动，以及多项展演、展览、展示活动在自治区博物馆正式启动。启动仪式上，自治区文化厅向全疆77项自治区级非物质文化遗产授牌，并给第二批自治区级非遗名录代表性传承人颁发了证书和标牌。同时，还举行了《人类非物质文化遗产代表作〈玛纳斯〉》和《哈萨克族阿伊特斯论文集》的首发式。（天山网）

6月30日 西藏从2010年起将划拨专项经费全面保护非物质文化遗产重点项目，21个国家级和自治区级非物质文化遗产项目已被列入首批保护计划，其中八个藏戏流派的保护被列为重点项目。此次被列入重点保护计划的八个藏戏流派有拉萨堆龙德庆县觉木隆藏戏、日喀则地区南木林县湘巴藏戏、山南地区乃东县雅砻扎西雪巴藏戏、昌都地区察雅县湘堆藏戏等。每个项目都将获得20多万元的保护经费，用于保护藏戏队伍、培养年轻传承人以及完善现有传习设施等。（新华网）

7月5日 内蒙古自治区文化厅厅长王志诚表示，内蒙古将启动"国家级抢救人口较少民族非物质文化遗产工程"，对鄂温克、鄂伦春和达斡尔三个少数民族的非物质文化遗产进行抢救性保护。（中国广播网）

7月9日 湘西土家族苗族自治州申报的武陵山区（湘西）土家族苗族文化生态保护试验区已获得文化部批准，这是自2007年以来，我国设立的第5个国家级文化生态保护试验区，也是湖南首个获批设立的国家级文化生态保护试验区。（《团结报》）

7月12~14日 "第四届全国少数民族曲艺展演"在贵州省委大会堂进行了三场展演。参加这次展演的节目形式各异，都是各地区独有的曲艺形式，极具地方代表性和民族特点。36个节目，36个曲种，琴弦鼓瑟、吹拉弹唱无所不及。其中相当多的曲种已被列入国家非物质文化遗产保护名录。（《贵州都市报》）

7月12日 第四届蒙古族英雄史诗《江格尔》文化节暨第十二届那达慕

大会在"江格尔故乡"新疆和布克赛尔县举行。此次文化旅游节将展示《江格尔》、蒙古长调、马头琴、萨乌尔登等蒙古族民间文化艺术。赛马、走马、赛骆驼、摔跤、射箭等体育活动也将丰富节日的内容。民俗活动如土尔扈特蒙古奶制品及皮制品制作技艺展示、蒙古族和哈萨克族生活民俗事物展示等都将增添节日的特色。(天山网)

7月12日上午 在中国·呼和浩特第七届国际民间艺术节开幕式现场，来自包括中国在内的12个国家和地区的13个艺术团体，用本民族最具代表性的经典歌舞，为青城市民献上了一份"国际视听盛宴"。其中土左旗脑阁、新城区满族八角鼓以及和林剪纸等非物质文化遗产项目的亮相别有一番韵味。(新华网)

7月16日 经过半年的评选和公示，青海省第二届工艺美术大师、民间工艺大师、民间工艺师评审结果揭晓，从事雕塑、刺绣、金属工艺、花画工艺、美术陶瓷、地（挂）毯、民族工艺及其他制品等七个大类工艺品制作的101名工艺美术、民间工艺能人榜上有名，成为工艺美术大师、民间工艺大师和民间工艺师。(《西海都市报》)

7月18日 因独特的传统竹管乐器玉屏箫笛而闻名的贵州玉屏侗族自治县，制定出台了贵州省首个地方性非物质文化遗产保护法规。经贵州省第十一届人民代表大会常务委员会第十五次会议批准，贵州省首个地方性非物质文化遗产保护法规——《玉屏侗族自治县非物质文化遗产保护条例》通过审核，将于8月1日开始施行。据了解，这部条例是贵州省首个县级地方性非物质文化遗产保护法规，对非物质文化遗产保护项目、具体措施、编制规划、沿袭传承、奖惩原则、资金使用管理等方面都做了明确规定。它的实施，将为当地非物质文化遗产保护工作提供有力支撑，为非物质文化遗产的生存与发展营造更好的环境。(新华网)

7月30日 浙江省第十一届人民代表大会常务委员会第十九次会议批准《景宁畲族自治县民族民间文化保护条例》(以下简称《条例》)。《条例》的批准实施，将使自治县民族民间文化的保护、抢救、开发、利用等工作步入法制化轨道。(中国景宁新闻网)

8月2日上午 首届西藏唐卡艺术博览会在拉萨隆重开幕。此次"唐博会"活动主要包括唐卡手绘技艺大展、2010年西藏唐卡产业电视论坛、首届西藏唐卡艺术博览会分会场观摩活动、首届西藏唐卡艺术博览会优秀产品推介会等内容。其中，手绘大展共有全区45名优秀的唐卡画师参展，涵盖藏族勉唐派、勉萨派、钦则派、噶智派等主要派别。西藏文化产业（唐卡）专家评审小组成员根据参展画师提供的本人参考作品和现场绘制作品，将以"公平、公开、公正"的原则，进行全程、全方位的评分，并评选藏族优秀唐卡画师和优秀作品。届时，画师们将在西藏博物馆展示西藏最纯粹、最精湛的唐卡文化，前来参观的观众可以在这里欣赏和领略藏族传统唐卡制作工艺的高超技艺和精彩的绘画艺术作品。（中国西藏网）

8月26日 由国家文化部、内蒙古自治区人民政府主办，内蒙古自治区文化厅、鄂尔多斯市人民政府承办，鄂尔多斯市文化局协办的"记忆·传承——中国少数民族非物质文化遗产展"在康巴什文化艺术中心正式展出。本次展览以反映民族特征和文化的民族服装服饰为主线，以巧夺天工的民族手工艺，各具魅力的民族歌舞，重要的民族节日以及包括三大民族史诗在内的民间文学，国家级的非物质文化遗产传承人部分代表人物等为主要内容，展出的相关展品逾千件；通过展览、展示、展演、展销等形式，较全面地反映了55个少数民族非物质文化遗产的面貌。（中国广播网）

9月27日 由无锡市政府、中国音乐学院和中国艺术研究院共建，无锡日报报业集团承建的中国民族音乐博物馆正式开馆。中国民族音乐博物馆位于无锡运河公园内，由老厂房改建而成，建筑面积4000平方米，内设三大展厅，陈列171种、462件乐器，600多件文献资料，全面展示中国民族音乐史的发展脉络。中国民族音乐博物馆包括上古遗音、太湖美韵、"国风千年"和民族乐器4个部分，介绍阿炳、刘天华、杨荫浏等无锡籍民乐大家，集中展示中国入选联合国教科文组织"人类口头和非物质文化遗产代表作"的有关民族音乐和百余种各民族乐器。中国民族音乐博物馆是国内第一家全面展示中国民族音乐发展全貌的综合性博物馆。（《无锡年鉴》）

10月11日 《绵阳羌族文化生态保护实验区规划实施方案》编制完毕。绵阳市文化局介绍，根据该方案，北川羌族自治县被整体纳入保护区范围，平武13个乡镇进入保护区，加快推进国家级"羌族文化生态保护实验区"建设。"羌族文化生态保护实验区"以北川羌族自治县为核心，囊括毗邻的平武县平通镇、豆叩镇、大印镇、锁江羌族乡、平南羌族乡、徐塘羌族乡、水田羌族乡、旧堡羌族乡等13个羌族聚居区，实施内容包括非物质文化遗产项目、非物质文化遗产传承人、与非物质文化遗产传承相关的文物古迹、文化保护区及自然风景区等四个方面。(《四川日报》)

11月2日 首届中国羌族非物质文化遗产与灾后重建研讨会在四川音乐学院绵阳艺术学院举行。与会的各位专家学者分别从人类学、民族学、非物质文化遗产和旅游业发展等多学科、多角度，对灾后中国羌族非物质文化遗产的抢救、保护以及重建进行了研讨。(绵阳市场信息网)

11月15日 2010年西部十二省（区、市）人大教科文卫委员会工作研讨会在南宁召开。此次会议主题为：交流民族文化产业的地方立法工作经验，研讨新形势下如何推进民族文化产业又好又快发展的对策和思路。与会代表围绕主题畅所欲言，重点交流了非物质文化遗产保护（含民族文化产业的地方立法经验）。据统计，西部十二省（区、市）中已有云南、贵州、广西、宁夏等5个省区先后出台了民族民间文化保护条例或非物质文化遗产保护条例。(中国人大网)

12月11日 文化部在贵阳举行"中国非物质文化遗产国家级传承人培训班"和"中国少数民族地区非物质文化遗产保护工作培训班"，来自全国各地的非物质文化遗产传承人和非物质文化遗产保护专业工作者将接受系统培训，推动建立更为完善的非物质文化遗产保护体系。(新华网)

12月20日 十一届全国人大常委会第十八次会议二次审议非物质文化遗产法草案。(中国新闻网)

2011年

1月25日 经云南省政府批准，云南省财政厅、省民委联合下发了《云南省少数民族传统文化抢救保护专项经费管理暂行办法》。《办法》的出台，为今后一个时期云南省直各相关部门、各州（市）民委（民宗局）申报少数民族传统文化抢救保护项目，加强少数民族传统文化专项资金的管理使用、监督与检查提供了重要的政策依据。(中国民族宗教网)

2月20日 "2011中国·凯里甘囊香国际芦笙节"20日在素有"百节之乡""歌舞海洋"之称的贵州省黔东南苗族侗族自治州凯里市开幕，让来自国内外的游客再一次感受到了苗族文化的厚重与丰富多彩，来自广西、四川、贵州等省的38支芦笙服饰代表队参加了展演，参加人数近2000人。（新华网）

3月18日 "感动苗情蝶影共生——苗族非物质文化遗产佳能数字化保护成果展"在北京三里屯Village拉开帷幕。此次展览通过丰富的图片、视频资料，以及独特的苗族文化表演、传承人现场互动等诸多形式，向公众完整诠释了苗族文化。（腾讯网）

4月19日 湖北省长阳土家族自治县在资丘镇举办了首届土家撒叶儿嗬鼓师大赛。来自长阳、五峰两个土家族自治县的24支代表队、45名鼓师和近300名撒叶儿嗬艺人参加比赛。参赛选手中，年龄最大的78岁，年龄最小的12岁。这次大赛共评选出特级鼓师5名、高级鼓师和中级鼓师各10名，初级鼓师5名。（中国民族宗教网）

4月23日晚 由中国少数民族戏剧协会、百色市人民政府主办，中共田林县委员会、田林县人民政府承办的2011百色田林·第二届中国壮剧文化艺术节在田林县文化广场隆重举行。本届中国壮剧文化艺术节将延续至29日，期间，将安排47个壮剧团进行展演，用壮语言展示壮剧的神韵魅力，让观众领略壮剧的魅力特色。此外，还有民俗文化游艺活动、山歌擂台赛、特色农业产品展示会等活动。（百色广电网）

5月10日 湘西非物质文化遗产园揭牌仪式在湖南省湘西土家族苗族自治州吉首市乾州古城举行。湘西非物质文化遗产园是武陵山区湘西土家族苗族文化生态保护实验区基地之一，将建设湘西非物质文化遗产博物馆、湘西民间工艺、民族服饰及旅游产品一条街、湘西民族歌舞演艺中心等基础和配套设施。（《中国文化报》）

5月19日 由青海省人民政府主办的"2011青海文化周"在台北开幕，青海省委常委、常务副省长徐福顺与中国国民党荣誉主席吴伯雄等为活动剪彩。"青海文化周"在台北的展场，将展示三大类、150多件玉雕、唐卡等青海特色艺术品，并举行民族歌舞服饰表演。（新华网）

5月21~29日 "2011台湾广西少数民族艺术节"由中华文化联谊会、广西壮族自治区人民政府、台北市文化艺术促进协会共同举办，在台北市举行。除文化参访外，艺术节的两大重头戏分别是"锦绣八桂——广西少数民族文化展"、"魅力广西——广西少数民族歌舞和地方戏曲综合展演"。（广西

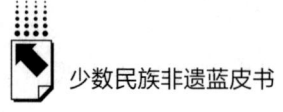

新闻网)

5月23日 国务院发布《关于公布第三批国家级非物质文化遗产名录的通知》,共计191项遗产代表作项目入选。(文化部网站)

6月1日 由吉林省省文化厅和长春市文化局主办,吉林省非物质文化遗产保护中心和吉林省吉剧院承办的"吉林省第四届非物质文化遗产项目展演",6月1日下午和晚上分别在吉林省吉剧院关东剧院和文化广场举行。集中展示了代表吉林民族、民间特色的东北二人转、朝鲜族农乐舞、长鼓舞、蒙古族马头琴音乐、蒙古族民歌、蒙古族盅碗舞、东北大鼓、传统古筝技艺等项目,这些项目既传统又生动,形式多样、富有代表性,全面展示了吉林省丰富多彩的非物质文化遗产。(《吉林日报》)

6月10日 国务院日前批准文化部确定的第三批国家级非物质文化遗产名录(共计191项)和国家级非物质文化遗产名录扩展项目名录(共计164项),并对外公布。此次公布的第三批国家级非物质文化遗产名录,包括民间文学、传统音乐、传统舞蹈、传统戏剧、曲艺、传统体育、游艺与杂技、传统美术、传统技艺、传统医药、民俗等项目。(中新网)

6月11日 朝鲜族群众用最热烈的礼节庆祝中国朝鲜族非物质文化遗产展览馆揭牌。朝鲜族非物质文化遗产展览馆坐落在延边州图们市图们江广场,是中国目前唯一的朝鲜族文化展馆。展馆面积达1880平方米,采用了传统、现代、宫廷相结合的设计理念,分为十大展区,包括52项内容4500余件展品。(《中国文化报》)

6月14日 "2011藏族舞蹈研讨会"在北京举行。会议确立了"近年来藏舞发展的现状与思考"、"藏族舞蹈原生态与作品创作的关系"、"近年来藏族民间舞课堂教学成果与展示"、"藏族舞蹈如何保持优良特质和独立品格"四个议题。研讨会旨在分析研究新形势下我国藏族民间舞创作及当代发展的需求,弘扬藏族舞蹈文化,进一步推动我国藏族民间舞的理论研究、教学和创作的全面繁荣。(《中国艺术报》)

6月28～29日 第十届中国民间文艺山花奖·民间艺术表演奖(民间绝技绝艺)金银奖评奖活动暨国际绝技绝艺展演在贵州省松桃苗族自治县"中国民间绝技文化之乡"举行。此次民间绝技绝艺类评奖在全国尚属首次,是中国民间文艺界规模最大、规格最高的国家级文化盛事。(人民网)

6月30日 由文化部非遗司、甘肃文化厅、甘肃省文联主办的中国西部花儿（民歌）歌手邀请赛在甘肃省举行。(《中国文化报》)

7月1日 《阿坝藏族羌族自治州非物质文化遗产保护条例》正式实施之际，阿坝文化局、阿坝司法局联合主办，在马尔康县文体广场中心大门前开展了《阿坝藏族羌族自治州非物质文化遗产保护条例》宣传咨询活动。(四川省文化厅网站)

7月下旬开始 由佳能（中国）有限公司发起的"白族、傣族、彝族非物质文化遗产影像数字化保护"项目组深入云南，对白族、傣族、彝族的传统文化进行影像记录，这是佳能"影像公益"活动对保护传承中国非物质文化遗产的又一次贡献。(京华网)

7月20日 青海省果洛藏族自治州《格萨尔》文化博物馆正式开工建设。果洛州有关领导出席开工仪式，并为工程开工奠基。果洛州《格萨尔》博物馆投资2650万元，建筑面积5300平方米。是全国第一个以《格萨尔》文化为主的专题博物馆，也是果洛州的第一个博物馆，该博物馆的建成标志着果洛州以《格萨尔》文化为主的民族民间文化保护和展示工作进入了一个新的历史阶段。(青海湖网)

8月9日 由中国社会科学院民族文学所、吉林省社会科学院、吉林省民族宗教研究中心主办，长春师范学院、通化师范学院、伊通满族自治县县委宣传部协办的"吉林省满族说部学会成立暨首届学术研讨会"在长春隆重召开。此次大会是为了推动作为非物质文化遗产的满族说部的传承及普及，进一步开展满族说部的内容研究以及传承演进过程和演进关系的研究，团结致力于满族说部传承与研究的各界学者和爱好者，普及和推广满族说部的一切成果。(吉林社科网)

9月10～18日 第九届少数民族传统体育运动会在贵阳举行，来自全国各地的6700多名少数民族健儿参加了比赛。本届民族运动会与上届相比，增加了1个竞赛项目、40个表演项目，从而使竞赛项目达到16个、表演项目达到188个。(《人民日报》)

10月15日 "辽海情韵"辽宁省首届群众文化节非物质文化遗产专场展演在辽宁大剧院广场拉开帷幕。此次非物质文化遗产专场演出共选调了11个项目，其中国家级项目10个，分别为：阜新东蒙短调民歌，抚顺地秧歌，海

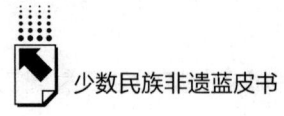

城高跷，朝鲜族农乐舞（乞粒舞），评剧，辽西木偶戏，乌力格尔，东北二人转，岫岩东北大鼓，鞍山评书；省级项目1个：沈阳相声。（辽宁省文化厅）

11月18日 第四届中华民族艺术珍品文化节在北京东城区中华民族艺术珍品馆隆重开幕。本届文化节主题为"守望民族传统，传承经典艺术，推动文化繁荣"。文化节活动内容丰富，亮点频出：天子之雅——清代帝王生活侧影展、中国非物质文化遗产技艺展、中华民族艺术珍品展、专家鉴宝活动、中国非物质文化遗产保护和发展论坛、北京礼物推介会等活动。此次中国非物质文化遗产技艺展示共包括苗族银饰锻造、藏绣、徽墨制作、上党堆锦制作、"燕京八绝"等21项技艺，展示过程为期一周。（凤凰网）

11月6~7日 由中山大学中国非物质文化遗产研究中心与美国范德堡大学克尔博艺术、事业与政策研究中心共同主办的"首届中美非物质文化遗产论坛：政策比较"国际学术研究会在中山大学召开。本次论坛得到了美国亨利·路思基金会、教育部"985工程"第三期项目、岭南基金会资助，是中山大学中国非物质文化遗产研究中心与美国范德堡大学开展合作首次举办的研讨会。美国范德堡大学克尔博艺术、事业与政策研究中心主任艾伟教授等一行八人作为美方代表出席了会议；中方代表有华中师范大学黄永林副校长，中国艺术研究院苑利研究员，云南民族博物馆谢沫华馆长，广州大学文学院刘晓明院长，中山大学社会学与人类学学院麻国庆副院长、邓启耀教授，非物质文化遗产研究中心康保成、宋俊华、高小康、刘晓春、王霄冰、蒋明智教授等20多名专家学者，以及中山大学中文系非遗学专业的硕士、博士40多人。（中山大学中国非物质文化遗产研究中心）

11月29日 在"中国民歌之乡"湖南省桑植县，第二届桑植民歌节正式开幕。桑植县城6万土家、白族、苗家儿女身着节日盛装，载歌载舞，用美妙的歌声欢庆这一重大节日。（新华网）

12月9日 海南藏族自治州共和县委县政府在西宁举行了大型民间故事彩绘唐卡长卷"文成公主进藏图"项目论证会。（青海民族文化网）

2012年

1月5日 云南省人大教科文卫工作委员会组织召开《云南省民族民间传

统文化保护条例》修订启动会，正式启动条例的修订工作。（云南省文化厅）

1月8日上午　由百色学院和平果县人民政府主办的"国家级非物质文化遗产《壮族嘹歌》（英文版）出版发行推介会"在南宁举行。（广西新闻网）

2月5日　"2012年云南·法脿彝族虎笙节"在双柏县法脿镇举行，集中展示了法脿镇优秀传统民族文化老虎笙、大锣笙、祭火表演和虎乡原生态"古歌、山歌"演唱等一系列原生态歌舞，深受人们的喜爱和好评。（七彩云南）

2月21日　由中国民间文艺家协会主办、中国文学艺术基金会协办的"中国英雄史诗的重大发现——苗族英雄史诗《亚鲁王》出版成果发布会"在北京人民大会堂举行。（人民网）

3月2日　辽宁省非物质文化遗产保护中心对锡伯族灯官秧歌和锡伯族欻嘎拉哈等省级非物质文化遗产项目进行实地调研。（辽宁省非物质文化遗产保护中心提供）

3月7日（农历二月十五日）　地处八百里侗乡南大门的龙胜各族自治县乐江乡宝赠古侗寨的侗族同胞举办祭祀侗族圣母"萨岁"的文化活动，近3000名侗族同胞欢聚一堂，同唱古老的侗歌，跳起流传已久的侗族歌舞蹈，以自己独特的文化方式庆贺这一隆重的民族节日。（中国网）

3月13日　"莲生妙相——青海唐卡艺术精品展"在贵州省博物馆开展。展览精选青海省的国家级、省级工艺美术大师和非物质文化遗产项目代表性传承人的59幅作品，包括红唐、黑唐、金唐、彩唐、刺绣唐卡、掐丝唐卡等。（新华网）

3月24日　第十九届"新桥竹柳"畲族"三月三"歌会在莲都区丽新畲族乡隆重举行。"新桥竹柳"畲族"三月三"歌会自1994年开始至今已连续举办了19届。

4月29日至5月1日（美国当地时间）　"第二届中美非物质文化遗产论坛：个案研究"在田纳西州纳什维尔市的范德堡大学顺利召开。本次会议得到了中美民俗学界的高度重视，中国民俗学会会长朝戈金、美国民俗学会会长戴安·高斯丁、中山大学非物质文化遗产研究中心主任康保成、范德堡大学柯尔柏研究中心主任比尔·艾伟等专家共同出席了会议。此次会议得到了美国鲁斯基金会、中国岭南基金会、中国教育部的资金支持。作为中美民俗学界之间长期、制度性合作的系列成果之一，本次会议以"两个学会、两所机构"之间的合作为主导，由中国民俗学会、美国民俗学会、中山大学非物质文化遗产研究中心、范德堡大学柯尔柏研究中心四个学术机构共同组织参与，旨在进一步推进和夯实首届论坛成功召开后所确立的合作内容及交流框架，在中美两国的非物质文化遗产领域形成深度互访及经验借鉴，从而有效地指导两国在非物质文化遗产保护领域的相关实践。（中国民俗学会秘书处）

5月12~14日 中央电视台第七频道在龙山县拍摄国家级非物质文化遗产——土家族打溜子、土家族织锦技艺、土家族摆手舞、土家族毛古斯舞、土家族梯玛歌。（红网）

5月25日 吉林省民族民俗旅游文化研究开发中心正式落户吉林电子信息技术职业技术学院，"满族说部与非遗传承教学基地"同时落成。（吉林市人民广播电台）

5月27~28日 "2012中国·贵州·凯里苗族文化论坛"在凯里举办，来自贵州、湖南、云南、湖北、北京、四川、广西等多个省份的百余名苗族文化专家学者参会。此次苗族文化论坛，旨在邀请全国各地的知名苗族专家学者，汇集苗岭新都就"苗族和苗族地区文化创新发展"进行交流讨论，为苗族和苗族地区经济社会跨越式发展建言献策。（金黔在线）

6月6日 "薪传奖"颁奖仪式在北京举行。为表彰在中华非物质文化遗产传承方面做出杰出贡献的各级非物质文化遗产代表性传承人，进一步推动非物质文化遗产的保护及中华优秀传统文化的继承和弘扬，中国非物质文化遗产保护中心主办，中国泛海控股集团有限公司出资设立了"中华非物质文化遗产传承人薪传奖"。（人民网）

6月13日 "侗族大歌"保护工作经验交流暨专家论坛会在侗乡黎平召开。贵州省、州及各县市专家及侗族大歌传承人汇集一堂，就如何保护和传承侗族大歌，合理开发利用非物质文化遗产，促进非物质文化遗产的产业化发展进行探讨和交流。（黔东南信息港）

7月22~25日 来自中国侗族文学学会、中国社会科学院、台湾屏东科技大学、台湾政治大学、台湾暨南国际大学等海峡两岸的100余名侗文化专家、学者欢聚在美丽的通道侗乡，举行两岸少数民族（侗族）文化传承与创新研讨会，共享侗族文化研究成果，共商民族文化发展大计。（怀化统一战

网)

8月6日下午 海南省保护和开发黎族、苗族等少数民族非物质文化遗产论坛在海口开幕。来自海南省委党校、海南大学、海南师范大学、琼州学院等高等院校和研究机构的专家学者纷纷建言献策,热议海南少数民族非物质文化遗产的保护和开发。(硅谷网)

8月6~9日 由贵州省文化厅和黔西南州人民政府共同主办的非物质文化遗产保护与传承工作座谈会暨"布依族查白各界"论坛会在贵州省兴义市召开。(贵州非物质文化遗产网)

8月19日 《湘西非物质文化遗产丛书》由湖南师范大学出版社出版发行。《湘西非物质文化遗产丛书》共分10部,约300万字。包括《湘西土家族毛古斯舞》、《湘西土家族织锦技艺》、《湘西苗族银饰锻制技艺》、《湘西苗族古老歌话》等,将湘西的非物质文化遗产分调查报告、资料汇编、研究专著三大块,列民俗、文学、戏剧、舞蹈、音乐、语言、建筑、工艺美术、传统体育等9个系列,从中精选有代表性的项目进行整理汇编成书。(中国教育新闻网)

8月27日 "记忆·传承——中国少数民族非物质文化遗产展"在内蒙古鄂尔多斯文化艺术中心开幕。本次展览共展出展品920件、图片457张、视频200多分钟、图书110册,此外还有鄂尔多斯民舞、蒙古族手工制作工艺等现场展示。展览将持续到9月3日。(新华网)

10月31日晚 中国宁夏非物质文化遗产图片展开幕式在毛里求斯中国文化中心举办。该展共展出40幅精美图片。5位来自宁夏的非物质文化遗产项目传承人现场演示了阿文书法、回族汤瓶八诊、回族民间乐器泥哇呜和口弦。展览将于11月23日结束。(《中国文化报》)

11月3日 贵州省苗学会2012年学术年会暨苗族文化产业发展研讨会在黔西南州兴义市开幕,会议主要研究苗族文化产业发展,促进苗族文化产业成为苗族和苗族地区经济社会发展新的支柱产业等议题。(贵州非物质文化遗产网)

12月20日 文化部公布了第四批国家级非物质文化遗产项目代表性传承人名单,共498名传承人入选。在这次公布的名单中,出现了10余位"70后"。(文化部官网)

12月23日 西藏非物质文化遗产系列丛书《岭国妙音》已出版，这是一部以长篇民族英雄史诗《格萨尔王传》为基础的音乐概论。据了解，"格萨尔王说唱"在2006年列入首批国家级非物质文化遗产，2009年被列入联合国非物质文化遗产项目。这部书以音乐形式归纳整理出108种曲调并翻译成汉文。《岭国妙音》108首唱腔，从其中38位人物的专用唱腔中精选而出，是第一部史诗音乐专集。（中国民族宗教网）

2013年

1月16日 由中国非物质文化遗产保护中心主办的"国家级非物质文化遗产保护研究基地"命名暨颁牌仪式今天在中国艺术研究院·中国非物质文化遗产保护中心举行。苏州市苏绣艺术创新中心（张美芳）、南通蓝印花布艺术馆（吴元新）、禹州市苗家钧窑有限公司（苗长强）和福建省仙作古典工艺家具研究开发有限公司（林友华）4个项目传承单位入选。（人民网、《中国文化报》）

1月中 西藏自治区藏剧团完成了八大藏戏首部剧目《白玛文巴》的改编和提升工作。（文化部官网）

1月25日 2012年度国家社会科学基金重大项目"内蒙古蒙古族非物质文化遗产跨学科调查研究"开题论证会在京举行。此次会议由中国社会科学院民族学与人类学研究所社会文化人类学研究室主办。来自北京大学、中央民族大学、中国艺术研究院、西北民族大学以及中国社会科学院相关局所的专家学者参加了会议。该项课题主要由"蒙古族非物质文化遗产的田野个案"和"蒙古族非物质文化遗产的综合性理论研究"两部分组成，下分为5个子课题。（《中国社会科学报》）

2月11~23日 "欢乐春节·醉美多彩贵州第三届海峡两岸春节民俗庙会"在台湾台中文化创意产业园举行。黔东南州组织侗族大歌、苗族锦鸡舞、反排木鼓舞、苗族芦笙舞、苗族刺绣、苗族蜡染、苗族泥哨、苗族芦笙制作技艺等项目参展。（中国台湾网）

2月21日 在碌曲县双岔乡二地村举行了国家级非物质文化遗产——"南木特"藏戏传承保护基地命名仪式。（青海湖网）

4月6~10日 "第四届西部非物质文化遗产展演系列活动"在西安大唐西市隆重举行。本届"非遗展"以我国西部各省区、直辖市（县区）精选的世界级、国家级和省级非物质文化遗产项目为主体，撷取最具西部韵致的陕西天地社火、二鬼摔跤、高跷赶驴、皮影、凤翔泥塑、户县农民画，宁夏贺兰石篆刻、回族服饰，云南白族扎染技艺、玉雕，贵州安顺木雕、苗族刺绣、苗族银饰制作，重庆垫江角雕、夏布织造、竹编，青海热贡等近50个项目，采用传承人现场技艺演示及实物、图文结合的方式，生动呈现西部的生活之美和文化魅力。（华夏经纬网）

4月13日 2013年海南黎族苗族传统节日"三月三"暨第二届海南东方黄花梨文化节正在海南省东方市举行。当日，来自东方6个民族乡镇的1000位黎锦技艺传承人，集中展示黎族传统纺染织绣技艺，全方位呈现黎锦传承盛况。（中新网）

4月16日 2013年百色市布洛陀民俗文化旅游节在田阳县敢壮山隆重开幕。百色市布洛陀民俗文化旅游节是壮民族一年一度的盛事，敢壮山歌圩是我国最古老、规模最大的歌圩，它以其特有的民俗文化现象而自成体系，经久不衰。每年农历三月初七至初九，都有广西、云南、贵州、湖南、广东、海南等区内外以及泰国、越南、马来西亚等东南亚国家的30多万群众和游客汇集到这里，祭始祖、赶歌圩、听山歌、赏民俗。（《左江日报》）

4月20日 云南省非物质文化遗产保护中心和省艺术研究院有关领导、专家，调研弥勒市彝族阿细人的口传创世史诗《阿细先基》的保护和传承情况。（云南非物质文化遗产网）

5月15日 新疆首个蒙古族非物质文化遗产传承保护中——博湖县"非遗"中心被确立为爱国主义教育基地，并申报自治州级爱国主义教育基地。（《新疆日报》）

5月23~24日 由范德堡大学中美教育文化中心和中山大学中国非物质文化遗产研究中心主办的"第四届中美非物质文化遗产论坛"在华盛顿特区史密森尼学会所属美国印第安人国家博物馆召开，本次论坛的主题是"田野工作、记录、保存和利用"。（中国民族文学网）

6月6日 "第二届中华非物质文化遗产传承人薪传奖"在北京颁出，共有60位传承人获奖，其中包括京剧名家谭元寿、评书表演艺术家连丽如等。

"薪传奖"是我国首个由非物质文化遗产专业工作机构设立的国家级专业奖项，旨在表彰为中华非物质文化遗产传承做出杰出贡献的各级非物质文化遗产传承人，以推动我国非物质文化遗产的保护，及中华优秀传统文化的继承和弘扬。"薪传奖"每年评选一次，每次评选出杰出非物质文化遗产传承人60名。（中新网）

6月8日　西藏自治区文化厅举办了庆祝第八个"文化遗产日"系列宣传展示活动。自治区副主席孟德利出席活动，并为西藏自治区第七批全国重点文物保护单位、第四批国家级非物质文化遗产代表性传承人以及第四批自治区级非物质文化遗产代表性项目的代表授牌（颁证）。（西藏自治区人民政府网站）

7月11日　"2013多彩贵州·民族民间手工艺品走进北京"活动，在北京798园区的时态空间开幕，从11日至15日，上百年的蜡染珍藏品，以及刺绣等一批贵州非物质文化遗产精品。（互动世界）

8月10～11日　中国彝族第二届非物质文化遗产传承展演在武定县举办。云贵川国家级彝族非物质文化遗产传承型特色歌舞参与会演。（云南网）

9月28～29日　"侗族大歌·保护传承高峰论坛"在黎平举行。此次论坛由黔东南州人民政府主办，是"第六届中国·凯里原生态民族文化旅游节闭幕式"暨"第五届黎平·中国侗族鼓楼文化艺术节开幕式"活动内容之一，来自国家、省、地区等各个层面的专家学者和湖南、广西两省文化厅的同人参加了活动。（黔民网）

10月14～18日　黎族传统纺染织绣技艺保护与传承国际学术研讨会在中国三亚召开。会议邀请了国内外45名专家、学者围绕黎族传统纺染织绣技艺的保护与传承展开交流与讨论。（海南省群众艺术馆网站）

11月10日　布依戏保护与传承交流讨论会在册亨县召开，文化厅原副厅长谢彬如、中国著名舞蹈评论家张华等10名与会专家代表就布依文化的保护、传承与发展等做了发言。专家们认为，布依戏要发展，需要有创新，在创新中保护与传承，并吸收其他艺术形式为布依戏所用，使其成为真正的舞台艺术。（金州网）

11月10日　2013中国·雷山苗年非物质文化遗产展演活动在县城木鼓广场隆重开幕。（《贵州都市报》）

12月3～6日　由中国民间文艺家协会、贵州省文化厅联合主办的"苗族史诗《亚鲁王》学术研讨会"在贵阳市召开。与会的专家们就文本的搜集研究方法、解读以及传承中出现的问题和解决方式等畅所欲言,把《亚鲁王》的研究推向一个新的高潮。(《光明日报》)

12月7~15日 由中国非物质文化遗产保护中心举办,广东省文化厅指导,广州独秀庄刺绣科技发展有限公司和中山大写媒介人类学研究中心承办的"首届中国非物质文化(刺绣)遗产国际论坛"暨"中国传统刺绣艺术精品展"7日在广东省博物馆拉开帷幕。在这次展览上,中国四大名绣"湘绣"、"蜀绣"、"粤绣"、"苏绣"等精品汇聚一堂,向人们展示了中国传统刺绣的高超技艺。除此之外,还有汴绣、顾绣、杭绣以及少数民族的苗、羌、土家族刺绣等28个绣种150余件刺绣精品展出。(国际在线)

12月23~29日 由国家民委、文化部主办的"中国少数民族非物质文化遗产展示周"活动在北京民族文化宫举行。作为一个以少数民族非物质文化遗产为专题的大型展览,其涉及已公布的三批国家级非物质文化遗产名录中的少数民族项目433项,与项目相关的20个省、市、自治区参展。展览设"剪刻绘画"、"文学史诗"、"纸张印刷"、"制茶工艺"、"木作编扎"、"民族器乐"、"陶泥烧造"等多个主题展区,展出实物600余件、图片800余幅、影像资料20部,现场演示及演出项目60多项。(中国作家网)

2014年

1月19~26日 文化部将在北京市石景山体育馆举办"中国非物质文化遗产年俗文化展示周"活动,展示与春节文化密切相关的年画、灯彩、风筝、泥塑、香包等80个覆盖全国、门类齐全的非遗项目,并邀请80名传承人现场展示。(中国文化传媒网)

1月24日 由澳门总署、文化部主办的"和风瑞气贯南西"西藏、海南春节习俗展在澳门开幕。此次在澳门举办的西藏民俗展汇集了西藏新年特色摆设和器皿、竞技游艺用品、传统服饰等19组214件(套)实物和藏香制作、唐卡绘制、面具制作等传统手工技艺现场展示。同时,展览期间还将开展西藏年俗专题讲座和7场文艺演出,并参加澳门旅游局主办的春节花车巡游活动。(西藏自治区文化厅)

4月11日 "指尖神韵——钦孜画派唐卡艺术展"系列活动之"第二届藏族唐卡传承人论坛"在西藏唐卡画院举办。(西藏自治区文化厅)

4月19日 由中国民俗学会主办、日本民俗学会协办、贵州民族大学承办的首届中日民俗学高层论坛在贵州民族大学举行,此次论坛的主题是"民俗的未来——探求多样化的研究视角和方法"。据悉,中国民俗学会与日本民俗学会于2011年10月签署了合作协议书,从制度层面上使两国民俗学界的交流得到保障。中日民俗学高层论坛也将成为中日两国民俗学领域最高层次的交流平台。此次论坛的时间是4月19~22日。(贵州民族大学)

6月6日 第三届"中华非物质文化遗产传承人薪传奖"在京颁出,本届首次设立"中华非物质文化遗产保护贡献奖",以表彰为非物质文化遗产保护做出突出贡献的个人和机构。(中新网)

6月14~20日 在"第九个文化遗产日暨第二届新疆非物质文化遗产展示周"活动期间,为弘扬优秀传统文化,展示"中国新疆维吾尔木卡姆艺术"遗产保护和传承成果,新疆木卡姆艺术团作为全国也是世界唯一以"挖掘、整理、传承、保护和发展"维吾尔木卡姆艺术的专业艺术表演团体,组织了31人赴塔城市文化广场参加了文化遗产日展演活动。(新疆维吾尔自治区文化厅)

6月14日起 云南省文化厅、昆明市多部门精心组织,在昆明市翠湖公园莲花禅院、云南美术馆、昆明市文化馆展览厅、春城剧院、官渡古镇等多地,分别举办了云南民族民间歌舞乐和传统地方戏曲展演、云南非物质文化遗产传统技艺展、云南非物质文化遗产美术作品展览、昆明市非物质文化遗产保护成果展、昆明滇剧艺术周、文物评估鉴定咨询、法律咨询宣传服务等七大活动,让市民、游客更好地体验民族传统文化的独特魅力,感受非物质文化遗产的深邃内涵。(云南省文化厅)

6月14日 新疆维吾尔自治区第九个全国文化遗产日暨第二届新疆非物质文化遗产展示周在塔城文化广场开幕。此次文化遗产日活动以"非遗保护与城镇化同行"、"让文化遗产活起来"为主题,号召"传承文化遗产,添彩美丽新疆"、"非遗传承,人人参与"。此次系列活动包括七个主题展览、两场专场演出。其中"新疆'三史'流动博物馆展"、"新疆古代服饰流动博物馆展",用文物讲述新疆历史、新疆民族发展史和新疆宗教演变史。"塔山古道和合曙光—塔城地区历史文物展"为观众展示塔城地区各民族的文明成果。"新疆非物质文化遗产传承创意展"、"新疆非物质文化遗产各民族服饰展"、"新疆非物质文化遗产——特色饮食展",全面呈现新疆非物质文化遗产保护工作的阶段性成果。两场非物质文化遗产专场演出,突出展示了新疆歌舞之乡的丰厚资源。(新疆文化网)

6月26日 由文化部主办,文化部民族民间文艺发展中心、甘肃省文化厅、甘肃省临夏回族自治州人民政府等联合承办的"第七届中国原生民歌大赛"在甘肃省和政县开幕。其间,还将举办"花儿音乐保护学术研讨会",来自全国近40位民族民间音乐研究方面的专家学者将围绕"花儿"音乐等传统音乐的保护、传承进行交流。(中华人民共和国文化部网站)

6月27日上午 2014"宝马中国文化之旅"发车暨捐赠仪式在贵阳举行。华晨宝马汽车有限公司财务总监薄立行代表公司向贵州非物质文化遗产项目——苗族芦笙舞滚山珠、鼓龙鼓虎长衫龙、苗族锦鸡舞3个非遗项目进行了捐赠。为期8天的"醉美黔乡·和谐多彩的精神家园"文化遗产之旅就此拉开帷幕。(贵州省文化厅)

7月2日(农历六月六) 是广西桂林市龙胜各族自治县龙脊镇金坑瑶寨的传统节日"晒衣节"。当地红瑶妇女在屋外挂出鲜艳的民族服装晾晒,杀毒灭菌去晦气。同时,当地的红瑶群众穿上盛装,上演了瑶族姑娘绣女红、传统编织工艺、顶竹杠等一系列极具传统民族特色的节目,吸引众多中外游客和摄影爱好者。(中国文化传媒网)

7月6日(当地时间) 为期两周的2014史密森民俗节"中国:传统与生活的艺术"主题活动在美国华盛顿落下帷幕。俗节期间,主办方共推出浙江婺剧、蒙古族音乐、贵州侗族山歌等8项舞台表演节目和剪纸、年画、刺绣、风筝、制瓷等16种民间手工艺项目,以"团聚"与"平衡"为主题划分为"春去秋来"、"养于地"、"朝向天"、"升月阁"、"五香厨房"等板块,并辅以体验、商贸等多个环节,向美国民众和世界各地的游客全方位展示中国传统民俗生活的样态、风格、智慧、艺术、情趣、美感。(中华人民共和国文化部网站)

8月24日 第四届西藏唐卡艺术博览会在拉萨开幕,各唐卡画派65幅精品画作将举行为期一周的展览,其中有半个篮球场大小的巨幅堆绣唐卡《锦

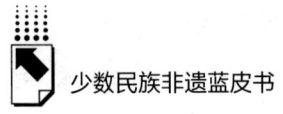

绣莲师》首次亮相。(中国文化产业网)

8月28日 拉萨雪顿节期间,罗布林卡和宗角禄康公园每天都会上演藏戏大赛,备受拉萨市民和中外游客追捧。藏戏在藏语中被称为"阿吉拉姆",已有600余年历史,被誉为"藏族文化活化石",是每年雪顿节必不可少的重要项目之一。(中国文化产业网)

9月5~9日 青海省文化新闻出版厅和海西州人民政府联合组团首次参加在长春举办的中国东北亚博览会。青海展团以"大美青海·巍巍昆仑"为主题,向国内外客商集中宣传推介了我省底蕴丰厚的民族民间特色文化资源,集中展示销售了手绘唐卡、昆仑玉、藏毯、撒拉族刺绣、掐丝唐卡、堆绣、泥塑、藏绣、黄河石艺画等民族民间文化产品。(中国文化产业网)

9月12~14日 第12届中国西部民歌(花儿)歌会在银川市永宁县中华回乡文化园举行。本次歌会分别进行了民歌组和原生态组共3场歌手比赛,来自全国各地的103位歌手、76个节目参加了评比。经过评委会评议,最终评选出13个金奖、26个银奖以及34个铜奖。贵州省六盘水市选送歌手王富怀以一曲《彝族哭嫁歌》震撼全场,获得了原生态组金奖。(贵州省文化厅)

9月22日 由中国文化部和波兰文化与民族遗产部共同主办的"中国民族文化周"开幕式暨"云南声音"音乐会于9月19日在华沙肖邦音乐学院音乐厅隆重举行。活动内容包括"云南声音"音乐会、少数民族服饰展、非物质文化遗产动态展演暨茶艺、剪纸艺术表演、少数民族题材电影展映、少数民族文化保护专题研讨会等。(中华人民共和国文化部网站)

9月23日 第二届"尼泊尔文化节·尼泊尔——中国唐卡艺术展"于15:00在首都图书馆第二展厅隆重开幕。(中华人民共和国文化部网站)

9月25日 以"人间圣地·天上西藏"为主题的首届中国西藏旅游文化国际博览会在拉萨盛大开幕。本届博览会包含西藏文化展、旅游精品展、主旨论坛、经贸洽谈等多项内容,活动将持续至9月27日。开幕式上演员们表演了藏戏、腰鼓、背鼓、热巴、卓舞。接下来的几天中,西藏非遗精品、文化产业、文物精品展,以及精品旅游景观大道推介、旅游商品展销等活动将陆续亮相。(中华人民共和国文化部网站)

9月25日 中阿非物质文化遗产展在宁夏文化馆开展。本次展览是第三届阿拉伯艺术节(宁夏分会场)的最后一项重要活动,展览以阿拉伯经典

《一千零一夜》为主线，分天方艺坛和天方乐坛两个板块，精选约旦、苏丹、阿曼、阿尔及利亚等22个阿拉伯国家的约300件非遗项目展品，以及宁夏回族乐器、剪纸、刺绣、阿文书法、口弦等非遗项目。（宁夏回族自治区文化厅）

10月10~13日 由文化部和山东省人民政府主办，中国非物质文化遗产保护中心、济南市人民政府、山东省文化厅共同承办的第三届中国非物质文化遗产博览会于在济南举行。本届博览会以"非遗：我们的生活方式"为主题，将邀请国家级、省级非遗项目和文化生态保护区以及国外有代表性的非遗产品参展。（中华人民共和国文化部网站）

10月24日 由云南省文化厅、云南中医学院主办的"非物质文化遗产进校园活动"在云南中医学院呈贡校区成功举办。开幕式上，表演了景颇族舞《刀花》、汉舞《礼仪之邦》及傣族舞《雨林》。（云南省文化厅）

10月28日 海南省外事侨务办公室副主任康拜英一行来到五指山市，作为第十七届岛屿观光政策论坛的组委会代表，实地察看了市非物质文化遗产保护成果，并从中挑选了《黎族竹木器乐》等4个节目作为海南省本土特色文化节目参加"论坛"，将于11月6日在海口市向国内外专家学者和媒体进行展示。（海南省文化广电出版体育厅）

11月3日 "苗疆圣地"贵州雷山县2014苗年节开幕，雷山县非遗传承人代表队集中展示了13项国家非物质文化遗产。（中国新闻网）

11月23日 由文化部文化产业司、中国藏毯协会、北京国际设计周支持，青海省文化和新闻出版厅、青海藏羊地毯（集团）有限公司、北京普罗之声文化传播有限公司联合主办的"藏之梦——青海手工藏毯艺术"，在北京上坐家居设计体验馆皇家粮仓展厅和798艺术区展厅同时开幕。（中国文化产业网）

12月4日 由贵州省文化厅、贵州省民族宗教事务委员会和黔东南州委、州人民政府联合主办，从江县委县人民政府承办的首届"侗族大歌传承保护发展百村歌唱大赛"于2014年12月29日在从江县落下帷幕。（贵州省文化厅）

12月5日 国务院印发通知公布了第四批国家级非物质文化遗产代表性项目名录（共计153项）和国家级非物质文化遗产代表性项目名录扩展项目

名录（共计153项），同时根据《中华人民共和国非物质文化遗产法》，将"国家级非物质文化遗产名录"名称调整为"国家级非物质文化遗产代表性项目名录"。至此，国家级非物质文化遗产代表性项目总数达1372项。（中华人民共和国文化部网站）

12月7日 广西金秀瑶族自治县"瑶族非物质文化遗产展示活动"开幕，以瑶族为主的各族群众欢聚一堂，载歌载舞。该活动为期两天，期间将举行瑶族风情歌舞表演、瑶族织绣和瑶医瑶药展销等活动。（新华网）

Abstract

Intangible cultural heritage of ethnic minorities is an important component of our intangible cultural heritage resources, not only has the value of particular importance, but has special "endangered". Therefore, it's the common responsibility of the whole society that to take various measures to increase the rescue for minority intangible cultural heritage and conservation efforts. *the development report on China's intangible cultural heritage of ethnic minorities* (*2015*) is a research report on the sustainable development of the minority intangible cultural heritage. It written by the south national minority of intangible cultural heritage research center, researched and published by Guizhou National University of ethnic culture industry development research center, national university of Guizhou institute of humanities science and technology. The main content includes the latest research results of Guizhou National University of science and the inheritance and protection of intangible cultural heritage of ethnic minorities in China, but also to absorb the forward-looking research results of domestic scholars in this field.

This book based on the statistics and analysis of minority intangible cultural heritage list and minority intangible cultural heritage inheritor from China's four batch of national intangible cultural heritage representative project list and the four batch of national intangible cultural heritage project representative successors, researched the production of integrity protection, protection, sustainable development, inheritance crisis of intangible cultural heritage by the government and academic attention in this book.

The book mainly consists of seven parts, as follows:

The first part is the general report. Mainly reviews the basic situation of 2006 ~ 2014 our country national minority intangible cultural heritage representative project list and representative successors, including basic data statistics, list the basic characteristics, the protection status, and put forward the perfect system of intangible cultural heritage list of ethnic minorities to promote the sustainable development of the feasibility of measures.

The second part is the Special Reports. It's mainly on China's ethnic intangible cultural heritage list system in the folk music, folk literature, traditional medicine, folk arts and folk customs of class for data statistical and analysis. Pointed out that at present the five minority groups of intangible cultural heritage in inheritance problems and shortcomings, and put forward development proposals.

The third part is the folk literature. The first chapter is the spread and inheritance status of different versions of our country and the different minorities epic *zhige'alu*, puts forward the methods and measures of comprehensive and scientific protection *zhige'alu*; the second and fourth with the first hand data from field investigation of scholars, national level intangible cultural heritage of ethnic minorities *The King of yalu* analyzed research in complex and realistic characteristics; The third article conduct a comparative study on *Mojing* Zhuang Buluotuo myth motif. The fifth part presents the she People's novel song inheritance path.

The fourth part is the report of case studies. The first article combinate the related policies and regulations and research of Tujia intangible cultural heritage protection and inheritance, put forward relevant comments and suggestions, through combing the situation of Hunan, Hubei, Guizhou, Chongqing four provinces levels of Tujia intangible cultural heritage list and representative inheritance people. The rest articles mainly study and analysis of the phenomenon of inheritance by novel song she, world-class heritage songs of Dong nationality, Miao batik, Gansu Linxia brick, Miao "ceremony of worship", proposed the protection measures of authenticity protection and protection of diversification.

The fifth part is the transmission project of intangible cultural heritage. The first article from communication point of view, puts forward the Xijiang Miao village in Guizhou intangible cultural heritage of the communication strategy of economic development; The second article from the productive protection point of view, to explore the economic attributes of intangible cultural heritage of cultural products, points out the important function of local power in Intangible Cultural Heritage Inheritance; The last one papers with market development of Tujia intangible cultural heritage, and put forward some specific measures of national culture heritage as a capital transfer of ethnic minorities.

The sixth part is the report on subjects for reference. Turn on the Suo River

Shanshu, Xiangzhigou the skills of ancient paper-making, Nvshu, Gaochun Xing ancestral genealogy, Tongren Wanshan district of intangible cultural heritage and intangible cultural heritage areas, provide experience to protect the authenticity and integrity in the intangible cultural heritage of ethnic minority.

The seventh section examines the memorabilia. Statistics related to minority intangible cultural heritage of the main event in our government level and academic circles occurred 2006 ~ 2014 years.

Contents

B I General Report

B.1 The Achievements, Problems and future Countermeasures of Development of China Minorities Intangible Cultural Heritage (2006 -2014)

Xiao Yuanping, Chai Li and Wang Weijie / 001

Abstract: Intangible cultural heritage list has become one of the important way of the protection of intangible cultural heritage. China has issued the four batch of national intangible cultural heritage representative project list and the four batch of national intangible cultural heritage items list, a strong impetus to the inheritance and protection of our country all levels of non-material cultural heritage. Intangible cultural heritage of ethnic minorities is an important part of China's intangible cultural heritage, protection and inheritance of intangible cultural heritage of ethnic minorities is of great importance to maintain the diversity of Chinese culture. This report seriously in the statistics and analysis of the fundamentals of our world class intangible cultural heritage list, a national intangible cultural heritage list and the National Intangible Cultural Heritage Inheritance people above, pointed out that the current characteristics, Chinese national minority intangible cultural heritage list of achievements and defects. Protection and inheritance and inheritance in the national intangible cultural heritage, although also made great achievements, but there are "attach importance to declare, ignoring management", "focus on the development, light protection", and the ecological environment and the intangible cultural heritage protection, the overall lack of intangible cultural heritage list of intangible cultural heritage inheritance leave no successor, discipline attribution fuzzy problems.

Therefore, we should continue to improve the minority intangible cultural heritage list system, strengthening of the minority Intangible Cultural Heritage Inheritance people supervision, protection and training, pay attention to cultural ecological protection zone of non-gathering place of the construction work, the realization of intangible cultural heritage and intangible cultural heritage of ethnic minorities in Han nationality common protection, maintenance of industrial utilization of intangible cultural heritage protection of authenticity, and stick to a few common national intangible cultural heritage and natural heritage, cultural heritage, heritage of agricultural heritage.

Keywords: China; Minorities; Intangible Cultural Heritage

B II Special Reports

B.2 The Development Report of Chinese Ethnic Minorities'
Folk Music of Intangible Cultural Heritage
(2006 −2014)   *Zhan Yihong, Zhou Yucheng* / 029

Abstract: Folk music is conceived out of working people's wisdom and creativity, which has the characteristics of diversity and complexity. In recent years, the intangible cultural heritage of our national folk music's protection and inherited is developing steadily, as the same time it also facing the unprecedented challenge an crisis. Based on the detailed description of the minority folk music class on the present development, and aiming at the problem of inheritance, the deterioration of the culture soil of the minority folk music intangible cultural heritage, put forward to develop cultural tourism, strengthen the inheritor of team construction, to explore sustainable development of the folk music, in order to afford better reference for the minority folk music of intangible cultural heritage protection and heritage.

Keywords: Ethnic Minorities; Fork Music; The Intangible Cultural Heritage; Protection and Heritage

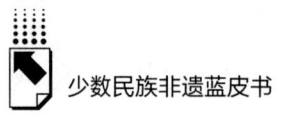

B. 3 The Development Report of Traditional Medicine of
       Intangible Cultural Heritage of Chinese Ethnic Minorities
       (2006 -2014)   *Xiao Yuanping, Wang Xiaoyan and Chai Li* / 044

Abstract: China has its own characteristics of unusually rich minority culture resources, as a multi-ethnic country also contains a lot of folk literature and treasures. However in society to accelerate the development of environment, urban mainstream culture and the rapid spread of squeeze the living space of the traditional culture of ethnic minorities, mandarin promotion and minority areas of frequent exchanges with the outside world for the survival and development of minority language caused great influence, and department of local government in the process of protecting the utilitarian heart heavy, make the minority folk literature heritage in the contemporary appeared some problems in the heritage and development. This report in combing the minority folk literature heritage work achievements and problems, on the basis of the national minority folk literature intangible in provided some reference for the future development of countermeasures and Suggestions, in the process of inheritance and protection of the future, should pay attention to the protection of the minority language, pay attention to the rationality of the declaration and protection of continuity, strengthening the protection of living normality, and perfect the legal mechanism in order to better protect the rights and interests of the minority folk literature intangible masterpiece.

Keywords: Minority; Folk literature; The Intangible Cultural Heritage

B. 4 The Development Report of Traditional Medicine of Intangible
       Cultural Heritage of Chinese Ethnic Minorities (2006 -2014)
                                        Wang Weijie, Zhang Chi / 061

Abstract: The national medicine is an important part of Chinese traditional medicine, it plays a decisive role whether in history or in the modern. Since 2006, China promulgated the first batch list of national intangible cultural heritage, total approved 13 national ethnic medicine list of intangible cultural heritage and 28 minority representative successors of the intangible cultural heritage project, lay a good foundation for the effective protection and inheritance of ethnic minority medicine. However, China national medicine also exist some problems, such as lack of representative list of national intangible cultural heritage, the quantity of representative successors is insufficient, and the team construction is not coordinated, industrialization development is not unreasonable, intellectual property protection is not optimistic. Therefore, practical policies of the future ethnic minority medicine can be effective inheritance is to speed up steps of traditional medicine single project declaration and approval, establish the echelon reasonable, perfect structure, hierarchical heritage team, accelerate the pace of innovation of national medicine by using new technology, and pay attention to the protection of intellectual property rights of ethnic minority medicine.

Keywords: Traditional Medicine; The Intangible Cultural Heritage; National Medicine

B. 5　The Development Report on Traditional Fine Arts Intangible Cultural Heritage of Chinese Ethnic Minorities (2006 -2014)

Tan Guoxin, Cao Hao / 080

Abstract: In the thousands of years of cultural accumulation, the minority have formed unique, rich and colorful traditional fine arts of the intangible cultural heritage. However, under the impact of modern civilization, a large number of the intangible cultural heritage of minority traditional fine arts began to disappear, even on the verge of extinction. The state has adopted a series of measures to protect the intangible cultural heritage of minority traditional fine arts since 2006, and has made remarkable achievements. However, there are some problems in the current, such as thecultural ecological environment in minority areas change accelerated. inheritors fault; weak protection awareness of minority people; weight declaration, light protection. And low degree of development. Therefore, this thesis intends to provide some suggestions to help the protection, inheritance, development of the intangible cultural heritage of minority traditional arts.

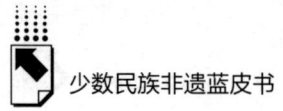

Keywords: Minority; Traditional Art; The Intangible Cultural Heritage; Protection and Development

B.6　The Development Report of folk-custom of Intangible Cultural Heritage of Chinese Ethnic Minorities (2006 -2014)

Xiao Yuanping, Wang Wei and Chai Li / 095

Abstract: Chinese ethnic folk culture is a process for a generation of cultural heritage, globalization has broken the original ethnic social closure, made of many traditional folk intangible cultural heritage in gradually disappear even reached their endangered status. Since 2006 implemented a series of ethnic minority folk heritage protection, made periodic remarkable achievements, but there is also a current minority region culture environment change; The interruption of "folk" inheritance chain crisis; Problems such as less competitive in the multicultural, so the paper aiming at these problems put forward to strengthen protection main function; Pay attention to the minority within the family of intangible folk inheritance; Improve competitive force of the minority folk intangible etc. Countermeasures and Suggestions, in order to minority folk custom classes of heritage protection and inheritance as well as in the modern cultural market, how to raise their competitiveness.

Keywords: Ethnic Minorities; Folk-custom; The Intangible Cultural Heritage

𝔹 Ⅲ　Reports of Folklore

B.7　Protection and Inheritance of the Yi Intangible Culture Heritage Epic *ZhiGe Alu*　　*LuoBian-muguo* / 112

Abstract: The ancient times Yi hero *ZhiGe Alu* was a historical figure who assembled in him the tribe king, Bimo and astronomy calendar. Because of his historic feat and historical status far beyond one's reach, the people put the ideal and wish concentrate on him, created many miraculous touching fairy tales, and put him as god in process of him stories spreading. The *ZhiGe Alu* epic has spread with many forms from Yunnan, Sichuan, Guizhou province where Yi people area. There were different editions which has self characters with distinctive features and important value. On protection and inheritance this epic, although it had more work, inherit situation were still severe, need comprehensively and scientifically protect and inherit the epic works, the inheritor, the inherit means, with to declare the project and so on the many kinds of methods and measures.

Keywords: *ZhiGe Alu*; the Heroic Epic; Protection and Inheritance

B. 8　Falling Leaves Complex of *the King of Ya Lu* Epic

Liu Yang, Yang Lan / 131

Abstract: *The King of Ya Lu* Epic describe the Miao people's ancestral social life, not only has a richhistorical and legendary, fill the blank of the early part of the history of Miao. This article is based on the field investigation, analysis of the Mashan Miao's "falling leaves" complex.

Keywords: the Researches of Epics; Falling Leaves Complex; *the King of Ya Lu*

B. 9　Research on Buluotuo Tale in Zhuang's *Mojing*

Lin Anning / 145

Abstract: The tale of Buluotuo is an important part of the cultural research of Buluotuo. Sorting out Buluotuo tales in Zhuang's *Mojing* helps research comprehensively and deeply, and places an important base for further research on Zhuang's tales and epics. The motif of Buluotuo tale is one of important contents in Zhuang tale system and a great treasure in China's tale data base. The comparison between Buluotuo tale and Huangdi tale is a breakthrough in researching Buluotuo tale, and thus, the influence of Huangdi tale on Buluotuo tale and the national uniqueness of Buluotuo tale can be studied.

Keywords: Zhuang's *Mojing*; Buluotuo; Tale Motif; Huang Emperor

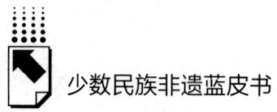

B. 10 Realistic Characteristic of *The King of Ya Lu Epic*
　　　—Take the Lack of "the Motif of Hero Rise Again"
　　　Epic as an Example　　　　　　　　　　Liu Yang, Yang Lan / 164

Abstract: Compared with the north three epic, Miao epic "The King of Ya Lu" is a close to people's life epic which lacks of magical, but pays attention to the real description of real life. It is a description of the hero of the story just like other hero epics. But in other epics hero seems to have the ability rise again, or the hero of the shape from people tends to the gods image. In the epic "The King of Ya Lu", the image of heroes tend to more humanized characteristics. The article tries to set out from the epic text, combined with the epic hero motif revive to deeply explore the realistic characteristic of epic.

Keywords: the Researches of Epics; Realistic Characteristic; the Motif of Hero Rise Again; *The King of Ya Lu*

B. 11 Value Judgements and Inheritance Path of Oral
　　　heritage of Ethnic Minority
　　　—Based on She People's Novel Songs
　　　　　　　　　　　　　　　　　　　　　　Cui Lei / 175

Abstract: Novel songs is the most important, abundant and perfect literary carrier of She's literature. She people's novel songs is a historical memory of She people. Taking the system theory as the theoretical perspective, practice to protect the intangible cultural heritage area fractal spread of "She people's novel songs" within the threshold range, comprehensive comparison method by using the horizontal and vertical, positive and negative analysis and reflection. From the case on the government role in She people's novel songs protection and utilization in the general rules and characteristics, From several aspects, induct and analysis government heritage strategy role in a comprehensive and method of protection and utilization of

She people's novel songs.

Keywords: Oral Heritage; Intangible Cultural Heritage; She People's NoSvel Songs; Cultural Heritage

B Ⅳ   Reports of Case Studies

B. 12   Report on the Protection and Inheritance of the
         Intangible Cultural Heritage of Tujia

Wang Yanni, Zhao Erwenda / 188

Abstract: Intangible Cultural Heritage of Tujia is an important part of cultural heritage of ethnic of minorities in our country. Its inheriting and protecting has deep historical and realistic meaning. This thesis is based on the items that involved Tujia in national and provincial intangible cultural heritage lists, teased its current situation, of inheritors in Hunan, Hubei, Guizhou province and Chongqing provincial city. , then used a combination of local correlated polices and laws and present academic studies. Aiming to analyzed its current situation, characteristics and deficiency, and put forward some comments and suggestions, in order to provide a reference for the protection of intangible cultural heritage in practice.

Keywords: Keywords: Tujia; Intangible Cultural Heritage; Inheritance and Protection

B. 13   Research on the Formation of Dong People's Chorus

Long Zhaobao / 202

Abstract: Dong people's Chorus It is popular in the southern area of Dong an ancient polyphony music art. The formation has close relationship with the society of the Dong people unique life history. Kuan organization provides regional space. Talent competition to provide spiritual impetus. Cultural innovation is the inherent mechanism. Many parts of the production has related contingency. History indicates that cultural innovation is crucial to the formation of Dong people's chorus, Hence, future generations inherit should do the same.

Keywrds: Dong People Chorus; Formation; Talent Competition; Cultural Innovation

B. 14 The Study on the Gradient Development of Miao's Batik Painting

——*Discussion on the Productive Protection of Industrial Arts' Intangible Cultural Heritage* *Zhang Chi* / 209

Abstract: The Miao batik painting has been considered as one of the Intangible Cultural Heritages which is full of ethnic characteristics. It is drawn by hand into a painting by using linen, cotton cloth and bee-wax which all come from the nature they live in. With the developments of society, the Miao have tried promoting the long-history skills of batik painting to the modern market, and the company of Ning Hang has been the excellent pioneer of this field. The thesis will investigate on the modes of production, inheritance, and development of the company's batiks, attempting to make a deep discussion on traditional industrial arts' intangible cultural Heritage's protection and development and then draw a conclusion that the development of traditional industrial arts' intangible cultural heritage should be focused on the productive protection by using gradient development in order to tackle the contradiction between inheritance protection and business development reasonably and efficiently.

Keywords: Traditional Industrial Arts; Intangible Culture Heritage; The Productive Protection; The Gradient Development

B. 15 On the National Minorities' Intangible Cultural Heritage Protection in Gansu: A Case Study of Linxia Brick Carving *Liu Chunyan* / 222

Abstract: As a representation of national minorities' ICH in Gansu, Linxia brick carving is rich in cultural connotation; however, it is faced with decaying for the lack of government's support and the insufficiency of protection and inheritance. In order to protect Linxia brick carving well, the intangible cultural heritage protection should be connected with tangible cultural heritage, which means the promotion of the propagandizing and exhibition of Linxia brick carving by the use of tangible cultural heritage, the borrowing of the successful experience of Dunhuang, and the application of digital technology.

Key words: Gansu; Linxia Brick Carving; Tangible Cultural Heritage; Intangible Cultural Heritage

B. 16 Try to Expond the Symbolic Implication of the Miao's Ancestor-Worshipping Celebration
—Taking QiaoBaLang for Example *Jin Xiaoxiao* / 228

Abstract: The "qiaobalang" is popular in the the central Guizhou vicinity of memorial ceremony. "qiaobalang" as an ancestor worship ceremony, to the pursuit of harmony with the ancestors as a means to be strengthened, at the ceremony, the awe of ancestors, which is the expression of social ethics, people are more hopes this ceremony ancestors return. "qiaobalang" is a clan ceremony is a form of separation of social groups separated current interpersonal interaction at the ceremony and strengthen this knock Balaam good blend of sacred and secular dichotomy.

Keywords: Miao Nationality; "Qiaobalang"; Memorial Ceremony; Symbol

B V Intangible Cultural Heritage Economy

B. 17 Study of Intangible Cultural Heritage Spread in Xijiang
Wang Yanni, Gong Xiang / 236

Abstract: The Chinese culture has a long history and own a very profound traditional national cultural resources. As the biggest gathering place of the Miao nationality, The Miao village e of xijiang had carrying the heritage and development of Miao culture from ancient times. The study in communication mode, communication type, communication effect, communication's dilemma, and the innovation communication under the background of the integration of science and technology is benefit for maintain the diversified pattern of Chinese culture which formed by the culture of Han nationality and minority.

Keywords: XiJiang; Thousand Households MiaoVilliage; Intangible Cultural Heritage

B.18 Functional Analysis of the Local Power on the Protection and Inheritance of the Intangible Cultural Heritage

Shen Manxiu, Wang Wen / 247

Abstract: Economic attribute and cultural attribute are dual characteristics of the cultural products. In terms of the intangible cultural heritage, it naturally has the dual characteristics once it is created as the cultural product or the cultural service. At the present moment, most developments of intangible cultural heritage are focus on the economic attribute, since the economic factor reveals the motivation of the developments. Nevertheless, the protection of the cultural attribute should not be ignored in the process of the intangible cultural development. Each intangible cultural heritage is generated from one or a few particular regions, with the unique traditional custom, human features and geological condition. As the distinction of local characteristics leads to the variety of intangible cultural heritage, the protection and development of the intangible cultural heritage should start from the local unique features.

Keywords: The Local Power; Intangible Cultural Heritage; Inheritance and Protection

Contents

B.19 Let the Intangible Cultural Heritage into the Contemporary Economic Life
—A Case Study in Xilankapu
Mo Zheng / 256

Abstract: In this paper, by analyzing Xilankapu has the marketing tradition, has walked market tradition, combining with the plight of Xilankapu in today's social development. Suggested Xilankapu marketization development should take the consumer as the center, used advertising to create consumers' desire to buy, to innovation as the development of the power, through the reasonable processing Xilankapu development and the inheritance relationship, made Xilankapu into the contemporary economic life. The inheritors of Xilankapu have their own target market, so that Xilankapu heritage did not simply rely on outside blood transfusion, and had its own hematopoietic function.

Keywords: Xilankapu; Intangible Cultural Heritage; Economic Life

B VI Reports on Subjects for Reference

B.20 Discussion on the Development and Protection of Heritage of the Intangible Cultural Heritage "ShanShu"
—Take SuoheShanshu for an Example   *Yao Weijun, Li Ren* / 267

Abstract: "Shanshu", as a kind of folk culture, not only embodies the cultural phenomenon of Chinese nation, especially the Han nation's, but also fully embodies culture and moral heritage of Chinese nation for thousands of years. Its rich content and long history have greatly promoted the development and enrichment of the whole rap art history. It is significant to develop, protect and inherit "Shanshu" in promoting the protection of the intangible cultural heritage, enriching people's spiritual and cultural life, promoting the new countryside culture construction, building the socialist core value system, and promoting the comprehensive development of society.

Keywords: Suo He Shan Shu; Intangible Cultural Heritage; Protection and Inheritance

B. 21　Study of Application of New Media and Promotion of Xiangzhigou Ancient Paper Branding　*Wang Ming*, *Xiao Wei* / 277

Abstract: As a representative of one of Guizhou ancient paper, Xiangzhigou, although has a wide distribution of original ecological ancient paper mill community, but it is declining over the past decade, or even it is confronted with the threaten by extinction. Today's society is an era of large diffusion of information, the application of new media as an effective mean of brand promotion of cultural products, its influence is enormous, and the effect of the force is apparent. Therefore , taking advantage of of the new media, the impact and the tension, perhaps can greatly improve the popularity, reputation and loyalty of Xiangzhigou ancient art of paper And then. make it pass down with living state and eternal vitality.

Keywords: Xiangzhigou; The Ancient Paper; New Media; Branding

B. 22　The Inheritance and Protection on Nv Shu Recital

He Yan, *Jiang Mingzhi* / 284

Abstract: The creation of nvshu literature was based on recital, which was the way of creation. However, nvshu recital had been died after liberation in 1949. The number of nvshu singing exceeded recital after 1980s because of the participation of experts. The singing of nvshu had very strong music flavor, in the other hand , recital was hard to learn and be expressed by women. Along with the decline of nvshu recital, the nvshu creation was lost of the basis of life. How to protect and inherit the nvshu recital became the matter of top priority.

Keywords: Nv Shu Recital; Nv Shu Singing ; Inheritance and Protection

B. 23 Theory of the Function and Role of
the Ancestral Hall and Genealogy
—*Take the Case of the Gao Chun XingShi
Ancestral Genealogy*

Zhu Lili / 297

Abstract: In traditional Chinese society, ancestral temple and genealogy in sustaining the whole clan played a pivotal role. In the present process of urbanization, ancestral temple and the fate of genealogy is draw more and more people's attention. After taking gaochun XingShi ancestral temple and XingShi genealogy as the main research object, discusses the concept of clan of the local people, and genealogy of family precepts of auxiliary management role for local people, in the ancestral temple and genealogy in today's society still has the positive significance. We can through to the ancestral temple and genealogy of the present community better auxiliary management, to promote the better development of community.

Keywords: Ancestral Temple; Genealogy; Community; Management

B. 24 Analysis on the Protective Mechanism of Tong Ren
Mercury Cultural Heritage *Chen Weihua, Gao Xuechun* / 321

Abstract: This articleresearches the mercurycultural of Tong Ren fromthe perspective ofheritage protection, analyzes the current situation of cultural protection and shortcomings, probes the protection mode and subject, gives advice on mercuryculturalprotection, which has a hightheoretical value on enhancing the city competitiveness andcultural charm of Tong Ren.

Keywords: Mercury Cultural Heritage; Protection Subject; Protection Mode

B VII Chronicle of Events

B. 25   Chronicle of Events *Zhang Wenwen, Fan Wei* / 332

社会科学文献出版社　　　　　　　　　　　　　　　皮书系列

❖ 皮书起源 ❖

"皮书"起源于十七、十八世纪的英国，主要指官方或社会组织正式发表的重要文件或报告，多以"白皮书"命名。在中国，"皮书"这一概念被社会广泛接受，并被成功运作、发展成为一种全新的出版型态，则源于中国社会科学院社会科学文献出版社。

❖ 皮书定义 ❖

皮书是对中国与世界发展状况和热点问题进行年度监测，以专业的角度、专家的视野和实证研究方法，针对某一领域或区域现状与发展态势展开分析和预测，具备权威性、前沿性、原创性、实证性、时效性等特点的连续性公开出版物，由一系列权威研究报告组成。皮书系列是社会科学文献出版社编辑出版的蓝皮书、绿皮书、黄皮书等的统称。

❖ 皮书作者 ❖

皮书系列的作者以中国社会科学院、著名高校、地方社会科学院的研究人员为主，多为国内一流研究机构的权威专家学者，他们的看法和观点代表了学界对中国与世界的现实和未来最高水平的解读与分析。

❖ 皮书荣誉 ❖

皮书系列已成为社会科学文献出版社的著名图书品牌和中国社会科学院的知名学术品牌。2011年，皮书系列正式列入"十二五"国家重点图书出版规划项目；2012~2014年，重点皮书列入中国社会科学院承担的国家哲学社会科学创新工程项目；2015年，41种院外皮书使用"中国社会科学院创新工程学术出版项目"标识。

中国皮书网
www.pishu.cn

发布皮书研创资讯，传播皮书精彩内容
引领皮书出版潮流，打造皮书服务平台

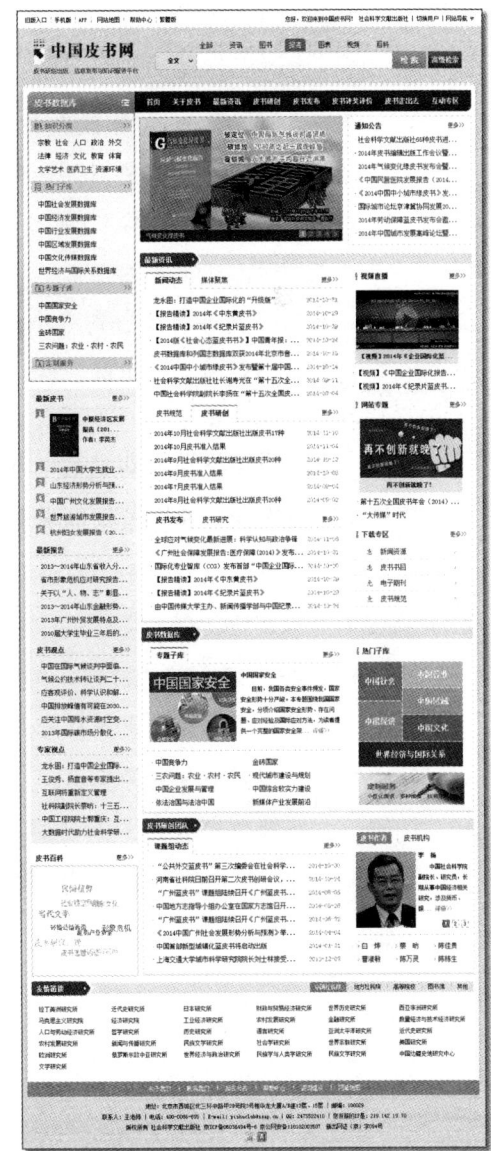

栏目设置：

- □ 资讯：皮书动态、皮书观点、皮书数据、皮书报道、皮书发布、电子期刊
- □ 标准：皮书评价、皮书研究、皮书规范
- □ 服务：最新皮书、皮书书目、重点推荐、在线购书
- □ 链接：皮书数据库、皮书博客、皮书微博、在线书城
- □ 搜索：资讯、图书、研究动态、皮书专家、研创团队

中国皮书网依托皮书系列"权威、前沿、原创"的优质内容资源，通过文字、图片、音频、视频等多种元素，在皮书研创者、使用者之间搭建了一个成果展示、资源共享的互动平台。

自2005年12月正式上线以来，中国皮书网的IP访问量、PV浏览量与日俱增，受到海内外研究者、公务人员、商务人士以及专业读者的广泛关注。

2008年、2011年中国皮书网均在全国新闻出版业网站荣誉评选中获得"最具商业价值网站"称号；2012年，获得"出版业网站百强"称号。

2014年，中国皮书网与皮书数据库实现资源共享，端口合一，将提供更丰富的内容，更全面的服务。

法 律 声 明

"皮书系列"（含蓝皮书、绿皮书、黄皮书）之品牌由社会科学文献出版社最早使用并持续至今，现已被中国图书市场所熟知。"皮书系列"的LOGO（ ）与"经济蓝皮书""社会蓝皮书"均已在中华人民共和国国家工商行政管理总局商标局登记注册。"皮书系列"图书的注册商标专用权及封面设计、版式设计的著作权均为社会科学文献出版社所有。未经社会科学文献出版社书面授权许可，任何使用与"皮书系列"图书注册商标、封面设计、版式设计相同或者近似的文字、图形或其组合的行为均系侵权行为。

经作者授权，本书的专有出版权及信息网络传播权为社会科学文献出版社享有。未经社会科学文献出版社书面授权许可，任何就本书内容的复制、发行或以数字形式进行网络传播的行为均系侵权行为。

社会科学文献出版社将通过法律途径追究上述侵权行为的法律责任，维护自身合法权益。

欢迎社会各界人士对侵犯社会科学文献出版社上述权利的侵权行为进行举报。电话：010-59367121，电子邮箱：fawubu@ssap.cn。

社会科学文献出版社

权威报告·热点资讯·特色资源

皮书数据库
ANNUAL REPORT(YEARBOOK) DATABASE

当代中国与世界发展高端智库平台

皮书俱乐部会员服务指南

1. 谁能成为皮书俱乐部成员?
- 皮书作者自动成为俱乐部会员
- 购买了皮书产品(纸质书/电子书)的个人用户

2. 会员可以享受的增值服务
- 免费获赠皮书数据库100元充值卡
- 加入皮书俱乐部,免费获赠该纸质图书的电子书
- 免费定期获赠皮书电子期刊
- 优先参与各类皮书学术活动
- 优先享受皮书产品的最新优惠

3. 如何享受增值服务?
(1) 免费获赠100元皮书数据库体验卡
第1步 刮开附赠充值的涂层(右下);
第2步 登录皮书数据库网站(www.pishu.com.cn),注册账号;
第3步 登录并进入"会员中心"—"在线充值"—"充值卡充值",充值成功后即可使用。

(2) 加入皮书俱乐部,凭数据库体验卡获赠该书的电子书
第1步 登录社会科学文献出版社官网(www.ssap.com.cn),注册账号;
第2步 登录并进入"会员中心"—"皮书俱乐部",提交加入皮书俱乐部申请;
第3步 审核通过后,再次进入皮书俱乐部,填写页面所需图书、体验卡信息即可自动兑换相应电子书。

4. 声明
解释权归社会科学文献出版社所有

皮书俱乐部会员可享受社会科学文献出版社其他相关免费增值服务,有任何疑问,均可与我们联系。

图书销售热线:010-59367070/7028
图书服务QQ:800045692
图书服务邮箱:duzhe@ssap.cn

数据库服务热线:400-008-6695
数据库服务QQ:2475522410
数据库服务邮箱:database@ssap.cn

欢迎登录社会科学文献出版社官网
(www.ssap.com.cn)
和中国皮书网(www.pishu.cn)
了解更多信息

社会科学文献出版社 皮书系列
卡号:610037213315
密码:

S 子库介绍
Sub-Database Introduction

中国经济发展数据库

涵盖宏观经济、农业经济、工业经济、产业经济、财政金融、交通旅游、商业贸易、劳动经济、企业经济、房地产经济、城市经济、区域经济等领域，为用户实时了解经济运行态势、把握经济发展规律、洞察经济形势、做出经济决策提供参考和依据。

中国社会发展数据库

全面整合国内外有关中国社会发展的统计数据、深度分析报告、专家解读和热点资讯构建而成的专业学术数据库。涉及宗教、社会、人口、政治、外交、法律、文化、教育、体育、文学艺术、医药卫生、资源环境等多个领域。

中国行业发展数据库

以中国国民经济行业分类为依据，跟踪分析国民经济各行业市场运行状况和政策导向，提供行业发展最前沿的资讯，为用户投资、从业及各种经济决策提供理论基础和实践指导。内容涵盖农业，能源与矿产业，交通运输业，制造业，金融业，房地产业，租赁和商务服务业，科学研究，环境和公共设施管理，居民服务业，教育，卫生和社会保障，文化、体育和娱乐业等 100 余个行业。

中国区域发展数据库

以特定区域内的经济、社会、文化、法治、资源环境等领域的现状与发展情况进行分析和预测。涵盖中部、西部、东北、西北等地区，长三角、珠三角、黄三角、京津冀、环渤海、合肥经济圈、长株潭城市群、关中一天水经济区、海峡经济区等区域经济体和城市圈，北京、上海、浙江、河南、陕西等 34 个省份及中国台湾地区。

中国文化传媒数据库

包括文化事业、文化产业、宗教、群众文化、图书馆事业、博物馆事业、档案事业、语言文字、文学、历史地理、新闻传播、广播电视、出版事业、艺术、电影、娱乐等多个子库。

世界经济与国际政治数据库

以皮书系列中涉及世界经济与国际政治的研究成果为基础，全面整合国内外有关世界经济与国际政治的统计数据、深度分析报告、专家解读和热点资讯构建而成的专业学术数据库。包括世界经济、世界政治、世界文化、国际社会、国际关系、国际组织、区域发展、国别发展等多个子库。

社长致辞

我们是图书出版者,更是人文社会科学内容资源供应商;

我们背靠中国社会科学院,面向中国与世界人文社会科学界,坚持为人文社会科学的繁荣与发展服务;

我们精心打造权威信息资源整合平台,坚持为中国经济与社会的繁荣与发展提供决策咨询服务;

我们以读者定位自身,立志让爱书人读到好书,让求知者获得知识;

我们精心编辑、设计每一本好书以形成品牌张力,以优秀的品牌形象服务读者,开拓市场;

我们始终坚持"创社科经典,出传世文献"的经营理念,坚持"权威、前沿、原创"的产品特色;

我们"以人为本",提倡阳光下创业,员工与企业共享发展之成果;

我们立足于现实,认真对待我们的优势、劣势,我们更着眼于未来,以不断的学习与创新适应不断变化的世界,以不断的努力提升自己的实力;

我们愿与社会各界友好合作,共享人文社会科学发展之成果,共同推动中国学术出版乃至内容产业的繁荣与发展。

社会科学文献出版社社长
中国社会学会秘书长

2015 年 1 月

社会科学文献出版社　　　　　　　　　　　皮书系列

❖ 皮书起源 ❖

"皮书"起源于十七、十八世纪的英国，主要指官方或社会组织正式发表的重要文件或报告，多以"白皮书"命名。在中国，"皮书"这一概念被社会广泛接受，并被成功运作、发展成为一种全新的出版形态，则源于中国社会科学院社会科学文献出版社。

❖ 皮书定义 ❖

皮书是对中国与世界发展状况和热点问题进行年度监测，以专业的角度、专家的视野和实证研究方法，针对某一领域或区域现状与发展态势展开分析和预测，具备权威性、前沿性、原创性、实证性、时效性等特点的连续性公开出版物，由一系列权威研究报告组成。皮书系列是社会科学文献出版社编辑出版的蓝皮书、绿皮书、黄皮书等的统称。

❖ 皮书作者 ❖

皮书系列的作者以中国社会科学院、著名高校、地方社会科学院的研究人员为主，多为国内一流研究机构的权威专家学者，他们的看法和观点代表了学界对中国与世界的现实和未来最高水平的解读与分析。

❖ 皮书荣誉 ❖

皮书系列已成为社会科学文献出版社的著名图书品牌和中国社会科学院的知名学术品牌。2011年，皮书系列正式列入"十二五"国家重点出版规划项目；2012~2014年，重点皮书列入中国社会科学院承担的国家哲学社会科学创新工程项目；2015年，41种院外皮书使用"中国社会科学院创新工程学术出版项目"标识。

经 济 类

经济类皮书涵盖宏观经济、城市经济、大区域经济，提供权威、前沿的分析与预测

经济蓝皮书
2015年中国经济形势分析与预测

李 扬 / 主编　　2014年12月出版　　定价:69.00元

◆ 本书课题为"总理基金项目"，由著名经济学家李扬领衔，联合数十家科研机构、国家部委和高等院校的专家共同撰写，对2014年中国宏观及微观经济形势进行了深入分析，并且提出了2015年经济走势的预测。

城市竞争力蓝皮书
中国城市竞争力报告 No.13

倪鹏飞 / 主编　　2015年5月出版　　估价:89.00元

◆ 本书由中国社会科学院城市与竞争力研究中心主任倪鹏飞主持编写，汇集了众多研究城市经济问题的专家学者关于城市竞争力研究的最新成果。本报告构建了一套科学的城市竞争力评价指标体系，采用第一手数据材料，对国内重点城市年度竞争力格局变化进行客观分析和综合比较、排名，对研究城市经济及城市竞争力极具参考价值。

西部蓝皮书
中国西部发展报告（2015）

姚慧琴　徐璋勇 / 主编　　2015年7月出版　　估价:89.00元

◆ 本书由西北大学中国西部经济发展研究中心主编，汇集了源自西部本土以及国内研究西部问题的权威专家的第一手资料，对国家实施西部大开发战略进行年度动态跟踪，并对2015年西部经济、社会发展态势进行预测和展望。

经济类

中部蓝皮书
中国中部地区发展报告（2015）

喻新安 / 主编　　2015 年 5 月出版　　估价 :69.00 元

◆ 本书敏锐地抓住当前中部地区经济发展中的热点、难点问题，紧密地结合国家和中部经济社会发展的重大战略转变，对中部地区经济发展的各个领域进行了深入、全面的分析研究，并提出了具有理论研究价值和可操作性强的政策建议。

世界经济黄皮书
2015 年世界经济形势分析与预测

王洛林　张宇燕 / 主编　　2015 年 1 月出版　　定价 :69.00 元

◆ 本书为"十二五"国家重点图书出版规划项目，中国社会科学院创新工程学术出版资助项目，作者来自中国社会科学院世界经济与政治研究所。该书总结了 2014 年世界经济发展的热点问题，对 2015 年世界经济形势进行了分析与预测。

中国省域竞争力蓝皮书
中国省域经济综合竞争力发展报告（2013~2014）

李建平　李闽榕　高燕京 / 主编　　2015 年 2 月出版　　定价 :198.00 元

◆ 本书充分运用数理分析、空间分析、规范分析与实证分析相结合、定性分析与定量分析相结合的方法，建立起比较科学完善、符合中国国情的省域经济综合竞争力指标评价体系及数学模型，对 2012~2013 年中国内地 31 个省、市、区的经济综合竞争力进行全面、深入、科学的总体评价与比较分析。

城市蓝皮书
中国城市发展报告 No.8

潘家华　魏后凯 / 主编　　2015 年 9 月出版　　估价 :69.00 元

◆ 本书由中国社会科学院城市发展与环境研究中心编著，从中国城市的科学发展、城市环境可持续发展、城市经济集约发展、城市社会协调发展、城市基础设施与用地管理、城市管理体制改革以及中国城市科学发展实践等多角度、全方位地立体展示了中国城市的发展状况，并对中国城市的未来发展提出了建议。

经济类 — 皮书系列重点推荐

金融蓝皮书
中国金融发展报告（2015）

李 扬 王国刚/主编 2014年12月出版 定价:75.00元

◆ 由中国社会科学院金融研究所组织编写的《中国金融发展报告（2015）》，概括和分析了2014年中国金融发展和运行中的各方面情况，研讨和评论了2014年发生的主要金融事件。本书由业内专家和青年精英联合编著，有利于读者了解掌握2014年中国的金融状况，把握2015年中国金融的走势。

低碳发展蓝皮书
中国低碳发展报告（2015）

齐 晔/主编 2015年4月出版 估价:89.00元

◆ 本书对中国低碳发展的政策、行动和绩效进行科学、系统、全面的分析。重点是通过归纳中国低碳发展的绩效，评估与低碳发展相关的政策和措施，分析政策效应的制度背景和作用机制，为进一步的政策制定、优化和实施提供支持。

经济信息绿皮书
中国与世界经济发展报告（2015）

杜 平/主编 2014年12月出版 定价:79.00元

◆ 本书由国家信息中心继续组织有关专家编撰。由国家信息中心组织专家队伍编撰，对2014年国内外经济发展环境、宏观经济发展趋势、经济运行中的主要矛盾、产业经济和区域经济热点、宏观调控政策的取向进行了系统的分析预测。

低碳经济蓝皮书
中国低碳经济发展报告（2015）

薛进军 赵忠秀/主编 2015年5月出版 估价:69.00元

◆ 本书是以低碳经济为主题的系列研究报告，汇集了一批罗马俱乐部核心成员、IPCC工作组成员、碳排放理论的先驱者、政府气候变化问题顾问、低碳社会和低碳城市计划设计人等世界顶尖学者，对气候变化政策制定、特别是中国的低碳经济经济发展有特别参考意义。

皮书系列重点推荐　社会政法类

社会政法类

社会政法类皮书聚焦社会发展领域的热点、难点问题，
提供权威、原创的资讯与视点

社会蓝皮书
2015年中国社会形势分析与预测

李培林　陈光金　张　翼/主编　2014年12月出版　定价:69.00元

◆ 本报告是中国社会科学院"社会形势分析与预测"课题组2014年度分析报告，由中国社会科学院社会学研究所组织研究机构专家、高校学者和政府研究人员撰写。对2014年中国社会发展的各个方面内容进行了权威解读，同时对2015年社会形势发展趋势进行了预测。

法治蓝皮书
中国法治发展报告 No.13（2015）

李　林　田　禾/主编　2015年3月出版　定价:105.00元

◆ 本年度法治蓝皮书一如既往秉承关注中国法治发展进程中的焦点问题的特点，回顾总结了2014年度中国法治发展取得的成就和存在的不足，并对2015年中国法治发展形势进行了预测和展望。

环境绿皮书
中国环境发展报告（2015）

刘鉴强/主编　2015年5月出版　估价:79.00元

◆ 本书由民间环保组织"自然之友"组织编写，由特别关注、生态保护、宜居城市、可持续消费以及政策与治理等版块构成，以公共利益的视角记录、审视和思考中国环境状况，呈现2014年中国环境与可持续发展领域的全局态势，用深刻的思考、科学的数据分析2014年的环境热点事件。

反腐倡廉蓝皮书

中国反腐倡廉建设报告 No.4

李秋芳 张英伟/主编　2014年12月出版　　定价:79.00元

◆ 本书抓住了若干社会热点和焦点问题，全面反映了新时期新阶段中国反腐倡廉面对的严峻局面，以及中国共产党反腐倡廉建设的新实践新成果。根据实地调研、问卷调查和舆情分析，梳理了当下社会普遍关注的与反腐败密切相关的热点问题。

女性生活蓝皮书

中国女性生活状况报告 No.9（2015）

韩湘景/主编　2015年4月出版　估价:79.00元

◆ 本书由中国妇女杂志社、华坤女性生活调查中心和华坤女性消费指导中心组织编写，通过调查获得的大量调查数据，真实展现当年中国城市女性的生活状况、消费状况及对今后的预期。

华侨华人蓝皮书

华侨华人研究报告(2015)

贾益民/主编　2015年12月出版　估价:118.00元

◆ 本书为中国社会科学院创新工程学术出版资助项目，是华侨大学向世界提供最新涉侨动态、理论研究和政策建议的平台。主要介绍了相关国家华侨华人的规模、分布、结构、发展趋势，以及全球涉侨生存安全环境和华文教育情况等。

政治参与蓝皮书

中国政治参与报告（2015）

房宁/主编　2015年7月出版　估价:105.00元

◆ 本书作者均来自中国社会科学院政治学研究所，聚焦中国基层群众自治的参与情况介绍了城镇居民的社区建设与居民自治参与和农村居民的村民自治与农村社区建设参与情况。其优势是其指标评估体系的建构和问卷调查的设计专业，数据量丰富，统计结论科学严谨。

皮书系列 重点推荐　行业报告类

行业报告类

行业报告类皮书立足重点行业、新兴行业领域，提供及时、前瞻的数据与信息

房地产蓝皮书
中国房地产发展报告 No.12（2015）
魏后凯　李景国 / 主编　　2015年5月出版　　估价：79.00元

◆ 本书汇集了众多研究城市房地产经济问题的专家、学者关于城市房地产方面的最新研究成果。对2014年我国房地产经济发展状况进行了回顾，并做出了分析，全面翔实而又客观公正，同时，也对未来我国房地产业的发展形势做出了科学的预测。

保险蓝皮书
中国保险业竞争力报告（2015）
姚庆海　王力 / 主编　　2015年12出版　　估价：98.00元

◆ 本皮书主要为监管机构、保险行业和保险学界提供保险市场一年来发展的总体评价，外在因素对保险业竞争力发展的影响研究；国家监管政策、市场主体经营创新及职能发挥、理论界最新研究成果等综述和评论。

企业社会责任蓝皮书
中国企业社会责任研究报告（2015）
黄群慧　彭华岗　钟宏武　张蒽 / 编著
2015年11月出版　　估价：69.00元

◆ 本书系中国社会科学院经济学部企业社会责任研究中心组织编写的《企业社会责任蓝皮书》2015年分册。该书在对企业社会责任进行宏观总体研究的基础上，根据2014年企业社会责任及相关背景进行了创新研究，在全国企业中观层面对企业健全社会责任管理体系提供了弥足珍贵的丰富信息。

行业报告类　皮书系列 重点推荐

投资蓝皮书
中国投资发展报告（2015）

杨庆蔚 / 主编　　2015 年 4 月出版　　估价 :128.00 元

◆ 本书是中国建银投资有限责任公司在投资实践中对中国投资发展的各方面问题进行深入研究和思考后的成果。投资包括固定资产投资、实业投资、金融产品投资、房地产投资等诸多领域，尝试将投资作为一个整体进行研究，能够较为清晰地展现社会资金流动的特点，为投资者、研究者、甚至政策制定者提供参考。

住房绿皮书
中国住房发展报告（2014~2015）

倪鹏飞 / 主编　　2014 年 12 月出版　　定价 :79.00 元

◆ 本报告从宏观背景、市场主体、市场体系和公共政策四个方面，对中国住宅市场体系做了全面系统的分析、预测与评价，并给出了相关政策建议，并在评述 2013~2014 年住房及相关市场走势的基础上，预测了 2014~2015 年住房及相关市场的发展变化。

人力资源蓝皮书
中国人力资源发展报告（2015）

余兴安 / 主编　　2015 年 9 月出版　　估价 :79.00 元

◆ 本书是在人力资源和社会保障部部领导的支持下，由中国人事科学研究院汇集我国人力资源开发权威研究机构的诸多专家学者的研究成果编写而成。作为关于人力资源的蓝皮书，本书通过充分利用有关研究成果，更广泛、更深入地展示近年来我国人力资源开发重点领域的研究成果。

汽车蓝皮书
中国汽车产业发展报告（2015）

国务院发展研究中心产业经济研究部　中国汽车工程学会
大众汽车集团（中国）/ 主编　　2015 年 7 月出版　　估价 :128.00 元

◆ 本书由国务院发展研究中心产业经济研究部、中国汽车工程学会、大众汽车集团（中国）联合主编，是关于中国汽车产业发展的研究性年度报告，介绍并分析了本年度中国汽车产业发展的形势。

国别与地区类

国别与地区类

国别与地区类皮书关注全球重点国家与地区，提供全面、独特的解读与研究

亚太蓝皮书
亚太地区发展报告（2015）

李向阳 / 主编　　2015年1月出版　　定价：59.00元

◆ 本书是由中国社会科学院亚太与全球战略研究院精心打造的品牌皮书，关注时下亚太地区局势发展动向里隐藏的中长趋势，剖析亚太地区政治与安全格局下的区域形势最新动向以及地区关系发展的热点问题，并对2015年亚太地区重大动态做出前瞻性的分析与预测。

日本蓝皮书
日本研究报告（2015）

李薇 / 主编　　2015年4月出版　　估价：69.00元

◆ 本书由中华日本学会、中国社会科学院日本研究所合作推出，是以中国社会科学院日本研究所的研究人员为主完成的研究成果。对2014年日本的政治、外交、经济、社会文化作了回顾、分析与展望，并收录了该年度日本大事记。

德国蓝皮书
德国发展报告（2015）

郑春荣　伍慧萍 / 主编　　2015年6月出版　　估价：69.00元

◆ 本报告由同济大学德国研究所组织编撰，由该领域的专家学者对德国的政治、经济、社会文化、外交等方面的形势发展情况，进行全面的阐述与分析。德国作为欧洲大陆第一强国，与中国各方面日渐紧密的合作关系，值得国内各界深切关注。

国际形势黄皮书
全球政治与安全报告（2015）
李慎明　张宇燕/主编　2015年1月出版　定价:69.00元

◆ 本书为"十二五"国家重点图书出版规划项目、中国社会科学院创新工程学术出版资助项目，为"国际形势黄皮书"系列年度报告之一。报告旨在对本年度国际政治及安全形势的总体情况和变化进行回顾与分析，并提出一定的预测。

拉美黄皮书
拉丁美洲和加勒比发展报告（2014~2015）
吴白乙/主编　2015年4月出版　估价:89.00元

◆ 本书是中国社会科学院拉丁美洲研究所的第14份关于拉丁美洲和加勒比地区发展形势状况的年度报告。本书对2014年拉丁美洲和加勒比地区诸国的政治、经济、社会、外交等方面的发展情况做了系统介绍，对该地区相关国家的热点及焦点问题进行了总结和分析，并在此基础上对该地区各国2015年的发展前景做出预测。

美国蓝皮书
美国研究报告（2015）
黄　平　郑秉文/主编　2015年7月出版　估价:89.00元

◆ 本书是由中国社会科学院美国所主持完成的研究成果，它回顾了美国2014年的经济、政治形势与外交战略，对2014年以来美国内政外交发生的重大事件以及重要政策进行了较为全面的回顾和梳理。

大湄公河次区域蓝皮书
大湄公河次区域合作发展报告（2015）
刘　稚/主编　2015年9月出版　估价:79.00元

◆ 云南大学大湄公河次区域研究中心深入追踪分析该区域发展动向，以把握全面、突出重点为宗旨，系统介绍和研究大湄公河次区域合作的年度热点和重点问题，展望次区域合作的发展趋势，并对新形势下我国推进次区域合作深入发展提出相关对策建议。

皮书系列
重点推荐　　地方发展类

地方发展类

地方发展类皮书关注大陆各省份、经济区域，
提供科学、多元的预判与咨政信息

北京蓝皮书
北京公共服务发展报告（2014~2015）

施昌奎／主编　2015年1月出版　定价：69.00元

◆ 本书是由北京市政府职能部门的领导、首都著名高校的教授、知名研究机构的专家共同完成的关于北京市公共服务发展与创新的研究成果。内容涉及了北京市公共服务发展的方方面面，既有综述性的总报告，也有细分的情况介绍，既有对北京各个城区的综合性描述，也有对局部、细部、具体问题的分析，对年度热点问题也都有涉及。

上海蓝皮书
上海经济发展报告（2015）

沈开艳／主编　2015年1月出版　定价:69.00元

◆ 本书系上海社会科学院系列之一，报告对2015年上海经济增长与发展趋势的进行了预测，把握了上海经济发展的脉搏和学术研究的前沿。

广州蓝皮书
广州经济发展报告（2015）

李江涛　朱名宏／主编　2015年5月出版　估价:69.00元

◆ 本书是由广州市社会科学院主持编写的"广州蓝皮书"系列之一，本报告对广州2014年宏观经济运行情况作了深入分析，对2015年宏观经济走势进行了合理预测，并在此基础上提出了相应的政策建议。

文化传媒类

皮书系列
重点推荐

文化传媒类

文化传媒类皮书透视文化领域、文化产业，探索文化大繁荣、大发展的路径

新媒体蓝皮书

中国新媒体发展报告No.5（2015）

唐绪军 / 主编　　2015年6月出版　　估价：79.00元

◆ 本书由中国社会科学院新闻与传播研究所和上海大学合作编写，在构建新媒体发展研究基本框架的基础上，全面梳理2014年中国新媒体发展现状，发表最前沿的网络媒体深度调查数据和研究成果，并对新媒体发展的未来趋势做出预测。

舆情蓝皮书

中国社会舆情与危机管理报告（2015）

谢耘耕 / 主编　　2015年8月出版　　估价：98.00元

◆ 本书由上海交通大学舆情研究实验室和危机管理研究中心主编，已被列入教育部人文社会科学研究报告培育项目。本书以新媒体环境下的中国社会为立足点，对2014年中国社会舆情、分类舆情等进行了深入系统的研究，并预测了2015年社会舆情走势。

文化蓝皮书

中国文化产业发展报告（2015）

张晓明　王家新　章建刚 / 主编　　2015年4月出版　　估价：79.00元

◆ 本书由中国社会科学院文化研究中心编写。从2012年开始，中国社会科学院文化研究中心设立了国内首个文化产业的研究类专项资金——"文化产业重大课题研究计划"，开始在全国范围内组织多学科专家学者对我国文化产业发展重大战略问题进行联合攻关研究。本书集中反映了该计划的研究成果。

经济类

G20国家创新竞争力黄皮书
二十国集团（G20）国家创新竞争力发展报告（2015）
著(编)者：黄茂兴 李闽榕 李建平 赵新力
2015年9月出版 / 估价:128.00元

产业蓝皮书
中国产业竞争力报告（2015）
著(编)者：张其仔 2015年5月出版 / 估价:79.00元

长三角蓝皮书
2015年全面深化改革中的长三角
著(编)者：张伟斌 2015年10月出版 / 估价:69.00元

城乡一体化蓝皮书
中国城乡一体化发展报告（2015）
著(编)者：付崇兰 汝信 2015年12月出版 / 估价:79.00元

城市创新蓝皮书
中国城市创新报告（2015）
著(编)者：周天勇 旷建伟 2015年8月出版 / 估价:69.00元

城市竞争力蓝皮书
中国城市竞争力报告（2015）
著(编)者：倪鹏飞 2015年5月出版 / 估价:89.00元

城市蓝皮书
中国城市发展报告NO.8
著(编)者：潘家华 魏后凯 2015年9月出版 / 估价:69.00元

城市群蓝皮书
中国城市群发展指数报告（2015）
著(编)者：刘新静 刘士林 2015年10月出版 / 估价:59.00元

城乡统筹蓝皮书
中国城乡统筹发展报告（2015）
著(编)者：潘晨光 程志强 2015年4月出版 / 估价:59.00元

城镇化蓝皮书
中国新型城镇化健康发展报告（2015）
著(编)者：张占斌 2015年5月出版 / 估价:79.00元

低碳发展蓝皮书
中国低碳发展报告（2015）
著(编)者：齐晔 2015年4月出版 / 估价:89.00元

低碳经济蓝皮书
中国低碳经济发展报告（2015）
著(编)者：薛进军 赵忠秀 2015年5月出版 / 估价:69.00元

东北蓝皮书
中国东北地区发展报告（2015）
著(编)者：马克 黄文艺 2015年8月出版 / 估价:79.00元

发展和改革蓝皮书
中国经济发展和体制改革报告（2015）
著(编)者：邹东涛 2015年11月出版 / 估价:98.00元

工业化蓝皮书
中国工业化进程报告（2015）
著(编)者：黄群慧 吕铁 李晓华 2015年11月出版 / 估价:89.00元

国际城市蓝皮书
国际城市发展报告（2015）
著(编)者：屠启宇 2015年1月出版 / 定价:79.00元

国家创新蓝皮书
中国创新发展报告（2015）
著(编)者：陈劲 2015年6月出版 / 估价:59.00元

环境竞争力绿皮书
中国省域环境竞争力发展报告（2015）
著(编)者：李建平 李闽榕 王金南
2015年12月出版 / 估价:198.00元

金融蓝皮书
中国金融发展报告（2015）
著(编)者：李扬 王国刚 2014年12月出版 / 定价:75.00元

金融信息服务蓝皮书
金融信息服务发展报告（2015）
著(编)者：鲁广锦 殷剑峰 林义相 2015年6月出版 / 估价:89.00元

经济蓝皮书
2015年中国经济形势分析与预测
著(编)者：李扬 2014年12月出版 / 定价:69.00元

经济蓝皮书·春季号
2015年中国经济前景分析
著(编)者：李扬 2015年5月出版 / 估价:79.00元

经济蓝皮书·夏季号
中国经济增长报告（2015）
著(编)者：李扬 2015年7月出版 / 估价:69.00元

经济信息绿皮书
中国与世界经济发展报告（2015）
著(编)者：杜平 2014年12月出版 / 定价:79.00元

就业蓝皮书
2015年中国大学生就业报告
著(编)者：麦可思研究院 2015年6月出版 / 估价:98.00元

临空经济蓝皮书
中国临空经济发展报告（2015）
著(编)者：连玉明 2015年9月出版 / 估价:79.00元

民营经济蓝皮书
中国民营经济发展报告（2015）
著(编)者：王钦敏 2015年12月出版 / 估价:79.00元

农村绿皮书
中国农村经济形势分析与预测（2014~2015）
著(编)者：中国社会科学院农村发展研究所
国家统计局农村社会经济调查司
2015年4月出版 / 估价:69.00元

农业应对气候变化蓝皮书
气候变化对中国农业影响评估报告（2015）
著(编)者：矫梅燕 2015年8月出版 / 估价:98.00元

经济类

企业公民蓝皮书
中国企业公民报告(2015)
著(编)者:邹东涛 2015年12月出版 估价:79.00元

气候变化绿皮书
应对气候变化报告(2015)
著(编)者:王伟光 郑国光 2015年10月出版 估价:79.00元

区域蓝皮书
中国区域经济发展报告(2015)
著(编)者:梁昊光 2015年4月出版 估价:79.00元

全球环境竞争力绿皮书
全球环境竞争力报告(2015)
著(编)者:李建建 李闽榕 李建平 王金南
2015年12月出版 / 估价:198.00元

人口与劳动绿皮书
中国人口与劳动问题报告No.15
著(编)者:蔡昉 2015年1月出版 定价:59.00元

世界经济黄皮书
2015年世界经济形势分析与预测
著(编)者:王洛林 张宇燕 2015年1月出版 定价:69.00元

世界旅游城市绿皮书
世界旅游城市发展报告(2015)
著(编)者:鲁勇 周正宇 宋宇 2015年6月出版 估价:88.00元

商务中心区蓝皮书
中国商务中心区发展报告No.1(2014)
著(编)者:魏后凯 李国红 2015年1月出版 定价:89.00元

西北蓝皮书
中国西北发展报告(2015)
著(编)者:赵宗福 孙发平 苏海红 鲁顺元 段庆林
2014年12月出版 / 定价:79.00元

西部蓝皮书
中国西部发展报告(2015)
著(编)者:姚慧琴 徐璋勇 2015年7月出版 估价:89.00元

新型城镇化蓝皮书
新型城镇化发展报告(2015)
著(编)者:李伟 2015年10月出版 估价:89.00元

新兴经济体蓝皮书
金砖国家发展报告(2015)
著(编)者:林跃勤 周文 2015年7月出版 估价:79.00元

中部竞争力蓝皮书
中国中部经济社会竞争力报告(2015)
著(编)者:教育部人文社会科学重点研究基地
南昌大学中国中部经济社会发展研究中心
2015年9月出版 / 估价:79.00元

中部蓝皮书
中国中部地区发展报告(2015)
著(编)者:喻新安 2015年5月出版 估价:69.00元

中国省域竞争力蓝皮书
中国省域经济综合竞争力发展报告(2013~2014)
著(编)者:李建平 李闽榕 高燕京
2015年2月出版 / 定价:198.00元

中三角蓝皮书
长江中游城市群发展报告(2015)
著(编)者:秦尊文 2015年10月出版 估价:69.00元

中小城市绿皮书
中国中小城市发展报告(2015)
著(编)者:中国城市经济学会中小城市经济发展委员会
《中国中小城市发展报告》编纂委员会
中小城市发展战略研究院
2015年10月出版 / 估价:98.00元

中央商务区蓝皮书
中国中央商务区发展报告(2015)
著(编)者:中国商务区联盟
中国社会科学院城市发展与环境研究所
2015年10月出版 / 估价:69.00元

中原蓝皮书
中原经济区发展报告(2015)
著(编)者:李英杰 2015年6月出版 估价:88.00元

社会政法类

北京蓝皮书
中国社区发展报告(2015)
著(编)者:于燕燕 2015年6月出版 估价:69.00元

殡葬绿皮书
中国殡葬事业发展报告(2015)
著(编)者:李伯森 2015年4月出版 估价:59.00元

城市管理蓝皮书
中国城市管理报告(2015)
著(编)者:谭维克 刘林 2015年12月出版 估价:158.00元

城市生活质量蓝皮书
中国城市生活质量报告(2015)
著(编)者:中国经济实验研究院 2015年6月出版 估价:59.00元

城市政府能力蓝皮书
中国城市政府公共服务能力评估报告(2015)
著(编)者:何艳玲 2015年7月出版 估价:59.00元

创新蓝皮书
创新型国家建设报告(2015)
著(编)者:詹正茂 2015年4月出版 估价:69.00元

慈善蓝皮书
中国慈善发展报告(2015)
著(编)者:杨团 2015年5月出版 估价:79.00元

大学生蓝皮书
中国大学生生活形态研究报告(2015)
著(编)者:张新洲 2015年12月出版 估价:69.00元

皮书系列 2015全品种　社会政法类

地方法治蓝皮书
中国地方法治发展报告No.1（2014）
著(编)者：李林　田禾　2015年1月出版　定价:98.00元

法治蓝皮书
中国法治发展报告No.13（2015）
著(编)者：李林　田禾　2015年3月出版　定价:105.00元

反腐倡廉蓝皮书
中国反腐倡廉建设报告No.4
著(编)者：李秋芳　张英伟　2014年12月出版　定价:79.00元

非传统安全蓝皮书
中国非传统安全研究报告（2015）
著(编)者：余潇枫　魏志江　2015年6月出版　估价:79.00元

妇女发展蓝皮书
中国妇女发展报告（2015）
著(编)者：王金玲　2015年9月出版　估价:148.00元

妇女教育蓝皮书
中国妇女教育发展报告（2015）
著(编)者：张李玺　2015年1月出版　估价:78.00元

妇女绿皮书
中国性别平等与妇女发展报告（2015）
著(编)者：谭琳　2015年12月出版　估价:99.00元

公共服务蓝皮书
中国城市基本公共服务力评价（2015）
著(编)者：钟君　吴正杲　2015年12月出版　估价:79.00元

公共服务满意度蓝皮书
中国城市公共服务评价报告（2015）
著(编)者：胡伟　2015年12月出版　估价:69.00元

公民科学素质蓝皮书
中国公民科学素质报告（2015）
著(编)者：李群　许佳军　2015年6月出版　估价:79.00元

公益蓝皮书
中国公益发展报告（2015）
著(编)者：朱健刚　2015年5月出版　估价:78.00元

管理蓝皮书
中国管理发展报告（2015）
著(编)者：张晓东　2015年9月出版　估价:98.00元

国际人才蓝皮书
中国国际移民报告（2015）
著(编)者：王辉耀　2015年2月出版　定价:79.00元

国际人才蓝皮书
中国海归发展报告（2015）
著(编)者：王辉耀　苗绿　2015年4月出版　估价:69.00元

国际人才蓝皮书
中国留学发展报告（2015）
著(编)者：王辉耀　苗绿　2015年9月出版　估价:69.00元

国家安全蓝皮书
中国国家安全研究报告（2015）
著(编)者：刘慧　2015年5月出版　估价:98.00元

行政改革蓝皮书
中国行政体制改革报告（2014~2015）
著(编)者：魏礼群　2015年4月出版　估价:89.00元

华侨华人蓝皮书
华侨华人研究报告（2015）
著(编)者：贾益民　2015年12月出版　估价:118.00元

环境绿皮书
中国环境发展报告（2015）
著(编)者：刘鉴强　2015年5月出版　估价:79.00元

基金会蓝皮书
中国基金会发展报告（2015）
著(编)者：刘忠祥　2015年6月出版　估价:69.00元

基金会绿皮书
中国基金会发展独立研究报告（2015）
著(编)者：基金会中心网　2015年8月出版　估价:88.00元

基金会透明度蓝皮书
中国基金会透明度发展研究报告（2015）
著(编)者：基金会中心网　清华大学廉政与治理研究中心
2015年9月出版　估价:78.00元

教师蓝皮书
中国中小学教师发展报告（2015）
著(编)者：曾晓东　2015年7月出版　估价:59.00元

教育蓝皮书
中国教育发展报告（2015）
著(编)者：杨东平　2015年5月出版　估价:79.00元

科普蓝皮书
中国科普基础设施发展报告（2015）
著(编)者：任福君　2015年6月出版　估价:59.00元

劳动保障蓝皮书
中国劳动保障发展报告（2015）
著(编)者：刘燕斌　2015年6月出版　估价:89.00元

老龄蓝皮书
中国老年宜居环境发展报告(2015)
著(编)者：吴玉韶　2015年9月出版　估价:70.00元

连片特困区蓝皮书
中国连片特困区发展报告（2015）
著(编)者：冷志明　游俊　2015年4月出版　估价:79.00元

民间组织蓝皮书
中国民间组织报告(2015)
著(编)者：潘晨光　黄晓勇　2015年8月出版　估价:69.00元

民调蓝皮书
中国民生调查报告（2015）
著(编)者：谢耘耕　2015年5月出版　估价:128.00元

民族发展蓝皮书
中国民族区域自治发展报告（2015）
著(编)者：王希恩　郝时远　2015年6月出版　估价:98.00元

女性生活蓝皮书
中国女性生活状况报告No.9（2015）
著(编)者：《中国妇女》杂志社　华坤女性生活调查中心
华坤女性消费指导中心
2015年4月出版　估价:79.00元

社会政法类

企业公众透明度蓝皮书
中国企业公众透明度报告(2014~2015)No.1
著(编)者：黄速建　王晓光　肖红军
2015年1月出版　/　定价:98.00元

企业国际化蓝皮书
中国企业国际化报告(2015)
著(编)者：王辉耀　2015年10月出版　/　估价:79.00元

汽车社会蓝皮书
中国汽车社会发展报告（2015）
著(编)者：王俊秀　2015年4月出版　/　估价:59.00元

青年蓝皮书
中国青年发展报告No.3
著(编)者：廉思　2015年4月出版　/　估价:59.00元

区域人才蓝皮书
中国区域人才竞争力报告（2015）
著(编)者：桂昭明　王辉耀　2015年6月出版　/　估价:69.00元

群众体育蓝皮书
中国群众体育发展报告（2015）
著(编)者：刘国永　杨桦　2015年8月出版　/　估价:69.00元

人才蓝皮书
中国人才发展报告（2015）
著(编)者：潘晨光　2015年8月出版　/　估价:85.00元

人权蓝皮书
中国人权事业发展报告（2015）
著(编)者：中国人权研究会　2015年8月出版　/　估价:99.00元

森林碳汇绿皮书
中国森林碳汇评估发展报告（2015）
著(编)者：闫文德　胡文臻　2015年9月出版　/　估价:79.00元

社会保障绿皮书
中国社会保障发展报告（2015）
著(编)者：王延中　2015年6月出版　/　估价:79.00元

社会工作蓝皮书
中国社会工作发展报告（2015）
著(编)者：民政部社会工作研究中心
2015年8月出版　/　估价:79.00元

社会管理蓝皮书
中国社会管理创新报告（2015）
著(编)者：连玉明　2015年9月出版　/　估价:89.00元

社会蓝皮书
2015年中国社会形势分析与预测
著(编)者：李培林　陈光金　张翼
2014年12月出版　/　定价:69.00元

社会体制蓝皮书
中国社会体制改革报告（2015）
著(编)者：龚维斌　2015年5月出版　/　估价:79.00元

社会心态蓝皮书
中国社会心态研究报告（2015）
著(编)者：王俊秀　杨宜音　2015年10月出版　/　估价:69.00元

社会组织蓝皮书
中国社会组织评估发展报告（2015）
著(编)者：徐家良　廖鸿　2015年12月出版　/　估价:69.00元

生态城市绿皮书
中国生态城市建设发展报告（2015）
著(编)者：刘举科　孙伟平　胡文臻
2015年6月出版　/　估价:98.00元

生态文明绿皮书
中国省域生态文明建设评价报告（ECI 2015）
著(编)者：严耕　2015年9月出版　/　估价:85.00元

世界社会主义黄皮书
世界社会主义跟踪研究报告（2015）
著(编)者：李慎明　2015年4月出版　/　估价:198.00元

水与发展蓝皮书
中国水风险评估报告（2015）
著(编)者：王浩　2015年9月出版　/　估价:69.00元

土地整治蓝皮书
中国土地整治发展研究报告No.2
著(编)者：国土资源部土地整治中心　2015年5月出版　/　估价:89.00元

危机管理蓝皮书
中国危机管理报告（2015）
著(编)者：文学国　2015年8月出版　/　估价:89.00元

形象危机应对蓝皮书
形象危机应对研究报告（2015）
著(编)者：唐钧　2015年6月出版　/　估价:149.00元

医改蓝皮书
中国医药卫生体制改革报告（2015～2016）
著(编)者：文学国　房志武　2015年12月出版　/　估价:79.00元

医疗卫生绿皮书
中国医疗卫生发展报告（2015）
著(编)者：申宝忠　韩玉珍　2015年4月出版　/　估价:75.00元

应急管理蓝皮书
中国应急管理报告（2015）
著(编)者：宋英华　2015年10月出版　/　估价:69.00元

政治参与蓝皮书
中国政治参与报告（2015）
著(编)者：房宁　2015年7月出版　/　估价:105.00元

政治发展蓝皮书
中国政治发展报告（2015）
著(编)者：房宁　杨海蛟　2015年5月出版　/　估价:88.00元

中国农村妇女发展蓝皮书
流动女性城市融入发展报告（2015）
著(编)者：谢丽华　2015年11月出版　/　估价:69.00元

宗教蓝皮书
中国宗教报告（2015）
著(编)者：金泽　邱永辉　2015年9月出版　/　估价:59.00元

行业报告类

保险蓝皮书
中国保险业竞争力报告（2015）
著（编）者：王力　2015年12月出版 / 估价：98.00元

彩票蓝皮书
中国彩票发展报告（2015）
著（编）者：益彩基金　2015年10月出版 / 估价：69.00元

餐饮产业蓝皮书
中国餐饮产业发展报告（2015）
著（编）者：邢颖　2015年6月出版 / 估价：69.00元

测绘地理信息蓝皮书
智慧中国地理空间智能体系研究报告（2015）
著（编）者：库热西·买合苏提　2015年12月出版 / 估价：98.00元

茶业蓝皮书
中国茶产业发展报告（2015）
著（编）者：杨江帆　李闽榕　2015年10月出版 / 估价：78.00元

产权市场蓝皮书
中国产权市场发展报告（2015）
著（编）者：曹和平　2015年12月出版 / 估价：79.00元

电子政务蓝皮书
中国电子政务发展报告（2015）
著（编）者：洪毅　杜平　2015年11月出版 / 估价：79.00元

杜仲产业绿皮书
中国杜仲橡胶资源与产业发展报告（2014~2015）
著（编）者：杜红岩　胡文臻　俞锐
2015年1月出版 / 定价：85.00元

房地产蓝皮书
中国房地产发展报告No.12（2015）
著（编）者：魏后凯　李景国　2015年5月出版 / 估价：79.00元

服务外包蓝皮书
中国服务外包产业发展报告（2015）
著（编）者：王晓红　刘德军　2015年6月出版 / 估价：89.00元

工业设计蓝皮书
中国工业设计发展报告（2015）
著（编）者：王晓红　于炜　张立群　2015年9月出版 / 估价：138.00元

互联网金融蓝皮书
中国互联网金融发展报告（2015）
著（编）者：芮晓武　刘烈宏　2015年8月出版 / 估价：79.00元

会展蓝皮书
中外会展业动态评估年度报告（2015）
著（编）者：张敏　2015年1月出版 / 估价：78.00元

金融监管蓝皮书
中国金融监管报告（2015）
著（编）者：胡滨　2015年5月出版 / 估价：69.00元

金融蓝皮书
中国商业银行竞争力报告（2015）
著（编）者：王松奇　2015年12月出版 / 估价：69.00元

客车蓝皮书
中国客车产业发展报告（2014~2015）
著（编）者：姚蔚　2015年2月出版 / 定价：85.00元

老龄蓝皮书
中国老年宜居环境发展报告（2015）
著（编）者：吴玉韶　党俊武　2015年9月出版 / 估价：79.00元

流通蓝皮书
中国商业发展报告（2015）
著（编）者：荆林波　2015年5月出版 / 估价：89.00元

旅游安全蓝皮书
中国旅游安全报告（2015）
著（编）者：郑向敏　谢朝武　2015年5月出版 / 估价：98.00元

旅游景区蓝皮书
中国旅游景区发展报告（2015）
著（编）者：黄安民　2015年7月出版 / 估价：79.00元

旅游绿皮书
2014~2015年中国旅游发展分析与预测
著（编）者：宋瑞　2015年1月出版 / 定价：98.00元

煤炭蓝皮书
中国煤炭工业发展报告（2015）
著（编）者：岳福斌　2015年12月出版 / 估价：79.00元

民营医院蓝皮书
中国民营医院发展报告（2015）
著（编）者：庄一强　2015年10月出版 / 估价：75.00元

闽商蓝皮书
闽商发展报告（2015）
著（编）者：王日根　李闽榕　2015年12月出版 / 估价：69.00元

能源蓝皮书
中国能源发展报告（2015）
著（编）者：崔民选　王军生　2015年8月出版 / 估价：79.00元

农产品流通蓝皮书
中国农产品流通产业发展报告（2015）
著（编）者：贾敬敦　张东科　张玉玺　孔令羽　张鹏毅
2015年9月出版 / 估价：89.00元

企业蓝皮书
中国企业竞争力报告（2015）
著（编）者：金碚　2015年11月出版 / 估价：89.00元

企业社会责任蓝皮书
中国企业社会责任研究报告（2015）
著（编）者：黄群慧　彭华岗　钟宏武　张蒽
2015年11月出版 / 估价：69.00元

行业报告类

皮书系列 2015全品种

汽车安全蓝皮书
中国汽车安全发展报告（2015）
著(编)者：中国汽车技术研究中心　2015年4月出版 / 估价：79.00元

汽车蓝皮书
中国汽车产业发展报告（2015）
著(编)者：国务院发展研究中心产业经济研究部
　　　　　中国汽车工程学会　大众汽车集团（中国）
2015年7月出版 / 估价：128.00元

清洁能源蓝皮书
国际清洁能源发展报告（2015）
著(编)者：国际清洁能源论坛（澳门）
2015年9月出版 / 估价：89.00元

人力资源蓝皮书
中国人力资源发展报告（2015）
著(编)者：余兴安　2015年9月出版 / 估价：79.00元

融资租赁蓝皮书
中国融资租赁业发展报告（2014~2015）
著(编)者：李光荣　王力　2015年1月出版 / 定价：89.00元

软件和信息服务业蓝皮书
中国软件和信息服务业发展报告（2015）
著(编)者：陈新河　洪京一　2015年12月出版 / 估价：198.00元

上市公司蓝皮书
上市公司质量评价报告（2015）
著(编)者：张跃文　王力　2015年10月出版 / 估价：118.00元

食品药品蓝皮书
食品药品安全与监管政策研究报告（2015）
著(编)者：唐民皓　2015年7月出版 / 估价：69.00元

世界能源蓝皮书
世界能源发展报告（2015）
著(编)者：黄晓勇　2015年6月出版 / 估价：99.00元

碳市场蓝皮书
中国碳市场报告（2015）
著(编)者：低碳发展国际合作联盟
2015年11月出版 / 估价：69.00元

体育蓝皮书
中国体育产业发展报告（2015）
著(编)者：阮伟　钟秉枢　2015年4月出版 / 估价：69.00元

投资蓝皮书
中国投资发展报告（2015）
著(编)者：杨庆蔚　2015年4月出版 / 估价：128.00元

物联网蓝皮书
中国物联网发展报告（2015）
著(编)者：黄桂田　2015年4月出版 / 估价：59.00元

西部工业蓝皮书
中国西部工业发展报告（2015）
著(编)者：方行明　甘犁　刘方健　姜凌　等
2015年9月出版 / 估价：79.00元

西部金融蓝皮书
中国西部金融发展报告（2015）
著(编)者：李忠民　2015年8月出版 / 估价：75.00元

新能源汽车蓝皮书
中国新能源汽车产业发展报告（2015）
著(编)者：中国汽车技术研究中心
　　　　　日产（中国）投资有限公司　东风汽车有限公司
2015年8月出版 / 估价：69.00元

信托市场蓝皮书
中国信托业市场报告（2014~2015）
著(编)者：用益信托工作室　2015年2月出版 / 定价：198.00元

信息产业蓝皮书
世界软件和信息技术产业发展报告（2015）
著(编)者：洪京一　2015年8月出版 / 估价：79.00元

信息化蓝皮书
中国信息化形势分析与预测（2015）
著(编)者：周宏仁　2015年8月出版 / 估价：98.00元

信用蓝皮书
中国信用发展报告（2015）
著(编)者：田侃　2015年4月出版 / 估价：69.00元

休闲绿皮书
2015中国休闲发展报告
著(编)者：刘德谦　2015年6月出版 / 估价：59.00元

医药蓝皮书
中国中医药产业园战略发展报告（2015）
著(编)者：裴长洪　房书亭　吴篠心　2015年5月出版 / 估价：89.00元

邮轮绿皮书
中国邮轮产业发展报告（2015）
著(编)者：汪泓　2015年9月出版 / 估价：79.00元

支付清算蓝皮书
中国支付清算发展报告（2015）
著(编)者：杨涛　2015年5月出版 / 估价：45.00元

中国上市公司蓝皮书
中国上市公司发展报告（2015）
著(编)者：许雄斌　张平　2015年9月出版 / 估价：98.00元

中国总部经济蓝皮书
中国总部经济发展报告（2015）
著(编)者：赵弘　2015年5月出版 / 估价：79.00元

住房绿皮书
中国住房发展报告（2014~2015）
著(编)者：倪鹏飞　2014年12月出版 / 定价：79.00元

资本市场蓝皮书
中国场外交易市场发展报告（2015）
著(编)者：高峦　2015年8月出版 / 估价：79.00元

资产管理蓝皮书
中国资产管理行业发展报告（2015）
著(编)者：智信资产管理研究院　2015年7月出版 / 估价：79.00元

皮书系列 2015全品种 文化传媒类

文化传媒类

传媒竞争力蓝皮书
中国传媒国际竞争力研究报告（2015）
著(编)者：李本乾　2015年9月出版／估价：88.00元

传媒蓝皮书
中国传媒产业发展报告（2015）
著(编)者：崔保国　2015年4月出版／估价：98.00元

传媒投资蓝皮书
中国传媒投资发展报告（2015）
著(编)者：张向东　2015年7月出版／估价：89.00元

动漫蓝皮书
中国动漫产业发展报告（2015）
著(编)者：卢斌　郑玉明　牛兴侦　2015年7月出版／估价:79.00元

非物质文化遗产蓝皮书
中国非物质文化遗产发展报告（2015）
著(编)者：陈平　2015年4月出版／估价:79.00元

非物质文化遗产蓝皮书
中国少数民族非物质文化遗产发展报告（2015）
著(编)者：肖远平　柴立　2015年4月出版／估价:79.00元

广电蓝皮书
中国广播电影电视发展报告（2015）
著(编)者：杨明品　2015年7月出版／估价:98.00元

广告主蓝皮书
中国广告主营销传播趋势报告（2015）
著(编)者：黄升民　2015年5月出版／估价:148.00元

国际传播蓝皮书
中国国际传播发展报告（2015）
著(编)者：胡正荣　李继东　姬德强
2015年7月出版／估价:89.00元

国家形象蓝皮书
2015年国家形象研究报告
著(编)者：张昆　2015年5月出版／估价:79.00元

纪录片蓝皮书
中国纪录片发展报告（2015）
著(编)者：何苏六　2015年9月出版／估价:79.00元

科学传播蓝皮书
中国科学传播报告（2015）
著(编)者：詹正茂　2015年4月出版／估价:69.00元

两岸文化蓝皮书
两岸文化产业合作发展报告（2015）
著(编)者：胡惠林　李保宗　2015年7月出版／估价:79.00元

媒介与女性蓝皮书
中国媒介与女性发展报告（2015）
著(编)者：刘利群　2015年8月出版／估价:69.00元

全球传媒蓝皮书
全球传媒发展报告（2015）
著(编)者：胡正荣　2015年12月出版／估价:79.00元

世界文化发展蓝皮书
世界文化发展报告（2015）
著(编)者：张庆宗　高乐田　郭熙煌
2015年5月出版／估价:89.00元

视听新媒体蓝皮书
中国视听新媒体发展报告（2015）
著(编)者：庞井君　2015年6月出版／估价:148.00元

文化创新蓝皮书
中国文化创新报告（2015）
著(编)者：于平　傅才武　2015年4月出版／估价:79.00元

文化建设蓝皮书
中国文化发展报告（2015）
著(编)者：江畅　孙伟平　戴茂堂
2015年4月出版／估价:138.00元

文化科技蓝皮书
文化科技创新发展报告（2015）
著(编)者：于平　李凤亮　2015年10月出版／估价:89.00元

文化蓝皮书
中国文化产业供需协调检测报告（2015）
著(编)者：王亚南　2015年2月出版／定价:79.00元

文化蓝皮书
中国文化消费需求景气评价报告（2015）
著(编)者：王亚南　2015年2月出版／定价:79.00元

文化蓝皮书
中国文化产业发展报告（2015）
著(编)者：张晓明　王家新　章建刚
2015年4月出版／估价:79.00元

文化蓝皮书
中国公共文化投入增长测评报告（2015）
著(编)者：王亚南　2014年12月出版／定价:79.00元

文化蓝皮书
中国文化政策发展报告（2015）
著(编)者：傅才武　宋文玉　燕东升　2015年9月出版／估价:98.00元

文化品牌蓝皮书
中国文化品牌发展报告（2015）
著(编)者：欧阳友权　2015年4月出版／估价:79.00元

文化遗产蓝皮书
中国文化遗产事业发展报告（2015）
著(编)者：刘世锦　2015年12月出版／估价:89.00元

文学蓝皮书
中国文情报告（2015）
著(编)者：白烨　2015年5月出版／估价:49.00元

新媒体蓝皮书
中国新媒体发展报告（2015）
著(编)者：唐绪军　2015年6月出版／估价:79.00元

新媒体社会责任蓝皮书
中国新媒体社会责任研究报告（2015）
著(编)者:钟瑛　2015年10月出版 / 估价:79.00元

移动互联网蓝皮书
中国移动互联网发展报告（2015）
著(编)者:官建文　2015年6月出版 / 估价:79.00元

舆情蓝皮书
中国社会舆情与危机管理报告（2015）
著(编)者:谢耘耕　2015年8月出版 / 估价:98.00元

地方发展类

安徽经济蓝皮书
芜湖创新型城市发展报告（2015）
著(编)者:杨少华　王开玉　2015年4月出版 / 估价:69.00元

安徽蓝皮书
安徽社会发展报告（2015）
著(编)者:程桦　2015年4月出版 / 估价:79.00元

安徽社会建设蓝皮书
安徽社会建设分析报告（2015）
著(编)者:黄家海　王开玉　蔡宪　2015年4月出版 / 估价:69.00元

澳门蓝皮书
澳门经济社会发展报告（2015）
著(编)者:吴志良　郝雨凡　2015年4月出版 / 估价:79.00元

北京蓝皮书
北京公共服务发展报告（2014~2015）
著(编)者:施昌奎　2015年1月出版 / 定价:69.00元

北京蓝皮书
北京经济发展报告（2015）
著(编)者:杨松　2015年4月出版 / 估价:79.00元

北京蓝皮书
北京社会治理发展报告（2015）
著(编)者:殷星辰　2015年4月出版 / 估价:79.00元

北京蓝皮书
北京文化发展报告（2015）
著(编)者:李建盛　2015年4月出版 / 估价:79.00元

北京蓝皮书
北京社会发展报告（2015）
著(编)者:缪青　2015年5月出版 / 估价:79.00元

北京蓝皮书
北京社区发展报告（2015）
著(编)者:于燕燕　2015年1月出版 / 定价:79.00元

北京旅游绿皮书
北京旅游发展报告（2015）
著(编)者:北京旅游学会　2015年7月出版 / 估价:88.00元

北京律师蓝皮书
北京律师发展报告（2015）
著(编)者:王隽　2015年12月出版 / 估价:75.00元

北京人才蓝皮书
北京人才发展报告（2015）
著(编)者:于淼　2015年4月出版 / 估价:89.00元

北京社会心态蓝皮书
北京社会心态分析报告（2015）
著(编)者:北京社会心理研究所　2015年4月出版 / 估价:69.00元

北京社会组织蓝皮书
北京社会组织发展研究报告（2015）
著(编)者:李东松　唐军　2015年4月出版 / 估价:79.00元

北京社会组织蓝皮书
北京社会组织发展报告（2015）
著(编)者:温庆云　2015年9月出版 / 估价:69.00元

滨海金融蓝皮书
滨海新区金融发展报告（2015）
著(编)者:王爱俭　张锐钢　2015年9月出版 / 估价:79.00元

城乡一体化蓝皮书
中国城乡一体化发展报告（北京卷）（2015）
著(编)者:张宝秀　黄序　2015年4月出版 / 估价:69.00元

创意城市蓝皮书
北京文化创意产业发展报告（2015）
著(编)者:张京成　2015年11月出版 / 估价:65.00元

创意城市蓝皮书
无锡文化创意产业发展报告（2015）
著(编)者:谭军　张鸣年　2015年10月出版 / 估价:75.00元

创意城市蓝皮书
武汉市文化创意产业发展报告（2015）
著(编)者:袁堃　黄永林　2015年11月出版 / 估价:85.00元

创意城市蓝皮书
重庆创意产业发展报告（2015）
著(编)者:程宇宁　2015年4月出版 / 估价:89.00元

创意城市蓝皮书
青岛文化创意产业发展报告（2015）
著(编)者:马达　张丹妮　2015年6月出版 / 估价:79.00元

福建妇女发展蓝皮书
福建省妇女发展报告（2015）
著(编)者:刘群英　2015年10月出版 / 估价:58.00元

地方发展类

甘肃蓝皮书
甘肃舆情分析与预测（2015）
著(编)者：陈双梅 郝树声　2015年1月出版 / 定价：79.00元

甘肃蓝皮书
甘肃文化发展分析与预测（2015）
著(编)者：安文华 周小华　2015年1月出版 / 定价：79.00元

甘肃蓝皮书
甘肃社会发展分析与预测（2015）
著(编)者：安文华 包晓霞　2015年1月出版 / 定价：79.00元

甘肃蓝皮书
甘肃经济发展分析与预测（2015）
著(编)者：朱智文 罗哲　2015年1月出版 / 定价：79.00元

甘肃蓝皮书
甘肃县域经济综合竞争力评价（2015）
著(编)者：刘进军　2015年4月出版 / 估价：69.00元

甘肃蓝皮书
甘肃县域社会发展评价报告（2015）
著(编)者：刘进军 柳民 王建兵　2015年1月出版 / 定价：79.00元

广东蓝皮书
广东省电子商务发展报告（2015）
著(编)者：程晓　2015年12月出版 / 估价：69.00元

广东蓝皮书
广东社会工作发展报告（2015）
著(编)者：罗观翠　2015年6月出版 / 估价：89.00元

广东社会建设蓝皮书
广东省社会建设发展报告（2015）
著(编)者：广东省社会工作委员会　2015年10月出版 / 估价：89.00元

广东外经贸蓝皮书
广东对外经济贸易发展研究报告（2015）
著(编)者：陈万灵　2015年5月出版 / 估价：79.00元

广西北部湾经济区蓝皮书
广西北部湾经济区开放开发报告（2015）
著(编)者：广西北部湾经济区规划建设管理委员会办公室
　　　　广西社会科学院广西北部湾发展研究院
2015年8月出版 / 估价：79.00元

广州蓝皮书
广州社会保障发展报告（2015）
著(编)者：蔡国萱　2015年4月出版 / 估价：65.00元

广州蓝皮书
2015年中国广州社会形势分析与预测
著(编)者：张强 陈怡霓 杨秦　2015年5月出版 / 估价：69.00元

广州蓝皮书
广州经济发展报告（2015）
著(编)者：李江涛 朱名宏　2015年5月出版 / 估价：69.00元

广州蓝皮书
广州商贸业发展报告（2015）
著(编)者：李江涛 王旭东 荀振英　2015年6月出版 / 估价：69.00元

广州蓝皮书
2015年中国广州经济形势分析与预测
著(编)者：庾建设 沈奎 郭志勇　2015年6月出版 / 估价：79.00元

广州蓝皮书
中国广州文化发展报告（2015）
著(编)者：徐俊忠 陆志强 顾涧清　2015年6月出版 / 估价：69.00元

广州蓝皮书
广州农村发展报告（2015）
著(编)者：李江涛 汤锦华　2015年8月出版 / 估价：69.00元

广州蓝皮书
中国广州城市建设与管理发展报告（2015）
著(编)者：董皞 冼伟雄　2015年7月出版 / 估价：69.00元

广州蓝皮书
中国广州科技和信息化发展报告（2015）
著(编)者：邹采荣 马正勇 冯元　2015年7月出版 / 估价：79.00元

广州蓝皮书
广州创新型城市发展报告（2015）
著(编)者：李江涛　2015年7月出版 / 估价：69.00元

广州蓝皮书
广州文化创意产业发展报告（2015）
著(编)者：甘新　2015年8月出版 / 估价：79.00元

广州蓝皮书
广州志愿服务发展报告（2015）
著(编)者：魏国华 张强　2015年9月出版 / 估价：69.00元

广州蓝皮书
广州城市国际化发展报告（2015）
著(编)者：朱名宏　2015年9月出版 / 估价：59.00元

广州蓝皮书
广州汽车产业发展报告（2015）
著(编)者：李江涛 杨再高　2015年9月出版 / 估价：69.00元

贵州房地产蓝皮书
贵州房地产发展报告（2015）
著(编)者：武廷方　2015年10月出版 / 估价：89.00元

贵州蓝皮书
贵州人才发展报告（2015）
著(编)者：于杰 吴大华　2015年4月出版 / 估价：69.00元

贵州蓝皮书
贵州社会发展报告（2015）
著(编)者：王兴骥　2015年4月出版 / 估价：69.00元

贵州蓝皮书
贵州法治发展报告（2015）
著(编)者：吴大华　2015年4月出版 / 估价：69.00元

贵州蓝皮书
贵州国有企业社会责任发展报告（2015）
著(编)者：郭丽　2015年10月出版 / 估价：79.00元

海淀蓝皮书
海淀区文化和科技融合发展报告（2015）
著(编)者：孟景伟 陈名杰　2015年5月出版 / 估价：75.00元

地方发展类

皮书系列 2015全品种

海峡西岸蓝皮书
海峡西岸经济区发展报告（2015）
著(编)者：黄端　　2015年9月出版／估价：65.00元

杭州都市圈蓝皮书
杭州都市圈发展报告（2015）
著(编)者：董祖德 沈翔　　2015年5月出版／估价：89.00元

杭州蓝皮书
杭州妇女发展报告（2015）
著(编)者：魏颖　　2015年6月出版／估价：75.00元

河北经济蓝皮书
河北省经济发展报告（2015）
著(编)者：马树强 金浩 张贵　　2015年4月出版／估价：79.00元

河北蓝皮书
河北经济社会发展报告（2015）
著(编)者：周文夫　　2015年1月出版／定价：79.00元

河南经济蓝皮书
2015年河南经济形势分析与预测
著(编)者：胡五岳　　2015年2月出版／定价：69.00元

河南蓝皮书
河南城市发展报告（2015）
著(编)者：谷建全 王建国　　2015年3月出版／定价：79.00元

河南蓝皮书
2015年河南社会形势分析与预测
著(编)者：刘道兴 牛苏林　　2015年4月出版／估价：69.00元

河南蓝皮书
河南工业发展报告（2015）
著(编)者：龚绍东 赵西三　　2015年1月出版／定价：79.00元

河南蓝皮书
河南文化发展报告（2015）
著(编)者：卫绍生　　2015年3月出版／定价：79.00元

河南蓝皮书
河南经济发展报告（2015）
著(编)者：喻新安　　2014年12月出版／定价：79.00元

河南蓝皮书
河南法治发展报告（2015）
著(编)者：丁同民 闫德民　　2015年4月出版／估价：69.00元

河南蓝皮书
河南金融发展报告（2015）
著(编)者：喻新安 谷建全　　2015年4月出版／估价：69.00元

河南商务蓝皮书
河南商务发展报告（2015）
著(编)者：焦锦淼 穆荣国　　2015年5月出版／估价：88.00元

黑龙江产业蓝皮书
黑龙江产业发展报告（2015）
著(编)者：于渤　　2015年9月出版／估价：79.00元

黑龙江蓝皮书
黑龙江经济发展报告（2015）
著(编)者：曲伟　　2015年1月出版／定价：79.00元

黑龙江蓝皮书
黑龙江社会发展报告（2015）
著(编)者：张新颖　　2015年1月出版／定价：79.00元

湖北文化蓝皮书
湖北文化发展报告（2015）
著(编)者：江畅 吴成国　　2015年5月出版／估价：89.00元

湖南城市蓝皮书
区域城市群整合
著(编)者：童中贤 韩未未　　2015年12月出版／估价：79.00元

湖南蓝皮书
2015年湖南电子政务发展报告
著(编)者：梁志峰　　2015年4月出版／估价：128.00元

湖南蓝皮书
2015年湖南社会发展报告
著(编)者：梁志峰　　2015年4月出版／估价：128.00元

湖南蓝皮书
2015年湖南产业发展报告
著(编)者：梁志峰　　2015年4月出版／估价：128.00元

湖南蓝皮书
2015年湖南经济展望
著(编)者：梁志峰　　2015年4月出版／估价：128.00元

湖南蓝皮书
2015年湖南县域经济社会发展报告
著(编)者：梁志峰　　2015年4月出版／估价：128.00元

湖南蓝皮书
2015年湖南两型社会发展报告
著(编)者：梁志峰　　2015年4月出版／估价：128.00元

湖南县域绿皮书
湖南县域发展报告No.2
著(编)者：朱有志　　2015年4月出版／估价：69.00元

沪港蓝皮书
沪港发展报告（2015）
著(编)者：尤安山　　2015年9月出版／估价：89.00元

吉林蓝皮书
2015年吉林经济社会形势分析与预测
著(编)者：马克　　2015年2月出版／定价：89.00元

济源蓝皮书
济源经济社会发展报告（2015）
著(编)者：喻新安　　2015年4月出版／估价：69.00元

健康城市蓝皮书
北京健康城市建设研究报告（2015）
著(编)者：王鸿春　　2015年4月出版／估价：79.00元

江苏法治蓝皮书
江苏法治发展报告（2015）
著(编)者：李力 龚廷泰　　2015年9月出版／估价：98.00元

京津冀蓝皮书
京津冀发展报告（2015）
著(编)者：文魁 祝尔娟　　2015年4月出版／估价：79.00元

23

地方发展类

经济特区蓝皮书
中国经济特区发展报告（2015）
著(编)者：陶一桃　　2015年4月出版 / 估价：89.00元

辽宁蓝皮书
2015年辽宁经济社会形势分析与预测
著(编)者：曹晓峰　张晶　梁启东　2014年12月出版 / 定价：79.00元

南京蓝皮书
南京文化发展报告（2015）
著(编)者：南京文化产业研究中心
2015年12月出版 / 估价：79.00元

内蒙古蓝皮书
内蒙古反腐倡廉建设报告（2015）
著(编)者：张志华　无极　2015年12月出版 / 估价：69.00元

浦东新区蓝皮书
上海浦东经济发展报告（2015）
著(编)者：沈开艳　陆沪根　2015年1月出版 / 定价：69.00元

青海蓝皮书
2015年青海经济社会形势分析与预测
著(编)者：赵宗福　　2014年12月出版 / 定价：69.00元

人口与健康蓝皮书
深圳人口与健康发展报告（2015）
著(编)者：曾序春　　2015年12月出版 / 估价：89.00元

山东蓝皮书
山东社会形势分析与预测（2015）
著(编)者：张华　唐洲雁　2015年6月出版 / 估价：89.00元

山东蓝皮书
山东经济形势分析与预测（2015）
著(编)者：张华　唐洲雁　2015年6月出版 / 估价：89.00元

山东蓝皮书
山东文化发展报告（2015）
著(编)者：张华　唐洲雁　2015年6月出版 / 估价：98.00元

山西蓝皮书
山西资源型经济转型发展报告（2015）
著(编)者：李志强　　2015年5月出版 / 估价：98.00元

陕西蓝皮书
陕西经济发展报告（2015）
著(编)者：任宗哲　白宽犁　裴成荣　2015年1月出版 / 定价：69.00元

陕西蓝皮书
陕西社会发展报告（2015）
著(编)者：任宗哲　白宽犁　牛昉　2015年1月出版 / 定价：69.00元

陕西蓝皮书
陕西文化发展报告（2015）
著(编)者：任宗哲　白宽犁　王长寿　2015年1月出版 / 定价：65.00元

陕西蓝皮书
丝绸之路经济带发展报告（2015）
著(编)者：任宗哲　石英　白宽犁
2015年8月出版 / 估价：79.00元

上海蓝皮书
上海文学发展报告（2015）
著(编)者：陈圣来　2015年1月出版 / 定价：69.00元

上海蓝皮书
上海文化发展报告（2015）
著(编)者：荣跃明　2015年1月出版 / 定价：74.00元

上海蓝皮书
上海资源环境发展报告（2015）
著(编)者：周冯琦　汤庆合　任文伟
2015年1月出版 / 定价：69.00元

上海蓝皮书
上海社会发展报告（2015）
著(编)者：杨雄　周海旺　2015年1月出版 / 定价：69.00元

上海蓝皮书
上海经济发展报告（2015）
著(编)者：沈开艳　2015年1月出版 / 定价：69.00元

上海蓝皮书
上海传媒发展报告（2015）
著(编)者：强荧　焦雨虹　2015年1月出版 / 定价：69.00元

上海蓝皮书
上海法治发展报告（2015）
著(编)者：叶青　2015年4月出版 / 定价：69.00元

上饶蓝皮书
上饶发展报告（2015）
著(编)者：朱寅健　2015年4月出版 / 估价：128.00元

社会建设蓝皮书
2015年北京社会建设分析报告
著(编)者：宋贵伦　冯虹　2015年7月出版 / 估价：79.00元

深圳蓝皮书
深圳劳动关系发展报告（2015）
著(编)者：汤庭芬　2015年6月出版 / 估价：75.00元

深圳蓝皮书
深圳经济发展报告（2015）
著(编)者：张骁儒　2015年7月出版 / 估价：79.00元

深圳蓝皮书
深圳社会发展报告（2015）
著(编)者：叶民辉　张骁儒　2015年7月出版 / 估价：89.00元

深圳蓝皮书
深圳法治发展报告（2015）
著(编)者：张骁儒　2015年4月出版 / 估价：79.00元

四川蓝皮书
四川文化产业发展报告（2015）
著(编)者：侯水平　2015年4月出版 / 估价：69.00元

四川蓝皮书
四川企业社会责任研究报告（2015）
著(编)者：侯水平　盛毅　2015年3月出版 / 定价：79.00元